# 식민 이주어촌의
# 흔적과 기억

## 박정석

경남 통영에서 태어나 경북대학교 고고인류학과와 같은 대학 대학원(고고인류학과)을 마치고 인도 하이데라바드 대학교(University of Hyderabad)에서 인류학 박사학위를 받았다. 이후 경북대학교 보건대학원에서 보건학 석사학위를 취득하였다. 국립민속박물관 학예연구사 및 전남대학교 호남문화연구소 연구교수를 거쳐 현재 목포대학교 고고문화인류학과 교수로 재직하고 있다. 저·역서로는 『홍어』(공저), 『소금과 새우젓』(공저), 『한국의 꽃게 통발어업과 협동관리』(공저), 『전쟁과 사람들』(공저), 『전쟁과 기억』(공저), 『귀환의 신화: 해외 인도인의 이주와 정착』(공저), 『인도인 디아스포라』(공저), 『글로벌 시대의 인도인 디아스포라』(공저), 『카스트: 지속과 변화』(공저), 『카스트를 넘어서』, 『외사촌 누이와 혼인하는 사람들』, 『파리아의 미소』(역서) 등이 있다.

서강학술총서
098

# 식민 이주어촌의 흔적과 기억

박정석 지음

서강대학교출판부

서강학술총서 098

# 식민 이주어촌의 흔적과 기억

---

초판 1쇄 발행 | 2017년 5월 26일

지 은 이 | 박정석
발 행 인 | 박종구
편 집 인 | 전종호
발 행 처 | 서강대학교출판부
등록 번호 | 제2002-000170호

주 소 | 서울특별시 마포구 백범로 35(신수동)
전 화 | (02) 705-8212
팩 스 | (02) 705-8612


ISBN 978-89-7273-331-7 94380
ISBN 978-89-7273-139-9(세트)

값 26,000원



* '서강학술총서'는 SK SUPEX 기금의 후원으로 제작됩니다.

## 책머리에

필자가 이 책을 구상하게 된 것은 연구안식년 덕분이었다. 2010년 연구안식년을 맞아 오사카의 일본국립민족학박물관에서 외래연구원 신분으로 일 년 동안 체류하면서 일제강점기 식민 이주어촌에 관한 연구를 구체화시킬 수 있었다. 민족학박물관에서 일본 어촌(어업)과 한국 어촌(어업)과의 역사적 관련성에 대한 자료를 수집하면서, 한반도 곳곳에 남아 있는 식민 이주어촌의 존재를 '새삼' 깨닫게 되었다. 여기에서 '새삼'이라고 쓴 것은 고향 통영에서 무시로 보고 지나쳤던 많은 장소와 건물들이 식민지 과거의 현재화된 모습이라는 사실을 꿰뚫어 보지 못한 채 지나쳐 왔다는 학문적 미흡함에 대한 자책이 담겨 있다.

일본에 체류하는 동안 민족학박물관의 도서실에서 자료를 검색하고 수집하는 한편, 식민시기 한반도로 대거 어업이주를 감행했던 사람들이 살았던 지역을 찾아 나섰다. 처음 방문했던 곳은 오사카에서 멀리 떨어져 있지 않은 오카야마현 비젠시(備前市)의 히나세(日生)와 이리(伊里)였다. 특히 히나세에서는 한반도로 어업이주를 떠났던 사람들의 흔적을 담은 사진과 유물들이 마을의 역사전시관에 전시되어 있어 이리와 더불어 주변 지역 사람들의 이주관계를 알 수 있는 근거를 제공해 주었다. 처음 방문해 기초자료를 조사한 이후에는 오사카대학에서 인류학을 전공한 이준원 박사와 함께 히나세를 다시 방문하여 주요 정보제공자들을 만나 면담조사를 실시하였다.

히나세를 현지 조사한 다음에는 어업이주민을 많이 배출했던 세토내해의 여러 지역을 찾아다니며 이주어촌에 대한 견문을 넓혔다. 오카야마현, 히로시마현, 가가와현, 에히메현, 효고현 등 세토내해와 마주한 지역을 돌아다니면서 식민시기 한반도에 출어했던 일본 어민들과 관련된 자료를 수집하기 시작하였다. 그중에서 에히메현의 오미시마(大三島)와 효고현의 아코시(赤穂市)의 탐방은 류코쿠(龍谷) 대학의 박현국 교수의 도움을 많이 받았다. 일본의 여러 지역을 조사하면서 한편으로는 주변 도시의 헌책방을 찾아다니기도 했는데 이렇게 돌아다니다 뜻하지 않은 행운을 만나기도 했다. 가가와현 다카마쯔(高松) 시내 뒷골목 헌책방에서 『香川縣海外出漁史』를, 이시카와현 가나자와(金澤)의 시장골목 안쪽 헌책방에서 조중희·권선희의 저서 『구룡포에 살았다』의 일본어판 『韓國内の日本人村』를 우연히 발견한 것이다. 교토의 '헌책 축제'에서 접하기 시작한 헌책방 '순례'는 현지조사와 더불어 즐거운 일과 중 하나가 되었다.

약 1년간의 일본 체류를 마치고 귀국한 바로 그해 여름, 울산 방어진(2011.07.)을 시작으로 2015년까지 일본인이 조성한 이주어촌 지역을 조사하였다. 매년 여름방학과 겨울방학을 이용하여 통영(2013.01), 장승포와 구조라(2013.12), 거문도(2014.08), 욕지도(2015.01), 나로도

(2015.07), 구룡포(2015.08) 등지에서 현지조사를 실시하였다. 현지조사에는 목포대학교 문화인류학과 학생들이 조사보조원으로 참여했다. 특히 연구보조원이었던 민경택은 학부시절부터 석사과정까지 대부분의 현장에서 함께 활동했다. 현장별 참여 학생은 이광일·민경택(방어진), 민경택·서교직(통영), 민경택 · 정영진(장승포와 구조라), 정영진(거문도), 민경택·이종학(욕지도), 민경택·이종학(나로도), 이종학·나승현(구룡포) 등이다. 이들이 함께 있었기에 즐겁게 조사를 진행할 수 있었다. 한편, 2015년 1월에는 쓰시마를 방문하여 오후나코시(大船越) 수로를 탐방하였다. 오후나코시는 과거 일본 어선들이 본토에서 쓰시마를 관통하여 한반도의 거제도 방면으로 왕래할 때 이용했던 수로이다.

과거 식민 이주어촌이 들어섰던 현장을 찾아다니면서 느꼈던 가장 아쉬운 점은 이주어촌의 흔적들이 대책 없이 사라지고 있다는 것이다. 통영 미수동의 '히로시마촌'은 통영대교가 건설되면서 이주어촌으로서의 장소성은 완전히 사라졌으며, 산양읍 '도사촌'은 도로가 확장되는 바람에 가옥들이 헐려 나가 그 흔적조차 찾을 수가 없다. 거제도 지세포의 '가가와촌'도 일제강점기의 흔적이 대부분 지워졌지만 개조된 건물과 변형된 공간을 통해 과거의 윤곽을 간신히 살펴볼 수 있었다. 하지만 남해 미조에서는 일제강점기와 관련된 건물은 물론 흔적조차 찾기 어려웠다.

해방 이후 많은 장소들이 도시화되거나 도시 주변구역으로 편입되면서 새로운 공간으로 탈바꿈되었다. 이런 과정 속에서 식민 이주어촌 및 그곳에 살았던 일본인들에 대한 기억 또한 희미해지고 있다. 식민시기 일본인들과 함께 살 수밖에 없었던 주민들이 이미 세상을 떠났거나 다른 곳으로 이주하면서 과거 이주어촌에 살았던 일본인들의 모습을 온전히 기억하고 있는 사람들과 만나는 것조차도 쉽지 않았다. 게다가 80세 이상의 주민들이 기억하고 있는 일본인과 관련된 기억들은 다음 세대로 전수되지도 않았다. 따라서 회상하고 싶지 않은, 기념되지 못한 일본인 이주어촌의 과거는 기억뿐만 아니라 기록했거나 사진 자료에서도 그 흔적을 찾아보기가 어렵다. 그나마 일부 남아 있는 것들은 일제강점기 일본인들이 기록했거나 촬영했던 자료들이다.

현재의 시공간에서 과거의 시공간을 유추하기 위해서는 흔적 읽기와 기억의 구술이 동반되어야 한다. 파편화된 기억과 마멸된 흔적을 매개로 일제강점기 식민 이주어촌이라는 시공간을 쫓아가는 작업은 지난하였다. 일본인 이주어촌들을 현지 조사해서 수집한 자료와 내용들을 바탕으로 논문을 작성하여 2012년부터 국내 학술지에 발표하기 시작하였다. 「일제강점기 일본인 이주어촌 방어진에 대한 기억과 그 흔적」(『민속학연구』 제30호, 2012.06), 「일제강점기 일본인 이주어촌의 흔적과 기억: 통영 '오카야마촌'을 중심으로」(『민족문화논총』 제55집, 2013.12), 「식민 이주어촌의 흔적과 기억: 장승포 '이리사촌(入佐村)'의 사례를 중심으로」(『사회와 역사』 통권 107집, 2015년 가을)라는 제목의 논문들이 그 결과물이다. 발표 논문들은 대폭 수정·보완되어 『식민 이주어촌의 흔적과 기억』의 제2장, 제5장, 제3장에 편성되었다.

『식민 이주어촌의 흔적과 기억』은 총론, 8장의 사례 연구 및 맺음말로 꾸려져 있다. 총론에서는 식민 이주어촌이 건설되기 전까지 조선의 어장 개방 과정을 간략하게 정리·소개하였다. 조선 후기 청나라와 일본이 한반도를 장악하기 위해 각축을 벌일 때 조선은 양국 모두에게 어장을 개방하였다. 청나라와는 조청무역장정을 체결하여 평안도와 황해도 어장을 개방했으며, 일본과는 조일통상장정을 맺어 전라, 경상, 강원 함경 연안을 내어 주었다. 이후 조일통어장정으로 일본 어민들이 조선의 연안 3해리 이내에서 조업할 수 있게 되어 사실상 조선의 어장은 완전히 개방되었다고 할 수 있다.

조선 후기 조선의 어업과 해양방어 수준은 아주 조야했다. 어업은 징세를 위한 수단으로 간주되었으며, 해양방어는 청나라 군대에 의지하고 있는 형편이었다. 조선은 정부차원에서 해양방어 자구책을 여러 차례 도모했으나, 당시 조선은 재정적으로 열악했으며 관리들은 무능하고 부패하여 정책을 제대로 실행할 수 없었다. 이에 외세(일본)의 방해공작까지 겹쳐져 실질적인 자구책은 마련되지 못했다. 러일전쟁으로 한반도를 장악했던 일본은 육지에 앞서 바다를 먼저 식민지화했다. 해양 식민화를 위해 일본은 한반도의 요충지마다 식민 이주어촌을 건설했다.

한반도 연안과 도서지역 곳곳에 식민 이주어촌이 들어섰지만, 현재까지 온전한 모습으로 남아 있는 곳은 거의 없다. 『식민 이주어촌의 흔적과 기억』에서 분석하고 있는 여덟 곳은 그나마 과거의 흔적을 찾아볼 수 있는 지역들이다. 이들 지역은 이주어촌 설립 시기는 물론 조사 시점에서도 차이가 있다. 하지만 이런 차이보다는 지리적 근접성을 고려하여 장을 배열하였다. 먼저 동해안에서 남해안 순으로 배치하고, 같은 지역에서는 북쪽을 우선순위에 두었다. 그 결과 구룡포, 방어진, 장승포, 구조라, 통영 도남동, 욕지도, 나로도, 거문도 순이 되었다. 구룡포와 방어진을 제외한 나머지 지역들은 이주어촌 설립 당시 모두 섬이었다는 공통점이 있다. 또 다른 공통점을 들자면 구조라를 제외하면 이주어촌이 설립될 당시 대부분은 국가 소유였거나 조선인이 많이 거주하지 않았던 외진 곳이었다. 일본 당국이 이런 지역을 이주어촌 조성지로 선택한 것은 조선인과의 마찰이나 충돌을 최소화하려는 의도가 개입된 결과였다.

『식민 이주어촌의 흔적과 기억』에서 다루고 있는 식민 이주어촌은 서로 독립적으로 건설되었지만, 어업의 특성상 서로 연계되어 있었으며 그 주요 연결고리는 운반선업자였다. 모든 이주어촌에는 치안을 담당하는 경찰서, 자녀들의 교육기관인 학교, 외부(일본)와의 연락망인 우체국이 있었다. 치안, 교육, 정보는 식민지배의 필수요소였다. 비록 흔적의 형태로 남아 있으나, 경찰서, 학교, 우체국을 둘러싼 이주어촌의 공간 배치와 점유 방식은 식민지 경영 및 감시망을 짐작케 하는 요인이었다.

『식민 이주어촌의 흔적과 기억』에서는 맺음말로 결론을 대신하고 있다. 식민 이주어촌이라는 과거의 공간을 분석하면서 기록 및 흔적과 기억을 매개로 삼았다. 일반적으로 기록, 흔적, 기억을 통해 과거를 재현하거나 유추할 수 있기 때문이다. 하지만 많은 경우 기록이 제대로 남아 있지 않고, 또한 남아 있는 기록이라고 하더라도 과거를 특정한 시각으로 고정시킬 수 있는 개연성이 있다. 게다가 흔적과 기억은 흔적을 읽거나 기억을 구술하는 주체에 따라 달리 표현될 수도 있어 그 유연성을 예측하기 어려워 위험하다. 이런 점을 감안하여『식민 이주어촌의 흔적과 기억』에서는 먼저 기록을 통해 과거를 탐색하고, 흔적과 기억을 매개로 과거가 현재 어떤 모습으로 인지되고 있는가를 분석하였다. 구체적으로 '과거 이곳'의 주체였던 일본인이 '현재 이곳'에 거주하는 사람들에게 어떤 의미로 남아 있는지 살펴보았다. 한마디로 '우리'와 관계된 과거이지만, 공식적으로 '우리 것'으로 수용되지 못했던 그 과거가 일상의 차원에서는 어떻게 처리되고 있는지를 추적·조사한 것이다.

본 연구를 진행하면서 선행 연구로부터 많은 도움을 받았다. 일본인 이주어촌과 관련된 연구는 최길성(1992), 여박동(2002), 김수희(2010) 등의 저서로부터, 그리고 어업사(수산사)와 관련된 연구는 박구병(1966, 1975), 장수호(2011) 등의 저서를 통해 지식과 견문을 넓혔다. 현장조사에서 얻기 어려운 역사적 자료 대부분은 이들 저서를 참조했다. 한국어로 발간된 문헌자료와 함께 일본어로 발간된 문헌자료 또한 많이 활용했다. 특히 吉田敬市(1954) 및 中井昭(1967)의 저서, 그리고 神谷丹路(1990, 1998)의 논문들은 식민지 조선의 어업과 이주어촌에 대한 정황을 상세히 살펴보는 데 도움이 되었다. 이들 자료 이외에도 직접 인용했거나 인용은 하지 않았지만 참고했던 수많은 저서와 논문, 그리고 기록물이 없었더라면 연구를 제대로 진행하지 못했을 것이다. 국내에서 문헌자료 수집은 목포대학교 도서관으로부터 많은 도움을 받았다.

여러 현장에서 마주쳤던 장소와 공간, 그리고 그곳에서 만났거나 대화를 나눴던 수많은 사람들은 항상 새로운 배움터이자 스승이기도 했다. 현장조사를 하면서 마주했던, 일일이 열거할 수 없을 정도로 많은 정보제공자들의 구술과 기억이 본 연구의 토대를 이루고 있다. '일제강점기'라는 시간과 '식민 이주어촌'이라는 공간은 마주하는 사람에 따라 감추거나 꺼릴 수도 있는 주제이다. 그런데도 기꺼이 면담에 응해주신 지역주민들의 도움이 없었더라면 현장 조사는 물론 『식민 이주어촌의 흔적과 기억』이 출간되지 못했을 것이다. 또한 현지를 방문할 때마다 해당 지역의 관공서, 문화원, 수협 등에서 관련 자료와 정보를 흔쾌히 제공해 주지 않았더라면 『식민 이주어촌의 흔적과 기억』이 지금의 모습으로 완성될 수 없었을 것이다. 최종적으로, 본 연구가 저서의 형태로 출판될 수 있었던 것은 서강대학교의 2015년 서강학술총서의 지원 덕분이었다.

이처럼 하나의 책을 쓰고 만드는 과정에서 수많은 사람들과 기관의 도움이 있었다. 따로 감사의 인사를 전하지 않더라도, 항상 고마움을 잊지 않고 있음을 기억하실 것이다.

모든 분들께 감사드린다.

2017년 2월

박정석

## 일러두기

1. 본 저서에서는 1945년을 기준으로 이전의 국가/국민 정체성을 조선/조선인, 그 이후를 한국/한국인으로 구분해서 사용한다. 왜냐하면 해방을 기점으로 이전과 이후의 국가/국민 정체성이 확연하게 달라지기 때문이다. 한편 조선은 1897년 연호를 광무(光武)로 고치면서 국호를 '대한제국'으로 변경했다가 1910년 한일병합으로 국권이 피탈되었다. 여기에서는 '대한제국'과 '조선'을 크게 구분하지 않고 대개 조선으로 지칭하고 있지만, 기존의 명칭 사용에 따라 일부 대한제국(혹은 한국)으로 표기된 곳도 있다.

2. 일본은 1911년 제1차 〈조선교육령〉을 제정하여 조선인 학교는 '보통학교'로, 일본인 학교는 '심상고등소학교'로 구분하였다. 1938년에는 제3차 〈조선교육령〉으로 조선인 학교와 일본인 학교 모두를 '소학교'로 개칭하였다가, 1943년 제4차 〈조선교육령〉에 따라 '국민학교'로 통일하였다. 일제강점기 동안 학교 명칭이 몇 차례 개칭되었지만, 본 저서에서는 구술자들의 용어 사용법에 따라 일제강점기 일본인 학교는 '(심상)소학교'로, 조선인 학교는 '보통학교' 또는 '국민학교'로 기재하였다.

3. 일제강점기 조선에 설립된 일본 신사는 신사(神祠)와 신사(神社)가 있었다. '神祠'라는 용어는 조선에만 있는 것으로 '神社'로 공인받지 못한 소규모 신사를 일컫는다. '神社'를 창립하고자 할 때는 30인 이상의 연서가 필요했지만, '神祠'는 10인 이상의 연서로 설립 허가를 요구할 수 있었다. 본문에서는 두 범주가 반드시 구분되어야 할 경우를 제외하고는 통칭하여 '신사'로 표기한다.

4. 본문에서 구술자의 출생연도는 면담 당시 구술자가 말한 나이를 역산한 것이다. 따라서 실제 출생연도와는 차이가 있을 수 있다. 많은 경우 구술자들은 자신의 정확한 출생연도를 기억하지 못했다.

# 목 차

# 총론

## 어장 침탈에서 식민 이주어촌 건설까지

총론

# 어장 침탈에서 식민 이주어촌 건설까지

## 1. 머리말

일본이 한반도에 이주어촌을 건설한 것은 러일전쟁 무렵부터이다. 하지만 식민 이주어촌이 들어서기 이전에도 오랫동안 이방인들의 어장 침탈은 있었다. 일본 어민들은 왜구 형태로 남해안 전역을 드나들었고, 중국 어민들은 서해안을 횡행하였다. 조선에서 어장을 개방한 때는 세종 시기 고초도 조어규약으로 거슬러 올라갈 수 있다. 이후 조선의 어장이 외국 어민에게 '합법'적으로 개방된 것은 1882년 청나라와 조청무역장정을 체결한 때였다. 조청무역장정을 빌미로 일본 또한 유사한 내용을 담은 조일무역장정 체결을 요구하여 조선의 바다는 청나라와 일본에 의해 양분되었다. 그러나 그것도 잠시뿐, 1894년 청일전쟁을 계기로 일본이 조선의 온 바다를 차지했던 것이다. 일본이 조선의 바다를 완전히 장악하기 위해서는 자국의 어민들이 정주할 수 있는 어업근거지가 필요했다. 이에 일본은 1904년 러일전쟁을 전후로 한반도 곳곳에 해양 식민화의 첨병 노릇을 할 수 있는 식민 이주어촌을 정책적으로 건설하였다. 본 장에서는 조선이 청나라와 일본에게 어장을 개방하게 된 과정, 조선의 어업과 해양방어 태세, 그리고 한반도에 식민 이주어촌이 설립된 배경을 간단히 살펴보고자 한다.

## 2. 어장 침탈과 어장 개방

### 1) 고초도 조어규약

일본인들이 한반도에 거주하면서 어로활동을 시작한 때는 1426년(세종 8년) 삼포의 개항 이후부터이다(박구병, 1966: 242). 삼포는 웅천(지금의 진해)의 내이포(乃伊浦), 동래(현재의 부산)의 부산포(富山浦), 울산의 염포(鹽浦)를 일컫는 말로 세 곳의 포구에서 일본인들의 왕래가 허가된 것이다. 일본인들은 삼포에 드나들 수는 있어도 상주할 수 없었다. 그러나 일본인들은 이 법규를 어기고 삼포에 상주하기 시작했으며 그 수는 점점 늘어났다. 일본인들이 삼포에 상주하기 이전에도 '왜구'(倭寇)로 불렸던 무리들이 한반도 연해에서 약탈과 어로활동을 겸하는 자가 많았다. 여기에서 '왜구' 혹은 '왜인'은 대부분 쓰시마 사람들을 가리키는 말이었다. 삼포 개항으로 이곳을 왕래하는 무역선 출입이 허가되자 이들을 위한 거류지가 조성되었다. 항거왜인(恒居倭人)이라 불렸던 삼포의 정주 일본인들 중에는 이주어민에 가까운 부류도 있었다(박구병,

1975: 185).

일본 어민들의 어로 범위가 점점 확대되자 조선 정부는 어로 기간 및 경계를 명확히 설정하고 단속을 강화하였다. 이후 삼포의 항거왜인들은 '왜리'(倭里)라 불리는 일종의 이주어촌에 거주하였다. 삼포에서 어업에 종사했던 왜인들은 쓰시마 도주에게 매년 공물을 바쳤다. 삼포에 거주하는 이주어민들이 증가해 어장이 협소해지자 쓰시마 도주는 조선 정부에 지속적으로 어로 구역 확대를 요구하였다. 세종 12년 11월 쓰시마 도주가 기존의 삼포 이외에 가배량(加背梁), 구라량(仇羅梁), 두모포(豆毛浦), 서생포(西生浦)를 어로구역으로 허가해 달라고 청원했으나 허가되지 않았다. 세종 17년에 쓰시마 도주가 어로구역 확장을 재차 요구하자 울산의 개운포(開雲浦)가 어로구역으로 허가되었다. 세종 22년(1440년)에 또 다시 어로구역 확장을 요구하였으며, 추자도 동쪽의 서여서도(西餘鼠島)에서의 조업을 허가해 달라고 청원하기도 했다(박구병, 1975: 188~189).

쓰시마 어민들의 어로구역 확대 요구가 계속되자 세종은 1441년 마침내 고초도(孤草島)에서의 일본인 어로를 허락하였다. 고초도 조어규약에는 고초도에서 조업하고자 하는 일본인들은 병기를 휴대하지 못하며 쓰시마 도주의 문인(文引)을 발급받아 거제도 지세포에 도착한 다음 도주의 문인을 제출하고 대신 지세포 만호가 발급한 문인을 받아야 한다는 단서 조항이 명시되어 있다. 고초도에서 조업이 끝나면 일본인들은 다시 지세포로 가서 허가 문인을 반환하고 어세를 납부한 다음 도주의 문인을 되돌려 받아 쓰시마로 돌아가도록 했다. 일본인의 어로행위에 대한 어세는 어선의 규모에 따라 달랐다.[1] 처음에는 대선 500마리, 중선 400마리, 소선 300마리였으나, 세종 24년에 쓰시마 도주의 감세 요구를 수락하여 대선 200마리, 중선 150마리, 소선 100마리로 대폭 줄여주었다(박구병, 1966: 250~251). 고초도 조어규약은 조선이 외국과 체결한 최초의 어업조약이었다.

조선 정부가 '고초도'에 한정해 일본 어민들의 어로를 허가하였으나 문제는 고초도의 위치였다. 고초도는 지금의 초도와 장도, 초도와 손죽도 혹은 거문도로 추정되는데[2] 대략적으로 보면 고흥반도의 남쪽 및 추자도 동쪽 해역에 해당된다고 할 수 있다. 쓰시마에서 고초도로 왕래하기 위해서는 거제도에서 고흥반도로 이어지는 해역을 통과해야 했다. 일본 어민들은 쓰시마에서 고초도를 왕래하면서 가덕도, 거제도, 매물도, 세존도, 욕지도, 당포, 사량도, 미조항, 나로도, 여서도, 추자도, 흑산도 등 한반도 남해안 도서지역 곳곳을 드나들었다(박구병, 1966: 256~261). 고초도 조어규약이 체결된 이후에도 일본 어민들이 어로 허가 구역인 고초도를 넘어서 한반도 서남해안 일대를 횡행하며 도서지역 주민들의 안전을 위협하고 어장을 침탈하는데도 조선 정부는 이에 대한 적극적인 방비책을 마련하지 못했다.

비록 일부 지역에 해당되긴 하지만 일본 어민들은 고초도 조약으

1 당시 선척의 대소를 정하는 기준은 대선은 길이 42척 이상 폭 18척 9 이상, 중선은 길이 32척 6 이상 폭 13척 6 이상, 소선은 길이 18척 9 이상 폭 6척 9 이상이었다(심민정, 2013: 115).

2 고초도의 정확한 위치는 불분명하다(박구병, 1975: 196; 한문종, 2012: 123~124). 고초도를 전라남도의 초도(草島)와 장도(長島)로 비정(박구병, 1966: 252)하거나, 지금의 거문도(김승·김연수, 2010) 또는 초도와 손죽도(주철희, 2012)라 주장하기도 한다.

로 한반도 연안에서 '합법'적인 어로활동을 하였다. 하지만 이들의 어로활동은 1510년 발생한 삼포왜란을 계기로 불법화되었다. 조선 정부의 통제에 불만을 품고 있던 삼포 거주 일본인과 쓰시마 일본인들이 폭동을 일으키자 조선 정부는 일본 어민들의 어로활동을 완전히 금지시켰다. 이후 일본 정부 역시 국내의 정치적 상황변동과 함께 해금(海禁) 정책을 고수했다. 1635년 도쿠가와 막부의 쇄국 정책으로 일본 어민의 해외 출어가 금지되었던 것이다. 일본 어민들의 조선해에서의 어업활동은 19세기 중반까지 거의 중단 상태에 있었다. 하지만 불법어로가 완전히 사라진 것은 아니었으며, 밀항밀어(密航密漁) 형태로 일본 어민들은 계속해서 한반도 연해로 출어했다(박구병, 1975: 199~200).

### 2) 조청무역장정

삼포왜란 이후 한반도 연안에서 일본 어민(쓰시마 어민)들의 왜구적인 어업활동은 퇴장했지만, 17세기 후반부터 청나라 어민들의 불법어업은 심각한 상태에 이를 정도로 성행했다(박구병, 1975: 204). 청나라가 오랜 해금정책을 해제하고 1684년 '개해금(開海禁)' 정책으로 전환하자 청나라 어선들이 한반도 서해안에 대규모로 출몰하기 시작했다. '황당선(荒唐船)' 혹은 '당선(唐船)'이라 불리던 청나라 어선들이 서해안 곳곳에 출현하면서 이들의 불법 어로행위가 조선 정부와 청나라 정부 사이의 외교 문제로까지 발전했다(김문기, 2009: 71). 황당선의 출몰에도 조선 정부에서는 이를 저지하거나 추포할 수 있는 능력이 없었다. 조선은 해상방위를 전담할 수 있는 전함은 물론 변변한 군대나 무기조차 갖추지 못했던 것이다. 불법어선들을 막아낼 능력이 없었던 조선 정부는 청나라에 외교문서를 보내 황당선의 출몰을 막아달라고 청원하였고, 이에 청나라는 적절한 조치를 취하겠다는 내용의 답신을 여러 차례 주고받았을 뿐이었다. 조선 정부가 직접 단속에 나서기보다는 청나라 정부에게 범월자들을 단속해 달라고 요청하는 의존적인 외교 정책을 펼쳤던 탓에 실질적인 효과는 거의 없었다(박구병, 1975: 201~202).

청나라는 1840년 아편전쟁에서 패한 다음, 1842년 영국과 남경조약을 체결하였다. 이를 계기로 청나라의 해양 통제력은 크게 상실되었으며 전통적 해금체제 또한 완전히 붕괴되었다. 청의 해양 통제력 상실은 조선의 해양에 심각한 영향을 미쳤다. 자국 어선들의 해양 진출과 어로활동을 통제하던 청나라 정부가 힘을 잃으면서 서해안에는 청나라 어선들의 출어가 걷잡을 수 없을 정도로 팽창하였다. 청나라 어민들이 무리를 지어 배를 타고 조선 해상에 나타나 불법 어로 행위를 자행했는데 이런 배를 황당선이라 불렀다. 서해안에 출몰하는 황당선은 19세기 후반부터 대규모화되었으며, '바다를 가릴' 정도로 많은 황당선들이 황해도와 평안도 연안으로 몰려들었다. 심지어 일부 황당선의 선원들은 창검과 조총 등 무기를 지니고 다니면서 인명을 살상하고 재물을 약탈하기도 했다(김문기, 2008: 111).

동북아시아에서 19세기는 '해금'시대에서 '개국'의 시대로 전환되는 시기였다. 조선뿐만 아니라 중국과 일본 역시 근세에서 근대로 넘어가고 있었다. 1840년 아편전쟁에서 패한 중국은 급격하게 통제력을 상실하여 전통적인 중화체제마저 붕괴되기 시작했다. 일본도 1854년 개국의 길로 들어섰다. 일본이 미국의 페리 제독에 의해 개국된 지 22년 뒤에 조선은 일본에 의해 개국되었다. 다른 나라와 마찬가지로 조선의 개국 또한 바다로부터 시작되었다. 1876년 군사력을 동원한 일본과의 강화도조약이 체결되면서 개국의 길로 들어선 조선은 어업 침탈이라는 새로운 국면을 맞이하게 되었다. 조선이 강화도조약으로 개항된 이후 청나라 어선들의 불법 어로 행위의 반경이 더욱 확대되었다. 평안도와 황해도는 물론 충청도와 전라도 지역에서도 청나라의 해상 불법 행위가 극성이었다. 당시 지방관의 보고에 따르면, 고군산군도 앞바다에는 돛대를 네 개 혹은 다섯 개를 장착한 대규모 상선을 중심으로 조업하는 어선들이 수백 척에서 수천 척에 이르렀으며 바다를 뒤덮을 정도였다(김문기, 2008: 113)고 한다.

청나라 어민들이 위험을 무릅쓰고 한반도 서해안으로 몰려든 것은 이 지역의 풍부한 해산물과 선호 어종 때문이었다. 서해안 진출 초기에 청나라 어민들이 주로 어획했던 대상은 해삼이었다. 해금정책이 붕괴되면서 청나라 어민들은 서해안의 도서지역 해변에서 어패류를 몰래 채취하던 단순 어로에서 벗어나 연근해의 대규모 어로작업으로 전환했다. 이들의 주요 어획물은 청어(青魚)였다. 19세기 전반까지 중국 산동 지방에서 흔했던 청어가 갑자기 사라져 청나라 어민들이 청어 떼를 찾아 한반도 서해안으로 이동했던 것이다. 하지만 서해안에서도 청어가 격감되자 청나라 어선들은 강원도 앞바다까지 진출하였다(김문기, 2008: 133). 청어가 자취를 감추면서 주요 포획 어종을 잃은 청나라 어민들은 조선 어민의 어전(漁箭)을 자주 약탈하였다. 그 결과 양국 어민들 사이에는 충돌이 잦아졌다(박구병, 1975: 205~206). 1890년대 이후 서해에서 청어마저 사라지자 청나라 어민들은 대체 어종으로 갈치를 집중적으로 포획하기 시작했다(김문기, 2009: 80~82).

선호 어종의 집중 포획과 어전 약탈로 곤란한 상황에 직면한 조선은 청나라 정부에 어채금단(漁採禁斷)을 요구하였다. 그러나 청나라는 해금을 강화하기는커녕 오히려 조선 해역에서 자국 어민들의 합법적인 어로활동을 도모하고자 했다. 이에 1882년 임오군란 이후 조선과 청나라 사이에 〈조청상민수륙무역장정(朝清商民水陸貿易章程)〉(이하 '조청무역장정')이 체결되었다. 조청무역장정은 해운과 무역에 대한 상세한 규정을 담고 있다. 전문과 8관으로 구성된 장정 제3관에는 어업과 관련된 규정이 있다.

> "조선의 평안도(平安道)와 황해도(黃海道), 중국의 산둥성(山東省)과 펑텐성(奉天省) 등의 연해 지방에서만은 두 나라의 고깃배들이 내왕하면서 고기를 잡을 수 있는 동시에 해안에 올라가서 음식물과 음료수를 살 수 있도록 한다. 그러나 사적으로 물건을 장사할 수 없으며, 위반하는 자는 배와 화물은 몰수한다. 그들이 머물러 있는 지방에서 법을 위반할 경우에는 곧 해당 지방관이 체포해 가까운 곳의 상무위원에게 넘겨주어 제2조에 준해 처리한다. 상대방의 어선에서 받아야 할 어세(漁稅)는 조약을 시행한 2년 후에 다시 토의해 알맞게 정한다." (최덕수 외, 2010: 114)

조청무역장정 제3관은 조선이 외국에게 최초로 영해 어업권을 부여한 조문이다. 조청무역장정에 따라 청나라 어민들은 평안도와 황해도 연안 어장에서, 조선의 어민들은 청나라의 산동(山東), 봉천(奉天) 연해에서 어로활동을 할 수 있게 되었다. 하지만 당시 조선의 어로 사정으로 미루어 보면 외지 출어가 불가능했다. 또한 앞바다의 풍족한 어족자원을 두고 굳이 멀리까지 나가 조업할 필요가 없었다. 결국 청나라 어민들에게 조선의 평안도와 황해도 어장을 일방적으로 개방한 셈이 되었다. 즉, 1882년 조청무역장정이 체결되어 조선 연해에서의 청나라 어민들의 불법어업이 사실상 '합법화'되고 말았다. 조청무역장정 체결은 전통적인 해금체제가 붕괴되고 근대적인 경쟁체제로 전환되었음을 알리는 신호탄이었다(김문기, 2008: 115). 하지만 조선 정부는 조청무역장정 체결로 초래될 국제적 어업분쟁의 심각성과 해양 방어체제의 위협을 제대로 인지하지 못한 상태였다. 무엇보다도 조선 정부는 해양과 수산업이 지닌 중요성을 파악하지 못했던 것이다.

조청무역장정 체결 이후 청나라 어선들의 불법어업은 더욱 기승을 부렸다. 이들은 어로구역으로 허가된 평안도와 황해도를 넘어 충청도 및 전라도 해안까지 내려와 불법어업을 자행했으며 심지어 경상도와 강원도까지 어획 대상지로 확장하면서 피해가 더욱 커졌다. 청나라 어선들이 대규모로 몰려와 불법어업을 넘어 해적처럼 주민들을 약탈하기에 이르렀다. 그 결과 평안도와 황해도는 물론 충청도와 전라도의 어장까지 유린당했다(김문기, 2009: 84~86).

청나라 어민들의 횡포로 말미암아 서해 도서지역 주민들은 어장을 잃고 사는 곳을 떠나 사방으로 흩어지게 되었다. 조선이 할 수 있는 조치란 청나라 어민들의 불법행위를 차단해 달라고 청나라 조정에 요청하는 일뿐이었다. 하지만 청나라의 미온적인 태도와 문서상의 조치로는 불법어선들의 횡포를 중단시킬 수 없었다. 무엇보다 당시 조선은 불법어로를 단속할 수 있는 힘이 없었다. 조선의 수군으로는 청나라 어선들의 밀무역과 불법어업을 통제하기에는 역부족이었다(조세현, 2014:

376). 양국 어민들 사이에 충돌이 발생하면 조선 어민들은 취조를 당했고, 관련자는 처벌되었으며, 정부는 배상금을 물어줄 지경이었다(김문기, 2009: 84). 한마디로 조선은 조청무역장정에 규정된 권리조차 행사할 수 없는 무력한 상태였다. 서해는 조선의 바다였지만, 청나라 어민들이 주인 행세를 하고 있었다.

조선은 조청무역장정에 명시된 어세(漁稅)조차 제대로 징수하지 못했다. 1882년 청나라와 조청무역장정을 체결하면서 어세는 조약 시행 이후 2년 뒤에 다시 논의하기로 명시했다. 1885년에 이르러 조선은 청나라에 어세 협상을 요구했으나 청나라는 협상을 지연시키며 조선의 요구를 끝내 묵살했다. 조청무역장정 체결을 통해 청나라 어선을 합법적으로 통제하고 어세를 징수코자 했던 조선 정부는 어업분쟁에 적극적으로 개입할 수 있는 능력은 물론 대책조차 없었기에 자국의 어업이 침탈당하는 것을 방관할 수밖에 없었다. 조선 정부는 평안도와 황해도 어장을 개방했으나 청나라에게서 아무런 이득이나 보상도 얻지 못하자 '이럴 것이면 왜 장정을 체결했는가?' 반문하면서 자탄하기에 이르렀다(김문기, 2009: 85). 청나라와의 어세 문제는 청일전쟁으로 막을 내렸다. 청일전쟁 이후 조선과 청나라 간의 모든 조약이 파기되어 어세 문제 또한 자연스레 '해결'된 것이다. 이에 청나라 어민들의 조선해 조업은 불법화되었다.[3]

3 1899년 한청통상조약이 체결되었지만 어업관련 규정은 누락되어 있었다. 1901년 청나라가 어업협정을 요구했으나 조선(대한제국) 정부로부터 거부당했다. 대한제국은 어업협정 요청을 거부하면서 오히려 청나라의 불법어선에 대한 통제를 강화했다. 어업협정 요청 거부와 불법어선 통제는 일본의 의도와 입김이 작용한 결과였다(김문기, 2009: 98).

### 3) 조일통상장정과 조일통어장정

조청무역장정 체결은 곧바로 일본의 반발을 불러일으켰다. 조선의 어장을 호시탐탐 노리고 있던 일본에게 조청무역장정 체결은 어장개방을 요구할 수 있는 빌미를 제공하였다(박구병, 1975: 213). 일본은 조청무역장정이 체결된 다음 해인 1883년 조선에서의 통어권(通漁權)을 요구했다. 그 결과 1883년 7월 〈재조선국일본인민통상장정(在朝鮮國日本人民通商章程)〉(이하 '조일통상장정')이 체결되었다. 조일통상장정은 총42관으로 구성되어 있으며, 그중 제41관의 내용은 다음과 같다.

> "일본국 어선이 조선국 전라, 경상, 강원, 함경 4도 해변에서, 조선국 어선이 일본국 히젠(肥前), 지쿠젠(筑前), 이시미(石見), 나가도(長門)【조선 해안과 면한 곳】, 이즈모(出雲), 쓰시마 해변에 왕래하면서 고기를 잡는 것을 승인한다. 단 사사로이 화물을 무역해 위반하는 것은 승인하지 않고 장차 본 화물은 관청에 몰수한다. 그 잡은 물고기를 매매하는 것은 이 규례에 적용되지 않는다. 그 피차 마땅히 바칠 어세 및 기타 세목은 2년을 준수해 행하기를 기다린 후에 그 정황을 조사해 다시 타협, 의논해 정한다." (최덕수 외, 2010: 147)

조일통상장정이 체결되면서 일본 어민들 또한 전라, 경상, 강원, 함경의 연안 어장에서 '합법'적으로 조업할 수 있게 되었다. 조선 어민들 역시 일본의 히젠(肥前), 지쿠젠(筑前), 이시미(石見), 나가도(長門)의 조선 바다와 면한 곳, 그리고 이즈모(出雲), 쓰시마(對馬)의 해변에서 조업할 수 있게 되었다. 이곳은 현재 일본의 사가현(佐賀縣), 후쿠오카현(福岡縣), 야마구치현(山口縣), 시마네현(島根縣), 나가사키현(長崎縣)에 해당되는 지역이다. 하지만 조선 어민들에게 일본 출어조항은 문서상의 어로권에 불과했다. 당시 조선 어민들의 입장에서는 일본 어민들조차 버리고 이주한 일본의 연안으로 진출할 이유도 없거니와 어선과 어구 또한 미흡해서 출어할 수 있는 상황도 아니었다. 청나라가 평안도와 황해도에 대한 통어권을 확보하자 일본은 재빨리 전라도, 경상도, 강원도, 함경도의 통어권을 획득하였다. 이로써 조선의 바다는 경기도와 충청도 연해를 제외한 전역이 개방되었다.

일본은 조일통상장정 체결과 동시에 〈처변일본인민재약정조선국해안어채범죄조규(處辨日本人民在約定朝鮮國海岸魚採犯罪條規)〉(이하 '일본인어채범죄조규')의 조인을 요구했다. '일본인어채범죄조규'가 조인되면서 일본 어민들은 일종의 치외법권을 인정받게 되었다. 일본 어민이 범법행위로 체포될 경우 그 처벌을 일본 영사에게 일임한다는 것이 골자였다. 일본 어민의 범법 행위를 조선 정부가 효율적으로 통제하지 못하자 일본 어민들은 조선의 바다를 마음대로 드나들며 노략질을 계속할 수 있었다. 조일통상장정 체결 및 일본인어채범죄조규의 조인에서 알 수 있듯이 조선의 바다는 조선이 일본에게 강제로 병합되기 이전부터 식민지화되었던 것이다.

조일통상장정 체결 이후 일본 어선들이 남해안 연안으로 몰려와 곳곳에서 충돌이 발생했다(이근우, 2008). 특히 제주도에서의 피해는 심각했다(한우근, 1971). 일본 어민들이 무단으로 어장을 침탈하는 것은 물론 육지에 상륙하여 온갖 행패를 부리며 재물을 약탈하고 심지어 살인까지 저질렀으나 조선 정부는 이를 제대로 통제하지 못했다. 일본은 오히려 분쟁을 이용하여 어장 확대를 요구했다. 1887년 일본은 인천에 있는 자국민들에게 수산물을 공급한다는 명목을 내세워 인천 연해의 어업권을 요구하였다. 또한 제주도에서의 금어를 조건으로 경기도 연해를 개방해 줄 것을 요청했다. 일본은 집요한 요청 끝에 1888년 6월 〈인천해면잠준일본어선포어액한규칙(仁川海面暫准日本漁船捕魚額限規則)〉을 체결하여 인천 연해에서의 어업을 허가받았다.

인천 연해가 일본에게 개방되었다는 것은 경기도 및 충청도 연안 역시 잠정적으로 일본의 영향력 아래 놓인다는 것을 의미한다. 조선의 바다를 양분하여 허가권을 획득한 청나라와 일본은 완충지역으로 남아 있던 경기도와 충청도 해역에서 자주 충돌하였다. 1888년 일본이 인천 해면에서의 조업허가권마저 획득하자 그나마 남아 있던 완충지대도 사라지게 되었다. 이로써 청나라와 일본의 충돌은 불가피해졌다. 함경도, 강원도, 경상도, 전라도 연해의 어업허가권을 장악한 다음 서해로 북상하려던 일본과, 평안도와 황해도를 차지한 다음 서해를 거쳐 남해로 남하하려던 청나라가 인천 해면에서 본격적으로 맞부딪히게 되었다. 청일전쟁이 조선의 바다를 두고 양국의 경쟁이 최고조에 이르렀을 무렵인 1894년에 발발한 것은 결코 우연이 아니었다.

조일통상장정 제정 이후 일본은 어세와 입어관계 규정을 구체화하여 조선 정부와 1889년 11월 〈조선일본양국통어장정(朝鮮日本兩國通漁章程)〉(이하 '조일통어장정')을 체결하였다. 조일통어장정 제1조에는 3해리 안에서의 입어권 규정이 명시되어 있다.

"무릇 양국에서 의정한 지방의 해빈(海濱) 3리(일본국 해리의 산법에 의함. 이하는 이에 준함) 이내에서 어업을 영위하려고 하는 양국

어선은 모름지기 그 선박의 광폭의 척수, 소유주의 관적(貫籍)성명 및 탑좌인원을 상기(詳記)하고 그 선주 혹은 대리인으로 하여금 품단(稟單)을 선구(繕具)케 하며 일본 어선은 그 영사관을 경유하여 상구안(商口岸) 지방관서와 교통하고 조선 어선은 의정한 군구역소(郡區役所)에 정교(呈交)하고 그 배의 사험(査驗)을 거쳐서 준단(准單)을 청하여 받아야 한다. 단, 어업 시에는 반드시 준단(准單)을 휴대하여야 한다." (최광식 외, 2004: 270)

조일통어장정이 체결되면서 조선의 전 지역 연해 3해리 이내에서 일본 어민의 입어권이 보장되었다. 다시 말하면, 조선의 전 해안이 일본 어민들의 손아귀에 들어간 것이다. 조일통어장정에는 일본 어민들이 조선 연해 3해리 이내에서 어로활동을 할 경우 어업감찰 면허를 받아 휴대하도록 규정하였다. 어업감찰 면허는 유효기간이 1년이었으며 별도의 어업세를 납부하도록 되어 있었다. 입어면허는 각 개항지(부산, 원산, 인천) 주재 일본영사관을 경유하여 해관에서 신청하도록 하였다. 그러나 조일통어장정이 실시되자 상당수의 일본 어민들은 복잡한 수속 절차와 경제적 부담을 피해 부산을 경유하지 않고 곧바로 서남해 어장으로 직행하였다(장수호, 2011: 93). 조일통어장정으로 조선의 어장은 모두 개방되었지만, 그에 따른 후속조치들은 서류상의 조항에 불과해 제대로 지켜지지 않았다.

조일통어장정 체결 이전에는 쓰시마를 근거지로 삼아 조선 해역으로 몰래 진출했던 일본 어민들이 이제는 선단을 꾸려 일본과 가깝고 어장 조건도 유사한 남해안 연안으로 몰려와 어장을 침탈하였다. 일본인 입어자가 증가한 것은 일본 연안 어장의 자원 고갈 및 황폐화에서 비롯되었지만, 무엇보다도 한반도 연안 어장의 지리적 근접성, 일본 어장과의 유사성, 그리고 어족자원의 풍부함 때문이었다. 일본과 한반도 사이의 쓰시마 해협은 소형 선박으로도 항해가 가능하고, 한반도 남해안의 어족자원의 종류 또한 일본의 그것과 유사했기에 일본 연해에서 사용하던 어구와 어법을 그대로 사용할 수 있었다. 그래서 일본인 어부들은 '출가어업'(出家漁業) 형태로 한반도 해안을 어렵지 않게 드나들 수 있었다(장수호, 2011: 77~78).

그동안 '불법'적으로 연안 어장을 침탈했던 일본 어민들은 조선과 일련의 조약과 조치가 시행되자 마음놓고 한반도 연안을 '합법'적으로 드나들게 되었다. 총과 칼을 지참하고 한반도 남해안에 수시로 출몰하여 약탈하듯 어획한 일본인들의 '밀어(密漁)' 혹은 '왜구'적인 어로행위는 조일통상장정이 체결되면서 명목상으로 합법화되었다(장수호, 2004: 56). 조일통상장정 체결과 동시에 조선에 출어하는 일본인의 범법 행위에 대한 처벌이 조선인 관리가 아닌 일본인 영사관이 처리하도록 규정되면서 일종의 치외법권까지 인정되었다(박구병, 1975: 214). 치외법권이 인정되자 한반도 해안지역을 드나들며 어자원을 불법으로 약탈하고 포획하는 일본 어민들의 '밀어' 행위가 근절되기는커녕 오히려 조장되었다.

청일전쟁 이후 일본은 조선 땅에서 청나라의 세력을 제압하면서 조선의 해양을 완전히 장악했다. 이 무렵부터 일본 어민들은 조선해로 대거 진출하기 시작하였다. 1900년 10월 일본은 조선 정부에서 끝까지 고수하려 했던 경기도의 통어권마저 확보했다. 청일전쟁이 일어난 지 10년 뒤인 1904년에 발발한 러일전쟁을 전후로 수백 척의 일본 어선들이 북진하는 일본 군함을 따라 서해로 올라왔다(김문기, 2009: 101). 일본 군대에 어류를 공급한다는 빌미를 내세워 한반도 서해안으로 몰려들어온 일본 어선들은 제국주의 침략군의 후속부대와 다름없었다. 1904년 3월 일본은 자국 군대에게 어류를 공급한다며 평안도, 황해도, 충청도 연해에 자국 어선들의 출어를 요구하였다. 그 결과 일본은 동년 6월 4일 대한제국으로부터 이들 해역에 대한 통어권을 획득했다. 20년 기한이라는 단서 조항은 있었으나 사실상 이는 조선해에 대한 완전 개방이나 다름없었다. 이로써 일본은 한반도 전 연안에 대한 통어권을 장악하여 어업을 독점적으로 침탈하기 시작하였다.

## 3. 개항기 조선의 어업과 해양 방어

조선에서 개항 무렵까지 가장 많이 생산된 어종은 명태, 청어, 조기, 멸치, 새우, 대구 등이었다. 1908년에 발간된 『한국수산지』 제1권에 따르면 조선인들은 명태, 조기, 새우, 멸치, 청어, 대구 등을 주로 잡았다. 일본 어민들은 도미, 멸치, 삼치, 조기, 해삼, 전복 등을, 청나라 어민들은 갈치, 준치, 달강어, 조기, 새우 등을 어획하였다(한국수산지Ⅰ-1, 2010: 197). 당시 조선의 어구와 어법은 어전(漁箭), 어조(漁條), 어장(漁場), 어기(漁基) 등 어로를 막아 회유하는 물고기를 가두어 잡는 방식이 주를 이루었다. 그물어업으로는 중선망(中船網), 지인망(地引網), 주목망(柱木網), 정선망(碇船網), 건간망(建干網), 궁선망(弓船網), 망선망(網船網), 설망(設網), 분기초망(焚寄抄網), 자망(刺網), 거망(擧網), 휘라망

(揮羅網) 등이 사용되었다(박구병, 1975).

조선 정부는 어업을 수세의 대상으로 관리했다. 조선 전기에는 강이나 연안에 설치된 어전에서 주로 세금을 거두어 들였지만 후기에는 연안에 설치된 어전에서도 수세를 했다. 즉, 조선 후기에는 연안에서의 어선어업이 증가했음을 알 수 있다(이영학, 2000: 188). 그물을 짜는 재료로는 짚이나 마(麻) 등이 두루 쓰였으나 일부에서는 면사(綿絲)가 사용되기도 했다. 개항 이후에는 공업용 면사가 대량으로 수입되어 그물을 만드는 제망용으로 사용되었다. 간혹 내수면 어업에는 명주실이 이용되기도 했으나 대개는 규모가 작은 어망이었다(김옥경, 1985: 6). 연안어업에 사용되던 어선 역시 조야한 수준이었다. 1866년부터 1868년까지 3차례에 걸쳐 서해안을 조사한 오페르트는 그의 저서 『금단의 나라 조선』에서 조선의 어선에 대해 다음과 같이 적어 두었다.

> "조선의 어선은 중국의 것보다는 일본의 어선을 닮았다. 그러나 조선의 어선은 구조가 조잡하여 널빤지들을 이어 나무못을 박아 외장을 만들었다. 배는 돛을 달고 있었지만 수심이 깊은데도 불구하고 갑판이 없었다. 단지 뱃전을 가로질러 연결하는 횡재(橫材)를 만들어 놓았으며 선창은 열려 있어 잡아 올린 물고기들을 그 안에 던져 넣는다." (오페르트, 2000: 152).

19세기 말 조선 연안을 탐사했던 오페르트는 조선의 어선은 일반적으로 규모가 작으며 선박 건조 방법도 유치하다고 기술하였다. 오페르트의 평가대로 19세기 말 조선의 어선은 보잘 것 없었으며 그 이후에도 사정은 크게 달라지지 않았다. 1908년 무렵 조선의 재래식 어선들은 돛을 여러 개 달아 조종하기에 편리하였고, 바닥이 평평한 평저선이라 수심이 낮은 곳에서 운용하기에 적합한 형태였다. 하지만 선박의 구조는 대체로 취약했는데, 선박을 건조할 때 판목에 대패질을 하지 않았으며 쇠못도 사용하지 않았다고 한다. 대패질을 하지 않았다는 점을 비춰 볼 때, 목재의 표면이 거친 것은 물론 판목과 판목 사이에 틈새가 생겨 어선이 종종 침수되었으리라 추정할 수 있다. 또한 쇠못을 사용하지 않았다는 점에서 판목들 사이의 이음새가 헐거워져 쉽게 벌어지거나 심한 경우에는 어선이 침몰될 수도 있었을 것이다. 어선에서 사용하던 어구들은 종류는 많았으나 대부분의 어법이 복잡하지 않고 간단해서 그 구조는 조악했다. 일반적인 단순 어법과 달리 드물게는 지세와 조류를 이용한 세련된 어법도 있었다. 강원도의 지예망, 경상도의 어장, 전라도의 어전, 주목, 설망, 중선, 궁선 등이 그것이다(한국수산지 I-1, 2010: 183~184).

조선시대 어민들의 신분은 비천했으며 생활수준도 아주 열악했다. 개항기 이전 조선에는 어전 혹은 어기와 같은 정치(定置) 어업이 늘어나면서 어장의 사적 점유가 증가하고 있었다. 조선 후기에는 대규모 어업이 발달하여 자본제적 어업이 전개되기는 했으나 일부 지역의 특정한 어업분야에 한정되어 있었으며 그나마 소수의 부호나 상인이 독점하는 형태였다. 대부분의 어민들은 신분적으로 예속된 상태에서 노동력을 공급하고 있었다(박구병, 1975: 184). 어민들은 어장 사점자로부터 가혹하리만큼 높은 어세를 부담했을 뿐 아니라 국가로부터 세금을 징수당하고 지방 관리들의 가렴주구에도 시달리고 있었다. 1894년 겨울부터 1897년 봄 사이 네 차례에 걸쳐 조선을 여행했던 비숍 여사는 당시 조선 어민들의 모습을 다음과 같이 묘사하였다.

> "내가 지나갔던 모든 어촌에 정박하고 있는 어선이 7~12척 정도 있었다는 것을 밝혀야겠다. 이것들은 먼 바다를 항해하기에 알맞지 않는 작은 배들로 바다 위에 있는 한국의 어선들이 해안에 바짝 붙어 있을 수밖에 없는 것이 놀랍지 않다. 어업이 노동 집약적이고, 확실히 안정적이지 못한 상태에 처해 있는데다 관리들의 수탈까지 심하다는 점에서 다른 산업과 균형을 이루고 있다고 생각된다. 한국 어부들은 아무런 구실도 없이 수탈당할 것이 뻔한 돈을 굳이 벌려고 들지 않고 다른 생산 계급 일반과 마찬가지로 가난을 방패막이로 삼고자 한다." (비숍, 1994: 188~189)

19세기 후반까지 조선의 어선들은 먼 바다로 나가 조업할 수 있는 규모가 아니었으며, 어업 활동은 노동 집약적이고 생산성은 불안정한 상태였다. 한마디로 말해 조선의 어업은 수익의 불안정성과 관리들의 가렴주구로 인해 발전은커녕 경제적인 마비상태에 있었던 것이다. 비숍은 열악한 상황에 처한 어민들이 수탈에서 벗어나기 위해서는 털어갈 것이 없는 상태, 즉 빈곤에서 보호를 찾는 길뿐이라고 역설하였다. 이처럼 조선시대의 어민은 그 신분이 '천민'(賤民)에 해당되지는 않았지만 거의 천민과 같은 취급을 받았다(김옥경, 1985: 13).

조선의 어업과 어민의 수준이 열악한데도 어장은 개방되었다. 1883년 조일통상장정이 체결될 무렵 조선의 어업은 일본의 어업과 경쟁할 수 없을 정도로 초라했다. 조선의 어민들은 어로 기술과 설비, 그리고 어선들이 제대로 구비되지 않은 상태에서 상대적으로 발전된 어구를 장착하고 새로운 어법을 가지고 들어온 일본 어민들과는 애초부터 경쟁 상대가 되지 못했다. 결국 조일통상장정으로 어장이 개방된 지 12년 만에 일본 어민들이 조선의 어업을 완전히 장악하고 말았다. 이와 같은 사정은 1894년 청일전쟁 직후 발간된 『조선기문』(朝鮮紀聞)에 개괄되어 있다.

> "조선 연해 지방에서 일대 이익의 근원은 어업이다. 그 나라는 천연의 반도로 해안선이 길고, 섬이 많아 어업을 행하기에 자못 많은 천혜(天惠)를 지니고 있다. 때문에 그 어획의 방법이 아직 유치함에도 불구하고 해마다 수익은 실로 백만 원 이상이라고 한다. 그럼에도 이 막대한 이익을 조선인이 가지는 것이 아니라 전부 일본인의 소유로 귀착되는 일은 매우 괴이하다고 할 만하지만, 실제 이 나라 사람들은 목재가 모자라 작은 배를 만드는 것조차 쉽지 않다. 따라서 어선을 만들 수 없기 때문에 함경·강원·경상·전라·각도 연해의 어업 이익은 모두 일본인의 손에 넘어가서 이 나라 사람들은 오히려 공급을 일본인에게 바라고 있다." (鈴木信仁, 1894: 244~245 재인용; 김문기, 2009: 90)

청일전쟁에서 패한 청나라는 그 영향력이 급격히 쇠퇴하여 서해의 제해권은 일본이 장악하게 되었다. 1894년 7월 조선 정부가 조청무역장정을 비롯해 청나라와 맺은 모든 조약을 파기하자, 조선 해역에서 청나라 어민들이 어업을 할 수 있는 법적인 근거가 사라졌다. 1882년 조청무역장정 체결로 조선 해역에서 '합법'적으로 조업을 하던 청나라 어민들은 1894년 이후 다시 '밀어(密漁)' 형태로 되돌아갔다. 일본이 서해를 횡행하던 청나라 어민들을 몰아내고 그 자리를 차지했다. 이로써 조선의 바다는 일본의 독점적인 지배 아래 놓이게 되었다.

한편, 1800년대 말 조선의 해안방어 수단 및 군사력은 아주 형편없었다. 조선 정부는 해양방어를 엄두조차 내지 못했으며 해안에 설치된 성과 진을 방패삼아 겨우 해안을 방비하는 수준이었다(장학근, 1985: 91). 당시 군대의 모습은 강화도 수비대의 무장상태를 통해 어느 정도 유추할 수 있다. 다음은 1866년 6월 강화도에서 오페르트가 목격했던 강화도 수비대의 모습이다.

> "호위병들의 무장 정도는 무척이나 빈약했다. 창과 화살이 모두였을 뿐이었고 칼이나 화승총조차 구경할 수 없었다. 그 고위 관리 바로 옆에 있던 단 한 사람만이 특이하게 생긴 총 한 자루를 들고 있긴 했지만 그는 손에 위협적인 무기를 가지고 있다는 사실을 별로 뿌듯하게 여기지 않는 듯 했다. 그 총은 상당히 다루기 불편하고 거추장스러워 보였다. 땜질을 해서 접합한 세 개의 총열이 끝부분에서 동그랗게 모여 있는 모양새를 보니 아주 구형의 리벌버같았다. 1.5피트 정도 되어 보이는 총열은 적당한 크기의 탄약이 들어갈 것 같았는데, 그가 불붙은 성냥을 손에 들고 있는 것으로 보아 아마도 장전되어 있는 듯했다. 더구나 그 총의 수명은 굉장히 오래되어 보였는데, 먼지가 두껍게 앉아 있는 것으로 봐서 아마도 몇 년 동안 창고에 처박혀 있다가 오늘에야 세상 밖으로 나온 것 같았다." (오페르트, 2000: 204)

조선에서는 한양의 인후(咽喉)라 할 수 있는 강화도 수비대조차 무장상태가 허술하기 짝이 없었다. 강화도의 수비대는 왕궁 근거리에 있어 군대 중에서도 그나마 제대로 무장된 병사였을 텐데도 그 수비대가 소지한 무기가 창과 활, 그리고 오래된 총뿐이었다는 사실은 조선의 무력함을 그대로 보여준다. 수비대가 들고 있던 총은 오래되고 관리조차 제대로 되어 있지 않아 격발조차 의심스러운 상태였다. 무장 상태가 이렇듯 열악하니 수비대는 그저 상륙하는 외적을 상대하기에 바쁠 뿐 해양방어는 엄두조차 내지 못했다. 이양선과 마주했던 조선 수군의 주무기는 풍력과 인력으로 움직이는 범선, 그리고 사정거리가 300~400보였던 대완구포(大碗口砲)와 800보의 철통(鐵筒)이 고작이었다(장학근, 1985: 91).

일본이 한반도의 어장 침탈을 위해 범정부 차원에서 조직적으로 치밀하게 준비하고 대응했던 반면, 조선은 오히려 수군을 해산하고 통제영을 폐지하여 해양을 수호할 최소한의 방책마저 없앴다. 상황이 이런데도 왕실과 고위관리들은 국유지였던 도서지역의 어장 혹은 어기의 관할권을 두고 다투고 있었다. 지방에서도 사정은 별반 다르지 않았다. 보호는 뒷전이고 강제 노역을 시키거나 세금만 걷어가는 조정과 관료들을 어민들은 신뢰하지 않았다. 도서지역 주민들이 정부를 믿지 못했다는 정황은 거문도에 기항했던 러시아 함대에 대한 보고를 일부 위조하거나 누락했던 사실에서 잘 드러난다(곽영보, 1986: 72).

19세기 후반 조선 전역에는 가혹한 징세와 관리의 부패가 만연해 있어, 곳곳에서 폭동이 발생하고 난민도 점차 늘어나고 있었다. 탐관오리의 가렴주구에 시달리던 농민들의 분노는 동학혁명으로 폭발되고 말았다. 동학혁명이 일어나자 이를 제어할 능력이 없었던 조정에서는 청나라와 일본을 끌어들였다. 하지만 동학혁명이 일단락되었는데도 파병된 청국군과 일본군은 철수하지 않고 서로 주인 노릇을 하려 들었다. 청나라와 일본이 자국의 군대 주둔을 통해 조선을 장악하려는 심각한 위기 속에서도 조정의 관료들은 자신들의 안위에 급급해 하면서 이해

관계에 따라 파벌을 조직해 나라를 혼란에 빠뜨렸다. 이렇듯 관료들의 부패와 기강해이로 점철된 조선 정부였기에 자국의 어민보호는 물론이거니와 외세의 어장침탈에 눈을 돌릴 겨를이 없었다.

1882년 임오군란 이후 조선의 해안 방비는 청나라의 수중으로 넘어갔다. 청나라는 1882년 조청무역장정을 강요하여 군함의 연해 순찰권 및 정박권을 확보했다. 조청무역장정 제7관에는 다음과 같은 내용이 포함되어 있다.

> "오늘 조선에는 군사용 기계배나 상업용 기계배가 없으므로 조선 국왕은 북양대신에게 제기해 잠정적으로 상업국의 기계배를 달마다 한 번씩 정기적으로 내왕하도록 하며, 조선 정부에서는 배의 마모금으로 약간의 금액을 덧붙이도록 한다. 이밖에 중국의 군함이 조선의 바다 기슭에 와서 순행하는 동시에 각 지방의 항구에 정박해 방어를 도울 때 지방 관청에서 공급하던 것을 일체 취소한다." (최덕수 외, 2010: 116).

1880년대 조선에는 병선과 상선 가운데 윤선(증기선)이 단 한 척도 없었으며, 바다를 수호할 수군은 병력마저 미약하여 청나라에 의존하고 있었다. 조선은 청나라에 해양방위를 위탁하고, 연안의 포대에 근접하는 이양선을 방비하는 정책으로 제한하였다. 이와 같은 구상은 1884년 1월 기연해방영(畿沿海防營)의 설치로 구체화되었다(조세현, 2013: 227). 조선의 해안 전역에 이양선이 빈번하게 출몰하고 있는데도 경기도 근해를 지키는 관청(기연해방영)이 우선적으로 설치되었다는 사실은 당시 조정의 주요 정책이 해양방비와 어민보호보다는 왕궁과 왕실 보존이 우선이었음을 보여주는 단적인 예이다.

조선은 해양방비를 위한 신식 군함은 물론 해운을 담당할 상업용 기선조차 없었으며, 세곡미 운송과 관료들의 출장마저 외국 기선에 의존하고 있었다. 조선은 봉건적 조운체계의 모순을 해결하고자 정부차원에서 해운체계를 몇 차례에 걸쳐 개편하였다. 1883년 최초로 기선해운이 도입되었지만 정부 주도의 해운경영은 곧바로 위기에 봉착했다. 1883년부터 1886년까지는 통리교섭통상사무아문에서, 1886년부터 1892년까지는 전운국에서, 1893년부터 1895년까지는 이운사에서 기선해운을 관장했다. 1895년부터 1901년까지는 외국회사의 위탁경영체제로 전환되었다가 러일전쟁 이후에는 일본이 조선의 해운업을 장악하게 되었다(손태현, 2011: 92).

조선 정부는 초기에 외국의 기선을 빌려 해운을 주도적으로 경영하였다. 하지만 국제적인 상거래 방식과 서구의 계약체계에 미숙했던 조정과 관료들은 지나치게 높은 용선료를 지불한 탓에 결국 경영부실을 초래했다. 이에 조정은 기선을 직접 구매하여 운영하는 방식으로 경영 방향을 선회했다. 정부 차원에서 도입된 기선으로는 해룡호(海龍號), 조양호(朝陽號), 창룡호(蒼龍號), 현익호(顯益號), 이운호(利運號) 등이 있었다. 하지만 기선을 도입할 재정적 여력이 없었던 조선은 그 비용을 차관에 의존했다. 기선을 구입한 뒤에도 이를 운용할 내국 출신의 선장과 승무원이 없어 해기사는 물론 일반 해원까지 고임금을 주고 외국인을 고용할 수밖에 없었다. 또한 이미 노후선으로 판명된 선박을 고가에 구매하고도 정해진 기한에 상환금을 지불하지 못해 높은 상환 수수

료까지 물어야 했다(나애자, 1998: 94).[4] 선박 구입에 필요한 재원 마련 및 철저한 경영 전략 없이 구입된 기선들은 제대로 운용되지 못하고 불과 몇 년 뒤 외국회사에 맡겨져 위탁방식으로 경영되다가 결국은 처분되었다. 외국 기선이 지방의 세곡미를 운송하던 당시의 상황은 오횡묵이 기록한『함안군총쇄록』을 통해 어느 정도 짐작할 수 있다.[5] 1889년 말 함안에서는 세곡미를 마산포까지 운반하여 그곳에서 하적한 세곡미를 외국 기선에 실어 서울로 보냈다.[6] 통제영의 관리들 역시 서울로 출장을 갈 경우, 마산이나 부산에서 인천으로 가는 기선을 이용하였다.

한편, 조선 정부에서도 해안 방비를 위해 몇 번의 개선책을 강구하기도 했다. 대원군과 고종은 해안을 방비하고자 여러 번 제도를 개선하고 기구를 설치하려 하였다. 하지만 당시 조선의 해안 방비는 경기도 연해, 즉 수도권에 치우쳐 있어 일본, 러시아, 미국 등이 각축을 벌이던 남해안에 대해서는 별다른 조처가 없었다. 게다가 조선 정부의 수도권 방비를 위한 자구책은 청나라와 일본의 견제 혹은 간섭으로 제대로 된 군사제도조차 운영할 수 없었다. 오히려 잇따른 군제 개편 및 잦은 군

4 1887년 57,400원에 창룡호를 구입했지만 상환기간을 제대로 지키지 못해 이자가 누적되었다. 1892년 청나라의 차관으로 도합 16만 원을 지불하고서야 창룡호의 소유권을 이양받았다. 조선 정부가 최종 지불한 액수는 구입 당시 창룡호 가격의 3배 정도였다(김정기, 1982: 112). 1887년 구입 당시 선명은 광제호였지만 1888년 창룡호로 개명되었다.

5 『함안군총쇄록』에 등장하는 윤선(輪船)으로는 창룡선(蒼龍船), 해룡환(海龍丸), 현익선함(顯益船艦) 이외에도 일본기선 금강환(金剛丸)과 미장환(尾張丸), 그리고 독일인 선장이 타고 있었던 윤선(輪船) 등이 있다.

6 1889년 12월 8일 세곡미 적재를 감독하기 위해 마산에 왔던 함안군수 오횡묵이 승선하여 관찰했던 창룡호의 모습은 '눈이 동그래지고 입이 벌어질' 정도였다(함안군총쇄록 상, 2003: 702~704).

사 교체로 병사들 간의 갈등이 고조되고 재정이 낭비되는 등 곳곳에서 부작용이 발생하였다. 1881년부터 1894년까지 조선의 군제는 기존의 군제를 유지하면서도 한편으로는 청나라 군제와 일본식 군제가 혼용되어 있었으며, 군사훈련을 지도할 교관 또한 일본교관, 청국교관, 영국교관, 미국교관 등으로 자주 교체되어 일관된 체제를 갖추지 못한 채 시행착오를 거듭했다(배항섭, 2001). 이렇듯 조선(대한제국) 정부는 자국의 방비를 담당할 군사제도를 정비하는 데도 주도적인 역할을 하지 못하고 외세의 입김에 따라 조변석개하는 형편이었다.

1880년대 조선의 해안 방비 강화 정책은 청나라의 군제를 따르려는 온건개화파와 일본을 모방하려는 급진개화파 사이에서 오락가락하였다. 온건개화파가 청나라에 유학생을 보내 군함 건조술을 습득하여 자력으로 군함을 건조하려고 했던 반면, 급진개화파는 일본에 신사유람단을 파견해 군함을 구입하여 일거에 해군력을 강화코자 했다. 그러나 해방 강화를 위한 개화파의 노력은 무위에 그치고 말았다. 청나라로의 유학생 파견은 유학생 선발이 적절치 못했으며, 무엇보다 예산이 뒷받침되지 못했다. 일본에서 군함을 구입하려 했던 신사유람단 역시 내부의 불화와 일본의 간계로 성사되지 못했다. 이런 와중에 임오군란이 발발하여 조선의 해양방어는 청나라에 의존하게 되었다. 청나라는 해양방어를 구실로 조선을 실질적으로 지배하려 했을 뿐 아니라, 일본의 군사력 침투를 차단하기 위해 조선을 견제수단으로 삼았다. 조선은 '도둑을 지키기 위해서 이리를 기르는 격'(장학근, 1985: 104)이 되어 정치적, 경제적, 군사적으로 청나라의 지배를 받게 되었다.

이후에도 조선은 수차례에 걸쳐 여러 나라에 군함 도입을 타진했다. 1887년에는 독일의 무역상 세창양행(世昌洋行)을 통해 군함 구입 교섭을 의뢰했으며, 1891년에는 영국으로부터 군함을 도입하려고 시도하였다. 군함 도입은 모두 성사되지 못했지만 조선 정부는 군함 구매 시도와 더불어 해군력 강화를 추진하였다. 1893년 기연해방영을 근대식 해군으로 전환시키는 작업에 착수했다. 청주에 있던 통어영을 남양부로 옮겨 해군통어영으로 개편하였다.

또한 조선 정부는 근대식 해군 창설 및 해군장교 양성을 위해 강화도에 해군사관학교를 개설하여 영국에서 교관을 초빙하고 수병 300명을 선발해 해군체제를 갖추었다(김재승, 2000: 30). 그러나 해군 창설에 소요되는 비용을 차관에 의존하면서 예산상의 어려움을 겪었을 뿐 아니라 조선을 식민지화하려는 일본의 치열한 방해공작으로 해군사관학교는 개교 1년 만에 폐교되고 말았다. 청일전쟁에서 승리한 일본은 해군사관학교를 폐쇄함으로써 해군력을 강화하려는 조선의 시도를 철저히 차단시켰던 것이다. 해안 방비를 위한 조선의 해양방어 및 군사력 증강 노력은 정부 스스로의 무능과 외부의 방해 속에 무위로 끝나고 기존의 군대마저 해산되고 말았다.

1894년 청일전쟁 이후 조선의 군대, 특히 수군은 해체의 길로 접어들었다. 1895년 7월 칙령에 의해 삼도수군통제영이 폐지되어 전국에 산재해 있던 병영, 수영, 진보 등이 일시에 문을 닫았다. 통제영 폐지로 그나마 남아있던 조선의 수군은 완전히 무력화 되고 말았다. 통제영 폐지 이전에도 수군은 위로는 통사를 위시하여 아래로는 말단 관리에 이르기까지 탐학과 부패가 만연해 있었으며, 해안 방비라는 본연의 임무를 담당하기에는 전함과 병력이 너무나 초라했었다(통영시지 상,

1999: 258). 하지만 이런 통제영조차 폐지되자 조선의 바다는 그야말로 무인지경이 되어 버렸다. 조선 정부가 적의 공격에 전혀 힘을 쓸 수 없는 무방비 상태가 되자 어민들은 일본 정부의 후원과 군대의 보호를 받으며 물밀듯이 몰려드는 일본 어민들을 제대로 상대할 수가 없었다. 조선 어민들이 산발적으로 저항은 하였으나 조직적이지 못했을 뿐 아니라 지역 차원에서 그치고 말았다(이영학, 1995: 167, 175; 강재순, 2011: 144~146). 하지만 조선 어민들의 산발적인 저항마저 시간이 지나면서 점차 사그라졌다. 한마디로 일본 어민들의 경계 침범과 약탈에 속수무책으로 당할 수밖에 없었던 것이다.

조선의 해군력이 이와 같은 상황인데도 정부의 해군력 강화 시도는 현실과 걸맞지 않는 엉뚱한 모습으로 전개되었다. 1903년 일본 미쓰이물산(三井物産)으로부터 군함 양무호(揚武號)[7]를 구입한 것이다. 양무호는 원래 1888년 영국에서 건조된 화물선(선명 Pallas)이었다. 1894년 일본 미쓰이물산이 영국의 화물선을 25만 원에 구입하여 석탄운반선(선명 勝立丸:가치다테마루)으로 사용하다가 군함으로 개조해 조선에 판매하였다. 하지만 석탄운반선 가치다테마루는 군함으로 개조되기 이전부터 석탄 소비량이 많고 선령이 오래되어 '불량기선'으로 판명된 선박이었다. 석탄운반선에서 군함으로 급조된 탓에 군함으로써의 활용도가 희박했던 선박을 조선 정부에서 무려 55만 원에 구입해 양무호로 개

7 고종이 화물선을 급조한 군함을 직접 '양무호'라고 명명했다고 한다. 1903년도 조선 정부의 해관수입이 총 143만 2천 원이었으며, 탁지부의 상반기 지출 총액이 173,913원이었다. 국가의 재정 상태가 열악한데도 55만 원이라는 거금을 투입하여 용도가 불분명한 '군함'을 구입했다는 사실은 당시 조선 정부의 무능을 단적으로 보여준 실례라고 할 수 있다.

칭까지 한 것이다. 양무호를 도입할 당시 조선에는 해군과 해군사관학교가 이미 폐쇄되어 군함을 움직일 수 있는 해군력이 전무한 상태였다. 심지어 군함을 구매할 자금조차 마련되어 있지 않았다. 그런데도 서둘러 양무호를 구입했던 주요 목적은 고종의 즉위 40주년을 맞이하여 축포를 쏘아 올리기 위해서였다. 해군력 강화가 아닌 고종의 축하식에 사용코자 무리하게 구매된 양무호는 도입 이후 줄곧 인천항에 계류되어 있다가 러일전쟁이 발발하면서 일본군의 화물선으로 투입되었다. 자국의 해양 방위에는 단 한 번도 이용되지 못한 채 계류 상태에 있었던 양무호는 무단으로 일본군의 수송선으로 운용된 것이다. 러일전쟁 이후 군함으로써의 용도가 전무했던 양무호는 선원교육을 위한 해원양성소로 잠시 사용되었다가 1909년 공매를 통해 일본 상인에게 팔렸다.[8] 다시 가치다테마루(勝立丸)로 선명이 바뀌어 중국과 일본 사이의 항로를 오가는 화물선으로 사용되다가 1916년 동지나 해역에서 침몰했다(김재승, 2000: 제2부 참조). 양무호의 구입부터 처분까지의 과정을 돌이켜 보면, 해양 방어의 실패는 전적으로 무능한 정부와 부패한 고위 관리, 그리고 이를 악용한 일본의 간악한 세력이 만들어낸 결과임을 알 수 있다.

## 4. 어업이주와 이주어촌 건설

일본 정부는 한반도 어장침탈을 위해 먼저 외부적으로는 조선과의

8 양무호는 1909년 11월 일본대판원전상회에 42,000원에 낙찰되었다(대한매일신보, 1909.11.11.).

조일통상장정 및 조일통어장정과 같은 조약을 통해 어장침탈의 합법성을 확보했으며, 내부적으로는 정부 차원에서 원양어업을 후원할 수 있게끔 법령을 정비하였다. 1897년 〈원양어업장려보조법〉을 발포(發布)하면서 일본은 '조선해' 침식의 발판을 마련했다. 원양어업장려보조법의 발포로 한반도 연안으로 출어하는 일본 어민들은 정부로부터 교부금을 받을 수 있게 되었다. 1900년 〈한해통어조합〉이 설립되어 여권 없이 조선으로의 도항이 가능해져 일본인들의 이주가 점차 늘어났다(神谷丹路, 1990: 81). 특히 일본인들은 한반도 연안에서 무역항이자 군사적 요충지였던 부산, 원산, 마산, 인천 등을 어업근거지로 주목하였다.[9]

1902년에는 〈조선해통어조합연합회〉를 결성한 다음 그 본부를 부산에 두어 조선해에서의 일본인 어업을 국가에서 직접 관장하였다.[10] 1900년 1월 〈가가와현조선해통어조합〉 설립을 필두로 동년 10월까지 일본 전역에서 15개 조선해통어조합이 결성되었다. 하지만 조선해통어조합연합회는 대다수 회원조합이 실질적으로 발족되기 전인 1900년 5월에 설립되었다. 연합회가 회원조합보다 먼저 발족되었다는 것은 조선의 바다를 침탈하고자 하는 일본 정부의 현실적 필요가 그만큼 절실했음을 보여준다(장수호, 2011: 421). 연합회의 업무는 조선해 입어와 관련된 제반 사항을 관장하는 일이었으나 무엇보다 조선을 침략하려는

9 1907년 한국 정주 일본인은 총 20,418호에 77,932명이었으며, 그중 어업정주자는 총 602호에 3,102명이었다. 일본인 어업자 가운데 경상남도에 328호 1,130명이 거주하고 있었으며, 장승포에는 66호 330명이 정주하고 있는 것으로 조사되었다(장수호, 2011: 453).

10 일본 전역에서 한반도로 출어한 어선 수는 1902년 1,394척에서 1910년에는 3,943척으로 급격하게 늘어났다(후루타 에츠조, 2001: 46).

정책지원 기관으로서의 역할이 컸다. 1903년 지방정부에서 설립한 소선해통어조합 및 그 연합회는 발전적으로 해산되고 대신에 조선해수산조합이 설립되었다.

일본은 러일전쟁을 전후로 부산 영도(절영도), 울산 방어진, 거제 장승포 등지에 본격적으로 식민 이주어촌을 건설하기 시작하였다. 1910년 1월 당시 세 곳의 호구 수는 각각 227호 862명, 135호 550명, 120호 400명이었다(다카사키 소지, 2006: 88~89). 한반도에 식민 이주어촌을 대대적으로 건설하게 된 배경에는 전략적인 이유도 있었지만 일본 국내의 어업환경과도 밀접한 관련이 있다. 당시 일본은 세토(瀨戸)내해를 비롯한 연안 어장의 어자원이 고갈되었을 뿐 아니라 어촌의 인구는 포화상태가 되어 내부에서 인구 송출압력이 팽배해졌다(여박동, 2002: 123~124). 러일전쟁에서 승기를 잡은 일본은 1904년 6월 강제로 조일통어장정을 개정하여, 종래 입어금지 구역으로 남아 있던 평안도, 황해도, 충청도, 경기도의 연해 어장을 개방토록 했다. 이로써 일본은 조선의 모든 바다에서 입어할 수 있는 권리를 획득했다.

일본 정부는 1905년 3월 원양어업장려법을 전면 개정하고 동시에 원양어선 검사규정 등을 공포하여 원양어업을 적극 지원하는 한편, 영세어민의 출어 및 이주자 지원책을 강화했다. 원양어업법 장려책에 따라 종래의 단순 입어에서 어업이주를 장려하는 쪽으로 선회했다. 또한 지방정부 차원에서 자의적으로 수행하던 입어장려 사업을 일본 정부의 정책과 연계하여 통일된 방식으로 추진하게 되었다. 일본 정부의 일관된 어업정책은 한반도의 식민기지화였다. 그러나 국가 차원의 조선해어업 장려정책에 앞서 일본의 지방정부에서 먼저 어업이주를 장려하는 보조 사업을 실시했다. 1890년 후쿠오카현과 오이타현을 시작으로, 1895년에는 가가와현, 구마모토현, 오사카부, 아이치현, 에히메현, 히로시마현이 뒤를 이었다. 1897년부터 1900년까지 야마구치, 사가, 미에, 오카야마, 지바, 도쿠시마, 시마네, 나가사키, 가고시마, 와카야마 등 10곳의 현(縣)이 한해입어 장려사업을 실시했다. 한편, 1900년대 이전부터 지방정부에서는 이미 한반도 현지에 정주하거나 이주하려는 사람들에게 정착보조금을 지원하였다. 또한 어선과 어구를 비롯하여 조난 구조 및 선원가족에 대한 구호금을 보조하기도 했다(장수호, 2011: 386~388).

1903년 조선해수산조합이 발족되면서 한반도 연안에 어업근거지를 건설하려는 일본 정부의 계획이 본격화되었다. 조선해수산조합에서는 1904년 '어업근거지이주규칙'을 발표해 일본인의 이주 자격을 구체화했다.

> 어업근거지에 이주하려는 자는 어떠한 지방민에 상관없이 다음 각 항에 해당하는 자격을 가진 자에 한 함. ① 만 22세 이상 50세 미만 남자로 품행방정하고 체격 건강하고 처자와 함께 이주할 수 있는 자. ② 폭 5척 이상의 어선 및 본 조합이 지정한 어구를 소유하고 종업원 2인 이상을 사용할 수 있는 자. ③ 최근 3년 이상 어업에 종사한 자. ④ 만 5년 이상 거주할 것을 약속한 자. ⑤ 본인은 물론 가족 종업원이라 하더라도 전과자가 없는 자. (김수희, 2010: 62)

조선해수산조합에서는 이주어민의 형식상 자격요건을 엄격하게 제한했지만, 실제 한반도에 이주했던 일본 어민들 중에는 무뢰배와 다

릅없던 무리들이 많았다(김수희, 2005: 133). 일본 어민들이 총과 칼을 소지한 채 무단으로 어장을 침탈하거나 주민들에게 행패를 부리는 일이 잦아지면서 이들과 조선 어민들 사이에는 크고 작은 충돌이 발생했다. 침탈과 행패를 자행하는 일본 어민들에 대한 조선 어민들의 대응 양상은 어업기지의 대여 거부와 같은 소극적인 저항에서 결사 항쟁에 이르기까지 다양했다(박광순, 1994). 하지만 어민들의 저항은 대개 개인적 혹은 지역적 차원에 그쳤으며 국가적 차원에서의 대응은 아주 미미했다(강재순, 2011: 144~146). 반면, 한반도 연안에서 합법적 혹은 불법적 방식으로 어장을 침탈했던 일본 어민들은 일본 정부와 군대의 보호를 받고 있었다. 일본은 군함을 민간인에게 대여하거나 어민 보호를 명목으로 군함을 어장까지 파견하기도 했다(장수호, 2009: 38; 김수희, 2004: 51).

한반도 연해로 출어하려는 일본 어민들은 자력으로 혹은 지방정부의 후원으로 각종 입어조합을 구성하여 원양출어에서 발생할 수 있는 위험과 재난을 예방하는 대책을 마련하였다. 이에 1911년까지 19곳의 지방정부에서 73개의 입어단체를 조직했다. 최초의 입어단체는 1883년 결성된 후쿠오카현의 지구도미수산조합(築豊水産組合)과 야마구치현의 고쿠시우라통어조합(小串浦通漁組合)이었다. 러일전쟁 이후 입어조합의 수가 급증했으며, 지방 정부별로 그 규모와 숫자에서 차이가 있었다. 이들 입어조합은 한반도 연안 곳곳에 어업근거지를 설치했다. 1911년 한반도 연안에 설치된 어업근거지는 대략 113개소로 경남 47개소, 부산 27개소, 경북 12개소, 전남 7개소, 전북 7개소, 강원도, 제주도, 경기도, 평안도 각 3개소, 충남 1개소 등이었다. 어업근거지의 70% 이상이 일본에서 가까운 경상남북과 부산 지역에 집중되어 있었다. 이들 어업근거지는 일시적인 조업근거지가 아니라 입어자의 장기 정주지 또는 이주어촌으로 발전하는 모체가 되었다(장수호, 2011: 391~395).

일본 어민들의 한반도 어장 진출은 일본 국내에서 점증하는 어로 경쟁과 치솟는 어획물 수요에 대한 해결책이자 탈출구였다. 1902년 어업법 제정 이후 한편으로는 어장과 어업권에 대한 법적 제한이 가해지고, 다른 한편으로는 어민들 사이에서 연안 어장을 둘러싼 충돌이 빈번해지자 조선해로 출어하는 어선이 증가하기 시작하였다. 1904년 통어규칙이 개정되어 조선의 전 연안이 개방되었다. 1905년에는 원양어업장려규정에 따라 한반도로의 어업이주가 장려되어 일본 어민들에게 이주장려비도 지급되었다. 지방정부 차원에서도 한반도로 이주하려는 어민들에게 보조금을 지불하면서 일본 중앙정부는 이주어촌을 건설할 수 있는 제도적 장치를 마련하였다. 일본 어민들이 개별적으로 한반도 연안에 정착하기 시작한 것은 오래되었지만, 러일전쟁의 승리를 계기로 일본은 어민들의 집단적 이주를 정부 차원에서 적극 장려했다(김수희, 2005a: 125). 특히 1906년 통감부가 설치된 이후로는 일본 어민들의 한반도 이주가 가속화되었다.

러일전쟁 이전까지는 조선 정부에게 조심스레 조약 체결을 요구했던 일본은 러일전쟁을 계기로 강압적인 자세로 돌변하였다. 러일전쟁이 시작되던 1904년 2월 일본은 한국과 〈한일의정서〉를 체결해 한국을 자신들의 세력권으로 편입시켰다. 한일의정서 제4조의 규정에 의해 한국은 '사실상' 일본의 속령이 되었으며, 동년 8월 〈한일협약〉이 체결된 이후로는 한국에 대한 일본의 내정간섭이 시작되었다. 1905년 제2차 한일협약(일명 '을사보호조약')을 통해 일본은 한국의 외교권을 박탈했으며, 제2차 한일협약에 의거해 1906년 통감부를 설치하여 식민지 통치체제를 구축했다. 통감부는 식민지 통치에 필요한 자료를 확보하기 위해 각 분야에 걸쳐 조사사업을 실시하였다. 한국 정부의 농상공부 예산을 받은 통감부와 조선해수산조합이 합동으로 전국 연해의 수산분야에 대한 전수조사에 나섰다. 1908년 2월부터 11월까지 약 10개월에 걸쳐 전수조사를 하고 이듬해부터 보완 조사를 하면서 자료들을 정리하는 등 3년 동안 사업을 수행했다. 그 결과물이 바로 『한국수산지』(전 4권)이다.

일본은 1908년 〈한일어업협정〉을 제정하고 시행하여 조선의 해양과 어업을 완전히 '병합'했다. 동년 10월 〈한일양국신민의 어업에 관한 협정서〉를 체결해 일본 어민에게 치외법권을 부여했으며, 11월에는 〈한국어업협정〉의 후속조치로 〈한국어업법〉과 〈어업법시행세칙〉을 제정해 발포하였다. 〈한국어업법〉과 〈어업법시행세칙〉에 따라 일본 어민들은 통어의 범위를 넘어 한반도 연안에서 어업을 할 수 있는 합법적인 '권리'를 보장받게 되었다. 일본의 일방적이고 강압적인 어업법 제정으로 왕실과 양반들의 독점물이었던 어장이 개방된 것이다. 공포된 어업법에는 어업 허가 대상 자격이 조선 거주자로 제한되어 있었기 때문에 그동안 조선해에서 통어를 하던 많은 일본인들이 이주어촌 경영으로 전환했다.

1907년 제3차 한일협약을 체결해 조선의 신식군대를 해산하고 일본군을 증강 배치했던 일본은 마침내 1910년 8월 조선을 강제로 '합병'하여 식민지로 삼고 말았다. 1910년 이후 여러 차례의 법적·제도적 장치와 일본의 중앙정부 및 지방정부의 후원으로 한반도에 정착하려는 어민들이 급속도로 늘어났다.[11] 일본인의 대규모 어업이주가 발생한 배경에는 한편으로는 1880년대 일본 국내의 불황과 자연재해 발생으로 인구 송출압력이 커졌으며, 다른 한편으로는 새로운 어장 개척 및 증가된 인구압을 줄이기 위한 일본 지방정부의 적극적인 후원이 있었다.[12] 예를 들어, 1897년 오카야마 현에서는 원양어업 장려규정을 제정하여 조선해로의 출어를 현 차원에서 주도하였다. 특히 히나세(日生)는 오카야마현과는 별도로 어촌장려법을 제정하고 어업조합을 설립하는 등 조선해로의 출어를 어촌 전체의 사업으로 확장하였다.[13] 초기 한반도 연안에서 불법적으로 혹은 합법적으로 조업하던 일본 어민들의 어선과 어로방식은 다양했다. 초기에는 자국인 일본에서 사용하던 어법과 어망을 가지고 들어와 조업했으나 점차 현지 사정에 맞게 어법을 바꾸거나 새로운 어로방식으로 전환했다.

11 정착어민의 증가는 어업단체의 결성으로 짐작할 수 있다. 일본인 어업단체는 1913년 기준으로 경상남도가 총 38개로 압도적으로 많았으며, 경상북도와 전라북도가 각각 3개, 전라남도 및 평안북도가 각기 1개였다. 경상남도 중에서도 부산부에 9개, 영도에 5개, 거제 장승포에 4개, 울산 방어진에 3개 등이 있었다. 거제 지세포, 거제 봉곡촌, 경남 남해도, 전북 군산 죽성리 등 4곳에 각각 2개의 어업단체가 조직되었다(후루타 에츠조, 2001: 48).

12 일본의 해외 이민은 제국주의의 팽창과 함께 증가된 인구압과 식민지 획득 속에서 이루어졌다. 일본 국내 및 해외로의 '식민'(植民)은 국민국가의 수립, 자본주의의 진전, 농민층 분해, 사회적 궁핍, 자연재해 등이 맞물려 나타난 현상이다(임성모, 2008).

13 오카야마현의 조선해 출어는 1890년대 초 히나세(日生)와 히비(日比)의 어민들이 주도하였으며 1890년대 중반부터는 현 내의 여러 지역으로 확산되었다. 청일전쟁 직후인 1895년 7월에는 오카야마 현의 5개 군이 〈오카야마현원양어업조합〉을 설립하여 조선해로의 진출을 정부가 조직적으로 전개하면서 어업형태가 개별 통어에서 집단적 통어와 이주로 바뀌었다.

러일전쟁 이후 일본 어민들은 한반도 도서지역 곳곳에 이주어촌을 건설하여 본격적으로 정착하기 시작했다. 물론 러일전쟁 이전에도 정주하는 일본인들은 있었다. 1876년 조일수호조규로 조선이 개항되어 일본 어민들이 개인적으로 하나둘 정주하기 시작하다가 일본의 지방정부 및 중앙정부에서 어업 장려금을 교부하면서 그 수는 집단적으로 증가하였다. 1904년 12월 일본은 한국 연해 수산에 대한 전수조사를 실시하면서 조선을 식민지화하려는 계획을 실행에 옮기기 시작했다.

일본은 경상도 울산에서 평안도 진남포 사이의 전 연안을 정부 차원에서 조사하였다. 이후 일본의 어업정책은 단순 입어에서 계획적 이주어업으로 전환되었다(장수호, 2009: 39). 특히 조선해수산조합이 결성된 이후로는 종전의 개인별 자유이주와 달리 정책적으로 이주어촌 건설을 도모했다. 조선해수산조합은 1904년 거제도 동쪽 해안 장승포를 시작으로 부산 인근의 여러 곳에 이주어촌을 건설하였다.[14] 1908년 한국어업법이 실행될 무렵 한반도에 건설되거나 건설 중이던 이주어촌은 무려 23곳이었다(장수호, 2011: 458). 이후 이주어촌은 점차 늘어났다. 한반도에 조성된 이주어촌은 1909년 43개에서, 1910년 45개, 1911년 62개, 1912년 71개소 등으로 매년 증가하였다(이영학, 1995: 181).[15]

---

14 장승포에 앞서 충남 어청도에 최초로 어업근거지가 건설되었다고 한다. 조선해수산조합에서 1903년 어청도에 토지를 구입하여 가옥 20호를 건축했다. 이곳에 어민 20호를 비롯하여 선원(8호), 목욕탕(1호), 약장사(1호), 두부장사(1호), 순사(1호), 통신사무원(1호), 선박수리공(1호) 등을 이주시켰으나 곧이어 러일전쟁이 발발하면서 폐허가 되었다(김수희, 2005a: 136~137).

15 이주어촌의 호수와 인구 역시 늘어났다. 1909년 1,320호/4,949명, 1910년 1,656호/6,277명, 1911년 2,486호/9,236명, 1912년 2,618호/7,110명, 1914년 3,375호/11,028명, 1915년 3,539호/12,503명 등으로 1912년을 제외하면 매년 증가하

1914년 기준으로 한반도에 건설된 일본인 이주어촌은 100여 개가 넘었으며, 이주어촌이 건설된 지역 또한 남해안에서 한반도 전역으로 확산되었다(김수희, 2010: 76~79).

러일전쟁 이후 우후죽순처럼 생겨나던 이주어촌은 조선이 일본에 강제 합병된 다음부터는 증가 추세가 점차 누그러졌다. 이주어촌의 증가 완화가 한일합병과 관련되어 있다는 것은 이주어촌 건설이 식민지화 정책의 수단이었음을 역설적으로 보여준다. 조선 전체가 식민지가 된 마당에 굳이 특정한 지역을 지정하여 일본인만의 거주공간을 조성할 필요가 없어졌던 것이다.

합병 이후 이주어촌의 건설 숫자는 점점 줄어들었으나 이미 형성된 이주어촌에는 인구가 증가하면서 규모도 커졌다. 울산 방어진, 거제 장승포, 포항 구룡포 등과 같은 일부 지역은 여느 도시와 다를 바 없을 정도로 발전했다. 이와 더불어 이주어촌에 정착한 일본 어민들은 단순 어업 종사자에서 자본제적 어업 경영자로 점차 성장하였다. 또한 일본 어민들이 담당했던 종래의 힘든 일들을 저임금의 조선인이 떠맡으면서 이들은 경제적으로 더 많은 부를 축적할 수 있게 되었다. 이후 일본 경제의 불황으로 한반도로 이주하는 일본인 인구가 급격하게 증가했으나,[16] 1920년 12,521명을 정점으로 어업 이주민은 거의 정체 상태가 되

었다(이영학, 1995: 181).

16 1920년대 일본 농어촌의 피폐한 모습은 고바야시 다키지의 게잡이 공선에 잘 묘사되어 있다. "동트기 전부터 밭에 나가도, 그래도 먹고 살아갈 수가 없어서 내쫓겨 온 자들이었다. 장남 한 명을 남기고(그래도 먹고 살아갈 수가 없었다), 딸은 여공으로, 차남도 삼남도 어딘가에 나가 일하지 않으면 안 되었다. 냄비에서 콩을 고르듯이, 남은 사람은 속속 고향에서 나가떨어져, 도시로 흘러들었다."(고바야시 다키지, 2011: 33)

었다(여박동, 2002: 131).

## 5. 맺음말

한반도에 건설된 이주어촌들은 통상 '보조이주어촌'과 '자유이주어촌'으로 대별된다. 이는 일본인 학자 요시다(吉田敬市, 1954a: 247)의 분류방식에 따른 것으로, 이후 일제강점기 한반도의 어업관련 연구자들에게 상당한 영향을 미쳤다. 요시다는 어민들 스스로가 사회경제적 자구책을 마련코자 한반도에 이주하여 집단으로 정착한 곳을 '자유이주어촌'으로, 지방정부나 관변단체의 보조금을 받아 건설된 곳을 '보조이주어촌'이라 명명했다. 그는 조선에 보조이주어촌 건설이 필요했던 배경으로 다음과 같은 사항을 들고 있다. 첫째, 조선해로 왕복하는 데 시일이 많이 걸리며 어선의 규모가 작아 조난의 위험이 있다. 둘째, 일본 국내의 인구증가와 경제발전에 따라 식민지로의 이주 열기가 높아졌다. 셋째, 일본이 대륙침략 정책을 수행하기 위해서는 한반도에 일종의 군사적 전진기지 역할을 할 이주어촌의 건설이 필요했다. 넷째, 1908년 제정된 〈어업법〉에 따르면 조선해에서의 어업권 허가 및 면허 취득은 한국 내 거주자로 한정한다는 점 등이다(吉田敬市, 1954a: 247~248).

보조이주어촌의 건설에 대한 요시다의 설명은 자유이주어촌 건설에도 그대로 적용된다. 요시다가 정의한 '자유이주'와 '보조이주'는 일본(인)의 입장에서 이주어촌의 건설 혹은 정착 당시 주도적 역할을 했던 주체가 누구였는가에 따라 구분된 것이다. 하지만 개인적 차원의 '자유로운' 이주였다고 하더라도 그 이면에는 대개 일본 (지방)정부나 관변단체의 후원이 있었다. 한반도가 식민지화되고 있던 시점에서 일본 정부나 관변단체의 도움 없이 온전히 일본인 개인들의 의지와 자력만으로 이주어촌을 형성하고 유지할 수는 없는 것이다. 따라서 조선(한국)의 입장에서 볼 때 '자유이주어촌'과 '보조이주어촌'은 별반 차이가 없다. 자유이주어촌이든 보조이주어촌이든 모두 조선의 어장침탈을 위해 건설되었으며, 또한 일본인만을 위한 거주 공간으로 형성되었다.[17] 한마디로 일본 어민들의 이주어촌 건설과 정착과정 및 이후의 존재 양상은 자유이주어촌과 보조이주어촌이 서로 크게 다르지 않았다.

일본 정부가 이주어촌을 건설한 배경에는 여러 가지 설명이 필요하겠으나 결코 간과할 수 없는 사실은 조선을 식민지로 만들려는 '식민(植民)' 정책의 일환이었다는 점이다. 일본이 국가주도로 자국 어민들의 이주를 장려하고 이주어촌 건설을 지원했던 것은 단순히 조선해의 수산자원을 포획하고 이용하려는 차원에 머물렀던 것은 아니다. 그 이면에는 한반도의 요충지에 일본인을 이주시켜 군사적으로 우위를 차지하려는 일본의 전략적인 의도가 내재해 있었다. 따라서 일본 어민들의 이주는 지리적으로 한 지역에서 다른 지역으로 공간 이동을 했던 단순한 '이민'이 아니라, 정치적 의도에 따라 특정한 사람들을 특정한 공간에 이식시켰던 '식민'이었다(Duus, 1995: 295). 일본 어민들의 거주 공간이

17 일본인 학자 요시다가 정의했던 '보조이주어촌'에 대한 비판은 역설적으로 일본인 학자로부터 제기되었다. 다케쿠니 도모야스(2014: 305~306)는 일본 정부의 이민 정책 혹은 식민정책과 연동하여 일본의 지방정부와 관변단체가 어업자들의 이주를 지원하고 자금을 후원했다는 점에서 보조이주어촌은 국책으로 건설된 '식민 자본마을(콜로니)' 혹은 '식민어촌'으로 불러야 한다고 주장했다.

었던 이주어촌 역시 이주와 함께 자연스레 발생했던 취락이 아니라 한반도를 식민지화하려는 일본 정부의 정책적 목적에 따라 건설된 '식민 이주어촌'이었다.

이상과 같이 〈총론〉에서는 일본의 어장 침탈에서 식민 이주어촌 건설까지의 과정을 살펴보았다. 또한 식민 이주어촌의 건설이 단순한 이주가 아니라 식민 정책의 일환이었음을 구체적으로 검토해 보았다. 이어지는 제1장부터 제8장까지는 식민 이주어촌이었던 현지를 방문하여 조사를 하고 이를 통해 수집된 자료를 분석한 것이다. 말하자면 과거 식민 이주어촌이었던 곳을 현재의 시점에서 추적 조사하였다. 추적의 수단은 '흔적'과 '기억'이다. 한편으로는 공간, 장소, 건물, 도로, 잔해, 사진 등 여러 모습으로 남아 있는 흔적을 찾아 읽어가면서, 다른 한편으로는 주민들의 기억을 바탕으로 과거를 추적하는 방식을 병행했다.

흔적 읽기는 읽는 주체에 따라 유동적일 수밖에 없다. 현재의 시점에서 과거의 흔적을 더듬는 작업은 그야말로 장님이 코끼리를 만지는 격에 해당된다고 할 수 있다. 기억의 구술 또한 그러하다. 기억을 담지하고 있는 구술자의 경험과 능력에 따라 재현되는 과거의 정도와 깊이는 다를 수밖에 없다. 따라서 구술자들이 기억하는 과거는 파편적이며 개인적인 경험으로 한정될 수도 있다. 그런데도 일제강점기라는 특정한 과거에 대한 구술자들의 기억은 집단 구성원들 사이에서 서로 공유되고 회자되었기에 단순한 개인적 기억이 아니라 집단기억의 영역으로 간주할 수 있을 것이다.

『식민 이주어촌의 흔적과 기억』에서 분석하고 있는 8곳의 사례 지역들은 식민 이주어촌이라는 공통점에도 불구하고 나름대로 여러 특성을 내포하고 있다. 우선 이주어촌 건설 초기의 주체들이 다르다는 점을 들 수 있다. 구룡포의 이주어촌은 가가와현 출신 운반선 업자들이 설립의 주축이었던 데 비해 방어진의 히나세촌은 오카야마현 히나세 출신 어부들이 조성한 곳이다. 욕지도 자부포의 초기 정착 어민은 잠수기 업자들이었으며, 나로도 축정은 새우잡이 어민들이었다. 반면, 장승포의 이리사촌은 조선해수산조합에서, 통영 오카야마촌은 오카야마현이 주도적으로 건설하였다. 또한 어로 방식이나 어획 대상에서도 차이가 있었으며 발전 양상도 달랐다. 거제도 구조라와 거문도의 어민들은 통상 멸치를 잡았으나 그 어로 방식은 권현망과 정치망으로 서로 달랐다.

개별 이주어촌들은 지리적으로 떨어져 있지만 운반선업자를 고리로 하여 밀접하게 연계되어 있었다. 초기에는 이주어촌에 정착한 어민들의 어법과 어종이 서로 달랐으나 점차 고등어 건착망과 같은 대형어업으로 나아갔다. 특히 구룡포, 방어진, 장승포, 욕지도, 나로도, 거문도는 연안 어업의 전진기지로 성장하였다. 이와 달리 통영 오카야마촌과 구조라의 우오시마촌은 대규모 어업으로 발전하지 못하고 경쟁에서 밀려나 점차 쇠퇴하였다. 이처럼 여러 특수한 상황들을 안고 있는 이주어촌들이지만, 일본의 중앙정부와 지방정부의 지원 아래 식민 정책의 일환으로 건설된 공간이라는 공통점이 있다. 이상과 같은 맥락에서 『식민 이주어촌의 흔적과 기억』에서 소개하고 있는 8곳의 사례 연구는 독자들의 관심사에 따라 부분적으로 떼어 읽거나 전체를 조망하면서 함께 읽어도 서로 연계될 수 있게끔 편집되었다.

# 1장

## 포항 구룡포 '일본인촌'(日本人村)

## 1장
# 포항 구룡포 '일본인촌(日本人村)'[1]

## 1. 포항 구룡포

조선시대 구룡포는 장기현(長鬐縣) 북면에 소속된 지역이었다. 1896년 장기현이 장기군으로 개칭되고 1910년 읍면제가 시행되면서 구룡포는 장기군 외북면에 편제되었다. 1914년 행정구역 개편으로 구룡포는 내북면과 함께 영일군 창주면(滄州面)으로 통합되었으며 사라(士羅), 창주, 신동(新洞) 등과 함께 구룡포리로 명명되었다가 1942년 창주면 일대의 13개 마을과 합쳐져 구룡포읍으로 승격되었다. 1945년 3월 구룡포읍에 대보출장소가 설치되면서 강사, 대보, 구만리 등이 관할 지역이 되었다. 해방 이후 1995년 도농 복합형 설치령에 따라 구룡포는 포항시 남구에 편입되었다. 현재 구룡포읍은 10개 법정 동에 28개 행정 리동으로 구성되어 있다.

1 '일본인촌'이라는 명칭은 조중의·권선희의 저서 『구룡포에 살았다』의 일본어판 『韓國內の日本人村』에서 따왔다.

구룡포는 지형적으로 산지와 구릉지가 많고 평지가 적다. 이와 같은 지형적 특성으로 인해 조선시대 구룡포 주변에는 말을 키우는 장기목장이 있었다. 장기목장은 울산목장 소속으로 마구간 19개소가 있었다. 장기목장은 1894년 갑오경장 이후 일시 폐장되었다가 다시 개장되었으나 1905년 을사조약으로 완전히 폐지되었다(포항시사, 2010: 388). 장기목장의 입구는 구룡포 3리 부근이었다고 하며, 현재 이곳에는 석문(石門)의 흔적이 남아 있다.

한적한 어촌에 불과했던 구룡포에 일본인 어민들이 하나둘 정착하면서 이곳은 곧 식민 이주어촌으로 바뀌었다. 1919년 구룡포항은 감포항과 더불어 지정어항으로 선정되었으며, 동해안을 대표하는 어항으로 발전하였다. 초기 구룡포항은 고등어 어업 근거지로 주목을 받았으나 점차 수산가공품과 수산물 수출항으로 전환되었다. 1920년대부터 여러 차례 축항공사가 이루어지면서 방파제와 항만이 확충되고 정비되었다. 1925년경부터 구룡포가 부산-원산, 부산-울릉도를 오가는 선박의 기항지가 되면서 교통의 요충지로 자리를 잡았다.

1945년 해방으로 구룡포에 거주했던 일본인들이 모두 고국으로 돌아갔으나 아직도 이곳에는 일본인이 살았던 공간과 건축물이 남아 있다. 일본인들이 물러간 자리를 한국인이 점유하면서 일본식 건물들은 원래의 모습을 상당부분 잃었으며 일부는 소거되었다. 하지만 2000년대 초반 근대문화유산에 대한 국가적 관심이 고조되면서 구룡포 주민들 사이에서 일본식 가옥을 문화유산으로 등록하려는 움직임이 있었다. 또한 포항시에서도 관광객을 유치하기 위해 구룡포의 일본식 가옥과 거리를 '근대문화 역사거리'로 정비하여 관광자원으로 내세우고 있다. 과거 이곳에 살았던 일본인들의 흔적이 '보존'과 '철거'라는 대립적 사고를 넘어 '근대문화'라는 이름으로 관광 상품화되고 있는 것이다. 제1장에서는 일제강점기 구룡포에 정착했던 일본인들과 그들이 남긴 흔적, 그리고 이곳에 살았던 일본인들에 대한 현재 구룡포 주민들의 기억을 살펴보고자 한다.

## 2. 가가와현 어민들의 구룡포 진출

1883년 조일통상장정 체결 이후 일본인의 왜구적 어로행위는 '합법'적 입어로 바뀌었다. 조일통상장정 제41관에 따라 일본 어민들은 전라도, 경상도, 강원도, 함경도의 연해에서 합법적으로 입어할 수 있게 되었다. 조일통상장정이 체결되자 일본 어민들은 소형어선으로 단기간 약탈적 어로행위를 하던 기존의 방식에서 벗어나 어선의 규모를 대형화하고 조직화해 나갔다. 조일통상장정 체결 이후 일본 어민들은 잠수기, 멸치 권현망, 운반선을 동반한 도미 박망 등으로 선단을 꾸려 한반도 연안에 몰려오기 시작했던 것이다(장수호, 2011: 123~124). 1889년 조일통상장정을 더욱 구체화한 조일통어장정이 체결되면서 한반도 남해안과 서해안으로 들어오는 일본 어선들이 더욱 증가했다.

하지만 동해안은 다른 지역과 양상이 달랐다. 1879년 원산이 개항되면서 일본의 멸치잡이 어선, 잠수기 어선, 포경선 등이 동해안에 들어와 조업을 시작했으나 어선 척수는 그리 많지 않았다. 조일통상장정 체결로 동해안 전역이 일본 어민들에게 개방되었지만, 남해안이나 서해안에 비해 동해안으로 왕래하는 어선은 적었다(장수호, 2011: 161~162). 1905년을 전후하여 경상북도 해역에 삼치 유망선, 방어 그물 어선, 멸치 그물어선, 포경선 등이 출현하기 시작하였다. 일본 어민들은 상어, 방어, 도미, 청어 등을 잡았으나 주요 어획 대상은 삼치였다.[2] 삼치 유망어선은 서해안 어장을 먼저 개척했지만 규슈 지역에서 들어온 안강망 어선에 밀려나면서 점차 동해안으로 이동했다. 1905년 이후에는 삼치잡이 어선들이 경상도 동부에서 강원도 연해까지 북상했다.

1907년 무렵 일본 어민들의 동해안 조업 근거지는 방어진, 감포, 모포, 구룡포, 축산, 죽변, 장전, 원산, 청진, 나진, 웅기 등이었다(吉田敬市, 1954a: 200). 조업 어장이 확대되면서 삼치 유망어선도 늘어났다. 동해안의 삼치 유망어선은 1906년 102척에서 1907년 206척으로 증가했다(장수호, 2011: 168). 1908년을 기준으로 동해안에 몰려든 삼치잡이 어선들은 낚시어선 110척, 유망어선 130여 척, 일본형 모선 30여 척, 기선 2척, 석유발동기선 3~4척 등이었다. 삼치잡이 어민들 대다수는 가가와현 출신이었다. 가가와현 이외에도 오카야마현, 야마구치현, 와카야마현, 후쿠오카현, 시마네현 등지에서도 출어했다. 가가와현 어민들은 운반선과 전대특약을 맺어 어로자금과 어획물의 판매를 해결했으며, 운반선을 중심으로 여러 척의 어선이 선단을 구성하여 조업하였다(한국수산지Ⅰ-1, 2010: 222~223).

가가와현 어민들은 일찍부터 한반도 근해에서 어로침탈을 했었다. 1880년 쓰다정(津田町)의 가야노(萱野熊吉)과 와다(和田半兵衛)가 칼과 총

2 삼치(鰆)는 한자로 삼치(三治), 망어(亡魚), 마어(麻魚) 등으로 표기되며, 불길한 고기라 하여 조선에서는 어획되지 않았던 어종이었다(장수호, 2011: 193).

포를 지참하고 부산 근해까지 들어와 주낙어구로 도미를 어획했다. 이후에도 가야노는 동생 두 명(萱野與四郎, 萱野茂八)과 함께 야마구치현 다케지로(竹次郎)를 안내자로 삼아 한반도 근해로 들어와 상어잡이를 계속했다. 1882년 3월 가야노(萱野茂八)와 시노스 형제(猪塚多四郎, 猪塚季治)가 어선 3척으로 선단을 꾸려 마산포에 들어와 주낙어구로 도미를 어획했다. 이들은 어획한 도미를 염장하여 일본으로 운송했다(장수호, 2011: 47~48). 1882년 9월에는 오다촌(小田村)의 이시하라(石原與市), 야마모토(山本忠太郎), 가쿠(角岩吉)가 도미 연승 어구를 가지고 마산포에 출어했다(여박동, 2002: 385).

1883년에는 가야노(萱野熊吉)와 오다촌의 마츠오카(松岡佐吉) 두 사람이 삼치 유망어구를 가지고 부산 근해에 들어와 어획했다(장수호, 2011: 49). 조선해로 출어하는 어선들이 증가하면서 오다촌의 어민들은 선단 형태로 출어하기 시작했다. 1882년 오다촌에서 선어운반업을 하고 있던 이시하라(石原忠三郎)와 그의 아들 두 명(石原與市, 石原善六)은 운반선 2척과 도미 연승 어선 4척으로 구성된 선단을 이끌고 부산에서 여수에 이르는 연해로 출어하였다(여박동, 2002: 386). 1885년 가야노 3형제(萱野忠吉, 萱野熊吉, 萱野與四郎)는 운반선을 이끌고 사량도 근해로 진출하여 갯장어를 어획했는데 이들은 나중에 오다조(小田組)의 중심인물이 되었다(장수호, 2011: 124).

1893년 가가와현 쓰다정의 키타야마 및 시토정의 오다촌 출어자가 중심이 되어 〈가가와현원양어업조합〉을 조직했으며, 1897년 무렵에는 가가와현 어민들이 〈가가와현한국면어업조합〉을 설립했다. 조선해 출어자는 모두 원양어업조합에 가입했으며 조합의 지부를 쓰다정에 두었다. 1901~1902년 가입자 1,700여 명 중 1,563명이 오카와군 출신이었다. 또한 오카와군 중에서도 9할이 쓰다정과 오다촌 출신이었다. 1900년 1월 〈가가와현조선해통어조합〉이 조직되어 원양어업조합은 발전적으로 해체되었다. 조선해통어조합은 현청에 본부를 두고 각 군에 지부를 두었으며, 출어자가 많았던 오카와군에는 2개의 지부를 설치했다. 조선해통어조합은 1903년 2월 〈가가와현수산조합〉이 설립되자 곧 수산조합에 흡수 통합되었다.

한편, 한반도 해역으로 떠나는 어민들을 위해 가가와현 지방정부에서도 조직적으로 지원했다. 1911년 5월 가가와현 출신 어민들이 출어하는 한반도 내 곳곳을 조사한 다음, 1912년 2월 〈가가와현조선해출어단〉을 조직했다. 현비의 보조를 받아 설립된 조선해출어단은 가가와현의 한반도 내 주요 어업 근거지였던 구룡포, 감포, 장승포, 사량도, 나로도 등에는 출장소를 두고, 방어진에는 지부를 설치하여 상주 감독관으로 하여금 출장소를 관리하도록 했다. 조선해출어단은 출장소가 있는 어업 근거지의 토지를 매입해 어선과 어구를 보관할 수 있는 건물을 짓고 공동판매소를 설치하여 어획물의 공동판매 및 일상용품의 공동구매를 도왔다. 또한 출장소에서는 어업자금을 지원하기도 했다(여박동, 2002: 387~388).

일본 어민들이 한반도 연해로 출어하기 위해서는 많은 자금이 필요했으며 출어한 이후에는 어획물 처리가 관건이었다. 이런 문제를 '시코미'(仕込)라 불리는 방식으로 해결했다. 시코미는 운반업자(전주)가 출어자(어민)에게 자금을 대여하고, 대신에 출어자는 어획물을 운반업자에게 넘기는 방식이다. 1892년 가야노 구마기치(萱野熊吉)와 이시하라 요이치(石原與市)는 나가사키현 출신 오카와 긴사부로(大川金三郎)와 공동으로 도미 〈승류적선조합〉(繩流積船組合)을 만들었다.

가야노 가문과 이시하라 가문은 가가와현에서 한반도로 출어할 때부터 운반업을 했다. 오다촌과 쓰다정 출신 어민들 대부분은 승류적선조합에서 자금을 대부받아 한반도 연안에 진출하였다. 승류적선조합에서는 염장 운반선을 이용해 시모노세키 및 오사카까지 어획물을 운반하여 판매했는데, 그 조합의 주도적 인물은 이시하라 요이치였다. 그는 운반선과 별도로 15척의 어선을 소유하고 있었다. 하지만 1903년 이시하라가 사망한 뒤 '승류적선조합'은 부진에 빠졌다. 이에 1907년 이시하라 요이치의 동생 이시하라 젠로쿠(石原善六), 긴사부로(石原金三郎), 덴기치(石原傳吉) 3형제와 가야노가(萱野家)의 다다기치(萱野忠吉), 구마기치(萱野熊吉), 요시로(萱野與四郎) 3형제가 오다조를 결성하였다. 1908년에는 이시하라 에이(石原榮)가 자신 소유의 운반선을 가지고 오다조에 참여했다. 오다조는 방어진을 근거지로 삼아 운반선 사업을 전개했다. 오다조는 조선 연해에서 최대의 운반업 선단으로 성장했으나 1910년 이후부터는 하야시카네(林兼)에게 밀리기 시작했다. 하야시카네는 발동기선을 도입하여 조선해역에서 운반선 사업을 장악했다. 오다조가 해체된 다음 일부는 마루로쿠조(丸六組)라는 선단을 꾸려 감포에서 운반선 사업을 계속했으나 사업 부진으로 1929년 해산되었다(여박동, 2002: 389~390).

1921년 무렵에는 방어진 근해의 박망 어업이 쇠퇴하고 기선건착망이 성행하기 시작했다. 기선건착망이 발달하면서 구룡포는 기선건착망의 최대 근거지로 발전하였다. 기선건착망 어업의 중심에는 이시하라 상점의 주인이었던 이시하라 에이와 일선조(日鮮組)의 다카오 만기치(高雄万吉)가 있었다. 이시하라 에이는 오다촌 출신이며, 다카오 만기치는 쓰다정 출신이다(中井昭, 1967: 368).

## 3. 구룡포에 정착한 일본인들

구룡포가 일본 어민들의 어업 근거지가 된 것은 1902년 야마구치현 토우라군(豊浦郡)에서 도미 연승어선 50여 척이 내왕하면서부터였다.[3] 1904년에는 가가와현 도미 연승어선과 삼치 유망어선이 들어오기 시작했으며, 1906년에는 가가와현 오다조의 고등어 유망어선 80척이 들어왔다. 1909년에는 야마구치현 출어단이 고등어 유망어업으로 큰 성과를 올리면서 구룡포는 고등어 어업의 근거지로 성장했다(吉田敬市, 1954a: 477). 통어 초기에 성행했던 방어진 근해의 삼치 유망어업이 부진에 빠지면서 1912년부터는 고등어 유망어업으로 대거 전환되었다. 고등어 유망어선들이 어군을 따라 북상하면서 구룡포를 근거지로 삼은 이후로 이곳은 가가와현을 비롯하여 오카야마현과 야마구치현 유망어선들이 드나드는 주요 어항이 되었다(中井昭, 1967: 367).

초기 구룡포에 정착했던 일본 어민 대부분은 가가와현 출신이었다. 가가와현 쓰다정의 기타야마와 시토정의 오다촌은 가가와현에서 출어가 가장 먼저 시작된 곳으로 출어자와 이주자 역시 이 지역에서 가

3 『조선수산개발사』에 따르면, 일본인이 왕래할 무렵 지라리(志羅里)라고 불렸던 구룡포에는 조선인 2호가 거주하고 있었다고 한다(吉田敬市, 1954a: 477).

장 많이 배출되었다(여박동, 2002: 381). 구룡포의 초기 이주민도 기타야마와 오다촌 출신들이 많았다.[4] 이들 대부분은 이주 이전부터 통어를 했던 사람들이었다.

가가와현 어민들이 증가하면서 이들을 지원하기 위해 1912년 〈가가와현조선해출어단〉 구룡포 출장소가 설립되었다. 조선해출어단에서는 현민들의 통어와 이주를 촉진하기 위해 구룡포에 여러 편의시설을 설치했다. 1912년 11월에는 우물을 굴착했으며, 1914년 4월에는 택지 40평을 매입하여 목조 가옥 1동(약 30평)을 건립했다. 1916년에는 그물을 염색할 수 있는 가마를 설치했다. 이렇게 해서 1922년 구룡포의 가가와현 출신 이주민들은 삼치 고등어 유망어선 12척, 삼치 낚시 어선 17척, 고등어 낚시 어선 10척을 소유할 수 있었다. 구룡포에 가가와현 출신 이주자들이 많아지면서 1922년 무렵 구성원들 간의 상호 친목도모, 미풍양속 함양, 근검저축 등을 목적으로 〈가가와현인회〉가 조직되었다. 당시 가가와현인회의 저축액은 3,000엔이 넘었다(中井昭, 1967: 367~368).

구룡포에 정착했던 가가와현 이주민들의 중심에는 운반업자들이 있었다. 가가와현 『시토정사(志度町史)』에 따르면, 1909년 하시모토 젠기치(橋本善吉)가 구룡포에 이주하여 매제 우에무라(植村倉太郎)와 공동으로 선어 운반업에 종사했다고 한다. 하시모토 젠기치는 선어 운반업 이외에도 대부망, 건착망, 정어리 가공업 등을 경영하면서 부를 축적했다. 그는 창주주조(1928년 설립), 영일곡자제조(1929년), 구룡포철강(1930

4 구룡포에 거주하는 일본인 이주자 70%가 가가와현 출신이어서 구룡포는 '가가와촌(香川村)'이나 마찬가지였다(홍금수, 2013: 41).

년), 구룡포유비제조(1936년), 포항약주(1936년), 영일만어업(1937년) 등을 직접 경영하거나 대주주로 참여하여 사업가로 성장했다.[5] 하시모토 젠기치는 선어 운반업에서 사업의 영역을 확장하여 점차 구룡포의 가가와현 출신 이주민을 대표하는 인물로 자리를 잡았다. 1943년에 사망하기 전까지 그는 대구전매지국 구룡포 소장(관등11)을 역임했으며 여러 사업체를 운영했다.

1912년 오다조가 해산된 다음 가야노 요시로(萱野與四郎)가 구룡포에 이주했다. 그는 구룡포에서 여관과 운반선 대리점을 경영했으며, 가가와현조선해출어단 설립과 함께 구룡포 지부위원을 역임했다. 가야노 요시로는 학교조합이 발족될 당시 초대 관리자였다(中井昭, 1967: 367). 가야노 요시로의 형 가야노 타다사브로(萱野忠三郎) 역시 오다조가 해산된 이후 구룡포를 거점으로 운반선 사업을 했다. 그는 방어진과 경북 해역에서 고등어 선어를 사들여 일본의 주요 도시로 운반했다. 1925년에는 운반선이 4척으로 늘어날 정도로 사업이 번창하였다. 하지만 1926년 가야노 타다사브로가 부산에서 사망한 이후로는 운반선 사업이 경영난에 처했으며 결국 1930년에 폐업되었다. 조선해 출어의 선두주자였던 가가와현 오다촌의 가야노(萱野) 가문은 구룡포를 거점으로 운반선 사업을 지속하면서 부를 축적했던 것이다(조중의·권선희, 2009: 102~103).

1919년 오다조의 일원이었던 이시하라 에이도 구룡포로 이주하여 운반선 사업을 이어나갔다. 그는 가가와현 오다에서 출생(1894년생)했

5 한국사데이터베이스 참조.

으며, 1908년부터 조선해로 출어하여 운반선업에 종사했다. 구룡포에 정착한 후에는 이시하라 상점(石原商店)을 설립하여 조선해역에서 어획된 어류를 일본 전역으로 운반해 부를 축적했다. 1926년 무렵 이시하라 상점은 운반선 19척을 보유했으며, 출장소는 9개소로 확장되었다. 출장소는 조선해역에 8개소, 시모노세키에 1개소가 있었다. 이시하라 에이는 1933년부터 운반선 사업뿐만 아니라 어선어업을 직접 경영하기 시작했다. 고등어 기선건착망(2통)을 시작으로 1938년에는 정어리 건착망(2통), 1939년 삼치·고등어·정어리 유망(3통) 및 방어 대부망(1통), 1942년 저인망(3통) 등으로 확대되었다. 또한 그는 정어리 유비제조공장 7개소를 운영하는 등 다방면으로 사업 영역을 넓혀나갔다(여박동, 2002: 392).

한편, 구룡포 이외의 지역에 정착했다가 구룡포로 재이주한 경우도 있었다. 그 대표적인 인물이 도가와 야스브로(十河彌三郎)이다. 그는 오카야마현 고지마군(兒島郡) 야마다촌(山田村) 출생(1875년)으로 1902년 8월 조선으로 건너와[6] 1904년 구룡포의 남쪽 모포[7]에 정착했다.[8] 도

6 도가와 야스브로는 1899년부터 부산을 근거지로 삼아 조선 해역에 출어했던 경험이 있으며, 1902년에 한반도로 이주했다(한국사데이터베이스 참조).

7 〈한해통어지침〉에는 모포(牟浦)의 발음을 가타가나로 '무포(ムッポ)'로 표기하고 있다. 즉 '牟'를 '무'로 읽고 있다.

8 도가와 야스브로가 왜 구룡포가 아닌 모포에 처음 정착했는지 자세히 알 수는 없지만, 1903년 1월 1일 발간된 〈한해통어지침〉에서 그 단서를 찾아 볼 수 있다. 〈한해통어지침〉에 모포는 풍랑을 피하기 좋고 넓지는 않지만 대형 일본 선박이 정박하기에 적합하며 인근에서 찾아보기 힘든 굴지의 양항이라고 기술되어 있다. 모포는 일본 선박들 다수가 드나드는 곳일 뿐 아니라, 봄철에는 울릉도로 왕래하는 조선 선박(한선)들이 바람을 기다리며 대기하는 곳이다. 또한 땔감과 음용수도 부족하지 않다. 한편, 구룡포(九龍浦로 표기)에 대해서는 단 두 줄로 소개되어 있다. 서북동쪽에서 불어오는 바람을 피하기 좋은 곳이어서 모포 다음의 양항이며, 땔

가와 야스브로는 모포에서 잡곡 및 해조류 중매상을 하면서(吉田敬市, 1954b: 511) 장기군 양남면 기본동(基本洞)과 내남면 감포[9] 등 인근 마을에 출장소를 두었다. 각 출장소 주임으로는 조선인을 고용했다. 1908년 1월 7~8명의 조선인 '적도(賊徒)'가 기본동 출장소를 습격했다는 경찰 내부 보고서의 내용을 미루어 보면, 그는 단순한 상인이 아니었을 개연성이 크다.[10] 일본 경찰의 보고서에 적시된 '적도'나 '폭도'라는 표현은 대개 조선인 의병을 가리키기 때문이다.[11]

도가와 야스브로는 1908년에 일어난 기본동 출장소 피습 사건 이후 근거지를 구룡포로 옮겼다.[12] 그는 구룡포에서 각종 단체의 요직을

---

감은 부족하지만 음용수는 다량이다(葛生修吉, 1903: 66). 위의 내용으로 보건대 1902년 무렵까지 구룡포에 관한 정보는 충분치 않았으며, 모포는 일본 선박이 다수 드나들고 있어 일본인의 정착이 상대적으로 용이했다고 판단할 수 있다. 1909년 2월 모포는 부산을 왕래하는 연안기선 항로가 개통되면서 어민들의 이주가 편리한 곳이 되었다. 당시 모포의 일본인 이주자는 50호에 달했다(대일본수산회보 제317호 53면, 1909.2.10.).

9 1914년 행정구역 통폐합으로 장기군 양남면은 경주군 양남면으로, 내남면 감포는 경주군 감포로 변경되었다.

10 경주분서에서 대구경찰서장 앞으로 보낸 보고서에 따르면, 1908년 1월 16일 밤 도가와 야스브로의 기본동 출장소 주임 조상규의 집에 '적도' 7~8명이 피습하여 일본상인의 행방을 추궁했다고 한다. 조상규가 일본상인의 행방을 알지 못한다고 하자, 집주인 조상규와 그곳에 숙박하고 있던 도가와 야스브로의 감포 출장소 주임 김자윤의 금품을 강탈했다. 같은 보고서에서는 포항 담성상회(淡盛商會)의 일본인 중매상(小野光助)이 대두(大豆) 구입을 위해 구룡포에 출장을 나와서 조선인과 거래를 하다가 '폭도'의 습격으로 거래가 중단되었다(한국사데이터베이스, 한국독립운동사 자료 99권 의병편 Ⅱ)고 했다. 참고로 담성상회는 1907년(혹은 1906년) 창립된 회사로 미곡과 해산물 중매업, 유비제조, 정치망 어장, 운송업 등을 경영하면서 주요지에 지점을 두었다고 한다.

11 1907년 군대 해산 이후 포항지역 의병들은 장기군 지역에서 순사주재소를 습격하는 등 여러 차례 무장투쟁을 했다(포항시사, 2010: 544~545 참조).

12 포항시사에 따르면, 도가와 야스브로는 1902년 모포에 거주했으나 모포항에서 포

두루 거치면서 일본인 사회의 중심인물이 되었다. 1924년 경상북도평의회 회원(영일군)으로 선출되었으며, 경상북도수산주식회사 감사역, 학교조합 관리자, 경북수산회 부회장, 재향군인회 분회 고문, 구룡포소방조 고문, 위생조합장, 번영회장, 구룡포 어업조합장, 농산어촌진흥조합장 등을 섭렵했다. 또한 동해산업주식회사(1923년 설립), 구룡포전기주식회사(1927년 설립), 경북어업주식회사(1927년 설립)의 이사 및 경북수산회사(1931년 설립)의 감사를 역임했으며, 또한 1936년에는 구룡포유비제조회사를 설립하여 대표이사가 되었다.[13] 1944년 구룡포에 거주하던 일본인들은 도가와 야스브로의 송덕비를 지금의 구룡포공원 안에

도가와 비석

항까지 선어수송이 어렵고 잡은 고기를 수용할 만한 배후도시가 없었던 탓에 1908년 구룡포로 이주했다고 한다(포항시사, 2010: 644). 하지만 1908년 당시 포항은 도시가 아니었으며, 1928년 무렵에도 구룡포의 해산물 대부분이 부산으로 운반되었다(포항시사, 2010: 693~694)는 점에서 위의 설명은 설득력이 떨어진다. 참고로 포항은 1914년 포항면으로 신설되었으며, 1931년에야 비로소 포항읍으로 승격되었다.

13 한국사데이터베이스 참조.

세웠는데, 비석으로 쓰인 규화석은 도가와 야스브로의 고향인 고지마에서 가져온 것이라고 한다(조중의·권선희, 2010: 98).

한편 구룡포를 근거지로 한 운반선과 어선들이 늘어나면서 일본인 이주자 역시 대폭 증가하기 시작했다. 문헌에 나타난 구룡포의 일본인 인구를 살펴보면 다음과 같다. 1910년 방어진에서 일본인 3호가 이주한 이래 1912년 일본인 이주자가 47호였고(吉田敬市, 1954a: 477), 1916년에는 78호로 늘어났으며 이들 중 가가와현 출신이 21호였다. 가가와현 출신 중에서도 오다촌 이주민들이 주류를 이루었다. 1922년 말 구룡포의 일본인 인구는 218호였으며, 그 가운데 가가와현 출신 이주자가 73호였다. 어업인은 모두 108호였다(中井昭, 1967: 367~368). 1927년을 기점으로 일본인 이주자는 120호(220호?)를 넘어섰다.[14] 이주자의 절반이 어업종사자였으며, 어업종사자의 7할 이상이 가가와현 출신이었다(吉田敬市, 1954a: 477).

1933년 구룡포의 일본인 인구는 230호 800명이었다.[15] 직업별로 살펴보면 어업 110호, 상업 80호, 기타 40호였다. 반면 조선인 인구는 500호 2,500명이었다. 조선인은 어업 50호, 상업 80호, 농업 200호, 노동자 70호, 기타 100호였다. 이때 구룡포에는 외국인(중국인)도 8호/25명이 거주하고 있었다. 외국인은 상업 6호, 농업 2호였다. 1933년을 기준으로 구룡포의 총인구는 738호/3,325명이었다(젠쇼 에이스케, 1935:

14 요시다의 저서에는 '百二十戸'로 표기되어 있으나(吉田敬市, 1954a: 477), 1927년을 전후한 인구변동 추이를 살펴보면 220호로 추정된다.

15 요시다의 저서에 따르면, 1933년 이주자는 총 220호이다. 이주어민들의 출신지는 가가와현을 비롯하여 오카야마현, 야마구치현, 나가사키현, 도토리현, 미에현 등으로 다양하였다(吉田敬市, 1954a: 477).

344). 일본인들은 농업 종사자와 노동자가 없었던 반면, 조선인은 농업 인구(200호)와 노동자(70호)가 절반을 넘었다. 지형적으로 농지가 많지 않던 구룡포에 농업 종사가 200호, 단순 노동 종사가 70호였다는 사실에서 일본인과 조선인 간의 빈부격차를 짐작할 수 있다. 기타 업종에는 정확히 어떤 직종에 종사하는 사람들이 포함되었는지 자세한 자료가 없어 알 수는 없지만, 요리점이나 유흥주점에서 일했던 사람들이 다수 포함되었으리라 추정할 수 있다.

일본인 이주어촌인 구룡포에는 일본 이주민의 안전과 교육을 위해 포항헌병분견대[16] 파출소, 우편소,[17] 공립심상소학교,[18] 학교조합 등이 설립되었다. 또한 1917년 6월 영일군 창주면 사무소가 일본인들의 편리를 위해 구룡포로 이전되었다(조선총독부관보, 1917.8.7.). 이와 더불어 교통시설도 개선되기 시작했다. 연안항로가 일찍부터 개설되어 부산과 포항을 오가는 정기여객선이 매일 구룡포에 기항했다. 육상교통으로는 1922년 구룡포에서 포항으로 이어지는 도로가 완공되어 자동차가 왕래했으며, 포항에서 대구까지는 기차와 자동차로 연결되었다(中井昭, 1967: 367~368). 구룡포항은 1919년 감포항과 더불어 지정어항이 되었으며, 1922년 11월 이곳에 구룡포어업조합이 설립되었다. 구룡포어업조합을 설립할 당시의 조합원은 총 627명(조선인 552명, 일본인 75명)으로, 그 세력이 점차 성장해 1939년부터는 경북에서 제2위로 자리매김

16 경찰사무를 취급하는 포항헌병분견대는 1914년 9월 1일자로 설치되었다(조선총독부관보, 1914.8.27.).

17 구룡포우편소는 1913년 10월 11일 장기군 외북면 사라리에 개소되었다(조선총독부관보, 1913.9.20.).

18 구룡포심상소학교는 1915년 6월 설립되었다(포항시사, 2010: 707).

되었다(포항시사, 2010: 605~606).

구룡포항은 어선들의 정박과 피항을 위해 항만이 정비되고 방파제가 건설되었다.[19] 항만공사와 방파제 공사는 여러 차례에 걸쳐 실시되었다. 1918년 공사비 5,000엔으로 제방 공사를 했으나 1919년 8월 폭풍으로 무너지고 말았다. 1921년 공사비 3만 엔으로 2,333평의 항만을 매립했다. 1922년 3개년 사업으로 공사비 35만 엔을 투입하여 항구 동쪽을 매립하고 방파제를 건설했다. 공사비는 조선총독부에서 12만 엔, 경상북도에서 13만 엔, 나머지 비용은 창주면에서 지출했다. 방파제는 1926년에 완공되었지만(中井昭, 1967: 367~368) 1930년 태풍으로 크게 파손되고 말았다. 1935년 국고보조로 방파제가 연장되고 항만시설이 확충되었다.

항만시설이 확장되자 고등어 어업 전성기에 구룡포항은 어선과 운반선을 합쳐 2,000여 척이 드나드는 항구가 되었다. 이후 고등어 어업과 함께 정어리 어업이 성황을 이루면서 구룡포는 방어진과 더불어 동해안 일대의 어업 중심지로 성장했다. 당시 구룡포에는 하야시카네, 이시하라, 이노우에, 다카오, 하시모토 등 여러 운반선 사업자들이 활동하고 있었다(吉田敬市, 1954a: 477).

19 다른 자료에 따르면, 구룡포의 유지 서석조를 비롯하여 최 씨 집안과 김 씨 집안사람들이 주축이 되어 일본인 도가와 야스브로 및 수산업자, 지방유지 등이 '구룡포개항번영회'를 결성하여 방파제축조 공사비를 모금했을 뿐 아니라 방파제축조에 필요한 예산을 편성토록 당국에 요구하여 방파제축조공사를 착공시키는 데 큰 역할을 했다(한얼향우회, 1990: 100)고 한다.

# 4. 문화유산으로 복원된 일본인들의 흔적

현재 구룡포에 남아 있는 일본인의 흔적들은 해방 이후 파괴되거나 새로운 상징이 덧붙여지면서 여러 층위의 의미들이 혼재된 상태로 남아 있다. 특히 일본인이 살았던 가옥과 거리는 〈구룡포근대문화역사거리〉로 단장되어 새로운 공간으로 전환되고 있다. 1930년에 제작된 〈경상북도구룡포시가도(이하, 구룡포시가도)〉[20]를 바탕으로 현재 이곳에 남아 있는 흔적을 기술해 보면 다음과 같다.

1930년 구룡포시가도(자료 제공 : 포항시청)

20 〈구룡포시가도〉의 작성자 河合淸治는 일본 경찰 출신으로 추정된다. 1931년 河合淸治가 〈경주부근고적안내〉를 발간했다는 소식이 조선출판경찰월보 제30호에 실려 있기 때문이다. 같은 해 그가 주필을 맡았던 '조선정보협회'는 〈경주읍내시가약지도〉를 펴냈다. 河合淸治는 1923년 김해경찰서 경부보를 거쳐 1927년 창녕경찰서 경부보를 역임했다(한국사데이터베이스). 〈구룡포시가도〉를 작성할 무렵 그는 경찰에서 퇴임하고 구룡포에 정착했을 것으로 짐작된다. 河合淸治는 구룡포 '행정'에서 약방과 산파소를 운영했다.

〈구룡포시가도〉는 1930년 당시의 구룡포의 모습을 담고 있다. 이 무렵 구룡포는 중심도로를 따라 '본정(本町)', '행정(幸町)', '시장통(市場通)'으로 구분되어 있었다. 본정과 행정의 도로 양편에는 주로 일본인이 거주하였다. 도로 안쪽이나 구릉지 위쪽에는 조선인이 살았을 것으로 짐작되지만 지도에는 아무런 표시가 없다. 가옥 수가 적은 시장통에는 주로 조선인이 거주했으며, 소수의 중국인과 일본인도 함께 섞여 살았다. 시장통을 벗어나면 병포리에 조선소가 있었다.

〈구룡포시가도〉에 나타난 공간은 일본인의 생활반경 위주로 표시되어 있다. 관공서나 상가를 낀 일본인 주거지역에서 떨어져 있는 조선인 거주지는 지도에 표시되지 않았다. 다시 말하면, 구룡포의 공간은 민족별로 차별화되어 있었던 것이다. 지배자인 일본인과 피지배자인 조선인의 공간이 구분되어 있었으며, 일본인의 거주 공간은 '섬'처럼 다른/바깥 공간으로부터 격리 혹은 보호되어 있었다. 초기 구룡포에 정착했던 일본인들은 신사 아래쪽 해변을 매립해 거주공간을 확보했다. 일본인 인구가 증가하면서 점차 남쪽 지역 즉, 행정으로 거주지역이 확장되었으며, 확장된 거주공간은 경찰관주재소를 경계로 외부공간과 구분되었다. 방파제와 축항 공사가 자연적인 위해로부터 안전을 위해 건설된 것이라면, 경찰관주재소는 내부의 안전과 외부의 위험을 방비하기 위해 설치된 기관이었다.

일본인들은 자신들의 지배적 혹은 우월적 위치를 드러내기 위해 공간을 확장함과 동시에 공간의 구역화를 진행하였다. 1917년 무렵에는 부동명왕 신사가 있는 '행정'의 중앙 부근까지 일본인 거주구역이 확장된 것으로 추정된다.[21] 이후의 경계는 행정의 끝머리이자 시장통이 시작되는 지점에 있는 에비스 신사였다. 에비스 신사가 있던 곳에는 현재 구룡포제일교회가 들어서 있다. 본정과 행정으로 재구역화된 공간은 다시 시장통으로 팽창되었다. 이후 일본인의 지각공간은 방파제부터 화장장까지였다고 할 수 있다. 방파제와 항구를 축조하고 확장했음을 기념하는 비석은 비문이 훼손된 채 방파제 입구에 서있다. 애초 화장장은 시장통 안쪽 골짜기에 있었지만 1943년 무렵 새로운 화장장이 건립되면서 이전되었다.[22] 새로 만들어진 화장장의 굴뚝과 시설물의 잔해는 현재 구룡포 공립화장장 입구 왼쪽 골짜기에 일부 남아 있다.

구룡포항확축공사준공비

화장터 굴뚝

21 부동명왕 신상의 기단 부분에는 '大正六年'이라는 명문이 있지만 지금은 기단 부분이 흙 속에 묻혀 글귀가 잘 보이지 않는다.

22 구술자(서○호, 1919년생, 남)에 따르면, 새로 만든 화장장에서 하시모토 젠기치가 제일 먼저 화장되었다고 한다. 하시모토 젠기치는 1943년 11월 3일 사망했다(조선총독부관보 제5101호).

현재 구룡포에 남아 있는 일본인들의 흔적은 두 공간으로 대별된다. 하나는 과거 신사였던 공간과 그 주변지역이고, 다른 하나는 구룡포 근대문화 역사거리로 조성된 일본인들의 집단 거주지역이다. 전자는 해방 이후 일본인이 남긴 상징물이 훼손되거나 다른 용도로 사용되면서, 그리고 새로운 상징물들이 첨가되어 문화적으로 '혼성'된 공간이 되었다. 신사와 그 주변지역은 시기와 정체성이 서로 다른 상징물들이 뒤섞여 있다는 점에서 하나의 공간 속에 여러 시간대가 나열되어 있다고 할 수 있다. 반면, 일본인들의 집단거주지는 최근 지방자치단체에서 관광객 유치를 목적으로 건물과 도로를 복원하여 새롭게 단장한 '유산문화' 공간이다. 이렇게 복원된 유산과 상징들은 겹겹이 쌓여 있는 시간의 흔적들을 1930년대의 일제강점기로 되돌려 놓았다는 점에서 시간의 흐름을 인위적으로 '고정'시켜 놓은 공간이라 할 수 있다. 두 개의 공간은 일제강점기 일본인의 흔적을 담고 있다는 점에서는 동질적이지만 공간의 생성과정 및 그 공간에 부여된 기호와 상징은 사뭇 다르다.

### 1) 구룡포공원

과거 신사가 있었던 공간 및 그 주변지역은 종교적 성소이자 관공서가 몰려 있는 행정의 중심지였다. 이곳은 〈구룡포시가도〉에 표기된 본정의 구릉지 위쪽에 해당되는 공간이다. 신사와 그 주변지역에는 본원사, 고야산사, 구룡포신사, 심상소학교, 구룡포우편소, 장기금융조합, 창주면사무소 등이 있었다. 일본인 거주 지역이 한눈에 내려다보이는 구릉 위쪽이라는 이점을 지닌 이 공간에는 신사, 사찰, 충혼탑과 같은 정치종교적 시설물이 들어섰다. 이 같은 정치종교적 시설물은 심상소학교라는 교육기관과 더불어 고향을 떠나온 일본인들을 위로하는 정신적 공간으로 자리를 잡았다. 신사 바로 아래에는 우체국과 금융기관이 있었다. 정보기관과 금융기관이 정신적 공간의 테두리 안에 있었던 반면, 행정기관인 창주면사무소는 정신적 공간에서 약간 벗어난 외곽에 설치되었다.

일본인들의 정신적 공간의 하나였던 본원사는 해방 이후에도 종교 시설로 사용되었다. 본원사 건물은 최근까지 천주교 공소로 사용되었지만 공소가 이전되면서 건물은 철거되고 성모상만이 자리를 지키고 있다. 구룡포심상소학교는 구룡포동초등학교(동분교)로 개칭되어 존속했으나 최근에 폐교되었다. 폐교된 학교에서 과거 심상소학교의 흔적을 찾기란 결코 쉽지 않다. 교정 앞에 있는 향나무와 교정으로 이어지는 계단 및 학교 밖 돌담장에서 과거의 자취를 짐작할 수 있을 뿐이다. 교장 사택으로 사용되던 건물은 철거되었으며 '교장사택 자리'라는 안내판만이 남아 있다.

고야산사는 어떤 목적으로 재사용되었는지 알 수 없다. 고야산사가 있었던 공간에는 현재 개인 가옥이 들어서 있다. 교장 사택 맞은편 신사의 담장 아래 대밭 속에는 '사카이' 비석이 있다.[23] 일본인 사카이가 어머

23 사카이(酒井) 비석이 있는 장소는 〈구룡포시가도〉에 '酒井仁 所有地'로 표시된 곳이다. 시장통에도 '酒井仁 소유가옥'이 있었던 것으로 미루어 보아, 1930년 이전부터 酒井仁은 구룡포에 정착할 준비를 했던 것 같다. 공식기록에 따르면 酒井仁은 1920년부터 1930년까지 경상북도 경찰부 소속 경찰이었으며, 1937년에는 경상북도 내무부 학무과 시학(視學)을 역임했다. 1926년~1927년에는 포항경찰서 경부보였다(한국사데이터베이스). 지역주민들은 비석(무덤)의 주인은 사카이의 어머니이며 사카이는 구룡포신사의 제주(祭主)로 해방 무렵 80세가 넘었다(조중의·권선

니를 기리며 세웠다는 비석은 글귀가 없는 자연석으로 현재까지 대밭에 방치되어 있다. 사카이 비석이 있던 곳에는 헌병대가 주둔하면서 사무실로 사용했던 건물이 있었다. 현병대가 철수한 뒤에는 경찰이 이어받아 주재소로 이용하다가 주재소가 이전되면서 개인 소유가 되었다고 한다.[24]

사카이 비석

과거 신사가 있던 정치종교적 공간은 현재 구룡포공원으로 탈바꿈되었다. 신사는 원래 용왕당이 있는 공간 아래쪽에 위치해 있었으며 참배를 위한 건물만 있었다. 1920년대 후반 지금의 용왕당 자리로 이전되면서 신전과 담장이 정비되었다. 1931년 11월 21일 '신명신사'(神明神社)로 공인되었으며 제신은 아마테라스오미카미(天照皇大神)였다. 1933년 1월 주신과 함께 고토시로누시노미코(事代主命)가 합사되었다(小山文雄, 1934: 212). 사람들이 현재 구룡포신사라 부르는 곳은 〈구룡포시가

희, 2010: 120)고 한다. 앞의 기록과 구술을 종합하면, 구룡포신사의 제주 사카이는 1937년 이후 공직에서 퇴임한 酒井仁으로 추정할 수 있다.

24 서○호, 1919년생, 남(2015.08.25.).

도〉에는 신사(神祠)가 아닌 신사(神社)로 표기되어 있으며, 지금처럼 곧바로 신사로 이어지는 계단 혹은 길이 없다. 따라서 계단이 조성된 시기는 〈구룡포시가도〉가 제작된 1930년 이후라고 할 수 있다. 해방 이후 신사 건물이 철거되고 공원으로 변모된 이곳에는 과거의 흔적이 산만하게 나열되어 있다. 우선 공원으로 올라가는 계단은 과거의 흔적을 온전히 담고 있다. 계단 양편에 늘어서 있는 석비에는 1944년(소화 19년) 당시 신사 일대를 증개축하면서 기부금을 낸 일본인들의 이름이 새겨져 있었다. 해방 이후 1960년(단기 4293년) 이곳을 정비하면서 일본인의 이름이 새겨진 부분을 뒤로 하고, 석비의 앞부분에다 한국인의 이름과 단체명을 새겨 다시 세웠다.[25] 과거의 흔적을 허물거나 완전히 훼손하기보다는 '재사용'하고 있는 것이다.

신사 입구 계단

25 석비는 공원으로 올라가는 입구에서 바라보아 계단 왼쪽에 59개, 오른쪽에 61개로 총 120개이다.

일제강점기의 상징물이 '재사용'되고 있는 것은 석비뿐만이 아니었다. 일본강점기에 세운 제국군인회 충혼탑 역시 해방 이후 앞면의 글씨를 지우고 대한군인유족회의 충혼탑으로 변모되었다. 구 충혼탑 기단부의 설립연도가 지워져 있어 자세히 알 수는 없지만 남아 있는 글자의 형태로 보아 '소화 3년' 즉 1928년으로 추정된다.[26] 구 충혼탑의 건립은 제국재향군인회 구룡포분회가 주도했다.[27] 구 충혼탑의 기단부는 해방 이후 대한민국 군인유족회 충혼탑의 기단으로 재활용되었다. 일본인들이 세웠던 충혼탑의 건립 연도 및 건립자 명단을 시멘트를 발라 지워버리고 그 위에 다시 대한군인유족회 구룡포읍분실이 충혼탑을 세운(재활용한) 연도와 명단을 새겼다. 지금은 구 충혼탑의 기단부는 그대로 둔 채 그 앞에 충혼탑을 새로 설립했다. 일제강점기 일본인의 추모비였던 비석의 기단부와 해방 이후 한국의 충혼탑이 공원의 정상에 나란히 존재하고 있는 것이다.

26 1930년에 제작된 〈구룡포시가도〉에 완공 단계의 충혼탑 사진이 실려 있다.

27 글자가 이중으로 새겨지는 과정에서 마모된 부분이 많아 판독이 어렵지만, 남아 있는 흔적으로 미루어 설립자는 제국재향군인회 구룡포분회 분회장 坂野外吉, 부분회장 齊藤規一, 이사 松本友太郎, 감사 石塚覺一, 평의원 中川保一 · 石塚彌壽一로 짐작된다.

구 충혼탑 기단

구 충혼탑의 기단 옆에는 신사 건물의 초석과 손을 씻는 돌확(手水舍)이 전시되어 있다. 2008년 용왕당 건물 신축을 위해 터파기를 하다가 땅 속에 묻혀 있던 것을 발굴했다고 한다. 돌확의 전면에는 '봉헌'(奉獻)이라는 글자가 음각되어 있고, 왼쪽 옆면에는 '대정 2년 5월'이 새겨져 있어 1913년 신사에 봉헌되었음을 알 수 있다. 오른쪽 옆면에는 기부자 명단이 새겨져 있다.[28] 하야시카네, 가야노 요시로(萱野與四郎), 하라 우메기치(原梅吉), 나가노 겐타로(中野建太郎), 모리다 리로(林田理郎), 이토 헤이지로(伊藤平治郎) 등의 기부자들은 초기 정착민들 가운데 중심 인물이었던 것으로 보인다.

기부자들 가운데 하야시카네는 운반선 회사의 명칭이다. 하야시카네는 1913년 나로도를 근거지로 삼아 운반선 사업을 하다가 1915년 방

28 기부자의 이름은 오른쪽부터 林兼, 萱野與四郎, 原梅吉, 林田理郎, 伊藤平治郎, 中野建太郎 순으로 기록되어 있다.

어진으로 그 근거지를 옮겼다. 가야노 요시로는 오다조의 중심인물로 1912년 구룡포로 이주했다. 나가노 겐타로 역시 1913년 무렵 이미 구룡포에 정착했으리라 짐작된다. 공식 기록에 따르면, 그는 1911년 전당포업에 뜻을 두고 조선에 들어왔으며 1915년 구룡포학교조합 의원으로 선출되었다고 한다.[29] 하라 우메기치는 1913년 4월 기준으로 사라리 250번지 190m$^2$의 토지(신사)를 소유하고 있었다. 이곳은 지금의 충혼각과 용왕당이 있는 아래쪽 계단 중간 부근에 해당된다(홍금수, 2013: 41).[30] 모리다 리로와 이토 헤이지로에 대해서는 자세한 기록이 없어 이 두 사람이 언제 구룡포에 정착했는지 알 수는 없다.

충혼탑이 있던 공간에는 부동명왕 신상과 박견(狛犬)[31] 한 쌍이 있다. 부동명왕 신상은 부동명왕 신사에 있었던 것을 가져다 놓은 것이라 한다. 부동명왕 신사는 과거 '행정'에 속한 거리에 있었다. 사람들에 따르면 부동명왕 신사는 조그만 신당 형태[32]였으며, 박견 역시 원래 어업조합 옆에 있던 곤피라 신사의 부속물이었다고 한다. 어업조합 건물을 허물면서 남아 있던 박견을 현재의 구룡포공원에 옮겨 놓았다.[33] 충혼탑 바로 아래에는 도가와 야스브로의 송덕비가 있다. 규화석으로 알려

29 한국사데이터베이스 참조.

30 原梅吉이 1928년 원산에서 합자회사 原商店을 설립·운영했다(한국사데이터베이스)는 기록이 있지만, 기부자 명단과 동일 인물인지는 확인하기 어렵다.

31 '박견(狛犬)'은 일본어로 '고마이누'로 발음한다. 박견은 신사 안의 사악함을 제거하고 신사를 지키는 역할을 한다. '고마'는 고려(高麗)의 일본식 한자음으로 고구려를 가리키며, '이누'는 개를 뜻한다. 고마이누는 고구려의 개를 의미했지만 점차 사자의 형상으로 변했다. 신사 앞에 있는 고마이누는 좌우 대칭을 이루고 있으며, 대개 한쪽이 입을 열고 있으면 다른 쪽은 입이 닫혀 있다(윤광봉, 2009: 26~27).

32 조○연, 1929년생, 남(2015.08.21.).

33 서○호, 1919년생, 남(2015.08.25.).

진 비석은 도가와 야스브로의 고향에서 가져왔다고 한다. 비석에 새겨진 글씨는 시멘트로 지워져 있어 비문의 내용은 알 수 없다. 신사 입구에 세워져 있던 도리는 해방 후 파손되어 나뒹굴다가 공원을 단장하면서 도가와 야스브로 송덕비 근처에 매몰되었다.

일제강점기 신사였던 공간이 구룡포'공원'으로 변모되면서 일본과 연관되지 않는 새로운 건물과 상징물이 함께 설치되었다. 공원 정상부에는 국가수준의 이데올로기를 반영한 충혼각과 충혼탑, 그리고 지역 차원의 신앙처인 용왕당이 함께 자리하고 있다.[34] 또한 관리사무소를 비롯하여 정자, 운동기구, 음용수대, 화장실 등과 같은 부대시설이 설비되어 있어 이곳이 운동과 여가를 즐기는 '공원'임을 증명하고 있다. 충혼탑 아랫단에는 아홉 마리 용을 상징하는 조형물이 있는데 이 조형물은 구룡포가 설화 속의 아홉 마리 용과 관련된 '오래된' 장소임을 강조하고 있다. 새로운 상징물은 오래된 상징물을 대신하여 가까운 과거가 아닌 아주 먼 과거를 구룡포의 정체성과 연관시키고 있는 것이다. 아홉 마리 용 조형물 옆에는 한반도의 구룡포와 일본열도의 지리적 위치, 거리 및 방위를 알려주는 석재 알림판과 구룡포의 과거 모습을 담은 사진이 전시된 입간판이 설치되어 있다. 이처럼 구룡포 공원은 시대적으로 일제강점기부터 최근에 이르기까지, 과거의 유물과 현재의 상징물이 뒤섞여 '혼성 경관'을 이루고 있다(홍금수, 2013).

34 용왕당은 1956년 신사 터 안에 설립되었다가 2008년 현재의 모습으로 중건되었다.

### 2) 근대문화 역사거리

구룡포에 정착한 일본인들은 자신들의 생활공간을 의도적으로 바깥 세계와 구분시켰다. 정치종교적 중심지인 구룡포신사에서 멀어질수록 공간은 점차 탈구역화 되었다. 구룡포신사 및 그 주변은 일본인들의 정신적 안식처이자 상징적인 지배공간이었다. 이곳을 중심으로 오른쪽 끝머리에 창주면사무소가 위치해 있고 왼쪽 들머리에는 경찰관주재소가 있었다. 포항 쪽에서 창주면사무소나 구룡포의 중심가를 방문하기 위해서는 통상 경찰관주재소를 통과해야 했다. 그러므로 경찰관주재소란 구룡포의 치안뿐 아니라 일본인 거주지를 보호하고 감시하는 초소의 역할을 담당했다고 할 수 있다.

근대문화 역사거리

일본인들의 상업공간은 본정에서 행정으로 이어지는 도로 양쪽에 형성되었다. 이곳에는 어업관련 사무소를 비롯하여 백화점과 각종 상점들이 들어서 있었다. 1930년 무렵에는 인구가 증가하면서 일본인들의 상업공간이 방파제 안쪽부터 본정과 행정을 지나 시장통을 가로지르는 개울까지 팽창되었다. 이때 시장통의 개울을 기점으로 일본인 거주지역과 조선인 및 중국인 거주지역이 구분되었다. 개울 북쪽에는 자동차 정류소, 구룡포전기회사, 장기금융조합 이전 예정지가 있었다.

1930년에 작성된 〈구룡포시가도〉를 보면 개울 북쪽까지가 일본인들의 주요 생활공간이었다고 할 수 있다. 시장통 끝머리에는 창주공립보통학교[35]가 있었는데 이곳에 보통학교가 설립되었다는 것은 구룡포에 조선인 인구가 많았다는 것을 의미한다. 하지만 〈구룡포시가도〉에 표기된 조선인 가옥은 소수이며, 조선인의 집단 거주지는 표시조차 되어 있지 않다.

신사와 사찰, 그리고 학교가 있는 신사 주변지역이 일본인들의 정신적인 공간이었다면, 본정에서 행정에 이르는 도로 양편은 일상생활이 이루어지는 사회적 공간이라 할 수 있다. 이곳에는 어업관련 사무소, 백화점과 같은 상점들은 물론 당구장과 유희장도 있었으며 음식점과 요리점, 여관, 이발소와 미장원, 목욕탕도 있었다. 일본인 이주민들은 본정과 행정을 잇는 도로 양쪽의 번화가에서 자신들만의 공간을 (재)생산했던 것이다. 도로를 따라 서로 연결된 일련의 공간은 소비와 (재)생산이 동시에 뒤섞여 진행되는 곳이기도 했다. 공간의 중심은 점차 본정에서 행정으로, 그리고 시장통까지 확장되었다. 이와 같은 중심의 확장은 지배공간의 확대를 의미한다.

35 창주공립보통학교는 1924년 6월 설립되었으며, 1947년 5월 구룡포국민학교로 교명이 변경되었다.

1930년대 구룡포의 일본인들은 한편으로는 자신들의 공간을 외부와 분리시키면서 지배공간을 확장해나갔으며, 다른 한편으로는 공간적 인접과 의사소통의 용이성을 보장함으로써 내적 연대와 중심성을 확대했다. 내적 연대는 〈구룡포시가도〉에 기록된 구룡포번영회[36] 및 구룡포 축항공로자[37] 명부로 그 일부를 확인할 수 있다.

과거 일본인들의 일상적 공간이자 사회적 공간이며, 경제의 중심 지역이었던 본정과 행정은 최근 〈구룡포근대문화역사거리〉라는 새로운 이름표를 단 채 관광지로 조성되었다. 해방 이후 최근까지 일본인이 이 땅에 남기고 간 흔적을 바라보는 시각은 식민지의 유산이라는 부정적인 입장이 지배적이었다. 하지만 2001년 문화재보호법 개정으로 곳곳에 남아 있던 일제강점기의 건축물을 '문화재'라는 관점으로 다시 바라보게 되었다.

구룡포 지역에서도 2008년 16채의 일본식 건물들을 등록문화재로 신청하여 과거의 시설물과 공간에 대한 보존과 복원에 깊은 관심을 표방하였다. 그러나 문화재청의 실사 결과 가옥 보존 상태가 열악하고 훼손 상태가 심해 '보류'로 판정되었다. 이후 일본식 건물에 대한 구룡포 주민들의 관심 방향은 보존이 아닌 복원으로 선회되었다. 포항시에서는 2011년부터 2013년까지 일본식 건물이 밀집해 있는 거리 475m의 가로 정비 및 건축물 입면정비(27개 건물), 근대 역사관 복원을 실시하

---

36 구룡포번영회 간부 명단은 다음과 같다. 服部茂左衛門, 中堅(野)建太郎, 平松進一郎, 坂堅外吉, 大須賀藤三郎, 石原喜三郎, 和田耕一, 大村九平, 大須賀市平, 伊藤庄五郎 등이다.

37 구룡포축 항 공로자는 총 7명으로, 十河彌三郎, 中堅(野)建太郎, 堤嘉一, 松井仲一, 二井林豊之助, 多田霜吉, 松山信右ヱ門이다.

박견

였다(포항시, 2014: 331).

구룡포에 일본인의 흔적으로 남아 있던 유산들은 과거의 모습으로 복원되면서 관광자원이 되었다. 하시모토 젠기치의 가옥은 현재 구룡포의 '근대'와 '문화', 그리고 '역사'를 관람할 수 있는 전시관으로 변모되었다. 또한 일심정(一心亭)이라는 이름의 요리점은 이름과 용도가 변경되어 '후루사토'(古里: 고향)라는 찻집으로 운영되고 있다. 후루사토 찻집에서는 관광객들에게 일본풍 의상을 대여하고 있다. 구룡포의 근대문화 역사거리 곳곳에는 일제강점기 당시의 우체통을 본뜬 모형물과 일본어로 표기된 깃발 및 장식물들이 설치되어 있다.

구룡포의 근대문화 역사거리는 기본적으로 1930년에 제작된 〈구룡포시가도〉와 사진을 토대로 정비되고 복원되었다(포항시 2014: 348). 때문에 이곳은 특정한 '시간'과 '장소'의 선택을 통해 '과거'가 재구성되었다고 할 수 있다.[38] 다시 말하면, 현재 구룡포의 '근대문화'는 해방 이후 이

38 구룡포 근대문화 역사거리에 쉼터로 조성된 공간의 벽면에는 복원 모델로 사용되었던 〈구룡포시가도〉가 부착되어 있다.

곳에 살고 있는 주체(주민)들의 삶과는 이질적인 형태로 작동되고 있다. '지금 이곳'에 살고 있는 주체들과 괴리된 채 '과거 이곳'에 살았던 그들의 흔적만이 구룡포의 근대문화로 복원된 것이다.

구룡포의 '근대문화 역사거리'에는 복원된 건물과 복원되지 않은 건물 사이로 과거와 현재의 시간대가 나란히 존재하고 있다. '과거'의 모습을 복원해 놓은 '현재'의 건물들 사이로 '현재'의 모습 그대로인 '과거'의 가옥들이 듬성듬성 섞여 있다. 오랜 시간 이곳에서 흔적으로 남아 있었던 과거는 복원이라는 이름으로 단장되어 관광객을 위한 볼거리로 조성되었다. 건물과 도로가 '관광객의 시선'에 걸맞게 수정·단장되면서 복원된 건물과 도로는 그 이름과 의미가 이전과는 현저하게 달라졌다. 복원된 건물과 도로로 인해 시간의 흐름 속에서 서로 다른 흔적들이 겹겹이 쌓여 있던 과거가 이제는 1930년대라는 시간으로 고정되고 말았다. 공간의 복원이 시간마저 과거의 한 시점으로 되돌려(復原)

부동명왕상

놓은 것이다. 공간뿐만 아니라 시간마저 상품화된 근대문화 역사거리는 요컨대 주민들이 '사는 곳'에서 관광객이 '보는 곳'으로 전환되었다.

복원된 건물과 거리는 '과거'라는 시간을 '현재'의 시간 안으로 끌어들였다. 새롭게 단장된 건물의 벽면에는 과거 이곳의 주인이었던 사람의 이름과 건물의 용도를 알려주는 알림판이 부착되어 있다. 과거의 모습을 담은 사진과 알림판을 통해 '현재의 이곳'이 '과거의 이곳'으로 전환된 공간에 관심을 갖는 사람은 주민이 아닌 관광객이다. 관광객들은 벽면에 부착된 표지와 흔적을 따라 가면서 손쉽게 과거를 경험하지만 이들이 경험하는 과거는 '과거'가 아니라 '현재'일 뿐이다. 관(광)객은 다만 이곳에서 무대화되고 기획된 '과거'를 매력적인 상품으로 소비하는 것에 불과하다. 이들이 경험하는 '과거'는 근대문화 역사거리라는 골목 안에서만 존재하기에 이곳에서의 '과거는 낯선 이방'이다(Lowenthal, 1985). 골목을 벗어나는 순간 낯선 과거는 사라지고 익숙한 현재와 마주친다. 관(광)객들은 낯선 과거와 잠시 조우하지만 지금 여기에 거주하는 주민들에게 이곳은 '과거'가 아니라 항상 '현재'일 뿐이다. 구룡포 근대문화 역사거리에서 현지 주민들은 선택된 '과거'에게 '현재'의 시간을 내어준 채 상품화된 거리의 주체가 아닌 객체로 밀려났다.

'근대문화 역사거리'로 재현된 과거의 모습은 탈정치적 혹은 탈민족적인 담론을 내포하고 있다. 근대문화 역사거리에서 볼 수 있는 건물들은 1930년대 일본식 건물이다. 관(광)객들이 이곳에서 마주하는 '과거'와 '일본'이라는 이국적인 이미지는 낯선 것들이다. 현재와 동떨어져 있는 생소한 모습은 마치 영화의 세트장 같은 분위기를 연출한다. 이런 분위기는 건물 벽에 붙여 놓은, 실제 영화 세트장으로 활용되었던 건물의 사진들과 기념사진용 모형을 전시해 놓은 골목에서 더욱 고조된다. 이와 같은 장치를 통해 과거 일본인의 식민지였음을 보여주는 흔적들은 현실 세계를 벗어나 비현실적 세계로 흡수된다. 복원된 건물과 도로, 그리고 과거를 연상케 하는 상징물은 '근대문화 역사거리'라는 새로운 공간을 구축하는 이미지가 되었다. 현재의 시공간을 가상의 시공간으로 전환시킴으로써 관(광)객으로 하여금 몰역사적 혹은 몰정치적 영역 속에서 로컬의 이질성, 다양성, 탈중심성을 경험하도록 유도한다. 일부(주로 젊은이와 아이들) 관(광)객들은 '후루사토'(찻집)에서 빌린 유카타를 입고 게다를 신고서 일본풍 거리를 활보하면서 생소한 이미지를 소비한다. 그들에게는 낯선 이곳이 현실세계가 아닌 재현된 거리일 뿐이다.

## 5. 구룡포 주민들의 기억

식민 이주어촌으로 건설된 일제강점기의 구룡포 및 과거 이곳에 살았던 일본인에 대한 구룡포 주민들의 기억은 매우 단편적이며 제한적이다. 이런 한계는 기본적으로 식민지를 경험했던 연령대가 많지 않다는 사실에서 비롯된다. 식민 일상을 경험했더라도 개인에 따라 경험의 깊이와 기억의 내용이 서로 다르다. 해방과 함께 일제강점기였던 과거는 현재와 단절되어 있다. 강제로 차단된 과거는 시간의 흐름 속에서 고립되었다. 하지만 시간과 공간 속에서 체화된 경험은 기억으로 남아 있다. 과거는 개인의 체험에 따라 시간의 두께가 달라지는 것이다. 물리적 시간은 시시각각 흘러가는 것이지만, 기억 속의 시간은 멈추어 있거나 한순간을 건너뛰기도 한다.

구룡포에서 식민지 일상을 기억하고 있는 대표적인 인물로 서○호(1919년생, 남) 씨가 있다. 그는 일본인 학교였던 구룡포심상소학교 고등과를 마친 몇 안 되는 조선인이었다. 그가 기억하고 있는 과거의 구룡포는 부유한 일본인, 어업을 하는 일본인이 지배하고 있는 공간이었다. 구룡포는 고등어 건착선으로 항구가 붐비고, 고래 잡는 포경선이 수시로 드나들며, 정어리 가공공장과 통조림 공장도 있었다. 영락관, 안조데이, 일심, 사누키, 메이게쓰라는 간판을 단 술집과 기생집이 많았으며, 목욕탕, 당구장, 시계방, 사진관, 극장도 있었다. 일제강점기 구룡포에는 없는 것이 없었으며 개가 지폐를 물고 다녔다는 말이 빈말이 아니었을 정도로 경기가 좋았다. 구룡포의 수산업은 일본인이 장악하고 있었으며, 조선인은 어업허가를 신청해도 허가를 받을 수 없었다. 그래서 가난한 조선인들은 일본인 선주 밑에서 선원으로 일했다. 간혹 조선인 중에는 고급요리점을 운영하거나 생선 운반업을 하는 부유층도 있었다.[39]

일본인들은 매립을 통해 자신들만의 생활공간을 구축했다. 일본인들의 거주지 안에 소수의 조선인과 중국인이 살기도 했지만, 대부분의 조선인들은 그 구역 바깥에 거주했다. 구룡포의 조선인들과 타지에서 일자리를 찾아온 조선인들은 일본인 주인 밑에서 일꾼으로 살았다. 남

---

39 〈구룡포시가도〉에 표기된 대표적인 조선인 사업가로는 이형림(李亨林)과 김성호(金性浩)가 있다. 이형림은 요리점 봉래관(蓬萊館)과 한양루(漢陽樓)의 주인이었으며, 김성호는 수산물중매 및 운반선업자였다.

자들은 선원이 되거나 조선소, 철공소, 상점 등에서 단순 노무자로 일했다. 간혹 중간 관리자로 일하는 사람도 있었으나 소수에 불과했다. 여자들은 기생, 가정집의 보모, 어판장의 생선처리인, 통조림 공장의 노동자 등으로 충원되었다. 일본인 집에 기거하거나 오가면서 일본인 아이를 돌보는 조선인 소녀들은 '나나상'이라 불렸다. '나나'는 이름이 아닌 아이 돌보는 사람을 통칭하는 '호명'이었다(조중의·권선희, 2010: 116).

일본인 아이들은 구룡포심상소학교에, 조선인들은 창주보통학교에 다녔다. 조선인과 일본인은 거주구역뿐 아니라 다니는 학교마저 구분되어 서로 어울릴 수 있는 기회가 원천적으로 차단되어 있었다. 그러나 일본인 거주지에 살았던 조선인 아이는 일본인 아이와 어울려 놀기도 했다. 심상소학교 정문 바로 뒤에 거주했던 구룡포 주민은 '도미짱'이라 불렸던 심상소학교 교장 아들과 일요일마다 딱지치기를 하면서 하루를 보냈다고 기억하였다.

> "일본 교장 아들이 내캉 동갑이었어요. 포치기, 딱지치기, 일본말로 하마다... 일요일날 되면 우리 집에, 아침에 쫓아와요. '밧친쇼, 밧친야로카' 그러면 쫓아나가고... 교장 아들 이름이 도미짱이라고... 서로 싸우지는 않았어요. 단순히 여러 애들하고 상대는 안 했단 말이요." (김○열, 1934년생, 남)

구술자는 해방되고 7~8년쯤 뒤에 '도미짱'이 구룡포에 찾아 온 적이 있다고 말했다. 그는 도미짱과 함께 점심을 먹고 헤어졌다고 한다. 조선인과 어울려 노는 일본인 아이는 소수였으며, 대개 일본인 아이들은 자기들끼리 놀았다. 피지배자였던 조선인의 입장에서 지배자였던 일본인은 함께 어울릴 수 있는 대상이 아니었다. 조선인 중에서 부자이거나 '빽' 좋은 사람들은 일본인 심상소학교(고등과)에 입학하는 경우도 있었다. 하지만 이는 극소수였다. 조선인 아이들은 통상 창주보통학교에 입학했다. 조선인만이 다니는 학교라도 일본어를 사용해야 했으며 일본식 복장을 갖추어 입어야 했다. 짚신에 익숙했던 발에 게다를 신는 것은 고역이었다고 했다. 추운 겨울 게다를 신어야 했던 어려움을 한 구술자는 다음과 같이 토로하였다.

> "게다 신고... 겨울에 좋은 것도 아닌 게다 신고요. 조선 사람들이 소나무를 가지고 맹근 게다를 신고 가다가 게다 끈이 떨어지면 그 게다를 들고 맨발로 와요. 양 발이 얼마나 얼겠는교. 짚신은 삼아 주는 사람도 없고, 일본 시대니까 게다를 신어야 했지요." (임○○, 1933년생, 여)

일제강점기에 대한 기억은 경험의 폭과 연령에 따라 차이가 크지만 성별에 따라서도 차이가 있다. 남성들의 기억은 즐비했던 건물들, 성행했던 어선어업, 철공소와 전기불, 화려했던 유흥가 등 거시적 경관에 초점이 맞추어져 있는 반면, 여성들의 기억은 길거리에서 마주쳤던 일본인 순사, 공출과 밀주 감시, 몸빼 바지, 고무신과 게다, 방공호와 대피훈련, 비행기 출현과 사이렌 소리, 일본 유행가 등 일상생활과 관련된 단편적인 사건들과 연관되어 있다. 특히 긴 칼을 차고 '찰가닥 찰가닥' 소리를 내며 걸어오는 일본인 순사는 공포의 대상이었다. 멀리서 순사의 모습만 보여도 숨기에 바빴다고 한다. 해방이 되어서야 겨우 이와 같은 공포감에서 벗어날 수 있었다.

"일본 사람들 나갈 때, 거의 다 배가 있었으니까네, 다 뭐 그 배로 가는데 손 딱 흔들고... 그 다음부터는 일본 사람 구경을 못해요. 싹 나오지를 않아요. 안 나와가지고 한 집씩, 한 집씩 전부 모르게 가요, 가는 것도... 이시하라 사카에가 갈 때는 내가 알았는데, 오카다 에이라고 수산하던 사람도... 구룡포 사람들은 잘 가라는 말만 했어요. 뚜드려 패고 그런 거는 일절 없었어." (서○호, 1919년생, 남)

해방의 소식은 어느 날 갑자기 전해졌다. 급조된 태극기를 앞세우고 젊은 사람들이 떼를 지어 만세를 외치는 소리로 해방이 되었음을 알았다. 하루 전만 해도 부산했던 골목이 갑자기 조용해지고 그 많던 일본인의 모습을 거리에서 통 볼 수가 없었다. 패망의 소식을 전해들은 일본인들은 곧 자신들의 어선을 타고 시나브로 빠져나갔다. 경찰서에는 얼마 동안 무장한 헌병대가 주둔했지만 별다른 충돌은 없었다고 했다.

해방 이후 일본인이 남긴 건물들 대다수는 조선인들이 '점령'하였다. 일본인들이 남기고 간 건물 중 일부는 일본인 주인이 서둘러 빠져나가면서 서기나 일꾼으로 일하던 조선인에게 일시적으로 '양도'한 것들이다. 이때 양도받은 건물이나 장부를 바탕으로 부자가 된 사람들도 더러 있었다.

"일본인들 밑에서 직원들을 많이 썼다고 하죠. 고쯔까이[40]들, 시중이나 들고 그러는 제일 똘마니라 말입니다. 견습생이지, 고쯔까이는. 선구점이나 배나 다 그래요. 철물점이라든지 가면, 고쯔까이들이 심부름을 하고 다하지... 이 집도 친구 집인데, 친구 어른도 고쯔까이로

40 '고즈카이(こづかい)'는 소사(小使), 즉 사환이라는 의미이다.

들어가서 얼마 안 돼서 해방이 되고, '이 집을 내가 올 때까지 니가 보관하고 있어라' 해 가지고, 전부 다 받았고… 역사관(근대역사관)은 내 친구 어른이 부자 집에 집사로 있었단 말이야. 직원이니까, '자네가 집을 맡고 있게나, 금방 갔다 오마'… (그렇게 해서) 전부 다 맡아가 졸부가 되지 않았습니까." (김○주, 1948년생, 남)

근대역사관을 비롯하여 일본인들이 남기고 간 대부분의 건물들은 적산가옥 형태로 처분되었다. 일본인들이 사용했던 건물이나 시설물을 '점령'한 사람들에게 식민지 잔존물은 파괴하거나 훼손해야 될 대상이 아니라 오히려 사용 가능하게 유지해야 할 자산이 되었다. 남겨진 일본의 종교시설 역시 다른 종교기관이 접수해 재사용하였다. 본원사 건물은 천주교 성당으로 사용되었으며, 에비스 신사가 있던 공간은 교회 건물이 들어섰다. 신사가 있던 공간에는 용왕당과 충혼각 건물이 설립되었다. 심상소학교, 파출소, 어업조합, 관공서 등도 '주인'만 바뀐 채 해방 이전과 마찬가지의 기능을 수행하는 건물로 이용되었다. 해방 이후 정치적 환경이 변화하는 가운데 건축물 또한 쓸모를 잃거나 더 유용한 쓰임새가 있는 건물로 대체되었다. 과거의 건물에 다른 사람이 들어와 살고, 그 건물들을 새로 이용하면서 과거의 흔적들은 점차 알아볼 수 없게 되었다.

해방 이후 지배적인 집단으로부터 가치 없는 것으로 여겨진 것들은 의도적으로 혹은 특별한 이유 없이 파괴되거나 방치되었다. 일반가옥과 달리 특별한 의미를 지닌 구조물과 장소는 의도적으로 선택되어 파괴되거나 삭제되었다. 토템과 같은 성격이 강했던 기념비와 충혼탑, 신사계단의 석비 등은 해방 이후 시멘트로 일본인의 이름과 '문자'를 지웠다. 나중에 그 위에 새로운 이름과 문자를 새겨 넣었다. 시멘트를 발라 일본인의 이름을 지운 석비는 돌려놓고, 그 앞면에 한국인의 이름을 새겼다. 건축물과 장소에 깃든 역사와 정체성을 완전히 '말살'하는 대신 기억의 편린으로 남겨두었던 것이다. 지워진 이름과 문자는 흔적으로 남아 '망각'과 '기억'을 이어주고 있다.

관리자가 없거나 보존하려고 나서는 집단이 부재했던 건축물들은 쉽게 철거되고 재개발되었다. 구룡포에서는 대한청년단[41]이 신사 공간의 건축물에 대해 '문화청소' 작업을 진행한 바 있다.

> "그게 늦가을인데... 대한청년단이라는 조직이 있었어요. 전국적으로 주도해가지고... (해방 후) 신사도 그냥 놔두고 있었어요. 그 앞에 도리 부숴가지고 파고 묻어 버리고, 묻으면서 그걸 부숴버리면 너무 아깝다 힘들다 나중에 우리가 이용하면 안 되나 생각을 했죠. 그때 누군가 한 사람이 아깝다 얘기했죠. 놔뒀다가 이용하자고 결의가 났어요... 그때 신사 부수고 이럴 때 청년들이 삼십여 명 모였어요. 시멘트는 먼저 했고, 돌려서 한 건 나중에 했어요." (서○호, 1919년생, 남)

일본인 지배자들이 내세웠던 건축유산을 파괴하는 일은 지배자들이 피지배자들에게 의식적 혹은 무의식적으로 강요했던 지배의 이데올로기를 의도적으로 배제하는 행위이다. 하지만 구술자는 정확히 언제 시멘트를 발랐는지에 대해서는 자세히 기억하지 못했다. 다만 해방 이후 어느 시점에 신사 건물을 철거하고, 신사 계단 양쪽에 있던 비석들

41 구룡포 대한청년단 단장은 최장수(1916년생)였다. 그는 1950년 5월 및 1957년 4월에 국회의원 선거에 출마했다(한국사데이터베이스).

및 도가와 야스브로 송덕비의 비문을 전부 시멘트로 발라 지워버렸다는 것이다.[42] 이후 1960년 충혼탑을 건립하면서 시멘트를 발랐던 계단 양쪽의 비석을 돌려세우고 앞면에다 한국인의 이름을 새겨 넣었다.

현재 구룡포 지역사회에서는 역사적 고증의 문제와 더불어 일본인의 유산과 흔적을 어떻게 처리할 것인가를 두고 다양한 의견이 대립되고 있다. 일본인이 남기고 간 흔적의 '복원'과 관련된 담론은 '과거'를 어떻게 바라볼 것인가 하는 문제와 결부되어 있다. 지배자였던 일본인이 남기고 간 건축물에는 이데올로기가 내재되어 있기 때문이다. 이데올로기는 질료가 아니라 형식으로 표현된다. 여기에서 중요한 것은 질료에 내재된 특성이나 질료가 한데 모인 방식이 아니라, 벽돌과 돌에 부여된 변화무쌍한 의미다(로버트 베번, 2012: 15). 건물 자체가 정치적인 것이 아니라 그 건축물에 의미를 부여하는 사람에 따라 정치화 혹은 몰정치화 된다. 일본식 건물을 복원하여 관광 상품으로 활용하자는 입장에서 바라보면, 일본인이 남기고 간 유산은 오래되고 낯선, 그래서 매력적인 건축물이다. 과거는 현재의 '보잘 것 없음'을 채워주는 새로운 재료이자 배경이다.

일제강점기와의 연속성을 단절하고 국가주의적 충성심을 불러일으키기 위해 새로운 '전통'이 창출되기도 한다. 해방 이후 일본인의 충혼탑을 허물고 바로 그 기단 위에 새 충혼탑을 건립했다. 기단석 벽면에 새겼던 글자를 시멘트로 지우고 덧칠한 시멘트 표면에 '유공자' 단

42 현재 구룡포에서는 신사의 철거 시점 및 철거 주체를 두고 서로 다른 의견이 대립되고 있다. 이런 논쟁과 갈등은 대부분 경험기억의 불명료성과 역사 기록물의 부재에서 비롯된다.

체의 이름을 새겼다. 하지만 일본식 기단 위에 한국인 충혼탑이 건립된 것은 '국가주의' 표상으로 적절치 않다는 의견이 대두되면서 구 충혼탑 옆에 새 충혼탑이 세워졌다. 일제강점기 한자로 새겨진 충혼탑은 해방 이후 한글로 바뀌었다. 구 충혼탑의 석재는 검은색이었지만 새로 만든 충혼탑은 흰색으로 대체되었다. 선택적 유지와 파괴를 통해 충혼탑이 지닌 고정된 의미를 변경시킨 것이다. 하지만 '돌'이라는 질료는 바뀌지 않았다. 질료의 불변성은 집단정체성을 유지하고 조작하는 강력한 도구가 된다. 현충일에는 해마다 이곳에서 추모 의식이 거행된다. 반복되는 추모 행위는 '만들어진' 연속성을 활성화한다. 충혼탑은 국가주의라는 이데올로기가 다져지고 새로운 전통이 발명되는 장소로 활용되고 있는 것이다. 충혼탑에 남아 있는 과거에 대한 의식은 단절의 경험에 바탕을 두고 있다.

건축물의 과거 주체인 일본인의 입장에서 신사와 종교적 상징물은 의도된 기념물인 반면, 일반 주택은 의도되지 않은 기념물이라 할 수 있다. 하지만 현재 이곳의 주체인 구룡포 주민들의 시각에서는 일반주택일지라도 타자인 일본인의 정체성과 관련된 기억을 불러일으킨다는 점에서 기념물로 간주된다. 건물의 역사 및 건축자와 현재의 사용자가 맺고 있는 관계에 따라 기념물로 의미를 부여받기도 한다. 현재 구룡포 근대역사관으로 사용되고 있는 하시모토 젠기치의 가옥이 그 대표적인 기념물이다. 하시모토 젠기치의 가옥은 일제강점기 일본인의 역사와 기억을 담고 있는 그릇으로 기능하고 있다. 근대문화 '역사관'으로 복원된 하시모토 젠기치의 가옥은 구룡포의 과거를 '공적 기억'의 형태로 표

하시모토 가옥

상하고 있는 것이다.[43] 하시모토 젠기치 가옥의 '복원'은 과거의 기억 중에서 어떤 부분은 확대 과장되고 있지만 다른 부분은 소외되고 '망각'되었음을 드러낸다.

흔적은 과거의 의미 가운데 일부만 복원된다는 점에서 문자 혹은 텍스트와 구별된다.[44] 과거의 복원은 필연적으로 기억의 축소와 압축을 동반한다. 일정 부분이 망각되고 소거되었기 때문에 기억이 가능해지고 역사 기술 또한 가능해진 것이다. 기억이 고정되기까지는 고정되지 않은 기억과의 경합 혹은 충돌이 일어난다. 어떤 기억이 고정되거나 소멸되는 것은 정치적 환경 변화와 상관관계가 있다. 구룡포의 과거 공간이 '구룡포 근대문화 역사거리'로 조성되는 과정에서 건물과 장소만 복원된 것이 아니라 과거의 기억도 함께 '복원'되었다. 복원된 기억은 유

43 구룡포 '근대 역사관'은 구룡포 일본인 가옥의 홍보를 위해 만든 전시관 형태로 시작되었다. 전시관은 개관 당시부터 '사진 조작'과 '역사 왜곡' 문제에 휩싸였다(경북제일일보, 2009.07.11.).

44 알라이다 아스만(2003: 267)은 '흔적은 기억과 망각을 서로 불가분하게 연결시켜 주는 이중의 기호'라고 설파했다.

물과 함께 전시되면서 '공적' 기억으로 전환된다.[45] 구룡포에서 근대문화 역사거리가 조성되면서 일제강점기의 모든 건축물이 복원된 것이 아니라 건축물의 보존 상태에 따라 A, B, C 등급으로 구분되어 A등급에 속한 17동만이 선택적으로 수리·복원되었다(포항시, 2014: 196).[46]

구룡포에서 과거의 흔적을 담고 있는 건축물과 그 건축물을 파괴하거나 지우는 행위는 모순되거나 일관성이 없다. 신사 건물은 파괴되었으나 동본원사 건물은 오래도록 존속되었다. 도가와 야스브로의 송덕비의 비문은 시멘트로 발라진 반면, 방파제축항기념비의 비문은 일부분만 삭제되었다. 신사의 도리는 매몰되었지만, 참배객들이 손을 씻었던 돌확은 발굴되었다. 이처럼 현재 남아 있는 유물들에는 서로 다른 의미들이 부여되고 있다.

유물에 부여된 의미들은 시간에 따라 바뀌기도 한다. 과거와 유물에 대한 개인들의 공유되지 않은 기억과 태도는 '과거'의 재현을 서로 어긋나게 이끈다. 하지만 기억의 다양성은 '화석화'된 이데올로기로서의 과거가 아닌 역동적이고 구체화된 과거를 드러내면서 기억에 생명력을 불어 넣기도 한다. "과거에 대한 관계는 결코 어떤 시점에서도 통일성이 있을 수 없다."는 알라이다 아스만(2003: 278)의 주장처럼, 구룡포에서 과거는 복원이라는 담론과 결부되면서 더욱 복잡해지고 있다. 일제강점기에 대한 기억은 텍스트, 유물, 사진, 지도 등과 같은 여러 매

45 '기억의 복원'과 맞물려 도가와 야스브로 송덕비를 한쪽에서는 덧칠된 시멘트를 벗겨내야 한다고 하고, 다른 한쪽에서는 시멘트가 발라진 그대로 유지되는 것이 바람직하다며 서로 팽팽히 맞서고 있다.

46 일부에서는 구룡포에서 가장 '일본다운 건물'인 천주교 공소(본원사)가 철거되었으며, 일본 문화의 '심장'이었던 신사 유적은 제대로 복원되지 못했다고 지적하였다.

체와 중첩되고 교차되면서 여러 갈래로 뻗어나가고 있다.

의도적이든 비의도적이든 지금 구룡포에는 흔적으로 남아 있는 과거와 관광 상품으로 '복원'된 과거가 서로 중첩되면서 교차하고 있다. 과거의 기억을 담지하고 있는 주민들과 현재의 시간 속에 살고 있는 관광객 사이에는 시선과 인지의 불일치가 발생하고 있다. 기억으로 남아 있는 과거와 관광 상품화 되어버린 과거가 충돌하는 것이다.

과거를 바라보는 시선 및 인지의 불일치는 2015년 8월 15일에 표면화되었다. 일제강점기를 기억하고 있는 지역 주민들의 입장에서 8월 15일은 광복절이라는 기념일과 결부되어 있다. 이들에게 8월 15일은 일본인들의 만행에서 해방된 날이며, 잊지 말아야 하는 과거와 이어지는 특별한 기념일이다. 하지만 기모노를 입고 일본풍의 거리를 누비며 기념 촬영하기에 바쁜 관광객들에게 8월 15일은 여느 공휴일과 다름없는 휴일이었다. 그들에게 일본 옷은 구룡포의 색다른 분위기를 소비하기 위한 소품에 불과할 뿐이다.

## 6. '과거'의 관광자원화

일제강점기 이주어촌이었던 구룡포의 과거는 1930년을 기점으로 '복원'되었다. 복원된 과거는 '근대문화 역사거리'라는 이름으로 관광자원이 되었다. 과거의 흔적과 기억이 공적 기억의 영역으로 전환된 셈이다. 공적 기억으로 고정되지 못한 개인적 기억들은 사라진 흔적들과 함께 주변화되면서 '역사'로부터 신뢰성을 의심받고 있다. 구룡포의 과거는 기록, 흔적, 그리고 기억의 형식으로 여기저기에 산발적으로 존재하고 있다. 이들을 통해 살펴본 구룡포의 과거는 전체적인 모습이 아니라 단편적이며 파편적이다.

지배자였던 일본인들이 남겨놓은 단편적인 기록을 통해 구룡포의 과거를 재구성하기에는 여러 가지로 한계가 있었다. 침략자였던 일본인의 입장에서 구룡포는 한반도의 여러 곳과 별반 다를 바 없는 이주지였을 뿐이다. 그들에게는 다른 나라의 땅과 바다를 침탈했다는 의식이 없었다. 단지 온갖 어려움을 극복하고 이주어촌을 건설했다는 자부심만이 기록으로 나타난다. 그들에게 과거란 겨우 한두 집만이 살고 있던 조그만 한촌에 불과한 곳에 집을 짓고 우물을 설치하여 이주어촌을 '개척'하여 살았다는 자기중심적인 이야기로 남아 있다.[47]

한편, 흔적으로 남아 있는 구룡포의 과거는 서로 연계되지 못하고 개별적이며 서로 단절되어 있다. 시간의 흐름 속에서 많은 것들이 허물어지거나 인위적으로 파괴된 탓이다. 또한 일부 흔적들은 건축 당시의 맥락에서 이탈되어 다른 공간으로 이동된 채 남아 있다. 흔적은 기록물과 달리 그 자체로 의미가 전달되는 것이 아니라 세심한 읽기를 통해서만 과거와 이어진다. 과거의 흔적은 현재의 시점에서 철거되거나 보존되며, 일부 흔적들은 '복원'을 통해 과거의 상징물로 자리를 잡는다. 해방 이후 일본식 건축물과 장소가 정치적 상황에 따라, 그리고 지역사회

47 구룡포에 살았던 일본인들은 1978년 구룡포회를 조직했다. 구룡포회는 도가와 야스브로의 아들 도가와 카오루(十河薫) 주도로 결성되었다. 첫 모임에 참여했던 회원은 124명이었으나, 점차 회원들이 나이가 들어 사망하면서 현재는 겨우 명맥만 유지하고 있는 상태이다. 2009년 10월 구룡포회 회원들은 구룡포를 공식 방문하였다(조중의·권선희, 2010).

의 지배집단의 의도에 따라 철거되거나 보존되었다. 남아 있던 건축물과 공간의 복원 역시 보존 상태라는 지극히 단순한 잣대로 결정되었다.

과거는 기억을 통해서 현재와 연결된다. 기록과 흔적이 과거를 고정시키는 반면 기억은 현재의 상황에 따라 유동적이다. 역사에서는 언급되지 않는 많은 사건들과 의미들이 기억을 통해 전달된다. 일부 기억들은 '전시'와 '채록'을 통해 고정되어 공적 영역으로 전환되기도 한다. 서로 다른 개인적 기억들이 공적 기억으로 자리를 잡는 과정에서 충돌과 갈등이 발생한다. 기억은 '역사'의 부족한 부분을 메워 주기도 하지만 대항하기도 한다. 대항기억들은 정치적 상황에 따라 잠복되거나 표출되기도 한다. 시간의 흐름 속에서 흔적이 중첩되었듯이 기억 또한 여러 갈래로 엇갈리게 된다. 개인적 기억들은 '유산'화된 흔적들과 맞물리면서 공적 기억의 자리를 두고 서로 경쟁하기도 한다. 지금 구룡포에서는 흔적의 유산화 작업과 함께 기억의 고정화 논쟁이 활발히 전개되고 있다.

# 2장
## 울산 방어진 '히나세촌(日生村)'

## 2장
# 울산 방어진 '히나세촌(日生村)'

## 1. 울산 방어진

방어진(方魚津)은 울산의 남동쪽 끝에 있는 항구이다. 행정구역상 울산광역시 동구 방어동에 해당되는 지역으로 조선 후기까지 방어진은 울산도호부 관할의 동면에 소속되어 있었다. 방어진은 오래전부터 일본인들과 접촉이 있었던 곳이다. 1426년 삼포가 개항되면서 당시 염포였던 지금의 울산에 왜인들이 드나들기 시작하였다. 울산은 임진왜란과 정유재란 시기에도 왜군들이 군사기지로 삼았던 지역이기도 하다. 조선시대 방어진 일대에 말을 키우는 목장도 있었으며, 중앙에서 파견된 감목관이 목장 지역을 관리했다. 방어진의 목장은 1897년에 폐장되었다(안수연, 2012: 45).

울산 근해는 난류와 한류가 교차하는 지역으로 어패류와 해조류가 풍부한 지역이다. 울산 앞바다는 고래가 회유하는 곳으로 유명했으며, 방어진 근해는 일찍부터 어업이 발달하였다. 이에 조선시대에는 어세를 바치는 어기, 어장, 곽암 등이 많았다(이현호, 2005: 14). 또한 방어진은 '방어진(魴魚津)'이라 불릴 정도로 방어(魴魚) 산지로 널리 알려져 있었으며, 조선 숙종 이후 방어진의 만내에는 임금에게 진상하기 위한 전복을 키우는 보호장도 보유하고 있었다(吉田敬市, 1954b: 509). 방어진은 지리적으로 일본과 가까울 뿐 아니라 삼치, 방어, 고등어 등 일본인이 선호하는 어족이 풍부한 어장이 있었다. 이런 지리적 조건과 어업환경을 감지한 일본인들은 일찍이 방어진을 어업근거지로 삼아 주변 어장을 침탈하였다.

일본인이 진출할 무렵 방어진에는 30호 남짓한 주민이 반농반어 형태로 삶을 영위하고 있었다(吉田敬市, 1954a: 468). 또 다른 기록에는 일본인들이 이주했을 당시 방어진 원주민으로 스물네 가구가 있었다고 한다. 이들 스물네 가구의 대표자 24명이 모여 일본인에게 소유농지를 넘기지 말 것을 결의한 후 곽암을 사수하고 방어진을 동서남북 및 중앙으로 구분해 권역별 책임자를 선출하는 일종의 자치제를 구성했다(천재동, 2007: 42). 조선이 일본에 강제 합병당한 이후로는 방어진의 행정구역이 수차례 변경되었다. 1910년 10월 방어진은 울산군 동면에 소속되었다가, 1914년 행정구역 개편으로 상화잠동과 하화잠동이 합쳐져 방어리가 되었다. 1917년 면사무소 소재지가 서부리(지금의 남목 2동 사무소)에 설치되고, 1925년 동면 사무소가 일본인들의 집단 거주지인 방어리로 이전되면서 방어진은 동면 지역의 중심지가 되었다. 1931년에는 면의 명칭이 동면에서 방어진면으로 바뀌었으며, 1937년 7월에는 방어진면이 방어진읍으로 승격되었다. 방어진은 해방 이후에도 여러 차례 행정구역 변경을 거쳐 지금의 울산광역시 동구 방어동이

되었다.[1]

식민지 시기 방어진에는 출신 배경이 다양한 일본인들이 거주하고 있었다. 초기 정착민들은 오카야마현 히나세(日生) 출신의 어민들이었다. 방어진으로 이주한 히나세 사람들은 특정한 구역에 자신들만의 거주공간을 형성하였다. 히나세 사람들이 거주했던 공간은 오늘날까지도 '히나세 골목'으로 불리고 있다. 제2장에서는 히나세 사람이 살았던 공간과 장소를 중심으로 일제강점기 방어진에 형성되었던 식민 이주어촌의 흔적과 기억을 살펴보고자 한다.

## 2. 이주어촌 건설

방어진은 1909년 일본 지방정부의 보조를 받아 후쿠오카현 지쿠호(筑豊) 수산조합에서 어부들이 거주할 가옥 30호[2]를 건립하면서 식민 이주어촌으로 출발했다(吉田敬市, 1954b: 509). 후쿠오카현에서는 어민 16호 54명을 이주시켰으며, 이주자에게 필요한 택지, 방풍림 및 밭으로 사용할 미간지를 개척하였다. 또한 총독부에서 대부받은 돈으로 이주가옥 30호와 감독 사무소 1동을 신설하였다. 아울러 방어진항에 방파제를 축조하였다(김수희, 2005: 183). 1910년부터 오카야마현에서 40

1 본 장에서는 연구의 편의를 위해 행정구역 '방어동'이 아닌, 사람들이 흔히 기억하고 있거나 말하고 있는 '방어진'이라는 명칭을 사용하고자 한다.

2 1911년 당시 후쿠오카현에서 방어진에 건설한 이주어촌은 총 29호(拓植局, 1911: 133~134 재인용; 김승, 2010: 9)였다는 기록도 있다.

호, 가가와현 15호, 후쿠이현 8호 등, 일본 지방정부(縣)의 보조금을 받아 이주하는 어민들이 늘어나면서 방어진에 이주어촌이 확장되었다. 이주어민이 점차 증가하여 1919년에는 오카야마현 73호, 가가와현 53호, 히로시마현 51호, 야마구치현 40호, 나가사키현 30호 등, 총 411호가 방어진에 정착했다. 한편, 지방정부의 보조 없이 이주를 한 사람들 중에는 오카야마현 히나세(日生)와 가가와현 오다(小田) 출신자들이 많았다(여박동, 2002: 220). 1921년 방어진에 사는 일본인 인구는 496호에 남자 1,566명, 여자 1,507명이었다. 이 중에서 오카야마현 출신(145호, 남 456명/여 424명)과 가가와현 출신(117호, 남 411명/여 282명)이 거대 이주 집단이 되어 방어진에 사는 일본인 인구의 절반 이상을 차지하였다(中井昭, 1967: 334~335).

일본인 어부들이 방어진에 처음 들어 온 것은 1897년 오카야마현 히나세 사람들이 조류에 떠내려간 삼치잡이 유망(流網, 流刺網)을 찾아 방어진에 내항한 것이 시초이다(吉田敬市, 1954a: 268).[3] 이후 1910년 가가와현 수산시험장이 방어진에서 고등어 박망 시험조업에 성공하자 이를 계기로 고등어잡이 어선들이 이곳으로 대거 몰려들었다. 이에 따라 방어진을 근거지로 삼아 출입항하던 일본어선들의 규모가 1921년에는 935척에 달했다. 성어기에는 항내 선박 거주자를 포함하여 3만 명에

3 吉田敬市의 같은 글 468쪽에는 1897년 오카야마현 히비(日比)촌에서 모리모토(森本實) 외 39명이 내항한 것이 시초라고 기술되어 있다. 히비촌은 오카야마현 타마노(玉野)시에 소속되어 있다. 『玉野市史』에는 히비촌 사람들이 경남 통영군 미륵도에 오카야마촌을 건설했다고 기술되어 있으며(玉野市史編纂委員會, 1971: 562), 『香川縣海外出漁史』에는 오카야마현 히나세의 모리모토 외 39명이 방어진에 처음 도착했다고 기록되어 있다(中井昭 1967: 331). 따라서 吉田敬市의 글 468쪽의 '히비(日比)'는 히나세(日生)의 오기로 보인다.

이르는 사람들이 모여들었다. 1910년대부터 방어진은 삼치잡이에서 점차 고등어잡이 어선의 전진기지로 전환되었다. 1914년 고등어 어업은 건착망 15통, 박망 55통 등, 총 70통이었으며 1915년에는 80통으로 늘어났다. 1921년에는 삼치 유망의 어획고 또한 방어진 전체 어획고의 24%에 이를 정도로 수익성이 높았다. 방어진의 삼치잡이 어민들은 대다수가 히나세 출신들이었으며 어민 한 명이 어선 한 척을 운영하는 소규모였다(김수희, 2005: 182~184).

일제강점기 방어진은 부산, 통영과 더불어 조선의 3대 일본인 이주어촌으로 자리를 잡았다. 하지만 식민 이주어촌이 본격적으로 건설되기 이전에도 방어진에는 일본인 이주자가 98호나 있었다. 이들 가운데 73호는 요리점이었으며 매춘부(醜業婦)도 260명이나 되었다(다카사키 소지, 2006: 113). 이처럼 요리점과 매춘업이 성행했다는 것은 일본인들이 이주어촌을 건설하여 본격적으로 정착하기 이전에도 어기에 따라 방어진을 일시적으로 왕래하는 일본 어업자들이 많았음을 말해 준다. 단일 집단으로는 히나세 출신의 이주 인구가 가장 많았으며 전성기에는 100호가 넘었다고 한다.

식민지 시기 방어진에는 순사주재소, 우편소, 공립심상고등소학교, 위생조합, 소방서, 재향군인회, 상업은행, 하야시카네 수산회사, 일본수산주식회사 출장소, 코오다(合田) 일본 청주주조장, 방어진어업조합, 방어진조선철공소, 미요시(三好) 매실장아찌공장, 가와구찌(川口) 선구점 및 여객터미널, 무라카미(村上) 조선소, 하야시카네 통조림 공장과 정어리 기름공장, 사노키야 여관(讃岐屋) 및 여객터미널, 미우라(三浦) 여관, 오바야시(大林) 선구점, 아리요시(有吉) 만물상 등이 있었다.

1920년대 방어진항(사진 제공: 장세동)

연극과 영화를 상영하는 극장도 두 곳이나 있었다. 오락시설로는 소형 사격장과 당구장이 있었다. 체육시설로는 자전거 경기장, 축구장, 정구장, 유도장 등이 있었다. 또한 대형 공중목욕탕이 세 곳이나 운영되고 있었다. 그리고 울산을 경유하여 부산을 오가는 차량을 보유한 운수회사와 화물과 사람을 싣고 부산으로 왕래하는 천 톤급 정기여객선도 있었다(천재동, 2007: 32~33).

일제강점기 방어진에는 일본인들의 안전과 위생 및 자녀교육을 위해 주재소, 우편소, 위생조합, 소학교 등이 설치되었다.[4] 관공서 및 필수기관 이외에도 오락과 여흥을 할 수 있는 시설들을 비롯하여 각종 교통기관들이 들어서기 시작했다. 이런 사실은 일본인들의 이주가 생계나 어장확장과 같은 단순 차원에서 이루어진 것이 아니라 한반도에서 기반을 잡고 생활의 뿌리를 내리게 하려는 식민정책의 일환으로 추진

4 일본인이 집단적으로 거주한 지역에는 일본인의 안전과 위생, 그리고 자녀교육을 위한 필수시설로 경비기관, 의료기관, 소학교 등이 우선적으로 설치되었다(권숙인, 2008a: 58).

되었음을 보여준다. 방어진에 살았던 일본인 이주민들은 조선 땅에 살면서도 식민지의 언어를 배울 필요가 없었다. 일본인 이주민들은 일본과 다를 바 없는 생활을 방어진에서 영위할 수 있었기 때문이다. 이들에게 방어진은 '일본 밖에 만들어 낸 일본'(권숙인, 2008b: 115)이었다.

## 3. 방어진의 히나세 사람들

현재 히나세는 일본 오카야마현 비젠(備前)시에 소속되어 있다. 히나세가 있는 지역은 세토내해의 후미진 곳으로, 작은 포구를 중심으로 마을이 형성되어 있다. 현재의 히나세는 히나세 역과 여객선 터미널 등이 있는 신축구역으로 확장되어 관광어촌으로 변모되고 있다. 하지만 과거 이곳은 마을 뒤편이 곧장 산으로 이어진 탓에 농토가 부족해 어업 위주로 살아가던 어촌이었다.

농사지을 땅이 없던 히나세 사람들은 바다에 나가 고기를 잡는 것이 거의 유일한 삶의 방편이었다.[5] 그러나 인구가 증가하면서 어장을 두고 내외부적으로 경쟁이 치열해졌으며 어로기술의 발달로 남획이 가속화되었다. 어장은 좁아지고 고기가 잡히지 않게 되자 히나세 사람들은 세토내해를 떠나 새로운 어장을 개척할 수밖에 없었다(여박동, 2002: 223~224). 19세기 말에 히나세의 어민들이 작은 어선을 타고 험난한 바다를 건너 울산 방어진에 도착한 계기는 이처럼 줄어든 어장과 늘어난

5 1724년 히나세의 인구는 170호로 모두 어업에 종사하고 있었으며, 메이지 시대에도 830호 중 745호(90%)가 어업에 종사하였다(여박동, 2002: 223).

인구로 일본에서의 생존환경이 열악해졌기 때문이다.[6] 히나세 사람들의 이주는 한 번에 이루어진 것이 아니라 최초의 이주 이후 연쇄적으로 이루어진 것으로 보인다. 방어진에 성공적으로 정착한 사람들은 벌어들인 수입의 일부를 히나세에 남아 있는 친인척 혹은 사업자금을 대준 전주들에게 전달하였다.

방어진에 먼저 정주한 일본인들은 히나세 사람들이었다. 그러나 이들은 주로 영세한 어부들이었기에 방어진의 중심세력으로 성장하지는 못했다.[7] 히나세 어민들은 어장을 독점하여 경영하는 자본가가 아니라 생계에 필요한 어장이 없어 한반도로 이주한 '소규모 영세어민'(김수희, 2010: 7)들이었다. 방어진에는 히나세 사람들뿐만 아니라 세토내해를 사이에 두고 오카야마현과 마주보고 있는 가가와현의 오다촌 사람들도 상당수 이주하였다. 히나세와 오다는 소속된 현은 다르지만, 세토내해에서 어업 위주의 삶을 영위하는 작은 어촌이라는 공통점이 있다. 일제강점기 구룡포에서 살았던 오다촌 출신의 마츠모토 시게노리(松本成矩)는 오다촌 사람들이 한반도로 이주한 배경을 다음과 같이 설명하였다.

6 1901년 이전에 이주한 일본인들은 일본에서 생활기반을 잃고 위기적 상황에서 먹고 살기 위한 가업적 이주가 대부분이었다(다바타 가야, 1996: 16).

7 히나세 사람들은 방어진에서 단일집단으로 수적 우위를 차지했지만 주도적 인물을 배출하거나 세력을 형성하지는 못했다. 1910년대 방어진 일본인 사회의 주도적 인물은 가가와현 오다촌 출신의 코오다 에이키치(合田榮吉)이었다. 그는 1912년 방어진에서 고등어 박망어업으로 대성공을 거둔 인물이다(이현호, 2008: 61). 코오다 에이키치 이후 방어진의 주도적 인물은 효고현 출신으로 선어운반업자였던 나카베 이쿠지로(中部幾次郎)였다.

"이곳 세토내해는 어부들은 늘어만 갔지만 어자원은 고갈돼서 먹고 살기가 힘들었습니다. 우리의 조상들은 모두 가난했지요. 가난과 신분상승이라는 두 가지 목표를 찾아 떠난 겁니다." (조중의·권선희, 2010: 18)

오다촌 사람들과 마찬가지로 히나세 어민들 또한 가난에서 벗어나 신분상승을 하고자 방어진으로 이주하였다. 히나세 어민들 대부분은 정토진종 신도여서 방어진에 정착한 후에는 불교사찰을 세웠다. 이들이 일상생활에서 절을 찾는 것은 일본 본토에서와 마찬가지로 중요한 일과 중 하나였다.

방어진에 건립된 서본원사는 정토진종에 속하는 사찰로 히나세에서 파견된 목수가 설계하고 건축했다. 서본원사 건립공사는 1935년경에 시작되어 1937년에 상량식이 거행되었다. 당시 본당의 건평은 51평(약 170평방미터)이었다. 본당을 건립할 때 건축자재는 가가와현의 다카마츠에서, 기반 암석은 가가와현 여러 지역에서 실어왔다. 지붕에 올린 기와까지도 일본에서 공수해 올 정도로 서본원사 건립은 막대한 비용이 든 아주 호화롭고 거대한 공사였다. 서본원사에서는 매주 일요학교가 열렸으며 일왕의 탄생기념회 및 보은집회도 개최되었다. 또한 서본원사는 보육원이나 유치원 같은 교육기능을 제공했으며 일본 아이들이 즐겨 찾는 일종의 놀이 공간(窪田和美, 2001: 31)으로도 이용되었다. 서본원사의 주지는 히나세 서념사 주지의 장남으로, 방어진에 이주한 어민들의 요청에 따라 서념사에서 파견되었다. 이처럼 방어진의 서본원사는 히나세의 서념사와 연결되어 히나세 사람들을 한데 묶어주는 구심점 역할을 담당했다. 방어진으로 이주한 히나세 사람들은 자신들만의 사회

방어진의 히나세 골목

적 공동체를 이루며 살았다.

현재 히나세 골목이라 불리는 곳은 히나세 사람들이 조성한 생활 공간이다. 히나세 골목의 가옥구조를 살펴보면, 그 대부분이 하나의 건물에 여러 개의 주거시설을 갖춘 2층 구조의 장옥(長屋) 형식이다. 당시에는 집 주인이 따로 있고 여러 가구가 임대하여 거주하는 형태가 많았다. 가옥이나 건물을 신축할 때 사용된 목재는 일본에서 실어왔다. 일본 사람들이 거주했던 가옥은 재산 상태에 따라 다양했다. 여러 세대가 거주하던 장옥은 물론 3층 건물과 호화롭게 단장된 고급 요릿집에 이르기까지 규모가 큰 건물들이 많았다. 이런 이유로 방어진 주민들은 일본인의 가옥, 극장, 요리점, 신사, 사찰 등을 크고 웅장한 것으로 기억하고 있다. 하지만 이주민이었던 히나세 사람들은 조선인의 집을 작고 열악한 것으로 회상하였다.[8]

8 전쟁에서 패한 후 귀환한 일본인 구술자는 조선인들의 집은 모두 작았으며 기억에 남을 만한 큰 건물이 없었다고 말했다. 당시 방어진의 일본인들은 조선인들이 사는 집을 보면서 '작다, 작다'고 했다(미나미 도모에, 1932년생, 여).

다른 지역과 마찬가지로 방어진에서도 일본인 거주지와 조선인 거주지가 분리되어 있었다. 그러나 이 같은 거주지 분리와 더불어 일본인 사회 내부에서도 신분과 경제적 지위에 따른 차별이 존재했다. 즉, 일본인 거주지 안에서 출신지역에 따른 차별이 작동하고 있었으며 이 같은 차별로 인해 히나세 사람들은 공간적으로 분리된 자신들만의 거주지를 형성했던 것이다. 히나세 골목은 일본 본토에서 하층에 속하던 히나세 사람들의 신분이 식민지 조선에서도 고스란히 반영된 결과였다. 따라서 히나세 사람들은 방어진에서 동류의 일본인들과 함께 살고는 있었으나 이들의 세계는 좁고 제한적일 수밖에 없었다. 물론 일본인 이주민들 대부분이 그랬듯이 히나세 사람들도 일본에 있을 때보다 방어진에서의 생활이 더 윤택하고 풍요로웠다.

패망 후 일본으로 돌아간 히나세 사람들은 방어진의 일본인 사회 내에서 지역적 차별은 물론 자신들과 조선인 사이에도 민족적 차별이 없었다고 회상하였다. 하지만 정작 방어진 사람들은 히나세 사람들의 기억과는 차이가 있다. 방어진 사람들은 히나세 사람들을 생활수준이 낮은 하층사람으로 기억하고 있는 것이다. 방어진 사람들은 히나세 사람들을 '상류층' 일본인들과 비교해 낮은 계층 혹은 신분으로 기억하고 있을 뿐이었다. 방어진 사람들이 경제적·사회적 측면에서 히나세 사람들을 단순히 일본인 하층민으로 보았던 반면, 귀환한 히나세 사람들은 스스로의 위치를 자신들 밑에서 일하던 조선인과의 관계를 통해 규정하면서 기억하였다.

"(할아버지가) 일본에서 한국으로 갈 때에는 4척의 배를 만들어서

가지고 갔다. 배로 어업을 하여 돈을 벌어서 일본에 보냈다. 울산에서 생활하던 당시에는 '양반의 자식'으로 불렸다. 할아버지는 선장이었고 한국인 10여 명을 고용하여 어업을 하여 많은 돈을 벌었다. 그래서 양반의 자식으로 불렸다. 부유하게 자랐다." (미나미 도모에, 1932년생, 여)

위 구술자 미나미 도모에(南友江)는 2살 때 할아버지와 할머니가 살고 있던 방어진으로 이주했다. 그녀는 조부모와 함께 방어진에서 살다가 중학교 1학년 때 일제가 패망하자 일본으로 귀환했다. 미나미 도모에의 기억 속 방어진은 식민지배의 역사와는 단절된 채 향수와 추억으로 일관되어 있다. 그녀는 자신이 '양반의 자식'으로 불렸으며 부유하게 자랐다고 하면서 방어진에 대한 당시의 기억을 즐겨 먹었던 옥수수와 참외, 그리고 방어진 해변에서의 해수욕 등 주로 몸으로 체험된 '개인적인' 것들을 통해 떠올렸다. 울산왜성으로 소풍간 사실을 이야기하면서도 왜성에서 일어난 역사적 사건은 간과한 채 조선인과 일본의 어느 장수가 싸웠던 곳으로만 구술하였다. 일상생활이 이루어졌던 방어진은 그녀에게는 부유한 유년시절을 보낸 '기억하고픈 개인적' 장소일 뿐이었다. 미나미 도모에가 이주할 당시 방어진은 이미 일본인에 의해 형성된 조선 속의 일본이었다. 고향을 떠나 자신들의 어선을 타고 조선의 방어진 해역으로 건너와 조업했던 일본인들에게 방어진은 외국이라는 느낌조차도 없었다. 일본의 후미진 어촌에서 식민지 조선으로 건너와 정착했던 그들에게 방어진은 풍족한 생활을 영위할 수 있는 신천지이자 기회의 땅이었던 것이다.

방어진에서 일본인은 일본어를 사용하면서 자기들끼리 어울려 살았다. 일본인의 기억 속에는 식민 지배자와 피지배자를 가르는 '차별'이 존재하지 않았다. 도로 건너편에 조선인들이 살고는 있었으나 이들에게 유년시기 조선인 아이들과 어울려 놀았다는 기억은 없다. 심지어 말도 나눈 적도 없다는 것이다. 다른 지역과 마찬가지로 식민지 시기 방어진에서도 일본인 학교와 조선인 학교가 분리되어 있었던 탓에 일본인 아이들과 조선인 아이들이 서로 어울릴 기회가 애초부터 차단되어 있었다. 일본인은 일본인들끼리 어울려 놀았으며, 일본인 학교에 다니던 조선인 학생일지라도 어울려 놀지는 않았다고 한다. 서로 어울릴 기회가 원천적으로 차단되어 있었기에 차별을 했던 기억조차 가려져 있는 것이다. 일본인들이 기억하는 방어진소학교의 조선인 학생들은 '부모가 자산가로 학교조합에 기부해서 입학한 학생'(窪田和美, 2001: 30)이거나 '어머니가 일본인이고 아버지가 유명한 분'(단국대학교 동양학연구소, 2011: 313)으로 특별한 이유가 있는 사람들이었다.

방어진에서 일본인 자녀들의 교육을 위한 학교(방어진심상고등소학교)와 조선인 자녀들의 교육을 위한 학교(동면보통학교)가 구분되어 있었다. 아이들이 서로 어울릴 기회조차 없었다는 것은 일제 주도하의 민족차별에 따른 결과였다. 하지만 이런 사실들을 방어진에 살았던 히나세 사람들은 민족차별과는 별개로 인식하고 있었다. 그들의 기억에는 조선인에 대한 차별과 관련된 일화가 잘 드러나지 않는다(단국대학교 동양학연구소, 2011: 308~309). 그러나 방어진에 살았던 귀환 이주자들이 일본에서 일본인 학자에게 구술한 내용을 살펴보면 그 속내를 어느 정도 가늠할 수 있다.[9] 어

9 기억의 재현과정에서 질문자의 정체성은 중요한 변수로 작용한다. 사람들은 질문자에게 대답하기 위해 질문자의 관점에서 자신을 바라보기도 하며, 질문자의 기억

린이들의 놀이에서도 일본인 아이들과 조선인 아이들이 맡은 역할이 정해져 있었을 정도로 민족 간 차별은 뚜렷했으며 양쪽에게 차별은 당연시 되었다.

> "종전 당시 여덟 살로 상세한 것은 기억하지 못하지만 어린 마음에도 괴로운 기억이 있다. 당시 남자애들의 놀이는 당연히 군대놀이였다. 그때 대장(大將)이나 하사관(下士官) 같은 역할은 당연히 일본인 어린이가 맡았고, 조선인 아이들은 병사 역할을 했었다. 당시 아이들끼리의 암묵적인 약속이었다고 기억하고 있다. 또 목욕탕에서 신발을 잃어버리면, 바로 조선인 아이의 소행이라고 간주했었다. 지금 생각하면 실로 씁쓸한 경험이었다." (窪田和美, 2001: 29)

위 구술자는 방어진에서 살다가 히나세로 귀환했던 아리요시(有吉, 1936년생, 남)이다. 그는 어렸을 적 군대놀이를 떠올리면서 일본인 아이들은 대장이나 하사관 역할을, 조선인 아이들은 병사 역할을 맡았다고 했다. 또한 목욕탕에서 신발이 없어지면 당연히 조선인 아이의 소행으로 단정했다고 기억했다. 아리요시의 할아버지는 1905년 히나세에서 방어진으로 처음 이주한 아리요시 가메기치(有吉龜吉)의 친동생이다. 그의 할아버지와 아버지 모두 어부였다. 할아버지는 타뢰망 어업에 종사했으며, 아버지는 하야시카네 상점의 정어리 건착선의 어로장을 하였다. 아리요시의 큰 할아버지 아리요시 가메기치는 어부로 방어진에 정착했으나 이후 일본인 이주민을 상대로 잡화상을 개업했으며 나중에는 극장을 경영하는 등 사업가로 성장했다. 이렇듯 어부였던 조부는 먹고살기

---

에 의존하기도 한다(Halbwachs, 1992: 38).

위해 험난한 바닷길을 건너왔으나 방어진에 정착한 뒤에는 어업으로 벌어들인 돈으로 단기간에 생계형 어부에서 사업가로 변신하였다.

식민지 시기 특권을 누렸던 일본인들은 패전으로 식민 지배자로서의 위치를 잃게 되자 곧 조선인의 보복을 두려워하는 처지가 되었다. 그러나 두려움에 떨며 귀환을 준비하던 이주민들은 조선인들이 도와준 덕분에 무사히 일본으로 돌아올 수 있었다. 귀환 이주자들은 조선인들의 배려를 인생의 중요한 추억으로 간직하고 있다. 마치 조선인들과의 신뢰관계가 깊었던 것처럼 기억하고 있는 것이다. 그런데 이 같은 기억은 귀환 이주자들로 하여금 패전 때문에 위험에 처했던 과거의 자신들과 그런 상황을 낳은 식민지배에 대한 역사적 사실에 대해서는 외면하게 만든다. 이들의 기억에는 역사와 단절된 '향수'만 내재해 있는 것이다.[10]

> "그때(패전 당시)는 한국 사람과 말을 할 수도 없었어요. 아주 살벌했지요. 하지만 개중에는 친절한 한국 사람도 있어서 우리 앞집에 살던 한국 사람이 그때는 쌀이 모두 배급제였는데 우리 집에 쌀이 없었어요. 그때 우리 막내 동생이 생후 8개월 된 아기라 어머니 젖을 먹어야 하는데 젖이 잘 안 나왔어요. 그때 앞집 사람이 그 사정을 알고 방어진에서 히나세까지 4일 정도 걸리는데 젖이 안 나오면 큰일이니까 없는 쌀을 구해 와서 쌀을 빻아서 가지고 왔어요. 그래서 그걸 아기에

10 이런 경향은 일본인 연구자의 글에서도 나타난다. 히나세 사람들의 방어진 이주사를 조사한 다음 방어진을 방문했던 일본인 학자는 벚꽃이 아름다웠다는 방어진 소학교 교정에 벚나무가 한 그루도 남아 있지 않아 유감이었다고 기술하였다. 또한 방어진의 어업진흥에 크게 공헌했다는 나카베 이쿠지로의 공적비가 해안 방파제에 방치되어 있는 모습을 보고 크게 상심했으며 그렇게까지 하지 않아도 되었을 것이라는 생각이 들었다고 소회를 피력하였다(窪田和美, 2001: 35).

게 죽을 쑤어 먹이라고 가지고 온 거죠. 그래서 작년에 한국에 갔을 때 그 사람들을 찾아서, 물론 그때 부모님은 돌아가셨지만 그 자제분들을 찾아 인사를 드렸어요." (단국대학교 동양학연구소, 2011: 326)

귀환 이주자인 가와사키(川崎實雄, 1930년생, 남)는 패망 직후 귀환할 때 도와준 조선인 이야기를 들려주었다. 조선인의 배려 있는 행동은 앞선 구술자 미나미 도모에도 기억하고 있는 일이다. 어려운 처지에 놓인 귀환자를 도운 조선인의 이야기는 일본인들에 대한 조선인의 우호적인 태도를 보여주는 미담으로 회상되고 있다. 결국 개인들 간에는 서로 싸우지 않았으며 감정의 앙금도 없다는 것이다. 이들은 식민지의 역사란 국가 간의 문제이지 개인들과는 무관하다는 입장을 피력하고 있다. 패전 이후 방어진의 일본인들은 서너 가족씩 분산해 소형 어선을 타고 히나세로 돌아갔다. 일부는 하야시카네의 후신인 대양어업[11]에서 제공한 큰 배로 귀환하기도 했다. 하지만 히나세로의 귀환 길은 순탄치 않았다. 귀환선은 세토내해에서 미군의 폭격과 기뢰 공격을 받기도 했으며, 태풍과 기관 고장으로 표류하기도 했다.

히나세 사람들은 패전 이후 주로 선박을 이용해 일본으로 돌아갔다. 그러나 방어진에서 축적했던 재산 대부분은 그대로 남겨둘 수밖에 없었다. 어선은 직접 타고 가거나 쉽게 처분할 수 있었으나 가옥은 처분하지 못한 채 귀환했다. 당시 방어진에서 히나세로 돌아간 사람은 54가구, 131명이었다. 방어진 이외의 지역에서 히나세로 귀향한 사람들

11 하야시카네 상점은 나중에 대양어업(大洋漁業) 주식회사로 성장하였으며, 2004년에는 마루하 주식회사로 개명했다. 하야시카네 상점 초기의 회사 상징(동그라미 속 は)을 회사 명칭으로 삼은 것이다.

은 부산 28호 97명, 여수 7호 30명, 벌교 6호 23명, 포항 11호 48명, 나로도 16호 48명, 순천 3호 6명, 기타 30호 108명이었다(吉形士郎, 1972: 161). 패전 이후 귀환자들의 생활은 일본 현지에서 살고 있던 다른 일본인보다 더 혹독했다. 식민지배를 위해 이주를 정책적으로 장려했던 일본 정부는 귀환자들에 대해서는 국가 차원의 배려를 전혀 하지 않았다. 귀환자들은 오히려 국가로부터 차별과 외면을 받았다(다바타 가야, 1996: 99). 일본 내에서의 차별과 멸시는 귀환자들로 하여금 상대적으로 방어진에서의 여유로웠던 시절을 향수에 젖은 채 떠올리게 하였다.

방어진의 일본인 사회에서 히나세 사람들은 다른 지역 출신의 일본인들에게 보이지 않는 신분차별을 받았으나 경제적으로는 어느 정도 부를 축적할 수 있었다. 하지만 조선에서 쌓았던 부를 거의 다 잃고 일본으로 귀환한 다음에는 다시 '조선 출신'이라는 이유로 눈에 보이지 않는 차별을 받았다.[12] 패전 이후 식민지에서의 지위와 명성이 모두 사라진 히나세 사람들은 일본 현지에서의 생활이 아주 고단하였다. 일본으로 귀환은 했지만 그들에게는 마땅한 일자리가 없었다. 학생들도 학업을 중단하거나 상급학교의 진학을 포기해야만 했다(단국대학교 동양학연구소편, 2011: 335). 방어진에서 파출소장을 지냈던 사람이 패전 후 일본에서 물지게를 지고 있더라는 이야기는 일본 귀환자들의 삶을 단적으로 말해 준다. 패전 이후 일본의 경제 사정이 아주 곤란했던 탓도 있겠지만 무엇보다도 귀환자들이 조선에서 축적했던 재산과 기술이 쓸모없게 된 이유가 더 크다.

12 '조선 출신'이라는 정체성은 식민주의 담론에 의해 형성된 것으로 패전 이후 귀환자들을 차별하는 기호로 작용하였다(다바타 가야, 1996: 94~95).

방어진에 살다가 일본으로 귀환한 사람들은 1964년에 '방어진회'를 결성하였다. 방어진회는 방어진소학교 졸업생들이 주축이 되었다. 1955년(평성 8년)을 기점으로 작성된 방어진회 회원 명부는 1937년(소화 12년) 방어진소학교를 입학한 사람들이 만든 것이다. 이 명부에는 방어진소학교에서 교사로 재직했던 9명이 '은사(恩師)'라는 이름으로 별도로 기재되어 있다. 명부에 기재된 회원은 총 262명이며, 히나세 거주 회원은 60여 명이었다. 패전 이후 '고국' 일본에서도 차별받았던 귀환자들이 사회·경제적으로 어느 정도 안정을 되찾으면서 방어진회를 결성한 것이다. 방어진회의 결성을 통해 귀환자들은 자신들의 정체성의 뿌리가 방어진에 있음을 확인하게 되었다. 이들에게 방어진은 '고향'이자 일본에서 자신들이 연대할 수 있는 구심적 장소가 되었다. 히나세의 귀환자들은 '방어진'을 통해 자신들이 내지(內地) 일본인들과 다르다는 사실을 직시하게 되었고 이로써 자신들의 정체성을 되돌아볼 수 있었다.

귀환자들로 구성된 방어진회의 회원은 전성기에는 1,000여 명이 넘었다고 한다. 하지만 2005년 무렵부터는 방어진회의 활동이 사실상 중단되었다. 신규 회원 가입이 없는 상태에서 나이 든 구성원들이 사망하는 숫자가 점차 늘어나고, 남아 있는 회원들조차 고령이 되어 모임 자체가 불가능해졌던 것이다. 또한 독도 문제로 한일 간의 관계가 소원해지자 그 여파도 한몫했다. 방어진을 찾았던 귀환자들 중에는 방어진 초등학교에서 문을 열어주지 않아 실망한 사람도 있었다.

"한국에 갈 때마다 자유롭게 국민학교에 들어가고 잘 해주었는데, 재작년에 갔을 때는 학교에 들어가지 못하게 된 적이 있었다. 교장 선생이 문을 열어주지 않아 학교에 들어갈 수가 없었다. 한국인 친구 이씨[13]도 있었지만 들어가지 못했다. 나중에 알고 보니 독도문제로 인해 양국이 다투었던 시기였다. 우리는 국가의 문제는 모른다. 우리는 정치에 관심이 없고, 그것과 상관없이 서로 친하고 지금도 교류하고 있다. 우리는 작은 우정으로 뭉쳐진 관계이다." (미나미 도모에, 1932년생, 여)

방어진소학교에 다녔던 미나미 도모에는 동창인 한국인 친구와 함께 학교를 방문했지만 교장이 교문을 열어주지 않아 서운했다며 식민지 조선의 역사에 대해서는 관심이 없다고 구술하였다. 그녀는 국가나 정부가 하는 일은 모르며, 방어진에서 사는 동안에 조선인 학생들과 사이좋게 지냈고 그 우정으로 지금까지 교류하고 있다고 했다.[14] 식민지배에 대한 반성이나 사죄 없이 국가 간의 문제에 대해서는 관심이 없다는 설명은 식민주의 담론의 전형이라고 할 수 있다. 식민지와 관련된 일은 국가 간의 문제이지만 동시에 국민들 간의 문제이기도 하다. 설령 국가 간의 문제라고 하더라도 그것은 개인과 무관하지 않은 것이다.

---

13 여기에서 말하는 이 씨는 이치규(1931년생, 남) 씨로 미나미 도모에와 국민학교 동창이다. 이치규 씨는 당시 조선인으로서 일본인 학교에 다녔던 사람 중 한 사람이다. 이치규 씨는 자신이 한국인으로는 유일하게 방어진회 회원으로 가입되어 있다고 구술했다. 일본에서 회의가 있을 때 참석한 적도 있다고 했다. 하지만 방어진초등학교에 보관된 방어진회원 명부에는 이치규 씨의 이름이 없다. 이치규 씨는 본인이 보관하고 있던 회원명부는 이사를 자주 다니는 바람에 유실되었다고 말했다.

14 2008년 10월 방어진초등학교 개교 100주년 기념행사에 일본인 2명이 동문 자격으로 참석하였다. 참석한 일본인들은 방어진회 소속의 회원들이었다. 이들이 기부한 방어진소학교의 학적부, 성적부, 상장, 그리고 학교의 모습을 담은 사진 등은 개교 '100주년'에서 누락된 시기를 기억 가능케 하였다.

## 4. 기록보관소가 된 일본인의 흔적

방어진에 남아 있는 일본인의 흔적은 1930년에 발행된 방어진 〈지도〉에서 찾아 볼 수 있다.[15] 〈지도〉에 표시된 방어진의 공간 구성은 해변을 따라 형성된 해안도로와 심상소학교에서 홍등가로 이어지는 두 개의 직선 도로가 근간을 이루고 있다. 두 개의 도로는 여러 개의 골목과 간선도로로 연결되어 있다. 두 개의 도로는 방어진 북쪽에서 울산으로 가는 큰 도로와 합쳐진다. 해안가 도로변에는 주로 어업사무소와 상점들이 자리하고 있었다. 해안도로의 바깥 매립지에는 소방서와 학교조합 사무소가 설치되었으며, 해안도로의 남쪽은 방파제로 이어졌고, 안쪽에는 어업사무소와 조선소 등이 있었다. 해안도로의 북쪽 해안에는 조선소가, 안쪽 도로의 남쪽 공간에는 청루로 불리던 고급 요리점들이 도로 양편에 있었다.[16] 당시 방어진에는 일상생활에 필요한 의원, 약방, 여관, 목욕탕,[17] 이발관, 양조장, 장유공장, 잡화점, 선구점, 연초소매점, 금융조합, 목재점 등이 있었으며, 현재 세광조선소가 자리한 해안 남쪽의 공간에는 하야시카네 지점과 입석(立石)상점 지점 등 여러 운반선업자들의 사무소와 조선소가 있었다.

해방 이후 도로가 정비되고 건물들이 증개축되면서 일본인의 흔적

15 방어진 〈지도〉는 1930년 3월 동경교통사(東京交通社)에서 발행한 대일본직업별명세도(大日本職業別明細圖) 제194호(朝鮮南部)에 소개된 것이다. 이후 1937년에 발간된 대일본직업별명세도에 재수록되면서 널리 알려졌다(이현호, 2016: 11).

16 〈지도〉에 명시된 요리점 혹은 청루는 淺吉樓, 龜屋, 三島屋, ありまや, 玉乃屋 등이 있다. 玉乃屋에서 三島屋사이의 골목을 '청루골목'이라 불렀다고 한다.

17 목욕탕 중 하나는 '日生湯'이고 다른 하나는 '初湯'이었다.

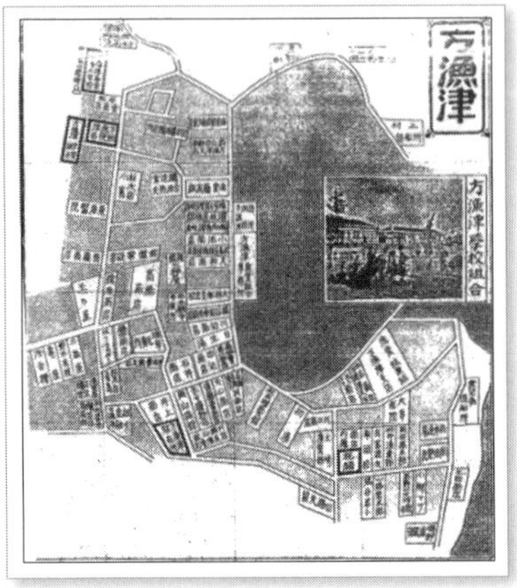


일제강점기 방어진 지도(자료 제공: 방어진 수협)

들은 많이 사라졌다. 하지만 아직도 일본인이 살았던 흔적은 곳곳에 남아 있다. 외형이 크게 변화되고 이름마저 바뀌어 자세히 살펴보지 않으면 그 흔적을 알아차리기가 쉽지는 않다. 방파제축조기념비, 신사터에 남아 있는 돌계단, 주재소 터[18], 히나세 골목으로 불렸던 골목 안쪽의 건물들, 목욕탕, 동화다방 뒤편의 건물담장, 옛 파출소 자리의 뒷벽 담장 등이 그나마 눈으로 확인할 수 있는 흔적들이다. 방어진철공소, 통조림 공장, 어업조합사무소, 학교조합사무소 등은 해방 이후 용도가 변경되면서 새로운 건물이 들어섰거나 철거되었다. 과거의 장소 대부분은 기억 속의 공간으로 남아 있으나 방파제, 방어진소학교, 신사 터, 히나세 골목 등은 현재까지도 일본인들이 살았던 흔적임을 알 수 있는 장소와 건축물들이다.

18 방어진 주재소는 해방 이후 파출소로 사용되었다가 최근 지구대로 바뀌면서 다른 곳으로 이전했으나 방어진 사람들은 아직도 주재소가 있던 장소를 조선인의 고문과 투옥을 떠올리게 하는 일제시대의 '상흔'으로 기억하고 있었다.

방어진 방파제 건설은 일본인이 거주하면서 시행한 거대 공사 중 하나였다. 방파제는 1910년 8월 6천 엔을 들여 완공되었으나, 1914년 태풍으로 크게 파손되었다. 파손된 방파제는 1915년 9월 1,400엔을 들여 복구했다(여박동, 2002: 232). 하지만 방어진항은 항구의 수심이 얕고 어선들이 정박할 수 있는 공간이 협소하여 성어기에는 몰려드는 운반선과 어선들의 출입항에 애로가 많아 축항이 필요해졌다. 특히 방어진이 고등어잡이의 전초기지가 되어 러시아 선박과 선원들까지 입항하자 일본인들은 방어진을 어업전진기지로 만들기 위해 백양산을 허물고 백사장을 매축하는 동시에 방파제를 건설하였다. 1923년에 시작된 방파제 공사는 1928년이 되어서야 겨우 마무리되었다. 당시 일본에서 기념엽서가 발행될 정도로 방파제 건설은 대규모 공사였다. 방파제 공사가 막바지에 이르던 1925년 갑자기 몰아닥친 태풍으로 방파제 일부가 유실되었고 수많은 어선들이 침몰되거나 반파되었다. 물론 육상의 가옥들 상당수도 파괴되었다. 방어진 사람들은 1925년의 태풍을 '을축년 왜바람'으로 기억하고 있다. 태풍으로 파손된 방파제는 1928년 다시 축조되었다.

일본인들은 1928년 방파제축조를 기념하고자 방파제축조기념비를 건립하였다. 방파제축조기념비는 가로 세로 각각 1미터, 높이 2미터 크기의 화강암으로 1923~28년 일본인들이 조선인들을 동원하여 축조한 항구시설과 방파제 준공을 기념하여 제작된 것이다. 방파제축조기념비는 1990년 방어진 남쪽 방파제가 새로 축조되면서 철거되었다. 철거된 다음 20년 가까이 해안에 버려져 방치되어 있던 것을 울산 동구청에서 정비하여 2009년 7월에 다시 세웠다. 식민시기의 기념물인 방파제축조

방어진 방파제축조기념비

기념비가 유물로 보호를 받게 된 것이다. 하지만 기념비를 다시 설치하는 문제를 두고 지역사회에서는 의견이 분분하다. 한쪽에서는 식민지 시기 유물일지라도 방어진 역사의 한 부분이기에 지역의 '문화유산'으로 보존해야 한다고 주장하고, 다른 한쪽에서는 비문에 '일본해'가 표기되어 있어 이는 일제 강점의 잔재를 나타내는 것이며 기념비 정비는 곧 '친일역사의 복원'이라고 비판하였다.[19]

방어진의 방파제 공사를 진두지휘한 사람은 하야시카네 상점의 대표 나카베 이쿠지로였다. 나카베 이쿠지로는 1907년 사량도 및 나로도에 진출한 이후 한반도 연안에서 일본 어민들이 어획한 선어와 활어를 매입해 일본으로 운송하는 선어운반업으로 막대한 부를 축적했다. 하야시카네는 1910년 방어진에 근거지를 설치하고 1913년에는 구룡포에 사무소를 신축하면서 동해안으로 진출했다. 하야시카네는 어업 근거지

19 뉴시스, 2009.07.19.

를 1915년에는 나로도에서 방어진으로, 1925년에는 방어진에서 시모노세키로 옮겼다(大洋漁業 80年史, 1960: 286~288).[20]

하야시카네가 방어진으로 근거지를 옮겼던 1915년을 기준으로 방어진에는 17개의 일본인 운반선업자와 102척의 동력운반선이 상주하고 있었다. 당시 하야시카네는 전체 운반선의 1/3에 해당하는 27척을 소유한 최대 업체였다(코노 노부카즈, 2011: 289). 또한 하야시카네는 김해와 동래에서 대규모 토지를 경작하여 일본인 어민들에게 식량을 제공하였다(가미야 니지, 2006: 124~125). 이렇듯 하야시카네는 일제강점기 방어진 경제의 중심이었다. 1920년대 방어진에서 생활했던 시모노세키, 큐슈, 가가와 출신 일본인 대부분은 하야시카네와 관련된 사람들이었다고 한다(코노 노부카즈, 2011: 289).

해방 이후 정부에서는 하야시카네가 남기고 간 재산(적산) 처리를 두고 골몰하다 한국원양어업주식회사를 별도로 설립하여 관리·운영토록 했다. 한마디로 식민시기 한반도에서 축적했던 하야시카네의 재산은 특정 개인에게 불하하기 곤란할 정도로 엄청난 규모였던 것이다(지철근, 1992: 172~173).[21] 하야시카네의 대표였던 나카베 이쿠지로는 방

20 일제강점기 하야시카네는 서해안의 평남 진남포에서 동해안의 함북 회령에 이르기까지 총 31곳에 지부를 두었다. 각 지부는 영업소(부산, 방어진, 나로도, 후포, 장전, 신포, 청진), 출장소(진남포, 평양, 목포, 추자도, 거문도, 여수, 남해, 통영, 구룡포, 고저), 주재소(포항, 고성, 삼척, 나남, 회령), 사업장(인천, 군산) 등으로 구분된다. 제주도(어업), 김해(농장), 함남 군선(공장)과 어대진(공장), 함북 나진(수산) 등에 농장과 공장을 건립했으며, 또한 경성에는 조선지점을 설치했다(松本文懷鳥, 1954). 당시 작성된 하야시카네의 어장도는 해방 이후 일본과의 어업관할수역 협상 과정에서 한국 측의 중요 자료로 활용되었을 정도였다(지철근, 1992: 50~51).

21 한국원양어업주식회사는 1948년 동지나해에 출어하면서 한국 원양어업 개척에 선

어진철공조선주식회사, 방어진어망선구상회를 비롯한 고등어 건착망회사, 울산전기주식회사와 울산자동차조합 등의 회사를 설립하였다. 이처럼 나카베 이쿠지로가 식민지 조선에서 거대 사업가로서 성장할 수 있었던 것은 방어진에서 수산업으로 성공하면서부터였다(김선영, 2014: 9). 당시 그가 설립했던 방어진철공조선소는 현 세광조선소 자리에 있었다.

1910년 5월 방어진학교조합에서 1,100엔의 예산으로 방어진의 북쪽에 192평의 교사를 신축하여 방어진공립심상소학교가 설립되었다. 1915년에는 800엔의 예산을 들여 교사를 증축해 건평이 268평으로 늘어났다. 설립 당시 심상소학교의 구성원은 교원 2명에 학생이 118명이었으나, 1921년에는 교원 7명에 학생은 280명으로 늘어났다. 1910년 학교조합이 설립되기 전까지는 1909년에 결성된 방어진 일본인회[22]가 일본인 사회의 공식적 행정기관이었다. 그러나 학교조합이 설립되자 일본인회는 해산되었고 그 업무는 학교조합으로 이관되었다. 학교조합은 일본인과 관련된 행정사무와 세금징수는 물론 위생과 관련된 업무도 관장했다. 1913년 교육과 위생을 제외한 제반 행정업무를 동면사무소로 이관하고, 1914년부터는 교육과 관련된 업무만 맡았다. 학교조합 사무소는 방어진 중앙부에 있었다(中井昭, 1967: 344~345).[23]

---

구적인 역할을 했다. 1953년 원양어업 정책이 개인 기업을 육성하는 쪽으로 전환되면서 하야시카네와 관련된 시설은 현지 수협으로 이관되었으며 한국원양어업주식회사는 해체되었다(지철근, 1992: 174~175).

22 1909년 방어진 일본인회가 결성되기 전에는 부산이사청 주관 아래 울산만 일본인회가 방어진의 행정사무를 담당했다.

23 1915년 당시 학교조합 관리자는 合田榮吉이었으며, 의원은 岡田誠六, 紫田德松, 若林果男, 小池常太郎, 岡本勘一, 松居常松, 藤本光治, 松岡榮吉이었고, 서기는 吉崎菊藏이었다(中井昭, 1967: 345).

1918년 하야시카네가 방어진소학교 교사 부지 구입 및 방파제축항 공사비로 10만 엔을 기부했다는 기록(大洋漁業 80年史, 1960: 287)으로 보아 심상소학교는 설립 이후 나카베 이쿠지로의 도움을 많이 받았던 것 같다.[24] 설립 초기 조선의 일본인 소학교는 국고보조를 받기도 했으나 대부분의 비용은 지역민들이 학교조합을 통해 예산을 부담하고 운영하는 형태였다. 나카베 이쿠지로는 시모노세키에 머물면서 부재 관리자 자격으로 학교조합을 운영하면서 매년 많은 돈을 기부했다(松本文懷鳥, 1954: 35). 나카베 이쿠지로의 기부와 선행을 기념하고자 방어진의 일본인들은 1928년 12월 그의 공적비를 건립했다(大洋漁業 80年史, 1960: 289).

방어진의 일본인들은 일본 현지에서 직접 공수해온 비석을 방어진

훼손된 나카베 송덕비

24 하야시카네의 역사를 다룬 소책자에는 방어진심상소학교를 나카베 이쿠지로 개인이 창립했다고 기술하였다(松本文懷鳥, 1954: 35).

소학교 정문 옆의 정원에 세웠다. 나카베 이쿠지로의 공적비는 해방 후 철거되어 그 파편만이 '흔적'으로 남아 있다.[25] 공적비 운반 광경이 축제와 같았다는 당시의 모습을 담은 사진에서 어느 정도 그 규모를 짐작할 수 있다(中部幾次郎翁功績碑建設會, 1928). 나카베 이쿠지로의 공적비는 〈지도〉에도 표시되어 있을 정도로 방어진 사회에서 그의 존재는 대단했던 것이다.

일본인이 떠나고 난 뒤 방어진소학교는 잠시 폐교된 상태가 되었다. 정부의 학군 개편과 함께 방어진 인근의 학생들이 분산 수용되면서 방어진소학교 건물은 다시 국민학교로 사용되었다. 지금의 방어진초등학교 홈페이지에는 이 학교가 1946년 4월 25일 방어진국민학교로 개교하여 1946년 6월 25일 제1회 졸업생(73명)을 배출한 것으로 설명되어 있다. 즉, 방어진초등학교의 연혁에는 1909년 10월 1일에 방어진심상고등소학교로 설립 인가를 받아 1945년까지 운영되었다는 기록이 누락되어 있는 것이다. 기록의 누락뿐 아니라 건물이나 시설물들 또한 훼손되거나 허물어졌다. 방어진초등학교에 남아있던 일본인 장군상을 비롯하여 수많은 동물 표본 등은 친일파 제거라는 명목으로 파괴되거나 없어졌다. 장군상을 세웠던 좌대는 미끄럼틀로 이용되다가 철거되었으며, 지금 그 자리에는 목재로 만든 휴게시설이 들어서 있다. 과거 이곳이 일본인의 방어진소학교였다는 흔적은 단지 '장소'에서만 찾을 수 있을 뿐이다.

학교뿐 아니라 종교시설은 고향을 떠나온 일본인들에게 중요한 공

25 나카베 이쿠지로의 공적비 파편은 현지조사 당시 방어진초등학교의 창고에 방치되어 있었다.

간이었다. 방어진에 일본인이 정착하면서 건립한 종교시설로는 신사와 불교사찰이 있었다. 1911년 9월 방어진 남단에는 에비스(恵比壽)[26]와 곤피라(金比羅)를 합사한 소규모 신사(神祠)가 건립되었다.[27] 1912년에는 정토종 포교소가 우편소 인근에, 1913년에는 본원사 설교소가 방어진 중앙부에 설치되었다. 1915년에는 진언종 설교소가 방어진 서쪽 구릉에 건립되었다(中井昭, 1967: 345~346). 한편 〈지도〉에는 북쪽에 이나리(稻荷) 신사, 남쪽에 서본원사 포교소와 고야산사(高野山寺)가 표시되어 있으나 방어진 신사[28]는 표시가 없다. 방어진에 살았던 일본인들의 기억에 따르면, 방어진 신사의 주신은 에비스였으며 신사 앞에는 커다란 고래 뼈[29]가 문지기처럼 세워져 있었다고 한다. 에비스 신사는 방어진에 살았던 일본인이 가장 가보고 싶은 곳으로 언급될 정도로 일본인 이주민들에게는 중요한 장소였다(단국대 동양학연구소(편), 2011: 332~333).

방어진 신사는 해방 이후 철거되었다고 한다. 하지만 구체적으로

26 에비스는 대개 '恵比須'로 표기된다. 에비스는 칠복신(七福神) 중의 하나로 어부와 상인의 수호자로 알려져 있다. 한 손에는 낚싯대를 들고 다른 한 손에는 도미를 쥐고 있으며 뚱뚱하고 턱수염이 난 웃는 모습의 어부로 묘사된다.

27 방어진(울산군 동면)의 신사는 1927년 6월 30일 옛 방어진철공소 앞 언덕 위(현 용왕사 자리)에 건립되었다고 하며, 사호(詞號)는 신명신사(神明神祠)였다. 제신은 大物主命, 事代主命, 豊玉姫命이었다(小山文雄, 1934: 213).

28 신사가 들어선 장소는 원래 불교사찰이 있었던 곳이라고 한다. 하지만 구체적인 증거는 아직까지 발견되지 않았다. 방어진은 물론 인근 마을에서도 동제를 지내던 마을 제당은 일제강점기에도 철폐되지 않고 존속되었다. 방어진의 마을 제당은 최근까지 지서가 있었던 장소의 바로 뒤쪽 언덕배기에 있다. 이런 점에 비추어 볼 때 불교사찰을 허물고 그 자리에 신사를 건립했다는 이야기는 고증이 필요하다.

29 고래 뼈가 신사 앞에 있었다는 사실을 기억하고 있는 한국 사람들은 대왕암 공원에 세워 놓은 고래 뼈가 일제강점기 신사의 상징물이었던 고래 뼈를 상기시킨다며 비판하기도 한다. 방어진에 살았던 히나세의 일본인 역시 신사의 고래 뼈를 공원에 옮겨 놓은 것이라고 말하고 있다(단국대학교 동양학연구소(편), 2011: 333).

대왕암 공원 내 고래 뼈

누가 언제 철거했는지에 대해서는 알지 못한다.[30] 신사가 있던 자리에는 지금 조계종 계열의 불교사찰이 있다. 사찰 앞에는 용왕각과 지신(地神)을 모신 사당이 남아 있다. 지신당은 일제강점기에도 그 자리에 있었다고 한다. 징용에 끌려가는 조선인들과 입대를 하는 일본인들이 방어진 신사에서 참배를 했었다. 신사에 참배하고 가면 살아서 돌아온다는 말이 있었기 때문이었다. 징용을 갔다가 전사한 사람들의 유골은 이곳 신사로 운구해 와서 신사에 있던 큰 돌절구에다 뼈를 빻았다. 해방 이후 돌절구는 땅 속 깊이 묻혔다.[31] 현재 용왕사의 남쪽 입구에 있는 돌계단은 과거 방어진 신사의 흔적이다. 해방 이후 '혼간지'(본원사)는 방어진고등공민학교 건물로 사용되었다. 방어진고등공민학교는

30 해방 이후 신사는 일반 주택으로 사용되었다가 1970년대에 용왕사로 건립되었다. 용왕사 앞에 있는 용왕각은 일제강점기 일본인이 설립한 것이라고 한다(한석근, 1998: 512).

31 사찰 앞 곰솔나무 아래에는 용왕신과 산신을 함께 모신 신당이 들어서 있다. 사찰 뒤편에는 천리교 포교당이 있다. 신사가 있었던 이곳에는 불교와 천리교, 용왕당과 지신당 등 한국의 종교와 일본의 그것이 공존하고 있다.

1948년 방어진수산중학교에 흡수・통합되었다(울산광역시 동구, 2011a: 217). 현재 '혼간지' 자리에는 상진경로당이 들어서 있다.

오카야마 히나세 출신 이주민들이 모여 살았던 히나세 골목에는 지금도 일본식 건물이 남아 있다. 건물의 내부와 외부는 많이 개조되었으나 몇몇 건물은 아직까지 과거의 구조와 모양을 유지하고 있다. 히나세 골목의 일본식 건물은 장옥형태로 연이어 건립되어 있다. 개별 건물의 전면은 도로와 마주하고 있으며 마당이 없고 곧장 현관에서 주거공간으로 이어진다. 거실 내부에 목조계단을 설치하여 2층을 침실 겸 사적공간으로 사용할 수 있도록 했다. 건물을 장옥형태로 배치하고 2층으로 건조하여 좁은 공간을 효율적으로 이용했음을 알 수 있다. 건물 안쪽에는 작은 정원이 있었다.

방어진 외곽에 남아 있는 일본인의 흔적으로는 울기등대가 있다. 1905년 러일전쟁 당시 지금의 등대탑 자리에 목재등간이 세워지면서 등대가 시작되었다. 1906년에는 목재등간이 6m 높이의 시멘트 구조물인 등대로 대체되었다. 일본인이 건립한 (구)등대탑은 1987년 신 등대탑이 세워지면서 2004년 등록문화재로 지정되었다.

등대탑으로 이어지는 남쪽 해안에는 일본군대가 주둔했던 막사 터가 남아 있다. 일본군 막사는 해방 이후 방어진 수산중학교 건물로 사용되었다. 1947년 10월 설립된 방어진 수산중학교는 1959년 5월 공립으로 전환되면서 학교 명칭도 방어진중학교로 바뀌었다. 1990년 방어진중학교가 화정동으로 이전되면서, 건물과 공간은 울산학생교육원(현 울산교육연수원)으로 전환되었다(한석근, 1998: 310).

해방 이후 의도적으로 혹은 무의도적으로 허물어졌던 식민시기의

울기 등대

건축물들과 흔적들은 향토사 연구자들 및 지방자치 단체가 '지역 중심의 역사 쓰기' 혹은 '기억의 장소'를 필요로 하면서 새롭게 주목을 받았다. 1990년대 후반부터 방어진에서는 향토사학자들과 일부 지방정치인들을 중심으로 방어진의 '과거'를 찾는 작업이 시작되었다. 초기에는 주로 현실과 맞닿아 있는 식민지 시기보다도 더 먼 과거 방어진의 역사 찾기에 집중하였다. 그러나 식민시대를 살았던 사람들이 점차 세상을 떠나고 건물이나 시설물 등의 잔재들이 사라지면서 이 시기에 대한 기억을 내부에서 체험하지 못하게 되자 일제강점기를 살았던 사람들에게 구술을 받아 정리하여 기록하려는 열망이 가속화되었다. 또한 식민시기에 이루어졌던 방어진에 대한 기억들은 기록보관소와 같은 기억의 장소를 요구하게 되었다. 이렇게 해서 탄생된 것이 『울산 동구 100년사』이다.

울산 동구청에서 발간한 『울산 동구 100년사』는 일제강점기를 체험하지 못한 사람들에게는 더 이상 존재하지 않는 '과거'를 알리는 확실한 기억의 지표가 되고 있다. 『울산 동구 100년사』의 발간은 귀환 일본인들이 보관하고 있던 사진자료에 힘입은 바가 크다. 울산 동구청이 식민시기의 기억들을 '역사'로 재구성하면서 식민지배자였던 일본인의 기록과 사진자료에 의존할 수밖에 없었던 것이다. 귀환 일본인들이 소장하고 있던 방어진의 사진과 자료들은 『울산 동구 100년사』에 등재됨으로써 규범화된 양식으로 현재화되었다. 다시 말하면, 식민지배의 역사와 단절되었던 일본인들의 '기억' 및 '향수'가 식민지이자 그들의 '고향'이었던 방어진에서 새롭게 지역사의 일부로 등장한 셈이다.

일제의 잔재라고 없애버린 건물과 거리들이 이제는 지역의 역사를 말해주는 중요한 장소가 되고 있다. 뿐만 아니라 일본인 학교의 학생들이었다고 기억에서 지워버린 사람들의 성적표, 상장, 학적부 등이 기억의 보관소로 인정받고 있다. 기억에서 역사로 넘어가기 위해서는 기록물과 사진, 그리고 유물과 유적지 같은 기억의 장소를 필요로 하기 때문이다. 궁극적으로 보면 역사의 구성/재구성은 지방과 자치단체의 정체성을 재규정하는 문제와 맞닿아 있다. 동시에 사회구성원들은 '과거'와 관련된 이야기를 구성/재구성하면서 자신들의 정체성을 형성해 나가고 있는 것이다.

## 5. 방어진 사람들의 기억

방어진 사람들이 말하는 일제강점기의 방어진은 '울산의 일본'이었으며 극장을 비롯하여 청루와 요리점이 성행한 '별천지'였다. 방어진이 수산업의 전초기지가 되면서 일본의 각계각층 사람들이 이주해 왔다.

어선을 건조하고 수리할 수 있는 조선소와 철공소가 들어섰으며, 어획물을 일본으로 실어 나르는 운반선 및 부산을 왕복하는 정기여객선이 운항되면서 방어진은 동해안의 중심 항구가 되었다. 일본인들은 부두와 가까운 곳에 거주지를 형성한 반면, 조선인들은 항구와 멀리 떨어진 고개 마루나 언덕배기에서 살았다.

> "일본의 거의 축소판이라케도 과언이 아닐 정도로 여 와 왔심더. 그래서 여게 인자 전부 수산업이, 여기 어장이 있기 때문에 수산업이 중심 아닙니까? 수산업을 또 뒷받침하는 조선이 되어 배를 맨들어야 된다 말이야. 여기서 조선 철공소가 생깄고 여게서 동해 바다 저쪽에 전부 고기 잡으면 방어진 여게 와 가지고 집산지를 여게 와 가지고 고기를 팔고 또 고기 잡으면 여게 오고.... 여게서 운반선이 있어 가지고 일본에 하관까지 운반을 해 그대로 싣고 일본을 보내고 그래 이거는 직항로입니다. 그러니까네 뭐 옛날에는 뭐 저 방어진에는 그 말이 있었어요. 저 아침에 개나 십 원짜리 똥 묻은 십 원짜리를 물고 댕긴다는..." (김호연 외, 2007: 66)

일본인들이 이주하기 이전의 방어진은 해안경사면이 곧장 바다로 이어졌고 해안가에는 대지도 부족하여 조선인들은 주로 언덕배기에다 초가집을 짓고 농사를 일구며 살았다. 방어진에 이주한 일본인들은 해안가를 매립하여 건물을 짓고 그곳에 정착했다. 일본인들은 해안 매립과 더불어 방파제를 건설하여 어선들을 안전하게 정박시킬 항구를 만들었다. 또한 파도가 높아 조선의 어업 수준으로는 엄두도 못낼 근해어업에 종사하였다. 수산업의 중심지가 된 방어진에는 조선철공소가 설립되었으며, 집산된 어획물을 일본의 시모노세키까지 곧바로 운반하는 직항로가 개설되었다. 조선인들은 일본인 소유의 어선에서 주로 하급 선원으로 일했다.[32] 같은 직급이라도 조선인과 일본인은 임금에서 차이가 있었다. 물론 읍장을 비롯한 권력기관은 모두 일본인들이 장악하고 있었다.

방어진에서 큰 건물들은 모두 일본인들 소유였다. 조선인들 중 일부는 일본인 소유의 집에서 세를 얻어 살기도 했다. 해안가에서 멀리 떨어진 지역은 조선인 거주지와 일본인 거주지가 겹치기도 했으나 통상적으로 보면 조선인들의 공간은 일본인들과 분리되어 있었다. 민족에 따른 거주지 분리는 학교별 입학 대상자에서도 나타났다. 일본인 자녀들은 방어진소학교에 진학했으며, 조선인들은 남목국민학교(동면공립보통학교)에 다녔다. 한편, 방어진 소학교에도 학급당 2~4명의 조선인 학생이 있었는데 이들은 대개 일본인들과 친분이 있던 부잣집 혹은 유력자들의 자녀들이었다.[33] 당시 4년제였던 보통학교 과정을 마친 일부 조선인 학생들은 방어진소학교에 진학하기도 했다. 그러나 이들은 일본인 학교에 들어가기 위해서는 시험을 통과해야만 했다.

> "형제간이 다섯이고, 조부님은 농사를 지었지. 방어진심상고등소학교는 일본 사람이 다녔는데, 내가 아무리 생각해도 차라리 이 학교를 가야하지 않겠나. 근데 여기서 시험을 봐야 하는데... 일산에 보성

---

32 당시 동력어선의 대부분은 일본인 소유였다. 선장은 일본인, 선원은 조선인으로 구성되었다. 이런 구성은 동해안의 강구(김철호, 2008: 23)와 구룡포(이창언, 2010), 거제도의 장승포(다바타 가야, 1996) 등지에서도 확인된다.

33 방어진소학교는 조선인 중에서도 소득세를 5엔 이상 납부하는 집안의 자녀들만 다닐 수 있었다고 한다. 과세 기준은 나중에 3엔 이상으로 조정되었다(神谷丹路, 1998: 128).

학교[34]라고 학교가 조그마한 게 있었는데 여기를 다니다가 일 년을 꿀었어. 이후에 방어진초등학교(심상고등소학교)를 시험 봐서 들어갔지. 방어진초등학교에 그때 (조선인 학생이) 3명 다녔어." (이○규, 1931년생, 남)

방어진소학교는 일본인 학생을 위한 교육기관으로 설립되었다. 방어진에 살고 있는 구술자들 중 대다수는 방어진소학교를 '왜놈학교'로 기억하였다. 해방되기 전까지 조선 사람들은 일본인이 다니던 소학교를 구경조차 못했다고 한다. 현재의 방어진초등학교가 과거 방어진소학교였다는 사실은 방어진 사람들의 기억에만 남아 있을 뿐, 그 공식적인 역사는 홈페이지에서도 찾아볼 수 없다. 1945년 패망 직후 일본인들이 방어진소학교의 학교 명부를 비롯한 제반 공식문서를 일본으로 실어간 뒤로는 방어진초등학교의 역사는 균열된 채 지금까지 이어져 오고 있다.

일본인 학생과 조선인 학생 사이에는 민족적 편차에서 비롯된 경제적 차이가 있었던 것처럼 조선인 학교에 다녔던 학생들 사이에서도 부모의 사회·경제적 지위에 따른 나름의 차이가 있었다.[35] 그러나 식민지의 대다수 조선인들은 자녀의 진학이 경제적으로 부담이 되었다. 많은 조선인들은 자식이 취학 가능한 나이가 되면 집안일은 거들 수 있

34 보성학교는 1920년 야학으로 설립되었다가, 1922년 사립 보성학교로 신설되어 4년제로 운영되었다. 하지만 일제의 탄압으로 민족주의 성향의 교사들이 물러난 이후 보성학교는 1930년대부터 단순한 교육기관으로 바뀌었다(이현호, 2007: 269~271).

35 비가 오거나 날씨가 불순한 때는 방어진에서 남목국민학교까지의 15리 등굣길에 승합자동차를 이용할 정도로 부유한 학생도 있었다(천재동, 2007: 50).

다고 생각하고 있었기에 자녀를 학교에 보낸다는 것은 곧 노동력 상실을 의미하는 것이었다. 일본어를 배운 여자아이들이 가족들의 생계를 위해 일본인의 집에서 보모로 일할 정도여서(단국대학교 동양학연구소(편), 2011: 278) 식민지 현실을 가난으로 체득하고 있었던 조선인들로서는 자식들을 학교에 보내는 것을 꺼려할 수밖에 없었다. 조선인 자녀의 취학률 저하[36]는 일제 주도의 식민교육에서 비롯된 현실이었다.

한편, 일제시기 방어진에는 자전거 경주, 축구대회는 물론 야구대회까지 열렸을 정도로 스포츠에 대한 관심이 대단했다. 조선인들은 주로 축구에 열광했으나 일본인들은 야구를 즐겼다. 그러므로 방어진에서 야구는 식민 지배자의 스포츠로 간주되었다.[37] 이런 시대적 분위기 속에서도 방어진의 일부 소년들은 일본인들이 하는 야구를 보고 규칙을 익혀 방어진소학교에서 일본인 학생들과 야구경기를 하기도 했다(천재동, 2007: 196). 일본인들은 전쟁 막바지인 1943년에도 지역을 순회하며 야구경기를 개최했을 정도로 야구를 일종의 지배자의 스포츠로 활용하였다.[38]

36 해방 무렵까지 조선인의 국민학교 취학률은 50%에도 미치지 못했다. 1942년 기준으로 남자는 66.1% 여자는 29.1%가 국민학교에 취학하였다. 반면, 일본인의 취학율은 1912년부터 1942년까지 남녀 모두 거의 100%에 달했다(조미은, 2010: 213).

37 메이지시대 일본에서 근대화의 상징으로 유행했던 스포츠로는 경마, 당구, 보트레이스, 볼링, 스케이트, 야구, 테니스 등을 들 수 있다(유모토 고이치, 2004: 3장 참조).

38 해방 이후 일본인들이 물러간 이후 방어진 사람들의 야구에 대한 열정은 지속되었다. 일본인들이 귀환하자 방어진 사람들은 야구단을 정비하였으며, 1946년에는 방어진을 비롯한 울산, 경주, 장생포, 감포 등의 야구단들이 참가하여 처음으로 야구대회를 열었다. 또한 1946년 9월 29일 방어진체육회 주최로 남조선야구대회를 방어진소학교 운동장에서 개최하였다. 참가 팀은 울산, 경주, 감포, 방어진 등 모두 네 팀이었다(천재동, 2007: 214~215).

식민 지배자의 스포츠인 야구 시합뿐만 영화 상영과 악극단의 공연도 일본 문화 전파의 첨병 역할을 담당하였다. 다이쇼깡(大正館)은 울산 최초로 건립된 극장으로 그 맞은편에는 세관이 있었다. 도끼와깡(常盤館)은 영화 상영과 연극 공연이 가능한 다목적 극장이었다. 다이쇼깡과 도끼와깡에서는 주로 칼을 차고 다녔던 막부시대의 무사를 주인공으로 한 연극이나 일본 정통 예술 중 하나인 가부키, 분라쿠 등이 공연되었다. 특히 도끼와깡에서는 나운규의 '아리랑'을 비롯하여 '임자 없는 나룻배', '세 동무', '낙화유수' 등과 같은 영화가 상영되었다(천재동, 2007: 188). 울산에도 극장이 없었던 때 방어진의 극장에서 고복수, 이난영 등, 당시 유명한 가수들이 공연을 했었다고 방어진 사람들은 기억하였다(김호연 외, 2007: 69).

방어진에는 신사와 함께 서본원사와 고야산사와 같은 불교사찰이 있었다. 신사에 대한 방어진 사람들의 기억은 체험기억이 부재한 반면, 불교사찰에 대한 기억은 개인적 경험과 연계되어 있다. 방어진 사람들은 서본원사를 '혼간지'로 기억하고 있다. 혼간지는 사찰의 규모와 함께 제물로 진설했던 음식과 관련해 구술되곤 한다. 구술자들은 승려들이 배고픈 조선인 아이들을 '고라 칙쇼'[39]라며 내쫓았던 일화를 회상하면서도 한편으로는 어렵게 얻어먹었던 밀감과 떡을 떠올렸다. 고야산(高野山) 절은 일본인들의 납골당 역할을 했던 사찰로 일본 본사에서 파견된 스님들이 머물고 있었다. 방어진 사람들은 고야산사의 승려들이 일본식 평복 차림에 머리를 깍지 않았다고 기억했다. 고야산사 주지승은 조

39 '고라 칙쇼(こら ちくしょう)'는 '이놈의 짐승'이라는 뜻으로 일본인들이 조선인을 부르는 경멸적인 명칭이었다.

선인들과 어울려 야구를 즐겼으며, 조선인의 결혼식에 주례를 맡기도 했다(천재동, 2007: 76).

홍등가였던 청루 골목에는 2층, 3층의 목조 건물이 즐비하였다. 이 골목에서 흘러나오는 일본인들의 노랫소리와 흥청거리는 소음이 밤낮 없이 끊이질 않았다. 많은 조선인들은 청루 골목의 요리점에서 요리도 하고 심부름과 청소 등의 허드렛일을 하였다. 사람들은 이들을 '이다바'(板場)라고 불렀다. 청루 골목과 홍등가는 일본인 거주민들을 위한 시설이었으나 점차 조선인들도 이용할 수 있게 되었다. 청루 골목과 홍등가 못지않게 이목을 끌었던 시설은 공중목욕탕이었다. 도시지역에도 대중목욕탕이 흔치 않던 시절에 방어진에는 목욕탕이 세 곳이나 있었다. 대중목욕탕은 위생담론과 더불어 식민 지배자들의 위상을 드러내는 문화적 지표 중 하나로 활용되었다. 하지만 일본인 어부들이 훈도시(일본 남성의 전통 속옷) 차림으로 수십 명씩 목욕탕 앞에서 차례를 기다리는 '낯선' 모습은 조선 사람들에게는 '야만적인' 볼거리일 뿐 일본의 문화가 우월하다는 것을 감지할 수 있는 광경은 아니었다.

일본인 이주민들에 대한 방어진 사람들의 기억에서 빠지지 않고 언급되는 것은 청루 골목과 히나세 골목이다. 방어진 사람들은 히나세 사람들이 다른 지역 출신의 일본인들에 비해 못살았으며 복장도 허름하고 생활수준도 낮았다고 기억하였다. 식민 지배자의 대리인이었던 일본인들은 균질적인 집단이 아니라 그들 사이에서도 경제적·사회적으로 구별이 있었던 것이다. 말하자면, 방어진의 일본인 사회에는 두 가지 차별이 공존하고 있었다. 하나는 일본인의 조선인 차별이었고, 다른 하나는 상층 일본인의 하층 일본인에 대한 차별이었다. 상층 일본인과 하층 일본인은 서로 섞이기를 거부했을 정도로 신분차별은 식민지에서도 반영되었다(고길희, 2005: 33). 식민지배층의 내부 균열과 차별은 피지배자였던 조선인들의 눈에도 뚜렷하게 보였다. 피지배자인 조선인의 입장에서 보더라도 히나세 사람들은 일본의 다른 지역에서 이주해 온 사람들에 비해 사회경제적으로 열악한 상태였다.

> "일본 사람들이 여게 방어진에는 계층이 여러 계층이 와가 살았어요. 저 위에는 하류, 저 밑에 사람, 저 우에 사람 하층 몇몇이 계층이 살았는데. 저기는 일출[40]이라고 하는 히나세라 하는 사람이 여게 지금 우리 겉으면 저 어데 섬 겉으면, 옛날 겉으면 제주도에 사는 사람들 같이 이렇게... 이 사람들이 그 생활수준이 굉장히 낮습니다. 굉장히 낮아요. 이거는 위생관념도 없고 무신 몸가짐도 대북도 아니고 이거는 야만이 이만저만이 아니라." (김호연 외, 2007: 395)

사람들은 히나세 사람들이 집단을 이루어 살던 골목을 히나세 골목이라 불렀는데, 방어진에는 지금도 당시의 건물과 명칭이 흔적으로 남아 있다. 마주한 골목에는 비슷한 구조의 건물이 연이어 있고 골목 중간에는 '히나세 탕'이라는 목욕탕이 있었다. 히나세 목욕탕은 몇 차례에 걸쳐 보수되었으나 지금도 '장수탕'이라는 이름으로 존속해 있다. 히나세 사람들의 거주지는 다른 일본인의 그것과 구별되었을 뿐 아니라 그들이 사용하는 방언은 '히나세변(辯)'이라고 불릴 정도로 다른 일본인들로부터 천대를 받았다. 히나세 방언은 다른 지역 출신의 일본인들과 소통하는 데 어려움이 있을 만큼 독특했던 것이다.

---

40 일생(日生)의 오기로 보인다.

히나세 사람들은 축제행사를 달리 개최하였으며 집단을 상징하는 대형 깃발도 달리 달았다. 히나세 사람들은 '일본일생청년단'이라는 깃발을 자신들을 드러내는 표지(標識)로 삼았으나 히나세 이외의 지역에서 이주해 온 일본인들은 '대일본청년단'이라는 이름의 깃발을 통해 단체의 정체성을 나타내었다(천재동, 2007: 47). 이렇듯 식민 지배자의 대리인으로 호칭되던 일본인 이주자들 가운데서도 신분상의 차별은 여전히 지속되었던 것이다.

조선에서 축적하고 형성한 사회·정치적 지위와 명성, 재산으로도 일본에서의 신분상 차이를 뛰어 넘을 수는 없었다. 방어진에서 도의원을 역임할 정도로 출세한 일본인일지라도 일본 현지에서처럼 발휘되는 방어진의 신분질서에 순응할 수밖에 없었다.

> "잘사는 사람은 거기 있고 못사는 사람만 일로 보낸 거라, 한국으로... 히나세, 우오지마, 이와지마 이런데 사람들이 들어와서 많이 살았어요. 한마디로 얘기하면 상놈들이 여기에 왔는기라. 일본에서 못사는 사람들이 들어왔어요. 오바야시[41]라고 하는 사람이 도의원도 했고... (지금 내가 살고 있는) 이 집 주인이 왜놈이었어요. 주인 이름이 후지모토라는 사람인데, 나이가 많고 그랬는데 그 밑에는 꼼짝을 못

41 구술자가 말하는 오바야시는 '大林金次郎'으로 짐작된다. 오바야시 킨지로는 1931년과 1935년에는 면협의원으로, 1939년에는 읍의원으로 선출되었다(이현호, 2008: 72). 그의 부친 오바야시 신페이(大林新平)는 1893년 거제도 구조라에서 어업과 제조업을 경영했다. 부친 사망 이후 오바야시 킨지로는 근거지를 방어진으로 옮겨 사업을 이어나갔다(김선영, 2014: 11~12). 한편, 방어진에서 도의원으로 임명된 일본인은 나카베 이쿠지로가 있다. 나카베 이쿠지로는 1927년 관선으로 도의원에 선출되었다(《동아일보》, 1927.04.04.). 오바야시 킨지로는 나카베 이쿠지로가 본거지를 시모노세키로 옮긴 이후 방어진의 실권자로 자리를 잡았다.

했어요. 오바야시가 도의원을 하고 그래도... 도의원을 했지만 거기 가면 저 밑에 인기라. 상놈이라 이 말이야." (이○수, 1923년생, 남)

방어진에 이주한 히나세 사람들은 직접 바다에 나가 조업하는 어부들이었다. 히나세 사람들은 작업선과 운반선을 두고 육지에서 경영하는 형태가 아니라 자신들이 소유한 어선으로 조업하는 소규모 영세 어민들이었던 것이다. 히나세 사람들이 들여온 어법은 당시로서는 아주 새로운 것으로 삼치잡이 전문 어구와 어선을 사용했다. 나가세로 불리던 유뢰망(流瀨網)은 히나세 사람들이 조선해에 출어하면서 들여온 어법으로, 출어 초기 선박과 그물 모두 완전한 상태가 아니었는데도 하룻밤에 삼치 천 마리를 잡을 정도였다. 그물을 끌어 올리면 배가 가라앉고, 배를 침몰시키지 않으려면 그물을 버려야 할 정도로 어족이 풍부했다는 이야기가 전해지면서 히나세 사람들의 조선해 출어가 가속화되었다(여박동, 2002: 224).

히나세 사람들과 달리 대부분의 일본인들은 노동을 통하여 부를 창출하기보다는 식민 지배자로 군림하거나 육지에서 관공서, 요리점, 상점, 조선소, 극장 등을 운영하였다. 어업에 종사하더라도 대개는 선장 혹은 관리자를 따로 두고 경영하는 형태였다. 이런 분위기 속에서 직접 배를 타고 험한 바다로 나가 조업하던 히나세 사람들의 모습은 방어진 사람들에게 식민 지배자 일본인의 이미지와는 동떨어진 것으로 인식되었다.

해방 이후 고향으로 돌아갔던 히나세 사람들이 공식적 차원에서 방어진과 교류를 하기 시작한 것은 1992년부터이다. 1992년 히나세에서 '방어진 방문사업'을 실시하면서 히나세 사람 11명이 참가하였다. 1993년부터는 방어진의 일산(日山) 중학교와 히나세(日生) 중학교가 학생 상호방문 사업을 시작하였다. 한일 간 학생들의 상호방문 사업은 1999년까지 이어졌다. 2002년에는 히나세 소학교 학생 16명이 방어진을 찾아왔다. 2003년에는 울산 동구 문화원과 비젠시가 '문화교류협정'을 체결하여 비젠시 히나세 관내의 소학생들과 울산 동구 방어진 관내의 초등학생들이 상호 방문하였다. 학생들은 홈스테이를 통해 서로의 문화를 체험해 보는 학습의 기회를 가졌다.

> "한일 문화교류로 일본에 가기 전까지 우리 아들은 일본에 대해서 무작정 미워하며 일본을 가기 싫어했다. 왜 내가 일본에 가야 하냐고 따지기까지 했었다. ...옛날 우리 민족을 침입하여 우리에게 많은 피해를 주고 독도문제로 우리 민족을 속상하게 만들었지만 순수한 교류 관계를 하지 않는 것은 국제적인 관계에서 우리 아이들이 리더로 세상을 이끌 진취적인 자세로 키우는 데 전혀 도움이 안 되는 방법이라고 생각한다. 지나간 과거는 과거이고 그 속에서 다시는 그런 일이 일어나지 않도록 하는 방법을 깨우치고 왜 우리 민족이 당하는지 대처하는 현명한 방법을 가르치는 것이 옳지 않을까? ... 승찬이가 일본을 갔다 와서 얻은 가장 큰 수확은 일본을 바라보는 시각이 바뀐 점이다." (울산동구문화원, 2009: 77)

위의 인용문은 아들을 한일 학생교류 프로그램에 참여시켰던 한국인 학부모가 쓴 글이다. 국가적 차원의 담론과 달리 지역적 혹은 개인적 차원에서의 교류는 다른 문제로 인식되고 있다. 한일 양국 학생들은 상호방문과 홈스테이와 같은 프로그램에 참여하면서 서로의 문화에 대해 배우고 있다. 또한 비젠시청의 공무원들과 지역사람들이 울산 동구청을 방문하고, 울산 동구청과 울산 시의원들이 비젠시를 방문하면서 한국과 일본의 지방정부 차원에서 문화교류를 이어가고 있다. 과거 방어진에 살았던 일본인들의 '고향방문'으로 촉발된 학생들의 상호교류와 지방정부 간의 문화교류는 한일 간의 관계에 대한 새로운 담론 정립을 요구하고 있다.

## 6. '역사'로 편입된 식민시대

방어진은 일제강점기 식민 이주어촌으로 건설되었다. 생존경쟁에서 밀려 떨어져 나온 여러 지역 출신의 일본인들이 부의 축적과 신분상승을 위해 기회의 땅, 방어진에 정착하였다. 하지만 이들은 일본의 중앙정부나 지방정부의 주도와 지원 아래 조선의 방어진으로 이주한 사람들이었기 때문에 단순한 '이주민'이 아니라 조선을 식민지로 개척하고자 했던 식민정부의 대리인으로 정착한 '식민자'였다. 따라서 식민 이주어촌 방어진에서는 식민 지배자였던 일본인과 피지배자였던 조선인들이 일상의 영역에서 접촉, 배제, 분리, 경쟁하는 관계 속에 있었다. 하지만 기억을 통해 드러난 일제강점기 방어진 사회는 식민 지배자와 피지배자라는 이항적 관계로만 규정되지 않는다. 일본인 사회 내부에도 신분차별이 있었으며, 피지배자였던 조선인들 사이에도 사회·경제적 차이가 있었다.

방어진의 '과거'에 대한 기억은 사회구성원들이 경험한 시간과 현재 자신들이 위치한 공간에 따라 부분적 혹은 파편적으로 나타났다. 식민시기를 살았던 사람들이 세상을 떠나고 건물과 장소들이 점차 사라지면서, 상대적으로 그 시대에 대한 기억 또한 내부에서 체험하지 못하게 되었다. 기억이 내부에서 체험되지 못하는 일이 잦아지자 외부로부터의 지원이 절실하게 요구되었다. 즉, 기록물과 사진, 유적지와 유물 혹은 기념비 같은 매개물이 필요해진 것이다. 방어진에서는 1990년대 후반부터 향토사학자들과 지역 정치인들을 중심으로 방어진의 과거를 찾는 작업이 시작되었다. 그러나 정작 방어진의 옛 모습을 담은 사진과 방어진소학교와 관련된 기록물을 제공한 사람들은 방어진에 살았던 히나세 사람들이었다. 이렇게 해서 식민지 조선의 '고향'에 대한 히나세 사람들의 기억과 향수가 방어진의 '역사'로 편입되고 있는 것이다.

일제시대 방어진에 살았던 사람들의 기억 대부분은 주로 현재의 공간 혹은 흔적과 결부되어 있다. 시간의 흐름 속에서 없어진 장소와 건물에 대해 일본인과 한국인은 서로 기억하고 있다. 식민시기와 일본인에 대한 방어진 사람들의 기억은 개인적 체험에서 비롯된 기억보다는 '역사'적 차원에서 (재)구성된 기억에 가깝다. 반면, 방어진에 살았던 일본인들의 기억은 식민지배의 역사적 사실을 외면한 채 개인적 체험으로 가득 차 있다. 또한 없어지거나 방치된 일제강점기의 건물과 기념비에 대해 한국인들은 '친일파' 타도의 맥락에서 구술하고 있지만, 일본인들은 식민시기의 역사에 대한 언급 없이 개인적 소회와 향수를 피력하고 있다.

현재의 틀 속에서 과거의 시공간을 기억한다는 것은 개인이 속한 국가나 사회의 압력 속에서 부분적으로 굴절되고 망각된다는 것을 의미한다. 한국인과 일본인 모두 식민시대와 관련된 일상의 이야기를 구성하고 재구성하는 가운데 자신들의 사회적 정체성을 드러내고 있는 것이다. 결국 식민시대와 관련된 기억은 아무리 개인적인 것이라 할지라도 집합 기억일 수밖에 없다.

# 3장

## 거제 장승포 '이리사촌(入佐村)'

3장
# 거제 장승포 '이리사촌(入佐村)'

## 1. 거제도 장승포

거제도는 거제대교와 거가대교로 육지와 이어지기 전까지는 사면이 바다로 둘러싸여 육지와 격리되어 있었다. 사면이 바다인 거제도 일대는 일찍부터 어업이 발달했던 곳으로 왕실과 통제영 등에 대구, 청어, 미역, 우뭇가사리 등을 진상하였다. 조선 후기 거제도의 어장 대부분은 명례궁(明禮宮)의 관할 아래 있었다. 장승포를 비롯한 거제도 동부 해안은 산이 높고 험악한 탓에 논과 밭이 부족한 편이었다. 게다가 지리적으로 일본과 가까워 거제도는 일찍부터 왜구들의 침입이 잦았던 곳이었다. 조선시대에는 통제영이 있던 통영에서 쓰시마로 왕래하는 선박들이 견내량을 거쳐 장목, 옥포를 지나갔으며, 옥포진에는 왜학소가 설치되어 있었을 정도로 거제도 지역은 일본인들의 왕래가 빈번하였다.

조선 후기 거제도에는 일본인들의 어장침탈이 극심했다. 1876년 부산포 개항 이후에는 장승포 지역에도 일본인 어민들이 대거 몰려오기 시작했다. 일본인들은 장승포를 비롯한 거제도 곳곳에 어업근거지를 설치하여 계절마다 선단을 꾸려 거제도 연안과 진해만 일대를 제집처럼 드나들면서 어획했다.[1]

조선이 강점되자 일본인들은 어업근거지로 삼았던 장승포를 식민 이주어촌 설립자의 이름을 따 '이리사촌(入佐村)'이라 불렀다. 이렇게 해서 탄생된 이리사촌에서 1911년 고등어 건착망 어업이 시작되었으며, 이후 장승포는 고등어 건착망 어업의 중심지로 성장했다. 고등어 건착망 어업의 성공으로 장승포는 일본인 자본가들이 득세하면서 부자 동네로 널리 알려졌다. 장승포에는 약국, 병원, 유곽, 어업조합, 은행, 금융조합, 고리대금업 등이 들어서 성행했으며, 통영 및 마산과 같은 도시와 비견될 정도로 유흥가도 즐비했었다.

해방과 더불어 장승포의 식민 이주어촌은 시나브로 사라져 갔으나 그들이 남긴 흔적은 아직도 곳곳에 남아 있다. 따라서 과거 이리사촌의 흔적을 아우르고 있는 장승포의 현재 경관은 단순한 물리적 환경이 아니라 식민시기의 의미와 상징을 내포하고 있는 일종의 텍스트라고 할 수 있다. 장승포에 남아 있는 일본인의 흔적은 식민지 잔재로서의 상징적 의미와 물리적 형상이라는 이중적 특성을 담지하고 있다. 과거의 흔적들은 기록과 기억을 통해 사회적, 정치적, 상징적 의미를 전달하고,

1 1914년을 기준으로 거제도 북쪽 및 동쪽 연안 11곳에 일본인 이주어촌이 설립되어 있었다. 특히 지세포(1897년), 구조라(1893년) 및 성포(1894)는 러일전쟁 이전부터 일본 어민들이 어업 근거지로 삼았던 곳이다(장승포 역사, 2016: 144).

물리적 형상을 통해 과거가 실재함을 드러내며, 현재의 시간 속에서 보존된다. 과거 이곳에 거주했던 흔적의 주체, 즉 일본 이주민들의 의도를 파악하기란 쉽지 않다. 하지만 그 흔적을 담고 있는 현재의 물리적 공간 속에 살고 있는 지역주민들의 기억과 망각을 통해 과거는 여러 갈래로 (재)해석될 수는 있다.

현재 장승포에 남아 있는 흔적들 대부분은 특정한 사건이나 '역사'만을 드러내는 단순한 상징물이 아니라 시간의 흐름 속에서 복수의 역사들이 중첩되어 있는 잔해물이다.[2] 흔적은 기억 속에서 의미를 부여받고 기억을 통해 선별적으로 복원되며 그 의미가 재구성된다. 흔적은 특정한 사건이나 일화를 기억하고 이해하는 통로 혹은 매개물인 것이다. 특정한 흔적이나 경관을 파괴하거나 재해석한다는 것은 그것들과 관련된 개인과 집단의 정체성을 허물거나 지우려는 행위와 연관되어 있다. 이와 같은 관점에서 보면, 식민 이주어촌의 흔적은 일본인은 물론 한국인들의 생활상과 정체성을 살펴볼 수 있는 통로가 될 수 있다. 제3장에서는 일제강점기 식민 이주어촌으로 건설되었던 이리사촌의 형성과정 및 현재 장승포에 남아 있는 이리사촌의 흔적을 살펴본 다음, 장승포 사람들의 기억을 통해 과거 이곳의 주체였으나 지금은 부재하는 '타자'가 어떤 모습으로 인식되고 있는지 분석하고자 한다.

2 이리사촌의 원래 모습이 변용되거나 사라지는 과정은 단일하거나 직선적이지 않다. 이리사촌의 흔적은 한마디로, '폐허를 낳았던 것은 다양한 역사들이며, 많은 접합점들을 가진 복수의 역사들'(리자 요네야마, 2004: 108)이었음을 보여준다.

## 2. 이리사촌 건설

오랫동안 일본 통어 어업자들의 근거지였던 장승포는 1904년 식민 이주어촌으로 전환되었다.[3] 러일전쟁을 앞두고 전략적 목적으로 장승포에 이주어촌(55호)을 건설했던 주체는 일본의 〈조선해수산조합〉이었다(吉田敬市, 1954b: 511). 조선해수산조합은 통감부의 허가를 받아 한반도 연안 곳곳을 어업근거지로 설정하고, 일본의 지방정부와 어업조합을 통해 어민들의 이주를 국가 차원에서 적극적으로 장려하였다.[4] 먼저 어업근거지로 설정된 기항지에 항구적인 시설을 설치하고 주택을 건설하여 일본 전역에서 이주자를 모집했다. 조선해수산조합은 어업근거지를 확보하고자 토지 대부 규정을 제정하고 각종 편의까지 제공하면서 어민들의 이주를 부추겼다. 조선해수산조합에서 처음으로 이주어촌을 건설했던 곳이 바로 거제도 동남쪽에 위치한 장승포였다. 조선해수산조합에서는 1904년 6월 하순 거제도 장승포에 일본식 가옥, 즉 장옥(長屋)을 준공하고 일본의 각 지방에서 이주 희망자를 모집했다(장수호, 2011: 455).

조선해수산조합에서는 한반도 내 일본인 어업근거지를 두 가지 방식으로 운영하였다. 하나는 조선해수산조합이 직접 운영하는 조합직영

3 장승포는 1868년부터 일본 통어자들의 근거지였다(吉田敬市, 1954b: 511). 다카사키 소지(2006: 88)에 따르면, 일본인 이주어촌은 1889년 에히메현의 지원으로 장승포에 '에히메촌'이 건설되면서 시작되었다고 한다. 장승포의 '에히메촌'은 러일전쟁 무렵 거제도가 일본해군의 군사기지 일부로 포함되면서 장래의 병참기지로 개발되었다.

4 거제도에서는 장승포, 지세포, 구조라, 칠천도, 다대포 등 8곳이 입어선의 기항지였다(장수호, 2011: 555~561, 부록 1 참조).

방식이었고, 다른 하나는 개인이나 회사가 어업근거지를 건설한 다음 조합에서 위탁경영하는 간접운영 방식이었다. 조선해수산조합에서는 어업근거지에 정주할 수 있는 이주민의 자격 조건을 다음과 같이 규정하였다. ① 일본인으로서 만 22세 이상 50세 미만의 품행방정하고 체력 건장한 기혼남자로 부부가 같이 이주할 수 있는 자, ② 선폭 5척(1척 1.52m) 이상의 선박 및 조합이 지정하는 어구를 소유한 자로 남자 종업자를 고용하고, ③ 최근 3년 이상 어업에 종사한 자, ④ 5년 이상 거주할 수 있는 자, ⑤ 본인과 가족 및 종업자 모두 전과가 없는 자로 제한했다. ⑥ 단, 선박 목수, 어구 제작인, 수산물 제조업자 등 어업근거지 발달에 직간접적인 관계가 있는 특수기능자는 경영위원회의 협의를 거쳐 수용할 수 있도록 했다(장수호, 2011: 457).

1904년 12월 1일 개촌한 장승포의 식민 이주어촌은 당시 조합장이었던 이리사 세이죠(入佐清靜)[5]의 성을 따서 '이리사촌'(入佐村)이라 명명되었다. 조선해수산조합에서 장승포에 이주어촌을 건설한 것은 일본 해군방비부대에 어류를 공급하기 위해서였다. 1904년 1월부터 거제도 송진포에는 진해만방비부대[6]가 주둔하고 있었다. 장승포의 이리사촌은 해군 군용어류 공급이라는 특권을 부여받아 건설되었으며, 어업이주민들은 '진해만방비부대 어용어업지구키시구미'(鎮海灣防備部隊 御用漁業築

5 이리사 세이죠가 도입했던 통조림 제조 기술은 이후 일본인의 조선 어업 진출 및 지배에 중요한 계기가 되었다(여박동, 2002: 263~264).

6 일본은 러시아와의 전쟁을 준비하면서 대한해협을 방비할 목적으로 1904년 1월 12일 거제도 송진포에 '가근거지방비대'(仮根據地防備隊)를 설치하고 해군기지를 건설했다. 그해 12월 15일 송진포 가근거지방비대는 '진해만방비대'로 개칭되었다가 1907년 10월 1일 '진해방비대'로 명칭이 바뀌었다(류교열, 2014: 321).

紫組)라는 이름으로 이주하였다. 이에 어업이주민들의 가족들도 대부분 군용어류 납품업체에 종사하였다. 이처럼 장승포의 이리사촌은 단순한 이주어촌이 아니라, 일본의 전략적 목적에 따라 건설된 해군의 식량 공급처이자 어업 전진기지였던 것이다.

이리사촌이 조선해수산조합의 '모범이주어촌'으로 알려지면서, 1905년 12월 후쿠오카현, 에히메현, 와카야마현, 도쿠시마현, 나가사키현 등 여러 현에서 총 17호가 이주했다.[7] 이리사촌은 이후 한반도에 건설된 '보조이주어촌'의 효시(嚆矢)가 되었다. 개촌 당시 이리사촌은 이주자들을 위해 주택용지 1,900평, 그물건조장 2,400평, 채소밭 36,000평을 마련했다. 그리고 장승포 해안에 연장 216m에 달하는 방파제를 축조하고 어업에 필요한 건물을 지었다(吉田敬市, 1954a: 262~263). 하지만 이듬해 봄에 불어닥친 폭풍[8]으로 건축물들이 무너지고 유실되면서, 어획물 처리가 곤란해지자 어항으로서의 기능이 상실되어 이주민 대부분이 일본으로 철수했다.

이리사촌에 정착했던 초기 이주민들은 진해만방비대에 어류를 납품하는 특권 및 조선해수산조합의 장려지원책에도 불구하고 폭풍우로

7 『거제이야기 100선』(2000: 22), 『巨濟市誌』(2002: 533), 『巨濟水協百五年史』(2013: 141) 등 거제향토지는 『朝鮮水産開發史』(1954: 262)의 기술을 따르고 있다. 그러나 1917년에 편찬된 『筑豊沿海志』는 1905년 3월 후쿠오카현 '한해통어장려회사'에서 12호의 이주민을 정착시킨 것이 이주어촌의 효시라고 기술하였다(여박동, 2002: 262~263).

8 吉田敬市(1954a: 263)는 '동년(同年) 폭풍'으로, 여박동(2002: 264)은 '다음해(1905) 봄의 폭풍'이라고 기술하고 있다. 하지만 1905년 12월에 첫 이주민이 이리사촌에 정착했다는 기술을 미루어보면 '동년'이 아닌 '익년(翌年)' 즉, 1905년이 아닌 1906년이 타당한 것 같다. 『巨濟水協百五年史』(2013: 152)에도 '1906년 봄에 태풍'이라고 기술되어 있다.

인한 시설파괴를 핑계 삼아 본국으로 귀환했다.[9] 조선해수산조합 대의원 겸 후쿠오카현 통어장려소장(通漁獎勵所長)이었던 오타 다네지로(太田種次郎)[10]는 이들 이주민들의 귀환에 분개하여 고향인 후쿠오카현 무나가타군(宗像郡) 지노시마(地島)의 어민 14호와 함께 1906년 7월 이리사촌으로 이주했다(다카사키 소지, 2006: 112; 여박동, 2002: 257). 오타 다네지로의 이주 이후 후쿠오카현과 나가사키현에서 이주어민 60호를 수용할 수 있는 건물 13동을 건설하면서 이리사촌은 점차 이주어촌으로 자리를 잡아나갔다(吉田敬市, 1954a: 263).

장승포는 '통어시대'[11] 이전부터 일본 어민들의 기항지로 알려졌으나 이리사촌이 건설된 이후부터는 일본 현지에서 한반도로 출어했던 어선들의 주요 어업근거지 및 기항지 역할을 했다. 후쿠시마현 출신 어부들 역시 한반도에 출어하거나 조업을 마치고 귀환할 때 장승포항을 기점으로 삼았다. 1912년 한반도 해역에서 삼치잡이를 했던 가네자키

---

9 『筑豊沿海志』에는 이리사촌의 어업이주민들이 1905년 5월 27일 일본 근해에서의 해전 승리에 따라 이주자 16명 중 3명을 제외한 나머지 모두가 이주택지의 설비 불완전을 들어 귀환했다고 기술되어 있다. 하지만 이주민들이 철수를 결정한 이면에는 이들이 한반도 연근해 어업에 익숙하지 못하고 진취적 기상이 부족했기 때문이었다고 지적하였다(여박동, 2002: 263).

10 '太田種次郎'의 한글 표기는 '오타 다네지로'(여박동, 2002: 256; 다카사키 소지, 2006: 112)와 '오타 슈지로'(巨濟市誌, 2002: 533; 巨濟水協百五年史, 2013: 146), '오따 슈지로'(전갑생, 2000: 22)가 있다. 여기에서는 여박동 및 다카사키 소지의 표기법을 따라 '오타 다네지로'로 기술한다. 참고로 여박동은 오타 다네지로의 고향인 일본 후쿠오카현의 지노시마를 직접 방문하여 자료를 수집했다.

11 '통어시대'라는 용어는 일본이 한해통어권을 취득한 다음부터 러일전쟁(1905)이 끝나고 총독부가 설치될 때까지를 가리킨다. 이 시기를 '통어시대'라 부르는 것은 일본 어민들이 어업의 근거지를 본국에 두고 한반도 해역으로 출어했기 때문이다(이계열, 2008: 53).

출신의 하사다 이치사브로(久田市三郎)는 자신의 경험을 다음과 같이 회고했다.

> "내가 조선에 삼치(鰆)를 잡으러 간 것은 17세 때(1912년)의 일이다... 이렇게 8월부터 12월 말까지 삼치를 잡았는데, 추운 날은 음료수를 넣은 물통(水樽)이 얼어붙어 하루 종일 물을 마실 수가 없어 고생을 한 일이 있다. 섣달 29일 장승포를 출발하여 귀로에 서지만 바람이 강하고 동반선과도 흩어져서 정월 초하루에 후나고시(船越)에 도착, 2일에 쓰시마를 출발하여 가네자키에 돌아왔다." (여박동, 2002: 254, 재인용)

앞에서 언급한 것처럼 이리사촌을 실질적으로 주도했던 사람은 오타 다네지로였다. 오타 다네지로의 고향인 지노시마는 가네자키의 가네가미사키(鐘岬)에서 북서쪽으로 약 2㎞ 떨어진 해상에 있는 섬이다. 지노시마의 서쪽에는 오시마(大島)가 있다. 오시마와 지노시마에서 쓰시마로 이어지는 해상에는 오키노시마(沖ノ島)가 있다. 지노시마에서 쓰시마로 향하는 바다 중간에 위치한 오키노시마는 일종의 이정표이자 방향을 알려주는 안내판 구실을 했다. 요즈음 항해에서 사용하고 있는 것과 같은 정교한 나침반이 없었던 시절, 일본인 어부들은 간단한 자석을 이용하여 섬에서 섬을 바라보며 항해를 했다. 지노시마의 어민들은 소규모 어선[12]을 타고 오키노시마를 지나 쓰시마의 후나코시[13]에 도착

12 한반도로 출어했던 어선은 주로 1인승으로 폭 5척 1촌, 길이 20척에서 25척이었으며 돛이 하나였다. 3인승은 폭 6척 3촌으로 돛이 2개였다. 가네자키의 어선은 4칸이 아닌 3칸으로 보통 어선보다 크기가 작았다고 한다(여박동, 2002: 250~253).

13 여기에서 말하는 후나코시는 오후나코시(大船越)이다. 오후나코시는 쓰시마를 남북으로 가르는 해협의 동쪽 입구에 있다. 일본의 삼치잡이 어선들은 장승포에서

한 다음 후나코시 수로를 통과해 그곳에서 곧장 장승포로 들어왔던 것 같다.[14]

쓰시마의 오후나코시 수로

오시마와 지노시마 어민들은 일찍부터 조선해를 드나들며 조업을 했다. 1915년부터 1919년까지 삼치잡이 어업이 전성기였으며, 그 당시 오시마에서만 75척 100명이 출어했다고 한다. 소형어선(1인승)일지라도 순풍을 타면 오시마에서 부산까지 하루 밤낮이면 도착할 정도로 한반도 연해안은 가까운 어장이었다(여박동, 2002: 249). 오시마와 지노시마 어민들이 한반도로 몰려든 것은 일본 연해어장의 어족자원 고갈로

출발하여 오후나코시 수로를 통과해 후쿠오카의 가네자키(鐘岐)로 귀항했다. 오후나코시는 1672년 쓰시마해협의 동쪽과 서쪽을 관통하도록 만들어진 수로지만 폭이 좁고 수심이 낮아 소규모 어선들만 통과할 수 있었다. 오후나코시 북쪽에는 아소만(淺茅灣)과 미우라만(三浦灣) 사이를 인공적으로 굴착하여 만든 만제키세토(万關瀨戶) 운하가 있다. 만제키세토 운하는 1900년 일본 해군이 러일전쟁을 대비해 건설된 것이다(ko.wikipedia.org).

14 오후나코시 수로가 개통된 이후 1817년에도 일본에서 한반도를 오가는 항로는 잇키시마(壹岐島)를 거쳐 쓰시마 남쪽에 도착한 다음, 그곳에서 다시 동쪽 해안을 따라 쓰시마 북쪽 끝을 통과하여 곧바로 한반도(부산)로 이어지는 항로였다(풍계 현정, 2010: 67~69).

새로운 어장이 필요했기 때문이었다. 그러므로 한반도 연해안의 어장 개척과 더불어 이주어촌 건설은 일본인들에게 새로운 돌파구였던 셈이다.[15]

이리사촌이 건설된 이후 장승포는 일본인 이주어민들의 거점으로 성장하기 시작했다. 이리사촌의 인구는 1910년 한일병합 이후 급격하게 증가해 1911년에는 134호/563명이었으며, 어업이주민 이외에도 관리, 상인, 고리대금업자, 술집 종사자 등이 혼거하면서 일본의 여느 어촌과 다를 바 없는 거리가 형성되었다(巨濟市誌, 2002: 536). 1920년 기준으로 이리사촌의 일본인 인구는 총 138호/700여 명이었으며, 어업(73호)과 상업(37호) 이외에도 여러 직업군의 사람들이 거주하고 있었다. 성어기에는 건착망·박망 100여 통, 어선 500여 척, 종업원 4,500여 명이 몰려들어 성황을 이루었다. 선어운반선은 기선이 140척, 범선이 150척에 달할 정도로 당시 장승포는 한반도 남쪽에서 최대의 고등어 어업 근거지였다(吉田敬市, 1954a: 264).

'모범이주어촌'으로 건설된 이리사촌에는 어업관련 시설뿐만 아니라 이주민들의 편의를 위해 관공서와 종교시설이 함께 건립되었다. 1907년부터 1910년 사이에 이리사심상소학교, 곤피라 신사, 이리사 일본인회, 이리사촌사무소 등이 설치되었으며, 촉탁의사가 상주했다. 학교와 신사는 이주민들의 자녀 교육과 종교생활을 위한 필수기관으로 이주민의 안정적인 정착과 이주민 상호간의 연대감을 높여주는 중요

15 후쿠오카현 차원에서 건설한 어업근거지는 장승포 이리사촌 이외에도 부산의 다대포와 대변, 울산의 방어진, 강원도 고성의 봉수진, 진해의 동천리 등이 있었다(여박동, 2002: 258~260).

한 시설이었다. 특히 촉탁의사의 상주로 의료시설이 열악한 이주어촌에서 흔히 발생하기 쉬운 역병과 의료사고를 예방하고 치료할 수 있게 되면서 이주민들이 정착할 수 있는 바탕이 마련되었다. 1921년에는 청년회관이 건립되었으며 1930년에는 방파제가 완성되었다(여박동, 2002: 265~267). 이리사촌은 1930년대에 전성기를 맞이하여 술과 여자, 도박으로 흥청거렸고 부유한 자들의 위세는 일본과 비교가 되지 않을 정도였다고 한다.[16]

## 3. 이리사촌의 일본인들

이리사촌을 주도했던 인물은 오타 다네지로, 가네마루 겐이치(金丸原一), 그리고 사카쿠라 히로시(坂倉浩)였다(神谷丹路, 1990).[17] 오타는 후쿠오카현 지노시마에서 출생한 하급무사 출신으로 젊은 시절부터 한반도 근해에 출어했던 경험이 풍부했다. 그는 1891년(29세)에 지쿠호(筑豊) 어업조합 산하의 원양어업위원회의 위원장으로 선임되었으며, 후쿠오카현에서 보조금을 받아 어선 8척을 건조하여 조선해역으로 출어했다. 오타는 1898년 2척의 어선으로 경상남도에서 함경남도까지 2개

16 1929년 말 기준으로 장승포의 인구는 조선인 219호/1,451명, 일본인 162호/675명, 중국인 5호/12명 등, 총 386호/2,138명이었다(朝鮮總督府, 1933: 768).

17 이리사촌의 주요 인물로는 시마모토(島本曾太郎), 시마다(島田光藏), 기노시타(木下善一郎), 나카야마(中山喜平), 나카무라(中村國吉), 하나다(花田佐七), 마루노(丸野幸太郎) 등이 있었다(장승포 역사, 2016: 154~155). 이들은 모두 이리사소방조(入佐消防組)에서 소방수로 활동했다.

월 간 연안 어장을 샅샅이 조사한 다음, 곧바로 일본으로 돌아와 후쿠오카현 한해통어조합을 조직해 130여 명으로 구성된 출어단을 결성하였다. 그해 가을과 겨울 어기에 경남 거제도, 경북 축산포, 강원 죽변을 어업근거지로 삼아 대성공을 거두었다. 1899년 오타는 원양어업 보조금으로 28톤의 대형어선을 건조했으며 이후 5년 동안 조선해를 드나들면서 조선해어업의 제1인자라는 명칭을 얻었다. 이리사촌에 정착한 이후 오타는 고등어 건착망 어업으로 크게 성공했다.

가네마루 겐이치는 1903년에 할아버지와 함께 돛단배를 타고 조선으로 들어왔다. 사족이었으나 신체 이상으로 징병검사에 불합격 처분을 받았던 그는 새로운 전기를 마련하고자 조선으로의 도항을 감행했다. 가네마루는 경부선 철도 부설 공사장에서 일하다가 장승포에 모범이주어촌이 건설되었다는 소식을 듣고 곧바로 식량물자공급 전속 특권을 획득해서는 장승포에 들어왔다. 장승포에 이주한 그는 떡갈나무나 상수리나무를 거제도 임야에 식재해 목탄을 제조하여 군대에 납품하려는 계획을 세웠다. 이리사촌에서 거주하면서 오타의 어업경영에 영향을 받았던 가네마루는 1908년 어업법 제정과 함께 남해도 미조에서 대부망 어업의 허가를 받았으며, 이를 계기로 사가현의 보조를 받아 미조에 사가촌을 건설했다. 미조의 사가촌은 건설 초기에는 어려움을 겪었으나 1906년 나카베 이쿠지로[18]의 운반선이 내항하면서 부흥하였다.

18 나카베 이쿠지로는 일제강점기 조선수산업계의 중심인물이었으며 '林兼商店'을 이끌었던 인물이다. 1907년 조선에 진출하여 나로도를 본거지로 삼아 조선 근해의 수산물을 일본으로 운반하여 막대한 부를 축적했다. 1915년부터 울산 방어진을 근거지로 삼아 근대적 대형어업을 주도했으며 조선, 어망, 전기, 자동차조합, 농사회사 등에 진출하면서 조선의 어업과 상권을 장악했다(코노 노부카주, 2006; 가미

가네마루는 나카베(中部)의 이름 첫 자와 가네마루(金丸)의 두 번째 글자를 딴 '나카마루구미'(中丸組)라는 어업단체를 결성하여 고등어 건착망 어업에 뛰어들었다.

오타와 가네마루와 달리, 사카쿠라 히로시는 이리사촌에서 어업 이외의 사업으로 성공했던 인물이다. 미에현에서 태어난 그는 마을 사무소에서 근무하다가 출세를 위해 동경으로 갔다가 생활이 어려워지자 조선으로 이주하였다. 사카쿠라가 도항할 무렵은 러일전쟁 시기로 여권 없이 조선으로의 도항이 가능했었다. 사카쿠라는 이리사 우편국, 담배 전매국, 전기회사, 부산-거제도 간 정기선을 경영했으며, 항만매립, 어사건축, 간척공사 등을 주도했다. 또한 정어리 건착망 어업을 경영하기도 했다. 오타와 가네마루가 고등어 건착망을 비롯한 해상 관련 사업으로 부를 축적했다면, 사카쿠라는 육상에서 각종 이권과 사업을 독점함으로써 이리사촌을 장악했던 것이다. 이렇듯 오타와 가네마루, 사카쿠라는 이리사촌의 실질적인 지배자였다.

오타는 방어진과 포항에 지점을 낼 정도로 고등어 어업으로 명성을 떨쳤으며, 장승포어업조합장, 경남수산회의원, 이리사학교 조합관리자, 수산회출장소장 등을 역임했다. 이리사촌의 전성기에 총 16통의 고등어 건착망이 있었는데, 그중 9통을 오타 일족이 보유하고 있었다. 운반선 또한 오타 일족이 도맡았다. 남해 미조를 근거지로 삼았던 가네마루는 이리사촌에서 고등어 건착망 3통을 경영했다. 고등어 건착망 어업이 활발해지면서 1936년 수산조합이 설립되었다. 가네마루가

---

야 니지, 2006 등 참조).

고등어 건착망어업 수산조합의 부조합장을 맡았다. 이사장은 오타 다네지로의 아들 오타 스스무(太田勸)였다. 1934년 오타 다네지로(76세)가 사망하면서 그의 아들 스스무가 뒤를 이어 이리사촌은 물론 고등어 건착망 어업의 실질적인 후계자로 등극했다. 1914년 토지조사 및 1918년 임야조사에 따르면, 일본인이 소유한 토지는 총 211정보로, 장승포 전체 토지의 65%였다. 그중 가네마루 겐이치가 10,216평, 조선수산조합이 2,170평, 사카쿠라 히로시가 2,103평을 소유하고 있었다. 오타 다네지로는 907평에 불과했다. 하지만 조선수산조합이 소유한 토지 95%가 이후 오타 다네지로의 명의로 변경된 것으로 보아 조선수산조합의 실질적인 소유주는 오타였던 것 같다. 이처럼 토지 소유에서도 이들 세 사람은 우월한 위치에 있었다.

이들 이외에도 이리사촌에 정착한 일본인 이주민 대부분은 고등어잡이 어업으로 부를 축적했다. 초기에는 무동력선이었던 일본선(和船)을 이용하여 건착망으로 고등어잡이를 했다.[19] 무동력선 건착망 어업은 1915~1916년에 전성기를 맞이했다. 당시 고등어 어업의 봄 어기는 거제도 이리사촌이 근거지였으며, 가을 어기는 울산 방어진이었다. 1922년경부터는 동력을 장착한 건착망 어선을 도입하여 연안에서 벗어나 근해로 진출했다. 동력선의 출현으로 고등어잡이 어업의 기업화 및 독점화가 가속되었으며, 고등어잡이 건착망의 어법 역시 동력선에 걸맞게 새로 개발되었다. 처음에는 어군을 한 척의 본선(網船)으로 포위하

19 1911년 기준으로 장승포에는 고등어 건착망이 32통, 모선 88척, 부속선 206척이 있었다. 장승포 인근의 지세포에 고등어 건착망 31통, 모선 82척, 부속석 191척이 있었고, 구조라에 고등어 건착망 17통, 모선 37척, 부속선 123척이 있었다(김수희, 2010: 190).

는 외두리(片手廻) 방식이 등장했다가 이후 본선 두 척으로 어군을 포위하는 쌍두리(兩手廻) 방식으로 발전했다(韓國旋網漁業史, 1992: 50). 이리사촌의 고등어 건착망은 대개 쌍두리 방식이었다. 당시 건착망 1통은 본선 2척, 종선(手船) 2척, 소취선(小取船) 1척, 모선 1척, 운반선 1척으로 이루어졌으며, 승선인원은 어선의 규모에 따라 다르지만 대개 60명~100명 정도였다. 1923~1924년경에는 150여 통의 고등어 건착망 선단이 거제도 근해에서 조업하였다(여박동, 2002: 266).

장승포에서 고등어 건착망 어업이 융성하게 된 배경에는 당시 수산업계의 유력자인 가시이 겐타로(香椎源太郎)의 도움이 있었다. 가시이 겐타로는 1904년 러일전쟁 당시 거제도에서 군용어류 통조림 사업을 시작으로 한반도에서 경제활동을 하였다.[20] 그는 1906년 이토 히로부미(伊藤博文)의 후원으로 의친왕부(義親王府) 소속이던 진해만 일대의 대구 어장을 임차하면서 정치망 어업으로 크게 성공했다. 이후 점차 사업을 확장하여 조선에서 '수산왕'이라는 칭호를 얻을 정도로 대자본가로 성장했던 인물이다(김동철, 2005; 배석만, 2009). 거제도에서 가시이 겐타로는 의친왕부의 어장과 함께 장승포 인근 능포의 정치망 어장을 운

20 가시이 겐타로는 1894년 조선을 시찰한 적이 있으며(한국사데이터베이스), 한말에 바늘(縫針) 장사로 내한했다고 한다(韓國旋網漁業史, 1992: 45). 1905년 조선에 건너와 통감부 총무장관 및 이토 히로부미 통감을 만나 후원을 받았다는 점을 고려할 때 가시이 겐타로는 예사 인물이 아니었음을 짐작할 수 있다. 가시이를 이토에게 소개해 준 메가타 다네지로(目賀田種太郎)는 통감부 설치 무렵 한국의 재정을 좌지우지하던 인물이었다. 가시이와 이토는 메이지 유신의 산실로 유명한 쇼카손주쿠(松下村塾) 동문이었다. 부산을 토대로 '조선의 수산왕'으로 일컬어질 정도로 부를 축적했던 가시이는 1945년 12월 주식과 채권, 보험증서 등을 자전거 튜브에 숨겨 일본으로 밀항하려다 해안경찰에 체포되었다(이연식, 2012: 89).

영하면서 부를 축적했다.[21]

오타 다네지로는 가시이 겐타로의 원조를 받아 〈가시이어업단〉을 조직하여 각종 어법과 어업을 시험한 다음 어로성적이 좋았던 대부망어업을 가시이 겐타로의 직영사업으로 삼았다. 가시이 겐타로는 정치적·재정적으로 오타 다네지로를 후원하였고, 대신에 오타 다네지로는 가시이 겐타로에게 어업기술을 지원했던 것이다. 오타 다네지로는 1909년 가시이 겐타로의 재정적 후원을 발판으로 고등어 건착망을 시험 조업했으며, 1911년 마루오 요네기치(丸尾米吉)를 선장으로 삼아 출어하면서 고등어 건착망 어로에 성공했다. 이에 1920년대부터 이리사촌은 고등어 건착망 어업의 중심지가 되었다(吉田敬市, 1954a: 263). 하지만 어선의 동력화로 무분별한 남획과 어장황폐화가 진행되면서 거제도 연안의 어장은 점차 쇠퇴되었다. 그 결과 고등어 건착망 선단은 동해안의 방어진, 감포, 구룡포, 포항, 남해안의 거문도 등지로 근거지를 옮겨갔다(김수희, 2010: 192).

이리사촌이 건설된 초기에는 한반도 근해에서 어획한 고등어 대부분을 일본으로 수송했다. 고등어 어업이 발달하면서 장승포에는 1910년 〈고등어망공동조합〉이 설립되었다. 고등어망공동조합은 어로 및 운반과 관련된 규정을 만들어 고등어 어업 전반을 관리하고 통제했다. 1911년부터 고등어잡이 어업자들 중에서 일부는 보통의 범선 혹은 석유발동기를 부착한 범선이나 기선에 어획물을 적재하고 빙장하여 일본

21 해방 이후 적산 처리 과정에서 가시이 어장은 개인이 운영할 수 없을 정도로 규모가 컸다. 그래서 별도로 설립된 거제수산주식회사가 관리 · 운영하게 되었다(지철근, 1998: 111). 가시이 어장은 여러 차례 운영권자가 바뀌었는데도 장승포 사람들은 아직까지 '항퇴'('항태'로 발음) 어장이라 부르고 있다.

의 하카다, 시모노세키로 보냈다. 중매인들 역시 범선 혹은 석유발동기선을 이용해 근해어장과 어업근거지를 돌면서 어획물을 매입하여 빙장하거나 염장하여 일본으로 수송했다(韓國旋網漁業史, 1992: 46). 1912년 장승포에는 운반선으로 기선 5척, 석유발동기선 32척, 풍력선 272척이 있었다. 기선은 60~100톤 정도였으며 179톤짜리도 있었다. 석유발동기선은 50~60톤 정도였으나 보통 운반선은 20톤 내외였다(김수희, 2010: 190~191). 장승포에서 고등어 운반선은 건착망 못지않은 수입을 가져다 준 사업이었다.

장승포 이리사촌에 정착한 초기 이주민들이 성공한 이후 보다 많은 일본인들이 이주하였다. 초기 이주 어업인들 중에는 장승포 근해의 바다를 잘 알고 있었던 사람들이 많았다. 통어시대부터 한반도 근해로 출어한 경험이 풍부한 어민들은 이미 '일본의 여느 어촌'과 다를 바 없던 이리사촌으로의 이주는 어려운 일이 아니었다. 이리사촌에 정착한 일본인들은 조선인을 사무원, 종업원, 가정부, 사환으로 두고 부유하게 살았다(다바타 가야, 1996: 35~36). 이주어촌이 설립된 초기 이리사촌에는 소규모 영세 어업자가 대부분이었다. 하지만 고등어 건착망 어업이 발전하면서 어업의 단위가 커지고 어선의 규모와 시설이 확장되자 일본인 어업인들은 직접 어로작업에 종사하기보다는 선원을 고용해 운영하는 기업형 어업으로 나아갔다.[22]

22 1921년경 고등어 건착망 어업의 소요 경비는 조업 일수 100일 기준으로 총 22,620엔이었다. 본선 2척 건조비 3,200엔, 종선 4척 건조비 3,000엔, 건착망 어구 1틀 비용으로 6,000엔, 선원들의 전도금으로 3,960엔(일본인 24명 100엔씩 2,400엔, 조선인 26명 60엔씩 1,560엔)등 창업비가 16,660엔이었다. 그리고 어선수선비 560엔, 어구보수비 2,000엔, 어부급료 1,000엔, 식료 및 급여 2,000엔, 잡비 400엔 등,

일제강점기 후반 장승포(사진 제공: 전갑생)

이리사촌에 출입하는 일본인들이 늘어나면서 이들을 상대로 영업하는 요리점과 술집은 물론 매춘행위를 겸하는 유곽촌이 등장했다.[23] 이곳을 이용하는 사람들 중에는 험한 파도와 힘든 노동에 시달리다가 오랜만에 항구로 돌아 온 고등어 건착망 선원들이 많았다. 유곽에 드나들던 일본인 선원들 가운데는 매음에 빠져 성병에 걸리는 사람도 있었다. 일부는 의사에게 효과적인 치료를 받기보다는 값싼 민간요법을 택했다가 오히려 병이 악화되어 불구가 되는 경우도 있었다. 이런 사람들은 '나라를 망신시킨다'는 이유로 경찰에게 심한 매질을 당한 후 추방되었다고 한다(巨濟水協百五年史, 2013: 159). 성병에 걸린 선원들의 강제추방은 신체적으로 '우월'한 지배자 일본인들이 상대적으로 열등한 피지배자 조선인들에게 '모범'이 되어 원활한 통치를 전개하고자 했던 식민

경영비가 총 5,960엔이었다(韓國旋網漁業史, 1992: 48).

23 1910년대 장승포에는 11명의 업자가 43명의 작부를 고용해 대좌부업(매춘)을 했다(홍성철, 2007: 94).

정책에서 비롯된 조치였다.

일본인 우위의 식민통치는 교육에서도 그대로 적용되었다. 일본인 학생들에게는 질 좋은 교육을 받을 수 있도록 모든 편의가 제공되었다. 관공서와 주요 기관들이 호위하듯 자리한 곳에 일본인 전용 학교 이리사심상고등소학교가 있었다. 일본인 학생들은 조선인 주거지와 떨어진 공간에 건립된 '그들'만의 학교에 다녔다. 따라서 이리사촌의 일본인 아이들은 집에서 일하는 사무원이나 가정부를 제외하고는 조선 사람들과의 교류가 거의 없었다. 이리사소학교를 졸업한 일본인 학생들은 부산에 있는 상급학교에 진학했다. 이리사촌의 부유한 일부 일본인들은 자녀의 상급학교 진학을 위해 부산에 따로 조선인 일꾼을 두고 살았다. 그러나 조선인 학생들은 상급학교에 제대로 진학할 수 없었다.

전쟁에 패배하면서 이리사촌을 터전으로 삼아 재산을 축적하고 사회적으로 높은 지위를 누렸던 일본인들은 자신들의 의지와는 상관없이 일본으로 돌아가야만 했다. 조선해수산조합의 모범이주어촌으로 건설된 이후 고등어 어업 전진기지로 성장하면서 넘쳐나는 부와 재물로 명성이 자자했던 이리사촌은 1945년 일본이 패망하면서 종식되었다. 해방 전 이리사촌에 살았던 한 일본인 여성은 8월 15일 패전소식을 들었던 순간을 다음과 같이 기억했다.

"8월 15일 정오 집에서 라디오를 맞춰 들었어요. 하지만, 부모의 동요와는 달리 나는 잘 몰랐어요... 단지, 작은 마을이었으므로 조선인의 폭동이 일어나서 놀랐지만, 헌병이었나 일본 사람이 죽었고 어떤 일가는 전 재산을 잃었다는 이야기를 들었어요. 조선인들이 빈 집에 들어가 아무거나 빼앗는 것이지요. 국민학교 교사가 자결했다는 소문도 다음 날인가 귀에 들어와, 뭔가 정상이 아닌 분위기에 너무 불안했어요.” (다바타 가야, 1996: 66 재인용)

일본은 전쟁 막바지에 이르자 장정들을 닥치는 대로 전쟁터로 내몰았다. 이리사촌의 남자들 또한 차례차례 전쟁터로 끌려갔으며, 그 결과 해방 직전에는 일본인이 겨우 20~30호 정도만 남아 있었다. 해방이 되자 두려움을 느낀 일본인들은 일장기를 급조해 만든 태극기를 집집마다 게양하여 조선인들의 시선을 끌지 않으려고 노력했다. 하지만 해방공간에서 일본인, 특히 경찰관에 대한 조선인들의 증오는 극에 달했다. 일본인 학자 가미야 니지는 해방 당시 장승포의 모습을 다음과 같이 묘사하였다(神谷丹路, 1990: 88~89).

> 일본인 경찰서장은 목에 줄이 매인 채 장승포 부두까지 왕복 2㎞를 끌려 다녔다. 이리사촌에 남아 있던 일본인들이 공포에 떨고 있는 사이 두 일본인 자매가 밤중에 몰래 빠져나가 마을 북쪽 해군통신대 기지로 가서 무전으로 이리사촌에 폭동이 일어났다는 구조 요청을 했다. 8월 19일 아카쯔키(曉) 부대가 무장한 채 장승포에 들어왔다.[24]

아카쯔키 부대는 장승포항의 남단 지심도에 주둔했던 해안경비부대였다. 패전 이후 일본으로 철수하기 위해 부산에 도착했다가 ‘장승포 폭동’이라는 구조 요청을 받고 일본인 구출을 위해 출동했던 것이다. 남아 있던 일본인은 ‘이때만큼 제국의 육군이 고맙다고 생각한 적은 없

24 『菱浦洞誌』에 따르면, 아카쯔키 부대는 8월 20일 장승포에 들어왔다고 한다. 장승포에서 아카쯔키 부대는 먼저 장승포읍사무소와 경찰서 등을 재점령하고는 치안대원들을 검거했다. 이 부대는 8월 24일까지 장승포에 머물면서 일본인과 그들의 재산을 반출했다(菱浦洞誌, 2011: 295~297).

었다.'고 술회했다. 아카쯔키 부대는 무력으로 경찰서를 점령하고 행정기관을 '탈환'했을 뿐 아니라 조선인 주도자를 검거하는 등 보복을 가했다. 아카쯔키 부대의 도움으로 이리사촌의 일본인들은 가재도구와 어망, 식량 등, 옮길 수 있는 모든 재산을 자신들의 어선에 적재하고는 장승포를 떠났다. 일부는 일본인의 재산을 지키면서 잔류 일본인들의 완전 귀환을 위해 장승포에 남았다. 하지만 장기체류가 허용되지 않자 이들도 그해 11월 진해에서 선박을 통해 귀국했다.

지심도 방공포대

## 4. 이리사촌의 흔적

일제강점기 이리사촌에 살았던 일본인들에 대한 국내의 자료가 많지 않아 '과거' 그들의 삶을 자세히 알기는 어렵다. 하지만 단편적으로나마 문헌자료를 통해 일제강점기 이리사촌의 실상을 엿볼 수는 있다

(여박동, 2002; 전갑생, 2000; 神谷丹路, 1990 등). 또한 여기저기에 수록된 사진자료를 매개로 과거 이리사촌의 모습과 이곳에 살았던 일본인들의 일상을 유추할 수 있다.[25] 현재 장승포에 존재하고 있는 일본인의 흔적 혹은 이리사촌의 '잔재'는 이곳저곳에 파편처럼 박혀 있거나 주검처럼 묻혀 있다.[26]

장승포에 남아 있는 이리사촌의 흔적들은 일제강점기라는 시간을 벗어나지 못한 채 과거의 흔적 그대로 남아 있는 것도 있으나 해방 이후 한국인들이 개축하거나 재사용하면서 새로운 기억과 흔적이 추가된 것도 있다. 하지만 대부분의 건물과 구조물들은 시간의 흐름 속에서 흔적도 없이 철거되어 사라지고 말았다. 특히 정치적 차원에서 일제 청산을 강조하던 김영삼 정부에 의해 장승포에 남아있던 일본인들의 흔적들은 친일잔재로 지목되어 많은 것들이 파손되거나 매몰되었다.[27] 지금 장승포에 남아 있는 과거 이리사촌의 흔적 대부분은 그 모습이 초라하지만, 한때는 일본인들의 권력과 부의 상징으로 구축된 건축물들이었다.

---

25 일제강점기 장승포와 관련된 사진은 거제시청 홈페이지에 다수 수록되어 있다. 이들 사진 대부분은 거제 향토사를 연구하고 있는 전갑생 씨가 기증한 자료들이다.

26 『巨濟水協百五年史』(2013: 163~168)에는 장승포의 '일본인 잔해'로 장승포 방파제, 이리사공립심상고등학교, 곤피라 신사, 이리사촌 우편소, 납골당묘지, 장승포순사주재소, 어업조합, 이리사상점, 구로모쿠여관(黑木旅館), 명월루(明月樓), 망월루(望月樓) 등이 기술되어 있다. 전갑생(2000)은 『거제 이야기 100선』에서 이리사촌 우체국, 이리사촌, 장승포전신사무소, 장승포 방파제와 등대, 흑목여관, 이리사상점, 월내옥 요리점, 장승포 납골당, 장승포어업조합, 장승포신사 등에 대해 기술하였다.

27 김영삼 정부 시절 거제시청에 근무했던 한 구술자는 상부기관으로부터 장승포 신사에 남아 있던 유물을 없애라는 지시를 받았지만 그는 파손이 아닌 매몰을 택했다고 했다. 당시 매몰된 유물은 사진 촬영과 함께 매몰지점을 도면으로 남겼다(이○철, 1939년생, 남, 2013.12.23.).

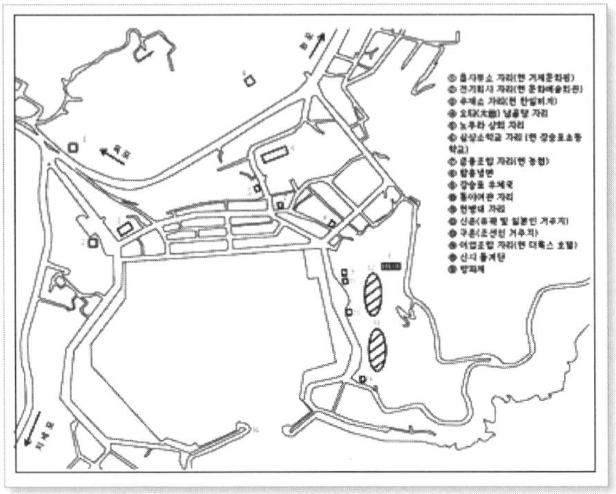

장승포에 남아 있는 일본인 흔적

과거 이리사촌으로 들어오는 길목에는 읍사무소가 있었다. 읍사무소 건물은 현재 거제문화원으로 사용되고 있다. 고개 마루에서 바닷가로 이어지는 길을 따라 내려오면 해안을 매립한 간척지로 이어진다. 해안 간척지 바로 입구에 순사주재소가 있었다. 이리사촌을 드나드는 외부인들을 감시하고 통제할 수 있는 길목에 위치한 순사주재소는 일제강점기 동안 소위 '불령(不逞)'선인을 체포하고 고문했던 것으로 악명이 높아 조선인들에게는 공포의 대상이 되었다. 주재소 건물 자리에는 지금 호텔이 들어서 있으며, 전기회사가 있었던 곳에는 거제 문화예술회관이 있다. 금융조합 자리에는 현재 농협이 들어서 있으며, 장승포 우체국은 과거 우체국이 있던 바로 그 장소에 새로 건축했다. 헌병대가 있었던 곳은 흔적도 없이 사라져 지금은 주민들의 기억으로만 남아 있다. 어업조합이 있었던 장소에는 호텔 건물이 들어서 있다.

장승포에는 일본인의 흔적들은 물론 당시 조선인들의 흔적도 함께 남아 있다. 이리사촌이 건설되기 전 조선인들은 장승포항의 입구에 해당되는 근방에 터를 잡고 살고 있었다. 지역주민들에게 '구촌(舊村)'이라 불리는 이곳은 원래 제주도에서 건너온 해녀들의 거주지였다고 한다. 본래 이름이 있었을 터이지만 그 이름은 사라지고 일본인들이 사는 곳을 '신촌'이라 부르면서 그곳과 대비되는 명칭으로 조선인들의 거주지는 '구촌'으로 불리게 되었다. 이처럼 일본인들은 이리사촌 내부에서 조선인들과 거주공간을 구분해 살고 있었던 것이다. '신촌'이라는 명칭은 지금 '신부(新富)마을', '신부시장' 등의 이름으로 그 흔적이 남아 있다. 구촌 너머에는 항만매립과 방파제 건설을 위해 돌을 깨냈던 채석장 흔적이 남아 있다. 지금도 이곳은 '돌 깨는 데'라는 이름으로 불린다.

일본인 거주지 이리사촌은 조선인들의 거주지와 지리적으로 확연히 구분된 반면, 그 내부는 사적인 공간과 공적인 공간이 서로 명확하게 분리되지 않았다. 사는 곳이 곧 일터였다. 토지가 부족했던 이곳에서는 갯벌에다 축대를 쌓고 그 위에다 건물을 지었다. 모든 도로는 곧바로 바다와 이어지는 구조였다. 공간구조는 어업을 중심으로 구성되어 있었다. 하지만 해방 이후 장승포를 비롯한 인근 지역이 산업화·도시화가 되고, 연이은 해안매립과 건물의 증개축, 그리고 새로운 건축물들이 들어서면서 이리사촌의 공간구성에 많은 변화가 일어났다. 과거의 구조물 중에서 그나마 온전히 남아 있는 것 중 하나는 방파제이다. 방파제는 항구 바깥에서 서로 마주보도록 건설되었다. 하나는 구촌 입구에서 마전쪽을 향해, 다른 하나는 마전에서 구촌을 향하도록 조성되었다. 두 개의 방파제가 건설되면서 장승포 항만은 바람과 파도를 피할 수 있는 안전한 항구가 되었다. 또한 구촌에서 뻗어나간 방파제 끝에는 흰 등대를, 마전에서 쌓아 나간 방파제 끝에는 빨간 등대를 설치했다. 현재의 방파제와 등대는 보강공사로 형태와 규모는 약간 달라졌으나 원래 설치된 그 자리에 있다.[28]

이리사촌의 일본인들에게 상징적 건물은 곤피라 신사였다. 장승포 항구가 내려다보이는 남쪽 정상부에 세워진 신사는 관공서, 시장, 거주지 등을 한눈에 조망할 수 있는 위치에 있었다. 학교, 우편국, 주재소, 어업조합 등은 일상생활의 편리와 경제적 이익을 창출하기 위한 기관이었지만, 곤피라 신사는 조선 땅에 정착한 이주민들이 일본인이라는 자긍심을 잃지 않게 하는 성스러운 공간이었다. 원래 인도 불교에서 전래된 곤피라 신은 일본에서 바다를 지키고 어업의 안전을 지켜주는 신격으로 정착되었다. 이리사촌에 살았던 일본인들에게 곤피라 신사 축제는 단순한 종교행사가 아니라 그 이상의 차원이었다. 한 일본인 여성은 곤피라 신사 축제를 다음과 같이 회상했다.

> "여름에 바닷가에서 불꽃놀이를 했던 것이니 축제지요.... 金毘羅神社에서 하는 가을 축제예요. 1년에 한 번 열리는 큰 축제로 신을 모시는 가마를 젊은이가 들고 다니고. 노점도 많이 나와서 정말 성황이었어요. 조선에서는 그러한 마을축제가 없어요. 조선 사람들도 즐거워 보였어요. 특히 신을 모시는 가마를 마을의 젊은이가 메고 마을을 돌았었으니까... 일본인이 모여 살면 당연히 가을 축제는 해야 했어

---

28 방파제 건설 과정을 지켜보았던 구술자들은 공사장에서 일하던 일본인들의 모습을 상기하면서 한마디로 '철저하다'고 했다. 방파제를 건설하기 위해 바다 모래와 자갈을 민물로 두세 번씩 씻어 소금기를 뺀 후 정확한 비율로 시멘트와 섞어 시공을 했다고 한다. 이렇게 만들어진 방파제는 태풍 사라와 매미가 불어닥칠 때도 파손되지 않았다는 것이다(지○호, 1938년생, 남, 2013.12.20.).

요." (다바타 가야, 1996: 48 재인용)

이리사촌에서는 가을마다 곤피라 신을 모시는 축제를 열었다. 축제 기간에는 노점상이 즐비하여 먹을거리가 풍부했을 뿐 아니라 스모를 비롯한 여러 부대행사가 함께 열렸다. 이리사촌에서 태어나고 자란 일본인은 곤피라 축제가 '조선에는 없는 마을축제'였으며 조선 사람들도 즐기는 축제였다고 회상했다. 거제도의 이리사촌이 마치 일본의 어촌과 다를 바 없는 풍경이었다는 것이다. 또한 해난사고가 있을 때 곤피라 신사에서는 일본인뿐만 아니라 조선인들도 기원을 드렸다고 한다(다바타 가야, 1996: 84). 이리사촌의 일본인들은 1935년 곤피라 신사를 어로의 수호신을 모시는 신앙의 공간에서 천황을 숭배하는 성역으로 격상시켰다. 1930년대 후반 이후 이리사촌의 신사[29]는 어로 수호신 곤피라를 섬기는 단순한 제의공간이 아니라 신격의 대상으로서의 일본천황을 숭배하는 정치종교적 공간이 되었다.

1920년 이후 이리사촌의 신사에서 매년 가을마다 개최되던 곤피라 축제는 일본 각지에서 이리사촌으로 이주해 온 일본인들을 하나로 묶어주는 의례였다. 1935년 일본의 국조로 추앙되는 아마테라스오미카미를 모시는 신사로 변천된 이후 이리사촌의 신사는 황국신민화를 위한 교육의 장이 되었다(전갑생, 2000: 105). 이리사촌의 신사는 이곳에 거주했던 일본인들에게 정신적 위안의 성소임과 동시에 식민 지배를

29 이리사촌의 신사는 1907년 곤피라 신사로 설립되었다. 곤피라 신사는 1921년 장승포 신사로 개칭되었다가 1935년 아마테라스오미카미(天照大神)를 모시는 신사로 바뀌었다(전갑생, 2000: 105). 본문에서는 명칭의 혼돈을 방지하기 위해 편의상 '이리사촌의 신사'로 통일하였다.

표상하는 건물로 작동되었다. 과거 이리사촌의 상징적 건물이자 의례적 공간이었던 신사는 지금 돌계단만이 그 흔적으로 남아 있다.

장승포 신사계단

신사참배를 강요당했던 조선인들에게 신사는 피지배자로서의 위치를 상징적으로 확인시켜 주는 공간이었다(윤선자, 2011: 109). 때문에 해방 직후 신사 건물은 대부분 파괴되었다. 일본인들이 사라지면서 지배자의 종교적 신성함이 거세된 것이다. 신사 건물이 대부분 파괴되고 남아 있던 흔적들 또한 시간의 흐름 속에서 시나브로 마멸되거나 허물어져 갔다. 현재 신사 건물과 시설물 등은 사라졌으며 신사 터는 밭으로 개간되었고 그 일부는 황무지로 남아 있다. 신사 터 위쪽으로는 도로가 개설되어 있으며, 오른쪽 위에는 용왕사라는 불교사찰이 있다. 신사로 들어가는 돌계단만이 올라가도 목적지 없는 모호하고 애매한 상태로 잔존해 있다. 요컨대 지금 남아 있는 신사의 흔적은 과거를 완전히 배격한 것도 아니고, 그렇다고 수용한 것도 아닌 어정쩡한 상태로

'남아' 있는 것이다.

한편, 이리사촌의 신사로 올라가는 계단 아래쪽에는 유곽이 줄지어 있었다. 따라서 신사의 계단 아래 거리에는 신사라는 성(聖)의 공간과 유곽이라는 성(性)의 장소가 외관상 명확하게 구분되지 않은 채 서로 연결되어 있었다.[30] 유곽에 드나드는 일본인들이 늘어나[31] 유곽의 주인들은 조선인 여성들도 접대부로 고용해 큰돈을 벌었다. 일제강점기 장승포에는 10여 개의 유곽이 있었다고 한다(전갑생, 2000: 38). 하지만 구술자들이 기억하고 있는 유곽은 두 곳이었다. 하나는 후지하라라는 일본인이 운영하는 유곽이었고, 다른 하나는 주인이 조선 사람인 유곽이었다. 조선인 유곽 운영자는 장승포 출신이 아니라 외지에서 들어 온 사람이었다고 한다. 유곽에 대한 구술자들의 기억이 뚜렷하지 않은 것은 유곽이 이리사촌의 일본인 거주지 안쪽에 위치한 탓도 있지만, 구술자들이 당시 유곽을 경험할 수 있는 위치와 연령도 아니었을 뿐 아니라 나이가 어려 유곽과 관련된 내용이나 정보를 쉽게 접할 수도 없었기 때문이다. 유곽으로 사용되던 건물들은 여러 차례 증개축 되어 겉모습이 예전과는 사뭇 달라졌으나, 지금도 과거의 그 장소에 일렬형 장옥(長屋) 형태로 남아 있다.

---

30 일본이 어떤 국가 혹은 지역을 식민지로 지배하려 할 때 가장 먼저 상인·기업·군경이 진출했으며, 이들을 따라 유곽이 들어섰고 창기가 고용되었다(히로세 레이코, 2013: 194). 일본인들이 해외로 나가 정착할 경우, 신사보다 유곽이 먼저 들어서는 경우가 많았다고 한다.

31 유곽은 1876년 개항 이후 홀로 일본 땅을 떠나 조선에 정착하는 남성이 늘어나자 이들을 상대로 성을 파는 여성들이 건너오면서 시작되었다고 한다. 개항 초기에는 성매매 행위가 공식적으로 허락되지 않았지만, 대좌부업(貸座敷業)이라는 이름으로 예기, 창기 등을 두고 성매매가 이루어졌다(홍성철, 2007: 18~19).

일제강점기 이리사촌은 고등어 어업으로 번성했던 곳이다. 1920년대 이후 이리사촌은 고등어 건착망 어업의 중심지가 되었다. 하지만 1930년대 이후 무분별한 남획으로 어장이 황폐화되면서 이리사촌의 고등어 어업은 점차 쇠퇴했다. 패전 이후 고등어 건착망 어업으로 전성기를 누렸던 이리사촌의 선주들 역시 선박과 함께 일본으로 철수했다. 그러나 지금도 장승포 항구는 고등어잡이 어선들의 전진기지 역할을 하고 있다. 과거 고등어 건착망 어업으로 이리사촌을 좌지우지했던 오타 가문의 존재는 가족 묘원이었던 장소에서 잘려져 나간 비석 기단만이 그 흔적을 담고 있다.

일본식 가옥의 흔적

해방 후 일제강점기에 형성된 이리사촌의 일본인 가옥은 각지에서 몰려든 한국인들의 차지가 되었다. 한국인이 거주하면서 건축물의 외부와 내부는 적지 않은 변용이 일어났다. 한 구술자에 따르면 해방된 해 12월 30일~31일[32] 밤에 발생한 대화재로 일본식 건물들이 한꺼번에

32 『거제타임즈』(2003.08.29.)에 따르면, 해방된 이듬해인 1946년 1월 9일에 화재가 발생했다고 한다.

소실되었다고 한다. 그때 자신의 집도 불타버려 이재민이 되었으며, 장승포 1구(신부동)에서 80여 호가 화재로 잿더미가 되었다고 덧붙였다.[33] 적산가옥을 차지한 귀환동포들이 추운 겨울을 나기 위해 일본식 다다미방을 한국식 온돌방으로 개조하면서 발생했던 화재가 초겨울 거센 바람을 타고 옆집으로 옮겨 붙으면서 이리사촌 전체가 화마에 휩싸이고 말았던 것이다. 이때 이리사촌에 남겨진 여러 구조물과 조형물 중에서 가장 먼저 가옥들이 자취도 없이 사라져 버렸다. 가옥이 불타 없어지면서 그것과 연관된 사물들과 그곳에 살았던 주체들의 개인적 세계들 또한 흔적도 없이 소멸되었다.

장승포 함흥냉면집

한국전쟁 발발 이후 수많은 피난민들이 거제도에 정착하면서 그나마 남아 있던 일본식 건물들은 또다시 변용되었다. 현재 남아 있는 '함

33 천○동, 1926년생, 남(2013.12.21.).

흥냉면집'은 일본인이 남기고 간 건물에 피난민이 정주해 냉면장사를 한 이후로는 사람들에게 함흥냉면집으로 각인되어 있다. '일본'식 건물이 '피난민'이라는 새로운 주체와 '함흥냉면'이라는 기표가 더해져 새로운 공간으로 재탄생된 것이다. 지금 남아 있는 일부 가옥들 역시 과거의 주체들보다는 이곳에 거주하고 있는 새로운 주체들의 삶과 직접적으로 연계되어 있다. 과거 이리사촌의 흔적은 쉽게 찾을 수 없을 정도로 파손, 변형, 매몰되었을 뿐 아니라 도시화와 산업화로 인해 새로운 건물과 도로가 들어서면서 대부분 사라졌다. 아직도 일부 공간과 장소에는 과거 이곳에 살았던 주체들의 흔적이 남아 있긴 하지만, 그 주체들의 취향과 내밀한 모습을 유추할 수 있는 장식품이나 기호품들은 더 이상 존재하지 않는다.

## 5. 장승포 주민들의 기억

일제강점기 이리사촌 및 일본인에 대한 장승포 주민들의 기억 대부분은 시기적으로 1940~1945년 무렵으로 제한된다. 이런 현상은 구술자들의 나이와 경험에서 비롯된다. 일제강점기 이리사촌을 자세하게 기억하고 있는 사람들은 2013년 기준으로 연령이 80대 중후반이었다. 이들은 1920년대 후반에 출생하여 10대 중후반에 해방을 맞이했던 세대이다. 구술자들의 기억에 따르면 일제강점기 조선인들은 주로 이리사촌 외곽에 거주했다. 당시 조선인들은 담배와 같은 일상용품을 구입하기 위해 이리사촌으로 들어오기도 했지만 배추, 버섯, 김 등 일본인이 선호하는 물건을 판매하고자 그곳을 드나들었다.

장승포 인근 능포에서 살다가 14살 때 해방을 맞이했다는 한 할머니는 해방되기 직전 추운 겨울 산에 나무하러 갔다가 모자를 쓴 일본군복 차림의 '야마시타'(사람 이름)에게 붙잡혀 나무도 못하고 낫마저 빼앗겼던 일과 담배를 사러 이리사촌에 드나들었던 일들을 구술하였다. 전쟁 말기 식량은 물론 부식조차 배급으로 통제되던 시절에 젊은 남자들은 징용으로 끌려가고 없어, 집에는 나이든 사람과 어린 아이들이 전부였다. 일본어를 구사할 줄 아는 조선인 아이들은 어른들을 대신해 배급이 나오는 장승포에 드나들었으며 집에서 수확한 농산물을 팔러 다니기도 했다.

> "우리는 담배를 사도 아침 일곱 시 줄을 서가꼬. 우리는 저 능포동이거든. 장승포 내려오면 줄을 쭉 서가지고 담배를 샀다. 일곱 시에. 짚신 신고 버선 신고 있으면 옛날에 이런... 옛날 담배집이 일본놈 집인데. 우리 엄마가 담배를 폈기 때문에 사러 오면은... 우리 엄마는 봉초고 우리 오빠는 마꾸거든. 마꾸 담배.[34] 그라믄 인자 우리는 아(애)라고 사가지고 오라 한다. 진짜 머같이 떨고 사고 그랬지." (정○○, 1930년생, 여)

담배는 전매소 허가를 받은 상점에서만 판매했다. 이리사촌의 담배 전매소는 모두 일본인이 운영했다. 구술자의 기억은 추운 겨울날 담

34 구술자가 '마꾸'라고 기억하고 있는 담배의 정확한 명칭은 '마코'(Macaw)이다. 1921년 발매되었으며 가격은 5전이었다. 당시 시중에서 판매되던 담배들보다 저렴해 서민들에게 인기가 있었다(임우기·정호웅, 1997: 414). 마코는 1939년 이후 '흥아'(興亞)로 명칭이 바뀌었으나(《동아일보》, 1939.12.01.), 해방 이후까지도 마코라는 이름으로 통용되었다(《경향신문》, 1949.09.18.).

배 심부름으로 이리사촌의 담배 가게 앞에서 시린 발을 동동거리며 긴 줄을 섰던 일과 13살 나이에 몸빼 바지를 입고 지금의 옥수동 저수지에서 훈련했던 일화들로 뒤섞여 있다. 전쟁 막바지에 접어들자 일본인들의 주거지 이리사촌에는 식량배급이 있었지만 인근 조선인 마을에는 식량배급이 끊겼다. 조선인들의 술 제조가 금지되었고 목화솜은 공출당했다. 일본인들은 몰래 담아 두었던 누룩과 나뭇단 밑에 꼭꼭 숨겨두었던 미영(솜)을 '귀신'같이 찾아내어 모두 가져갔다. 술을 담았다고 경찰서에 끌려간 어머니는 입에 담지 못할 고초를 겪었다고 한다.

이리사촌에 살았던 일본인들은 신사를 '곤피라 신사'로 호명하고 있지만, 장승포 주민들은 '장승포 신사' 혹은 단순히 '신사'로만 기억하고 있다. 이곳의 지배자였던 일본인들은 곤피라 신사에서 거행된 화려한 축제와 떠들썩했던 분위기를 회상하면서 일상생활 중에 곧잘 이리사촌의 신사를 찾았다고 한다. 일본인에게 이리사촌의 신사는 자신들의 체험과 기억이 쌓인 친숙한 장소로 인지되고 있는 것이다. 반면, 피지배자였던 조선인들에게 신사는 황국신민화 정책의 일환으로 신사참배를 강요당했던 이질적인 공간으로 되새겨지고 있다. 전쟁이 막바지에 이르자 일본인들은 일본인 학생은 물론 조선인 학생들까지 신사참배를 '일상'의 의례로 강제하였다. 식민지 말기 '국민학생'이었던 한 구술자에게 신사는 추운 겨울 옥포에서 장승포까지 4킬로나 되는 먼 길을 걸어가 신사참배를 해야 했던 괴로움의 공간으로 회상되었다.

"자기네들 신사참배 기일이 되면, 옥포에서, 지금 옥포에서 여기까지 4킬로 정도됩니다. 10리가 조금 넘거든요. 행사 때는 그 초등학교[35]에서 아이들 전원 동원해가지고 신사참배하는 데가 여기 뒤에 있었는데... 그까지 계단을 해 가지고 전부 올라가서.. 겨울에도 행사 때는 꼭 참여를 했습니다." (김○진, 1930년생, 남)

1920년 이후 이리사촌의 신사에서는 가을마다 축제를 열었다. 위 구술자는 축제 때 벌어졌던 스모 시합에서 우승을 했던 도도쿠라는 장사를 기억하고 있지만 축제의 들뜬 분위기 등은 말하지 않았다. 해방 이후 장승포 주민들 대다수는 장승포의 신사가 식민시기 일본인들을 환기하는 근원적인 흔적이기에 씻을 수 없는 치욕의 과거로 인식하고 있었다. 그러나 신사 건물이 헐리고 터만 남은 이곳에서 한국전쟁 초기 학살이 진행되자 장승포 사람들은 신사 공간을 더 이상 '낯선 공간'으로만 기억할 수 없게 되었다. 한국전쟁 발발과 함께 좌우의 이데올로기가 충돌하고, 국가기관과 그 대행자들이 국민을 지배하면서 보도연맹원으로 지목된 사람들이 이곳에서 학살당했다.[36] 보도연맹원 학살 현장이었던 신사 터는 한국전쟁 이후 장승포 사람들에게 잊을 수 없는 장소가 되고 말았다. 장승포 주민들에게 신사는 과거 이리사촌에 정주했던 일본인들의

35 일제강점기 동안 4차에 걸친 조선교육령에 따라 학교명칭 역시 몇 차례 바뀌었지만(곽진오, 2011), 구술자들이 기억하고 있는 일본인 학교는 '심상소학교'이며 조선인 학교는 '보통학교'였다. 하지만 과거의 학교명을 호명할 경우, 대부분 '보통'학교나 '국민'학교 대신 '초등'학교라는 현재의 명칭을 사용하였다.

36 1949년 4월 22일 장승포 신사 터에서 강간두, 강정길, 김태일, 윤학도 등 11명이 나무말뚝에 묶여 군인들에 의해 총살당했다(부산일보, 2001.05.15.; 과거사정리위원회, 2009: 210 등 참조). 보도연맹 사건은 국가의 공식적 입장과는 별개로 여전히 많은 부분이 개인적 기억으로 남아 있다. 누군가가 과거를 기억하고 있다는 것은 기억이 역사적 지식 혹은 권력과 투쟁하고 있음을 보여준다.

정체성을 담보했던 종교적 '공간'이었다는 사실과 한국전쟁 당시 마을 사람들이 지켜보는 가운데 보도연맹원들이 총살당한 '장소'라는 기억이 중첩되어 있다.[37] 즉, 신사에 대한 기억은 일본인이라는 '타자'와 함께 이곳에서 죽음을 마주했던 '우리'들의 모습이 뒤섞여 있는 것이다.

신사가 일본인의 식민 지배를 상징적으로 보여주는 공간이라면, 학교는 일본인과 조선인을 제도적으로 구분하는 장치였다. 식민시기 조선인 학생들은 이운보통학교[38]에 다녔으나 일본인 학생들은 이리사소학교에 다녔다. 1940년대 초반 '국민학교'에 다녔던 구술자들은 당시 장승포에서는 조선인 학생들과 일본인 학생들이 조우할 수 있는 기회가 없었기 때문에 조선인 학생과 일본인 학생이 서로 친교를 맺었다거나 싸웠다는 이야기는 들은 적이 없다고 했다. 조선인 중에서도 아주 소수만이 이리사소학교에 입학이 허락되었다. 이리사소학교 운동장 한쪽에도 '신사'가 있었으며 학생들은 등교할 때마다 신사를 향해 참배를 했다.

> "일본 사람들 이름은 잘 모릅니다. 저는 장승포초등학교(이운국민학교) 나왔습니다. 일본인하고는 전혀 대화도 안 해봤어요. 자기네들은 고토쇼교라고 해서 일본 사람들만 다니는 학교가 있었고, 우리는

---

37 한 구술자는 아침 10시경에 총살 현장을 직접 목격했다고 한다. 대낮에 마을 주민들을 모아 놓고 공개 사살했던 것이다. 나무말뚝에 묶여 있던 사람이 빨리 총을 쏘라며, "야! 이 개새끼들아! 쎄기(빨리) 쏴라, 왜 총을 안 쏘나"하고 고함을 지르면서 '만세'를 외치자 군인들이 총을 쏘고는 시신을 구덩이에 떨어뜨렸다고 회상했다(정○○, 1930년생, 여, 2013.12.19.).

38 이운보통학교는 장승포초등학교의 전신이다. 1921년 이운공립보통학교로 설립되었으며, 1946년 6월 8일 장승포공립국민학교로 개칭되었다.

국민학교가 다르고 구역이 다르기 때문에 그런 사람들하고 앉아서 친구라고 해가지고, 친구라고 대화를 나눠 본 적도 없고, 싸움을 한 번 해본 적도 없고. 지시나 있으면 (행사에) 참석이나 하고, (신사)참배나 하고…" (김○진, 1930년생, 남)

장승포 사람들 중 일부는 일본인들이 다니는 소학교가 한편으로는 민족차별의 상징이었으나 다른 한편으로는 개인적 선망의 대상이었다고 한다. 이와 같은 이중적 태도 혹은 감정은 일제강점기 장승포가 다른 지역에 비해 발달했었다는 자부심으로 나타나기도 하였다. 구술자들은 이리사 우체국이 경남에서 두 번째로 설치되었다는 점과 당시 거제도에서 유일하게 장승포에만 전기가 들어왔다는 점을 강조하였다. 또한 장승포에서 부산으로 오고가는 여객선이 있었으며, 외부의 고급 인사들이 여객선을 이용해 장승포에 드나들었다고 한다. 이들은 거제도에서 고위직 인사들이 머물만한 곳은 장승포밖에 없었을 정도로 번화했다고 회상하였다. 한편, 경제적으로 앞섰던 장승포에 군청이 들어서지 않았던 것은 군수가 바뀔 때마다 접대를 해야 하는 고충을 떠맡기 싫었던 일본인들이 의도적으로 거부했기 때문이라고 설명하였다.

고등어 건착망 어업으로 성공했던 이리사촌의 번영과 풍요로움은 '장승포에는 개도 100엔짜리를 물고 다녔다'는 말이 있을 정도로 굉장했다(여박동, 2002: 276). 이리사촌에 거주했던 일본인들의 부유함은 한반도 근해의 풍부한 어족자원 및 새로운 어로기술에서 기인한 것이었지만, 조선인 선원들의 노동력 착취에서 비롯된 측면도 있었다.[39] 고등

39 1920년대 말 거제도를 방문했던 동아일보 기자는 장승포를 '거제도의 부고(富庫)'라 일컬었다(《동아일보》, 1928.07.15.).

어 건착망 어업이 발달하면서 선원에 대한 수요가 폭발적으로 늘어났다. 가난한 일본인과 조선인들이 일자리를 찾아 장승포 이리사촌으로 몰려들었다. 하지만 같은 직급에 종사하는 선원일지라도 일본인과 조선인의 임금은 아주 달랐다. 고등어 건착망 어업의 경우, 1921년경 일본인 선원의 일인당 평균임금이 하루에 1엔 20전이었지만 조선인은 80전에 불과했다(韓國旋網漁業史, 1992: 148). 조선인 선원의 임금은 동일 직종의 일본인 선원의 2/3 수준이었다. 그런데도 일자리가 부족했던 조선인들은 거제도는 물론, 통영, 삼천포, 고성, 여수 등지에서 장승포로 몰려들었다. 심지어 일자리를 얻기 위해 일본인 선주를 찾아가 닭을 바치기까지 했다고 한다. 토지와 어장을 빼앗긴 거제도와 진해만 일대 조선인들은 일본인 선주들 밑에서 선원으로 일하거나 일자리를 찾아 일본으로 도항하기도 했다. 일단 선원으로 고용되면 비록 저임금이기는 하나 현금으로 임금을 지급받을 수 있을 뿐 아니라, 어로 기술과 경험을 습득할 수 있는 기회를 얻을 수 있었다(神谷丹路, 1990: 86).

이리사촌이 전성기에 접어들던 1930년대부터 일본인들은 어업에 직접 종사하기보다는 조선인들과 가난한 일본인을 선원으로 고용하여 건착망과 같은 대규모 선단을 경영하는 방식으로 전환했다. 어로장, 선장, 기관장 등과 같은 전문 인력은 일본인이 도맡았으며 조선인들은 대개 하급 선원으로 채용되었다. 조선인 선원들은 '민족'차별과 '계급'차별을 동시에 감내해야 했다. 구술자들이 기억하고 있는 건착망 선주로는 오타, 가네마루, 나카무라, 하마다 등이 있다. 오타가 일본 사람들 중에서는 '왕'이었고, 가네마루도 건착망을 10틀 넘게 보유했다고 한다. 하지만 해방되기 몇 해 전부터 건착선들이 군용으로 징발되면서 이리사촌에서 부와 권력을 누렸던 건착선 선주들은 일시에 쇠락했다.

> "일본 사람들이 돈 많이 벌었지. 그런데 해방되기 몇 해 전에 모두 다 배들이 징용선으로 차출돼 버렸어요. 그래서 왜놈들이 빈털터리가 돼버렸어. 그 사람들이. 한국에 있으면서도 배들이 군에 징발당해 놓으니까. 해방되기 한 2년 전에 머, 징발돼 버렸어요. 왜놈들이 다 손 들어버렸지요. 일본 사람들이 어업하는 사람들이 실권을 잃어버렸죠." (천○동, 1926년생, 남)

구술자들은 '일본 사람'과 '일본놈' 혹은 '왜놈'이라는 호명을 함께 사용하였다. 호명의 차이에서 드러나듯, 현재 장승포 주민들이 바라보는 일본인은 두 가지 모습을 하고 있다. 과거 이곳에서 상대적으로 우월한 지위와 자본력을 바탕으로 생활했던 '일본 사람'과 피지배자였던 조선인과의 관계 속에서 식민 지배자로 군림했던 '왜놈'이 동시에 존재하고 있는 것이다. 이런 호명 방식은 일본인에 대한 화자의 객관적 거리두기와도 관련이 있다. 즉, 이야기하고 있는 '나'와 직접 관계가 없는 경우 혹은 장승포의 화려했던 과거를 회상할 경우에는 대개 '일본 사람'이라 호명하였다. 하지만 이야기하고 있는 '나'와 직접적으로 연관되어 있거나 일본인으로 인해 삶이 고단했던 과거를 회상할 경우 대개 '일본놈'이나 '왜놈'이라 불렀다.

이리사촌에서는 상권 역시 일본인들의 수중에 있었다. 구술자들이 기억하고 있는 상점으로는 '노무라쇼텐', '쓰시마쇼텐' 등이 있다. 노무라쇼텐은 잡화상점으로 학용품을 비롯한 일상용품을 취급했다. 주인은 일본인이었지만 점원은 조선인이었다. 쓰시마쇼텐은 부둣가에 위치했으며 어업에 필요한 각종 기구를 취급하는 선구점이었다. 그 외도 '와타나베' 조선소, 자동차 버스 운수업을 했던 '다케다' 등을 기억하고 있었다. 일본인들은 어업과 상업뿐만 아니라 거제도의 농업까지도 장악했다. 지형적으로 농지가 부족한 장승포에 살고 있던 일본인에게 식량 확보는 '안보'와 관련된 문제였다. 그러므로 일본인들은 갖가지 방법으로 토지를 확보했다. 그들은 조선인의 토지를 구입하거나 간척지를 매립하는 방식으로 토지를 늘려 나갔다.[40] 장승포에서는 후지하라(藤原傳次郎)가 대농이었으며 인근 지역 농민들은 후지하라의 소작농으로 전락했다.[41]

이리사촌은 거제 송진포에 있던 일본해군 방비부대의 배후기지로 건설되었기 때문에 군사적으로도 중요한 요충지였다. 특히 진해만 방어를 위해 지심도에 군사기지가 건설되고 이곳에 1개 중대 병력의 군

40 간척지를 매립했던 대표적인 사례로, 다나까 후데요시(田中筆吉)가 1924년부터 10여 년에 걸쳐 신현읍 수월리 해명 마을과 연초면 연사리 임전 마을 앞 간척지를 매립하여 만든 14만여 평의 '다나까(田中) 농장'이 있다(《거제시민뉴스》, 2014.06.27.).

41 1932년 후지하라는 식산은행에 담보로 잡혀 있던 통영읍 김기정(金淇正) 소유의 전답 140여 마지기를 매입했다. 일운면 일대의 토지를 관리하기 위해 후지하라는 박도명과 김덕률에게 40여 마지기를 영구 소작하도록 하고 대신에 다른 토지를 관리케 했다. 박도명과 김덕률이 소작료를 인상하자 소작권을 유지할 수 없게 된 70여 명의 농민들이 궐기하여 전 동민이 소작권 관리자인 두 사람과 절교하고, 모내기에 협조하지 않을 것을 결의했다(《동아일보》, 1932.04.14.). 참고로 김기정은 조선총독부 판사, 제국재향군인회 계두, 통영전기주식회사 취체역, 변호사, 관선 경남도평의원 등 요직을 두루 거친 인물이다. 1926년 경남도평의회에서 김기정은 조선인에게 교육이 필요치 않다는 발언과 함께 1개면 1교제에 반대했다. 또한 '황국어'을 모르는 사람은 평의원으로서의 자격이 없다며 조선어 통역 폐지를 주장했다. 김기정의 발언이 세간에 알려지면서 통영지역에서는 '김기정 징토운동'이 일어났다(김상환, 2014).

인들이 주둔하면서 이리사촌의 지리적 중요성이 가중되었다.[42] 이리사촌의 주도권은 초기에는 경제적으로 부를 축적했던 선주들이 좌우했지으나 1930년대 중반 이후부터 해방 직전까지는 군인, 헌병, 경찰, 경방단, 재향군인회 등과 같은 세력이 위세를 떨쳤다. 장승포에서 태어난 구술자는 공식행사 때마다 가죽장화에 정복차림으로 칼을 차고 다녔던 '시마모토'라는 재향군인회장의 이름을 아직까지 기억하고 있다.[43]

해방이 되면서 지배자였던 일본인이 힘을 잃게 되자 장승포 사람들은 우왕좌왕하면서 혼란에 빠졌다.[44] 구술자들이 기억하고 있는 해방 당시 장승포의 상황은 앞에서 기술한 일본인들의 기억과 약간의 차이가 있다. 장승포 사람들은 청년들이 중심이 되어 치안대를 조직해 질서를 유지했다고 한다. 하지만 일부 조선인들은 해방의 분위기에 휩싸여

---

42 지심도의 요새화 작업은 중일전쟁을 1년 앞둔 1936년부터 시작되었다. 일제는 대한해협의 해상권을 방어하기 위해 포대를 설치하고 전등소, 막사, 초소 등 부대시설을 건설했다. 현재 지심도에는 포대 4곳, 방공호 3곳, 서치라이트 보관소, 탄약고, 군막사 및 전등소 건물 등의 흔적이 남아 있다(이지영·서치상, 2013).

43 구술자는 1945년 3월 3일 국민학교를 졸업했지만 경찰서로부터 군대에 지원해야 한다는 통보를 받았다고 한다. 당시 15살이었던 그는 동기생들과 함께 4월 하순경에 입대했다. 진해에 있던 제51 해군항공창에서 간단한 교육을 받고 히로시마 인근 쿠레시(吳市)에서 훈련을 받다가 해방을 맞이했다. 그는 쿠레에서 훈련을 받던 중에 히로시마에 떨어진 원자탄 폭발을 목도했다(김○진, 1930년생, 남, 2013.12.20.). 참고로 쿠레 해군공창은 1903년에 설치되었으며 이곳에서 1937년 일본제국의 전함으로 널리 알려진 야마토함이 기공되었다.

44 장승포에 '정확히' 언제 해방의 소식이 전해졌는지는 분명치 않다. 가미야 니지에 따르면 거제도에 해방의 소식이 알려진 것은 8월 16일이며, 8월 17일 장승포초등학교 교정에서 거제도민대회가 개최되었다고 한다(神谷丹路, 1990: 88). 반면『菱浦洞誌』에 따르면 장승포 주민들이 해방의 소식을 안 것은 8월 15일 거제 전매서에서 흘러나온 단파 라디오 방송을 통해서였다. 해방이 되었으나 주요 관공서에는 여전히 일본인이 장악하고 있었기에 8월 16일에야 장승포초등학교에서 시민대회가 개최되었다(菱浦洞誌, 2011: 292~293)고 한다.

일본인들이 살고 있던 가옥이나 집기를 부수기도 했다. 조선인들 사이에서 원성이 자자했던 장승포 경찰서장을 붙잡아 목에 밧줄을 매어 끌고 다니면서 '와따시와 니뽄노 이누데스'(나는 일본의 개다)라는 말을 복창시키기도 했다. 해방의 기쁨에 젖어 활보하고 다니는 조선인들이 늘어날수록 일본인들은 심리적으로 공황상태에 빠졌다. 조선인들에게 보복을 당할지도 모른다는 생각으로 두려움에 떨며 노심초사하고 있던 무렵, 아카쯔키 부대가 장승포로 들어왔다. 한 구술자에 따르면 아카쯔키 부대의 지휘관이었던 가네마루 중위는 이리사촌의 거부 중 한 사람이었던 가네마루 겐이치의 아들이었다고 한다.

> "해방되고 난 뒤에 참 혼란했어요. 혼란했는데... 그 당시에 해방되던 그 해에 우리나라에는 치안대라고 자치적으로, 치안대를 청년들이, 말하자면 치안을 확보하고 있는 중인데... 일본놈들이 한국 사람이 활보하니까 당황했죠. 언제 한국 사람한테 보복을 당할란가 모른께. 그런 찰나에, 그 날이 8월 중순, 8월 말쯤 됐던가, 권총을 말이야, 밤에 권총을 오발했어요. 오발해 놓으니까 왜놈들이 말이지, 아! 큰일났다. 까딱 잘못하면 자기네한테 화가 오것다. 그래가지고 인마들이 부산에, 일본군에다 연락을 해가지고 일본군대가 들어왔어요. 해방됐는데도... 일본군대가 들어와 가지고, 가네마루 중위가, (건착망을 했던) 그 사람 아들이거든요. 그 사람이 인솔해서 와가지고 한 번도 발포도 안하고, 그만 그대로 진격해 들어 온기라. 그래서 조용해졌지요. 서로 교전도 안 하고." (천○동, 1926년생, 남)

해방이 되었다고는 하지만 변변한 무장도 없이 목총과 권총 몇 자루가 전부였던 치안대는 완전무장을 한 채 진격해 온 일본군에게 제대로 저항조차 못한 채 지켜볼 수밖에 없었다. 장승포에 남아 있던 일본인들은 자신들의 선박에다 가족과 짐을 싣고 일본군대의 호위를 받으며 떠났다. 군함이 장승포에 들어오자 조선인들은 해방을 환영하는 행사인 줄 알고 구경을 나왔다가 전투태세를 갖춘 무장군인을 보고 혼비백산하여 도망가기 바빴다고 한다. 해방을 기뻐하며 흰 옷을 입고 우르르 몰려나왔던 사람들이 일본군대의 출현에 놀라 뒷산으로 도망을 치자 온 산이 흰 꽃이 핀 것처럼 하얬다고 했다. 이에 일부는 일본군이 다시 쳐들어 왔다고 판단하고는 장승포를 떠나 다른 곳으로 피난을 떠났다가 돌아온 경우도 있었다. 이처럼 8월 15일에 '해방'은 되었으나 일선에서는 한동안 혼돈이 지속되었으며 식민지배가 완전히 종식되지도 못했다.

장승포에서 태어났거나 이곳에서 거주했던 일본인들은 패망하면서 모두 '고국' 일본으로 귀환했다. 이들 일본인들은 귀국 후 '고향'이었던 장승포를 기리며 '장승포회'라는 조직을 결성하고는 한동안 장승포를 방문했다. 하지만 장승포에 살고 있는 구술자들은 이들이 언제 장승포에 찾아왔는지 또 누구와 만났는지 자세히 알지 못했다. 게다가 최근에는 이들의 방문조차 끊어졌다고 한다. 구술자들의 이야기를 종합해보면 약 30년 전쯤에 '조쇼호카이'(장승포회)라는 단체의 사람들이 장승포를 방문해서는 그들이 살았던 옛집(터)을 둘러보고, 일제강점기 장승포 경찰서가 있던 자리에서 참배를 하고 갔다고 한다. 일행 중 한 사람이 자신의 부친이 해방 전 장승포 경찰서에서 근무했다며, 옛 경찰서 자리에서 참배를 하고 장승포 사람들에게 양해를 구한 다음 한줌의 흙을 가져갔다는 것이다. 이후에도 몇 번 찾아왔다는 소문이 나돌았지만 구체적인 사실은 알지 못한다고 했다. 요컨대, 과거 이리사촌에 살았던 일본인들은 일본에서 '장승포회'라는 단체를 결성하고 '고향' 장승포를 방문했지만 현재 이곳에 살고 있는 장승포 사람들에게 그들은 낯선 방문객에 지나지 않았다.

## 6. 사라진 흔적, 희미한 기억

과거를 재현할 수 있는 기제로서의 기록, 흔적, 기억은 상호보완적이기도 하지만 때로는 상충되기도 한다. 여기에서는 일본인의 식민 이주어촌으로 건설되었던 장승포 이리사촌의 과거를 기록과 흔적, 그리고 기억을 통해 분석해 보았다. 먼저 문헌기록을 통해 이리사촌의 형성 초기 단계를 파악하고, 물리적 흔적을 찾아 읽어가면서 이리사촌의 전성기 이곳에서 살았던 일본인과 조선인을, 그리고 지역주민들의 기억을 매개로 이리사촌의 마지막 단계를 살펴보았다. 이런 구분 혹은 단절은 의도적으로 설정된 것이 아니라, 수집된 자료의 내용과 특징에서 비롯된다. 문헌기록에 나타난 이리사촌의 과거는 주로 이리사촌 형성 당시의 모습을 전해 주고 있다. 반면, 물리적 흔적들 대부분은 이리사촌의 전성기에 건설되었거나 만들어졌던 것들이다. 따라서 현재 장승포에 남아 있는 흔적들은 이리사촌에 살았던 일본인들의 화려했던 시절을 반영한다고 할 수 있다. 한편, 장승포 주민들이 기억하고 있는 이리사촌 및 일본인들은 대개 해방 직전의 모습이다. 이런 현상은 구술자들의 연령 및 경험에서 비롯된다. 구술자들이 경험했던 일제강점기는

1930년대 중후반에서 해방까지로 제한되어 있기 때문이다.

현재 장승포에 남아 있는 과거 이리사촌의 흔적은 '타자'인 일본인의 것이다. '타자'는 '과거 여기'에 존재했으나 '지금 여기'에는 부재하는 존재이다. '타자'가 이곳에 존재했음은 그들이 남긴 흔적을 통해 유추할 수 있다. 하지만 이리사촌의 흔적은 '타자'인 일본인의 것이기에 의도적 혹은 비의도적으로 많은 것들이 지워졌거나 매몰되었다. 의도적으로 흔적을 지웠다는 것은 기억하고 싶지 않은 과거를 강제로 망각하거나 파괴했음을 뜻한다. '과거'라는 시간을 '현재'의 시간 안에서 읽을 수 있는 것은 흔적이 있기 때문이다. 흔적과 마찬가지로 기억 역시 현재 이곳에 살고 있는 '우리'가 과거 이곳에 살았던 '그들'을 상기시켜 주는 통로이다. 기억은 구술을 통해 과거를 회상하고, 흔적은 읽기를 통해 과거의 모습을 유추할 수 있도록 해준다. '현재'의 시점에서 '과거'의 온전한 모습을 그대로 재현할 수는 없기 때문에 기억 속의 과거는 파편으로 혹은 단편으로 재현된다. 또한 식민시기를 살았던 기억의 대상들은 기억의 주체와 괴리된 탓에 현재 장승포에 거주하고 있는 주민들에게 과거 이곳의 주체였던 일본인들은 자신들의 삶 혹은 정체성과는 무관한 사람들이다. '지금 이곳' 장승포 주민들에게 '그때 이곳'의 일본인들은 부재하는 존재이며, 주체가 아닌 '낯선 타자'일 뿐이다.

# 4장

거제 구조라 '우오시마촌(魚島村)'

**4장**

# 거제 구조라 '우오시마촌(魚島村)'

## 1. 거제도 구조라

구조라는 거제도 동남단에 있는 포구 마을로 행정구역상 거제시 일운면에 속해 있다. 구조라는 북쪽으로는 지세포와 장승포로 이어지며 남쪽으로는 학동과 해금강으로 연결된다. '구조라'(舊助羅)라는 명칭은 조라포진(助羅浦鎭)과 조라성(助羅城)이 있었던 장소라는 데서 유래하였다.[1] '조라'라는 단어는 '(목을) 조르다'라는 말에서 비롯되었다고 한다. 구조라의 다른 이름은 '항리'(項里)이다. 항리는 마을의 형태가 장고(長鼓)의 목과 흡사한 데서 붙여졌다(정순우·안승준, 1998: 4~5).

구조라는 꽃봉우리의 수술과 같이 길게 뻗은 반도 모양의 목 사이에 위치한다. 바다를 향해 뻗어 나간 목 양편에는 포구가 형성되어 있다. 마을의 북동쪽 해안 맞은편에는 와현, 예구 마을이 있고, 서남쪽에

---

1 조라성은 성종 21년(1490년)에 축조되었다. 선조 37년(1603년) 조라포진을 지금의 옥포 북쪽의 조라포로 옮기면서 항리의 '조라'는 구조라로 불리게 되었다(심봉근, 2002: 107; 巨濟市誌 하권, 2002: 2290).

는 양화, 망치 마을이 마주하고 있다. 마을의 북동쪽과 남서쪽은 해안이 깊숙하고 파도가 잔잔하여 천연의 양항을 이루고 있어 과거에도 구조라 마을 사람들은 어업 위주로 생계를 꾸렸다.

거제도에는 일찍부터 일본의 침입을 방비하기 위한 군사 기구와 시설이 밀집해 있었다. 임진왜란 당시 이곳에서 수많은 전란이 발발했으며, 왜란 이후에도 일본과 공식적, 비공식적 접촉이 지속되었다. 일본과의 지리적 근접성과 전략적 요충지라는 특성 때문에 조선 후기 거제도에는 경상우수영이 관할하는 수군진이 7개나 설치되었다. 거제도의 동쪽에는 부산 동래, 서쪽에는 통영이 있다. 또한 지리적으로 일본 쓰시마와 매우 가깝다. 임란 이후에도 일본인과의 접촉이 잦았던 거제도에는 '왜학'(倭學)이라는 관원이 파견되었으며, 왜공미(倭供米)의 저장과 수송, 표류 왜인들의 공찬(供饌)을 위해 '왜공고'(倭供庫)가 설치 운영되고 있었다(송양섭, 2014: 122).

구조라는 한반도 남해안의 여느 지역과 마찬가지로 일찍부터 일본 어민들이 불법적으로 드나들던 곳이었다. 심지어 1800년대 말부터 그들은 선단을 꾸려 구조라 마을 앞까지 진출했다. 일본 어민들에게 구조라 연안은 멸치 어장으로 널리 알려져 있었다. 일본 어민들은 거제도 연안을 드나들며 소위 '통어어업'을 하다가 구조라에 창고를 마련하면서 정주하기 시작했다. 러일전쟁 이후에는 일본의 세력 확장에 힘입어 일본 어민들이 본격적으로 구조라에 이주하기 시작했다. 구조라에 이주한 일본인들은 멸치 어업에 필요한 어막을 중심으로 학교, 헌병출장소, 우체국 등을 설치했다. 구조라는 어업의 성쇠에 따라 일본인 인구가 증감되었으나 해방될 때까지 일본인 이주어촌으로 기능했다.

해방 이후 일본인들이 남긴 물질적 흔적들은 대부분 파괴되었거나 쓰임새가 변경되었다. 식민 지배자였던 일본인들과 그들의 흔적을 소거함으로써 피지배자였던 '우리'의 과거를 감추고 삭제하려 했던 것이다. 특히 기념비적인 건축물이나 비석 등이 주요 파괴 대상이었다. 반면, 크게 주목을 받지 못한 건물이나 장소 등은 다른 용도로 변경되거나 쓰임새를 잃은 채 사라져 갔다. 그나마 남아 있는 흔적들은 형성 주체들 및 그들의 의도와 단절된 채 이곳저곳에 방치되어 있어 그 의미와 기능이 상실된 지 오래되었다.

거제도 구조라는 일본 에히메현 우오시마(魚島) 출신들이 정착하기 시작하면서 식민 이주어촌으로 자리를 잡았다.[2] 과거 구조라에 살았던 일본인들이 남긴 물질적 혹은 비물질적인 흔적을 통해 그들의 삶을 짐작하는 것은 어렵지만, 지금 이곳에 살고 있는 사람들이 '타자'인 일본인이 남긴 흔적에 대해 어떻게 인지하고 있는지는 파악할 수는 있을 것이다. 그러나 흔적에 대한 해석은 개인과 집단에 따라 다를 수 있으며, 시간의 흐름에 따라 달라질 수 있다. 제4장에서는 일제강점기 멸치잡이 어업으로 번성했던 거제도 구조라 지역을 중심으로 일본 어민들의 정착 과정과 배경을 살펴본 다음, 현재 그들의 흔적이 어떤 모습으로 남아 있는지, 그리고 그 흔적들이 이곳 주민들에게 어떻게 기억되고 있는지를 분석해 보고자 한다.

2 우오시마 출신들이 주류를 이루면서 구조라는 '우오시마촌(魚島村)' 혹은 '소우오시마촌'(小魚島村)으로 불리기도 했다(김수희, 2010: 제2장).

## 2. 거제도 연안 침탈과 멸치어업

근세 일본의 주요 어업은 상품으로 판매할 수 있는 고급어종 위주의 식량어 생산과 멸치와 같은 면작용 어비(魚肥) 생산으로 대별된다.[3] 근세 초기 이후 일본에서는 어민 증가로 연안어장이 포화상태에 이르렀고, 도시 인구 증가 및 목면업 발달로 어업에 대한 수요가 증대했다. 어업에 대한 수요 증대는 어장확대로 이어졌으며, 결국에는 협소한 어장을 벗어나 다른 지역으로 출어할 수밖에 없는 상황에 직면하게 되었다(오창현, 2011: 91; 박화진, 2004: 231). 한반도 해역에 진출한 일본 어민들 역시 오사카와 같은 대도시에서 선호하는 고급어종 생산 및 환금작물을 재배하는 농촌지역에 어비로 판매할 수 있는 멸치 어업에 치중했다.[4] 즉, 통어 초기 일본 어민들은 한편으로는 상어지느러미, 해삼, 전복 등과 같이 어선 위에서 가공하여 일본으로 운송할 수 있는 어업을 선호했으며(김수희, 2010: 25), 다른 한편으로는 일본 농촌에서 필요로 하는 어비를 공급하기 위해 진해만을 비롯한 거제도 연안을 중심으로 멸치 어업에 중점을 두었다.[5]

3 일본 원문을 번역하면서 멸치를 간혹 정어리로 잘못 표기하는 경우가 있다. 이런 혼란은 정어리와 멸치를 '이와시(イワシ, 鰮)'로 총칭하고 있는 일본어에서 비롯된다(박구병, 1978: 26).

4 화학비료가 개발되기 전 일본에서는 땅의 지력을 높이기 위해 조개류, 동물의 뼈, 멸치, 정어리, 청어 등을 비료로 사용했다. 특히 멸치는 '벼를 키우는 물고기'로 일컬어질 정도로 중요한 거름으로 대접받았다(김수희, 2015: 70~71).

5 일본인들이 멸치잡이를 했던 어장은 마산만, 진해만, 고성·거제·통영 주변 도서지역, 사량도, 욕지도 근해였다. 1900년 일본 어민들은 통어조합을 조직하여 대규모로 들어왔다. 망(網)으로 130여 조, 어선척수는 595척, 승선인원은 4,200명에 달했다(《황성신문》, 1900.10.23.). 여러 어업 중에서도 멸치잡이가 가장 성대했으

조선 해역에서 멸치잡이 어업을 처음 시작했던 일본인은 히로시마현 어민으로 그는 1885년경 마산 부근에서 권현망을 이용하여 어업을 했다.[6] 거제도 부근에는 후릿그물(地曳網)로 멸치잡이를 하는 어선들이 많이 들어왔다. 1889년 히로시마현 어민들이 멸치잡이 어선 23통을 이끌고 거제도 근해에서 조업한 이후 이들은 매년 7월에서 11월 사이 거제도, 마산만, 진해만, 고성, 통영, 남해도, 사량도, 욕지도 등 남해안의 거의 모든 연안에서 무단으로 어획하였다. 멸치잡이 어업의 경우, 경상도 연해는 1910년 이전부터 대부분의 어장이 일본 어민들의 수중에 들어갔다. 일본 어민들이 주로 사용했던 어구는 후릿그물이었으며, 일부는 후릿그물과 양조망을 병용했다. 멸치잡이 어민들은 히로시마현 출신뿐만 아니라 세토내해를 마주보고 있는 에히메현, 오카야마현, 가가와현, 도쿠시마현은 물론 한반도와는 상대적으로 멀리 떨어진 구마모토현 출신도 있었다(한국수산지 I -1, 2010: 218).

1890년에는 에히메현의 시노하라 신타로(篠原幸太郎) 외 8명이 주낙어구(延繩漁具)를 가지고 부산 근해에 입어하여 예상 이상의 어획을 올렸다. 시노하라의 조업 성공은 에히메현 어민들을 조선해로 출어하게끔 부추기는 요인이 되었다. 하지만 모두가 성공적으로 조업을 했던 것은 아니었다. 1891년 시노하라의 성공에 힘입어 같은 현의 요코이

---

며, 주요어장은 진해만과 거제도 주변이었다(《황성신문》, 1901.05.02.).

6 멸치잡이 어업은 1884~1885년경 혹은 1889~1890년경 경상남도 마산만에 히로시마현 어민들이 입어한 것을 효시로 한다. 일본에서 한반도로 건너와 멸치잡이를 하는 어민들이 증가하면서, 1900년경에는 한반도 연안에서 조업하는 멸치잡이 어선들이 120통에 달했다. 1903~1904년경에는 부산 부근에도 멸치잡이 어선들이 들어왔으며, 점차 경상남북도 연안 및 도서지역으로 퍼져나갔다(장수호, 2011: 191~192).

쇼헤이(横井庄平) 등이 멸치 예망선(鰮曳網船)으로 도래하여 거제도 구조라 입구에서 조업 준비를 하던 중 주민들의 방해로 되돌아가기도 했다. 그럼에도 불구하고 거제도 연안은 점차 일본 멸치잡이 어선들로 붐비기 시작했다. 1894~1895년경에는 7월부터 11월까지 약 700척에 달하는 멸치 어선들이 거제도 연안에 몰려들었다(장수호, 2011: 152~153).

거제도 연안, 진해만, 부산 근해에서 그물로 멸치잡이를 하는 일본 어선들이 많았다. 이들 멸치 그물어선은 1904년까지는 보통 연간 약 120~130척에서 140~150척 정도였으나 1905년도에는 갑자기 324척으로, 그리고 1906년도는 402척으로 증가했다.[7] 하지만 거제도 연안에서 멸치잡이를 하던 어선들이 항상 어획고가 높았던 것은 아니었다. 특히 1906년에는 거제도 연안, 진해만, 마산만 일대에서 조업했던 멸치잡이 어선들 대부분이 조업성과가 좋지 않았으며, 수입 역시 1통당 평균 3,000엔에 불과했다. 이런 와중에서도 거제도 동남해안, 부산근해, 제주도 및 강원도 연해에서 조업했던 어선들은 비교적 어획이 양호했다. 거제도 동남해안에서 조업했던 멸치 어선 중에는 1통당 마른 멸치 23,000관(86,250㎏) 가량을 어획한 어선이 있을 정도로 양호했으나 그 외 지역에서는 최고치의 중간 정도의 어획이었다(장수호, 2011: 156).

멸치잡이를 위해 한반도 연안에 들어왔던 일본 어선들은 남해, 서해, 동해를 불문하고 초기에는 현지인들과 분규가 잦았으며 애로사항이 많았다. 멸치잡이 어선들이 한반도 근해에서 안정적으로 조업하기

7 경남지역 어장에는 1900년 어선 625척, 어부 3,478명, 권현망 120조, 1901년에는 어선 467척, 어부 2,170명, 권현망 78조, 1902년에는 어선 313척, 어부 1,497명, 권현망 50조가 출어하여 멸치잡이를 했다(김수희, 2007: 272).

시작했던 시기는 1907년 거제도에 정착했던 혼다 소지로(本田種次郎)가 거제도 근해에서 멸치 권현망으로 조업하면서부터였다. 이후 권현망 어선이 급증하여 1910년경에는 600척 이상에 달했다. 권현망으로 조업하던 일본 어민들 대부분은 히로시마현 사람들이었다. 히로시마현의 한 어촌 출신 어민들이 마산만 한 곳에서 무려 78통이나 입어했을 정도로 집단적인 입어가 성행했다(吉田敬市, 1954a: 184).

경상도 연안에서 조업하던 일본 멸치잡이 어선은 어구의 규모는 물론 선박의 형태와 크기가 각각이었다. 멸치잡이 입어선은 그물을 사용하여 어획했다. 멸치잡이 어선 중 큰 배는 선폭 1장(丈=3.03m), 길이 3장(약 10.0m) 정도였으나, 대부분의 어선은 선폭 7척(2.1m), 길이 2장 3~4척(7m~7.3m) 정도의 소형선이었다(장수호, 2011: 277~278). 멸치잡이 어업은 대개 선단을 이루어 조업했다. 멸치잡이 선단은 '통'으로 불렸다. 경상도 연해에서 조업하던 일본 어선들은 대부분 그물배(網船) 2척, 수선(手船) 2척, 멸치를 삶는 솥(煮釜)을 갖춘 가공선(煮熟船) 1척 등 5척으로 된 선단조직으로 구성되어 있었다(한국수산지 I -1, 2010: 220). 여기에 운송선이 추가되기도 했다. 승선인원은 그물배 18명(1척당 승선원 9명), 수선 4명(1척당 승선원 2명), 가공선 3명이었다.

멸치잡이 어선들이 한반도 연안에 들어오면 먼저 3개 선단이 공동으로 육상에 임시 움막(헛간) 1개소를 설치하고 그곳을 공동창고로 사용했다. 어획물은 잡는 즉시 가공선에서 삶은 다음 건져 두었다가, 조업 중에 혹은 조업이 끝난 이후 육지로 들어와 햇빛에 말려 건조시켰다. 연안에서 어획한 멸치를 해안에서 곧바로 말려야 했기 때문에 통어어업 당시에도 창고와 건조장이 필요했다.

일본 각지에서 한반도 연안으로 출어한 멸치잡이 어선들은 대개 동일한 장소를 근거지로 삼아 조업하였다. 해마다 같은 장소로 출어했기 때문에 현지 주민들과의 관계가 중요했다. 일부지역에서는 일본인들이 주민들의 허락을 받아 창고와 같은 영구적인 시설을 설치하고는 어기가 끝나고 일본으로 돌아갈 때, 어구나 어선을 이곳에 두고 지역주민들에게 관리와 보관을 위탁했다.

> "창업 이래로 일본 어민들이 십여 년이 넘도록 항상 동일한 장소를 근거로 하기 때문에, 토착 인민과의 교정이 자못 두터워서 화기애애한 속에서 조업을 한다. 창고 같은 것도 모두 영구적인 것이어서 귀국할 때는 어구(漁具)나 어선(漁船)을 이곳에 넣어두고 보관을 촌민에게 위탁하는 것이 예사이다. 건조장 같은 것은 도처에서 일본인이 사용할 수 있도록 하여 굳이 방해를 하지 않는데, 아마도 이것은 해당 지방에 있어서 미풍이라 일컬어야 할 것이다." (한국수산지 I -1, 2010: 218)

위의 인용문에서 '토착민과 교정이 두터워 화기애애한 분위기 속에서 조업을 했으며, 어구나 어선을 조선인들에게 위탁보관하고 건조장을 지어도 방해하지 않았다'는 내용은 당시의 현실과는 사뭇 다른 기술이다. 위의 기술과 달리 일본인과 조선인의 충돌은 곳곳에서 발생했다(이영학, 1995: 175). 어장이 발달한 연해지역에서 일본 어민과 조선 어민이 일상적으로 충돌하고 있었던 것이다. 충돌할 때마다 일본의 문제해결 방식은 우월한 외교적 지위와 힘에 의한 보복적 배상, 문책, 징계 등

의 방법으로 조선인들의 반발과 저항을 무력으로 진압하는 것이었다.[8]

구조라를 비롯한 거제도 연안에서 일본 어민들의 존재 및 그들의 행위는 조일통어장정 체결 이후에도 이전의 '왜구'와 크게 다를 바 없었다. 총과 칼로 무장한 채 연안의 어족자원을 휩쓸고 다니는 일본인들이 조선인들에게는 단순한 어민이 아니라 도적떼와 마찬가지였다. 이와 같은 사실은 현재 거제도 근포에 남아 있는 비석에서도 확인할 수 있다. 일본 어민들이 구조라와 가까운 거제도 근포의 마을 안까지 들어와 동네사람들과 시비가 붙자 이를 중재하려는 사람마저 겁박하고 살상하기까지 했다.

근포의 쌍효문

8 일본은 자국 어민을 보호하기 위해 1900년 조선해통어조합연합회(이하 연합회)를 창립했다. 일본은 조선어장에서 방해받지 않고 순조롭게 조업할 수 있도록 경비선과 군함을 동원해 정기적인 순찰과 시위를 지속했다. 연합회는 경비선을 구입하여 조선어장을 순회 정찰하는 것은 물론 일본 정부에 군함을 정기적으로 순항케 하여 자신들의 힘을 과시하는 수단으로 삼았다(김수희, 2004: 50~54; 한철호, 2013).

"쌍효문(雙孝門)이란 석문이 있고 그 안에는 비석이 있습니다. 내력을 물으니 명사촌 양모(梁某)가 수십 년 전에 그 이웃 동네 근포(芹浦)란 곳에 일본어선이 처음 들어왔다는 소식을 듣고 분개하여 달려가서는 싸우던 중 그 아들이 부친을 대신하여 그 일본 어부들에게 칼을 맞아 죽은 일이 있다는데 그 양씨의 자부되는 이씨(李氏)[9]가 역시 지극한 효성으로 시부모를 모셨다하여 이 『쌍효』문을 세운 것이랍니다."(《동아일보》, 1927.07.12.).

1927년 7월 12일자 《동아일보》에는 1905년 거제도 근포 연안에 일본어선 7척이 몰려와 일본 어민들과 근포 주민들 사이에 다툼이 발생했다는 기사가 실려있다. 일본어민과 근포 주민들의 싸움을 말리려 옆마을 유지였던 양 씨가 중재에 나섰다가 칼을 빼어든 일본 어민에게 양씨가 겁박을 당하자 그의 아들이 아버지를 대신해 칼을 맞고 살해되었다는 일화가 쌍효비에 기록되어 있다.[10] 일본 어민들이 선단을 이루어 근포 앞바다까지 들어와 불법적으로 조업했을 뿐 아니라, 심지어 마을에 상륙하여 칼로 위협을 하고 인명을 살상했는데도 정부차원에서 항의했다거나 대응했다는 기록은 찾아볼 수 없다. 1905년 무렵의 거제도

9 쌍효비에 적힌 자부의 성씨는 '이씨(李氏)'가 아니라 칠원(漆原) 윤씨(尹氏)이다(巨濟市誌 하권, 2002: 2797).

10 쌍효비에는 1905년 5월 13일 일본 '왜구'들이 7척의 선박을 타고 지금의 거제시 남부면 근포(미날기미)에 들어와 동네사람들과 싸웠다는 사실이 기록되어 있다. 쌍효문과 쌍효비는 근포마을 앞까지 들어와 노략질을 하던 일본 어민(왜구)들과 근포 주민들과의 다툼을 중재하던 명사마을 양재현이 칼을 빼어든 일본 어민에게 위협을 당하자 그의 아들(양한종)이 아버지를 대신하여 칼에 맞아 죽었으며, 아들이 죽고 난 후 자부가 시부모를 극진히 봉양하고 유복자를 잘 기른 덕을 기리기 위해 1919년 8월에 건립되었다(巨濟市誌 하권, 2002: 2797; 통영향토지, 1996: 497~498).

연안은 이미 정부의 힘이 미치지 못하는 무법천지였으며, 일본인들의 어장이나 다름없었던 곳으로 추정된다. 총과 칼을 소지하고 선단을 꾸려 한반도 남해안을 제집처럼 드나들던 일본 어민들은 정부의 보호권 바깥에 있었던 도서지역 조선인들에게 가장 위협적인 존재였다.[11]

## 3. 구조라의 일본인들

일본인이 정주하기 이전부터 구조라는 한정된 어장에 선주들이 많아 어장 사용을 두고 주민들 간에 갈등과 분쟁이 자주 발생했었다. 어장은 13곳인데 선주는 30여 명이나 되어 순번제로 어획권을 행사했을 정도로 내부적으로 어장 경쟁이 치열하였다. 게다가 각종 세금과 부역이 가중되어 조선인들의 삶은 곤궁했으며 잦은 태풍과 해난사고로 인명과 재산을 잃기도 했다. 1881년에는 태풍으로 어선 2척과 주민 15명이 행방불명되었을 정도로 큰 피해를 입었다. 1887년에는 오래된 어선 13척을 폐선 신고하면서 주민들의 생계에 심각한 타격이 발생하였다. 또한 1898년 정월에는 화재가 발생하여 33호가 전소되었다(이종길, 2013). 이런 상황에서 엎친 데 덮친 격으로 우월한 어구와 어법을 갖춘

11 거제도와 가까운 한산면 비진도에서 현지조사를 할 당시(1990년) 한 구술자는 옛날에 일본 '모주리'(모조리)배가 온다는 말에 우는 아이들도 울음을 멈출 정도였다고 했다. 모주리배는 사람을 잡아다가 산 채로 어창에 가둬 놓고 살점만 떼어내 상어미끼로 쓴다는 소문이 있었다는 것이다. 그래서 '모주리배가 떴다'는 소리가 들리기만 하면 아이들과 여자들은 재빨리 산으로 피신했다고 한다. 1910년에 발간된 『한국수산지』(1권)에 따르면, 모조리 상어는 서남해, 제주도, 거문도, 어청도 근해에서 많이 어획되었다(한국수산지 I -1, 2010: 235).

일본 어민들이 선단을 꾸려 구조라 해안에 대거 침투해 왔다.

구조라에 처음 정착한 일본인은 에히메현 우오시마 어민들이었다. 1889년경부터 에히메현 출신 어민들은 구조라를 어업근거지로 삼아 드나들기 시작했다. 뒤이어 1893년에는 우오시마 어민들이 이곳에 이주어촌을 건설했다(吉田敬市, 1954b: 505). 이후 이주어민들이 점차 증가하여 1921년에는 42호가 되었다. 그중 에히메현 출신이 30호였다. 이주어민들은 주로 멸치 권현망과 멸치 건착망 어업에 종사했다(中井昭, 1967: 365). 하지만 우오시마 어민들이 구조라에 정착하기 이전 즉, '통어어업'을 하던 시기에도 일본인들은 총과 칼을 들고 무력으로 구조라 주민들의 어업근거지를 침탈했었다. 이러한 사실은 구조라 태생으로 2002년 현재 기타규슈에 거주하고 있는 오가와 요시아키(大川義明)의 증언으로 확인된다.

> "아버지들이 이주한 명치시대에는 대개의 일본인들은 총을 가지고 있었다더군요. 한국인이 어업을 하고 있었던 자리를 일본인이 점유했기 때문에 성난 한국인들이 밤마다 대창을 들고 쳐들어와 일본인들은 총을 쏘고 해서 부상자와 사망자가 났을 것으로 생각되지요." (전갑생, 2002: 367).

우오시마 어민들은 구조라에 정주하기 이전부터 구조라 연안에서 어로행위를 했던 경험이 있었으며, 구조라 앞 바다의 자연환경 및 어자원에 대해서도 훤히 알고 있었다. 실제로 우오시마 어민들은 1891년 구조라에 상륙하려다 구조라 주민들의 반대에 부딪히자 밤중에 몰래 들어와 창고를 지었다. 1896년에 멸치망 4통(어선 20척, 어민 120명)

을 이끌고 또 다시 우오시마 어민들이 구조라에 진입하자 주민들은 집단적으로 대항하였다. 구조라 주민들은 연안에서 이루어지는 어로행위는 어쩔 수 없이 허용했지만, 육지에 창고를 지어 영구적으로 어자원을 차지하려는 시도에 대해서는 완강하게 반대했다.[12] 당시 일본 어민들은 '통어조약'으로 한반도 연해에서의 어로행위를 보호받고 있었다. 일본 어민들이 부산주재 영사관에 도움을 요청했으나 영사관 역시 구조라 주민들의 반대를 꺾지 못했다. 사태가 원활하게 풀리지 않자 일본 어민들은 구조라 주민 4~5명이 해변에 말려두었던 멸치를 만진 일을 핑계로 곧장 이들을 절도범으로 몰아세워 포박한 채 부산영사관으로 압송했다. 절도범 사건을 계기로 구조라 주민들은 마지못해 일본 어민들의 어업과 정주를 허락하게 되었다(김수희, 2010: 106~108).

1902년 무렵 구조라는 창고 7개와 어선 35척, 일본 어민 120명이 상주하는 일본인 이주어촌으로 변모되었다.[13] 당시 구조라에 주택을 소유하고 있었던 일본인은 요코이(横井辻松), 히요시(日吉重太朗), 요코이 쇼헤이(横井庄平), 오바야시(大林善作), 다케베 오토키치(竹都音松) 등 5명이며 모두 에히메현 출신이었다.[14] 이들 중 오바야시(大林善作), 요코

12 1899년 일본 정부의 극비자료에 따르면, 이 시기 구조라에는 일본인 창고가 6동 있었으며 모두 에히메현 우오시마촌 어민들 소유였다고 한다(후루타 에츠조, 2001: 50).

13 1902년 구조라에 정착했던 일본 어민 중 23명이 콜레라에 이환되었으며 13명이 사망했다(김수희, 2010: 108). 남해안 전역에 퍼졌던 콜레라로 구조라에서만 45명이 사망했다(一運面史, 2010: 240).

14 김수희(2010: 110, 각주 25)에 따르면, 1902년 구조라에서 어업을 했던 사람은 小泉和太郎, 竹部音吉, 横井辻松, 大林善作, 横井庄平 등 5명이었다. 한편 1909년에 작성된 증명서에는 大林新平, 大林善作, 横井庄平, 横井米治, 日吉辰次郎, 日吉重太朗, 御手洗道德 등 7명의 이름이 기록되어 있다.

이 쇼헤이(横井庄平), 히요시(日吉重太朗)는 1908년 구조라 주민들과 체결한 〈증명서(証明書)〉에도 이름이 명시되어 있다. 개인 어업자와 더불어 사누키원양어업주식회사(讃岐遠洋漁業株式會社)에서도 구조라에 주택을 소유하고 있었다.[15] 이들 어업자 및 어업회사는 어망 1틀에 선박 3척, 부속 선박 2척으로 된 선단을 하나씩 소유하고 있었으며, 적게는 24명에서 많게는 40명의 선원을 고용하여 멸치잡이를 했다.[16] 1902년 각 선단의 어획고는 1,200엔에서 6,000엔 사이였다. 6개 선단의 총 어획고는 18,600엔이었다(一運面史, 2010: 241). 1904년에는 폭풍으로 구조라의 일본인들은 인명 피해는 물론 5틀의 멸치 어장과 선박이 파괴되는 등 거제도에서 가장 심각한 피해를 입었다(巨濟水協百五年史, 2013: 170). 그런데도 일본 어민들은 지속적으로 구조라에 이주해 정착하기 시작했다.[17]

1908년 구조라에 일본인회가 결성되었으며, 일본인회가 주축이 되어 1909년 5월 구조라 동민들과 서로 지켜야 할 내용을 적시한 증명서를 체결하였다. 증명서가 체결된 이면에는 한편으로는 1896년 절도범 사건으로 인한 구조라 주민들의 앙금을 지우고, 다른 한편으로는 구조라에서 어업을 하는 동안 주민들의 협조를 끌어내기 위한 속셈이 내재

15 사누키(讃岐)는 지금의 가가와현(香川縣)이다. 에히메현뿐만 아니라 가가와현에서도 일찍부터 구조라에 진출하였음을 알 수 있다.

16 구조라의 우오시마 어민들이 사용했던 어법은 권현망(權現網)이었다. 권현망은 속칭으로 '멸두리', '오개도리'라고도 불린다. 오개도리는 일본어 '오케도리(桶取)' 또는 '오키토리(沖取)'라는 말에서 비롯되었다고 한다(멸치權現網水協發展史, 1990: 241).

17 1910년 기준으로 에히메현 우오시마 출신 어민 10호(남 15명, 여 13명)가 구조라에 거주하고 있었다(巨濟水協百五年史, 2013: 169).

해 있었다. 증명서는 조선인들의 관습을 존중하며, 서로의 존재를 인정하자는 내용으로 채워져 있다. 구체적으로 살펴보면, 부인들이 지나다닐 때에는 음담패설을 하지 말 것, 어업을 서로 융통할 것, 마을 앞에서 옷을 벗고 다니지 말 것, 일본 사람과 한국 사람이 서로 싸우지 말 것, 소와 개를 해치지 말 것 등이었다. 증명서 말미에는 일본 어민(망주)의 이름이 날인과 함께 표기되어 있다(古文書集成35, 1988: 643). 증명서에 대표자로 서명한 일본인 망주들 대부분은 구조라는 물론 우오시마에서도 재력과 지위를 겸비했던 특권층이었다(김수희, 2010: 110).

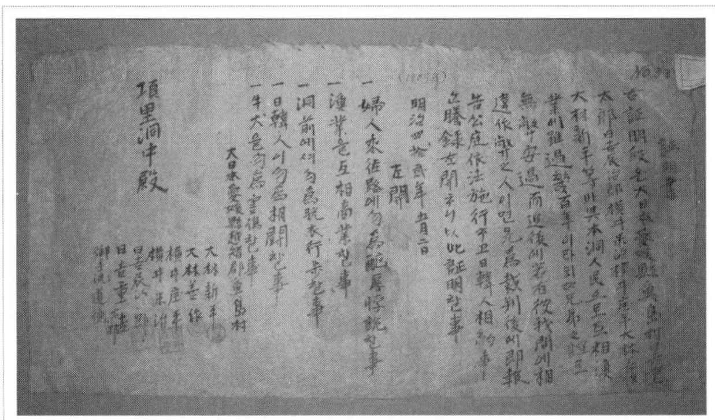

증명서(사진 제공: 일운면사무소)

에히메현에서는 구조라에 우오시마 이주민들의 어업근거지를 마련하기 위해 적극적으로 개입하였다. 1910년 에히메현은 구조라에서 어민들이 합법적으로 어업을 할 수 있게끔 한국정부에 어업권 4건을 출원했다. 1913년에는 현 차원에서 토지(6두락) 매입비로 240엔, 가옥 10호 및 물치장 건설비로 2,350엔을 지급했다(장수호, 2011: 370). 에히메현 우오시마 출신 이주어민 대부분은 멸치잡이 어업에 종사했다.

1921년 기준으로 멸치잡이 어업 종사자는 권현망과 건착망을 합해서 일본인 60명, 조선인 320명이었다. 일본인의 일급이 80전에서 1원 20전인 데 비해, 조선인들의 급료는 40전에서 1원이었다. 고등어 어업의 경우는 멸치 어업보다 일당이 높았다. 고등어 어업에 종사하는 일본인의 경우 1원에서 1원 80전이었으나 조선인은 80전에서 1원이었다. 일본인 어부는 에히메현이나 가가와현에서 충원되었으며, 조선인은 대부분 거제도 거주자들이었다(후루타 에츠조, 2001: 51).

구조라에 이주했던 일본인의 규모는 시기와 인용 자료에 따라 다소 차이가 있으나, 1915년을 기준으로 총 57호/184명이 이주해 왔다고 한다(慶南統營郡案內, 2005: 82). 다른 자료에 따르면 1920년 기준으로 구조라의 일본인은 총 42호/164명이었다. 이들 중에서 우오시마 출신이 30호/118명(남 56명, 여 62명)이었다. 우오시마 출신 이외에도 가가와현 출신이 5호/20명(남 8명, 여 12명), 나가사키현 1호/4명(남 2명, 여 2명), 후쿠오카현 2호/4명(남 3명, 여 1명), 히로시마현 2호/11명(남 6명, 여 5명), 오카야마현 1호/3명(남 1명, 여 2명), 기후현 1호/4명(남 2명, 여 2명)이었다(김수희, 2010: 111). 구조라에 이주한 가가와현 출신자는 어업 1호, 어부 2호, 상업 1호, 제과점(菓子屋) 1호였다(中井昭, 1967: 365). 에히메현과 가가와현 이외의 타현 출신자는 교사(나가사키현), 경찰관(기후현), 잡화상(후쿠오카현), 목수(히로시마현), 음식업(오카야마현) 등 주로 어업 이외의 직업에 종사했다.

일본인을 위한 기간 시설로는 구조라 공립심상소학교(이하 심상소학교), 심상소학교조합, 헌병출장소가 있었다. 1910년 설립된 구조라 심상소학교에는 1914년 3월 말 기준으로 학생 31명(남 17명, 여 14명)

에 교사 1명, 교장 1명이었다. 구조라학교조합 역시 1910년에 설립되었다. 1915년 학교조합에는 총 57가구/184명(남 96명, 여 88명)이 가입했다. 1914년 기준으로 학교조합은 학교 조림으로 총 면적 290정보, 식재 면적 100정보를 보유하고 있었다. 1921년에는 구조라 우편소에 전신전화 취급소가 개설되었다. 그리고 일본인 의사가 상주하고 있었다.[18] 구조라에 설치된 헌병출장소는 일운면 전역을 감시하였다. 당시 헌병경찰은 범죄 즉결처분권을 비롯하여 각종 권한을 갖고 있었으며, 식민지 주민들에게 태형, 구류, 벌금 등의 형을 부과할 수 있는 재판관이기도 했다(一運面史, 2010: 265).

1910년 강제 합병 이후 일본인들은 한반도 연해를 드나들면서 조업하는 단순 통어 차원에서 벗어나 '식민지' 구조라에 안정적으로 정착한다. 이를 위해 일본인들은 먼저 자녀들을 위한 교육시설과 자신들의 치안을 위해 헌병출장소를 설치했다.[19] 강제 합병 이전까지는 형식적으로나마 서로 대등한 관계에서 증명서를 체결하면서 상생을 도모했으나, 1910년 이후 구조라의 일본인들 역시 한반도의 여느 지역과 마찬가지로 식민지 조선에서 지배자로 군림하였다.

조선인과 일본인의 차별은 특히 교육 분야에서 두드러졌다. 그중에서도 구조라와 지세포처럼 일본인이 대규모로 이주했던 지역에서 더

---

18 1915년 현지 개업의로 가와하라 쿄오히라(江原恭平)가 거주하고 있었다(慶南統營郡案內, 2005: 57). 1921년까지도 지세포 가가와촌에는 의원이 없어 환자가 있을 때는 구조라에 있는 의사에게 진료를 받았다고 한다(中井昭, 1967: 329).

19 통영은 경찰서가 치안업무를 관장했지만 거제도는 헌병분견소가 그 역할을 담당했다. 거제헌병분견소 아래에 장승포헌병파견소, 송진포헌병출장소, 구조라헌병출장소, 저구미헌병출장소가 설치되어 있었다(慶南統營郡案內, 2005: 58).

욱 심각했다. 구조라와 지세포에는 일본인 자녀를 위해 건립된 심상소학교가 각각 한 곳이 있었다. 그러나 지세포에 공립보통학교가 건립될 때까지 구조라에는 간이학교만 있을 뿐 정규교육기관이 전무했다. 일본인 학생 숫자가 조선인 자녀들보다 현저히 적은데도 불구하고 식민정부는 조선인을 위한 학교 건립을 정책적으로 배제하였다. 이 같은 식민교육의 현실은 1927년도 동아일보 기사에 잘 나타나 있다.

> "거제 전도(全島) 구면의 교육기관으로 중학 정도의 학교가 한 개도 없는 것은 오히려 둘째로 공립보통학교(公立普通學校)도 겨우 세 곳이 있을 뿐입니다. 요사이 말로 하면 삼면일교(三面一教)인 셈입니다마는 이와 반대로 일본인의 공립소학교(公立小學校)는 일곱 곳이나 되나이다. 그중에서도 일운면(一運面) 같은 곳에는 구조라(舊助羅), 지세포(知世浦) 등에 공립소학교가 있어서 일면이교(一面二教)인데 공립보통학교라고는 그림자도 찾을 수가 없습니다. 그렇다고 일본인 인구가 조선인 인구보다 많은 것은 아닙니다. 오히려 다른 곳에 비하여 일본인의 거주율(居住率)이 훨씬 적으니 조선인 호수 1만 1천9백9십 호에 대하여 일본인 호수는 겨우 4백14호밖에 없으니 교육기관의 배치는 조선인 3천7백3십호에 공보교 1, 일본인 5십9호에 소학교 1의 숫자였습니다." (《동아일보》, 1927.07.15.).

1930년 고현리에 일운공립보통학교가 개교되기 전까지 일운면에는 서당과 강습소 몇 곳이 있었을 뿐이었다. 1913년 일운면의 서당은 11개소였으며 학생은 102명이었다. 일운면의 서당은 구조라, 망치, 와현, 예구, 지세포, 선창, 소동, 옥림 등지에 있었다. 1921년에는 장승포에 이운보통학교가 인가되었다. 구조라를 비롯한 일운면의 아동들은 서당이나 강습소를 거쳐 장승포의 이운보통학교로 진학하거나 일운면 내에 설치된 야학에 입학했다. 1930년 고현리에 일운보통학교가 설립되었지만 구조라 및 지세포와는 지리적으로 멀리 떨어져 있어 애로사항이 많았다. 지역유지들의 노력으로 1934년 지세포에 일운공립보통학교 부설 간이학교가 설치되었으며, 1937년에 이르러서야 마침내 일운면 제2공립보통학교가 건립되었다. 이때까지도 구조라에는 비정규 학교인 간이학교만이 운용되었다(一運面史, 2010: 288~291).

1930년 구조라 심상소학교(사진 제공: 일운면사무소)

한편, 1920년대 이후 구조라의 일본인 수는 급격하게 감소했다. 구조라 공립심상소학교의 학생은 1915년 36명에서 1920년에는 15명으로 줄어들었다. 1930년대에도 학생 정원은 15명이었지만 그중 반 이상은 조선인이었다(김수희, 2010: 112~113)고 한다.[20]

20 1930년(소화 5년)에 촬영된 구조라 심상소학교의 사진을 보면, 학생은 모두 17명이며 교사로 짐작되는 사람은 3명(남 1명, 여 2명)이다. 옷차림으로 미루어 보아

구조라에 정착했던 일본인의 인구 감소는 구조라 주변의 어장 및 어업 환경변화와 관련이 있다. 1930년대 주요 어종이 고등어, 전갱이, 명태, 정어리 등으로 바뀌면서 동해안의 방어진, 감포, 구룡포, 청진 등으로 어장이 확대되었다. 어선 역시 무동력선에서 동력선으로 전환되었다. 상대적으로 영세한 어민들이 무동력선으로 멸치를 어획했던 구조라는 어장으로서의 가치가 경감되면서 일본인 인구가 다른 지역으로 유출되었다(김수희, 2010: 113).

구조라를 떠나 다른 지역에 정착한 대표적인 인물로는 오바야시 킨지로(大林金次郎)가 있다. 그의 부친 오바야시 신페이(大林新平)는 1893년부터 거제도 구조라에서 어업과 제조업에 종사했지만, 동해안 지역으로 사업이 확장되면서 방어진에 사무소를 두고 건착저예망으로 전환하였다. 1913년 오바야시 신페이가 사망하자 그의 아들 킨지로는 어업근거지를 구조라에서 울산 방어진으로 옮겼다. 오바야시 킨지로는 구조라에서 2통의 멸치망을 운영했지만 방어진에서는 총 3척의 발동기어선으로 고등어 건착망을 운영할 정도로 재력가로 부상했다(김선영, 2014: 11~12). 구조라의 우오시마 어민들 역시 오바야시 킨지로를 따라 방어진으로 이동하였다(김수희, 2010: 113).

남획으로 어장이 황폐화되고 주요 어종이 바뀌면서 어업근거지로서의 구조라는 점점 경쟁력을 잃어갔다. 엎친 데 덮친 격으로 1933년에 연이어 태풍이 불어닥치면서 거제지역을 포함한 남해안 전역에 심각한 피해가 발생했다. 일운면에서도 전파 가옥 6채, 반파 가옥 29채,

뒷줄 남학생 2명과 가운뎃줄 남학생 2명 등, 4명은 조선인으로 추정할 수 있지만 외관만으로는 다른 학생들의 민족성을 구분하기란 어렵다.

침수 23채, 선박은 전파 23척, 반파 2척이었다. 그중에서도 구조라는 일운면에서 가장 피해가 컸던 곳이었다. 구조라에서 20여 채의 주택이 파도에 유실되었으며, 수재민 구호조차 어려운 지경이었다(一運面史, 2010: 286). 당시 소규모 무동력선이 대부분이었던 구조라 지역 일본인 멸치어업자들 역시 피해가 심각했을 것으로 짐작된다.

초기 구조라에 정주했던 일본인은 농토보다는 어장 확보에 중점을 두었던 것으로 보인다. 이것은 구조라의 일본인들이 논과 밭, 임야와 같은 토지가 아닌 멸치어막, 창고, 주택 등을 설치할 수 있는 대지를 주로 확보했었다는 사실에서 짐작할 수 있다.[21] 하지만 1920년대 이후 연안어업의 불황 및 인근 장승포의 성장으로 구조라의 일본인 인구는 점차 줄어들기 시작했다.

1930년대부터 일본인 어장주들은 일본인보다는 상대적으로 임금이 싼 조선인들을 대거 고용하기 시작했다. 어업기술을 터득했던 조선인 중 일부는 어로작업을 총괄 지휘하는 어로장(망쟁이)으로 승격되기도 했다. 한편, 이 무렵에는 고등어와 같은 회유성 어종을 동력선으로 어획하는 대규모 어업이 성행했다. 대규모 동력선 어업에서 뒤진 구조라는 1930년대 이후 값싼 조선인 노동자를 고용하여 무동력선으로 멸치를 어획하는 소규모 어촌으로 전락하고 말았다(김수희, 2010: 113).

21 1915년 기준으로 구조라에는 밭 80,062평, 논 53,135평, 대지 14,498평, 임야 5,429평, 잡지 및 묘지 5,945평 등 총 159,069평이 있었다. 구조라의 토지 중에서 밭 1,747평, 논 214평, 대지 10,157평을 일본인이 소유하고 있었다. 당시 구조라의 전체 대지 중 73%가 일본인 소유였다(김수희, 2010: 112).

## 4. 일본인의 흔적

지금 구조라에 존재해 있는 과거의 흔적은 현재의 기억과 결부되어 있다. 구조라에 남아 있는 일본인의 흔적들은 많지 않다. 해방 이후 일본인과 관련된 건축물은 그 주체가 사라지면서 변용되었거나 철거되었기 때문이다. 일본인과 관련된 기념비는 파손되어 매몰되기도 했다. 하지만 일부 건물과 공간은 해방 이후에도 같은 용도로 재사용되면서 아직까지 흔적을 유지하고 있다.

해방 후에도 멸치어막은 그대로 사용되었다가 멸치어업이 쇠퇴하면서 건물은 사라지고 장소만이 흔적으로 남아 있다. 심상소학교, 경찰주재소, 우체국 등의 건물 역시 철거되었고 그 장소만이 흔적과 기억으로 남아 있다. 현재 구조라에 남아 있는 일본인 관련 건물은 허물어져 가고 있는 단층 주택이 전부이다. 이층집으로 유명했던 건물은 한동안 여관으로 사용되었는데 지금은 철거되고 그 자리에는 다른 건물이 들어서 있다.

구조라에 남아 있는 흔적을 중심으로 공간배치를 재구성해 보면, 일본인들은 마을의 지리적 공간을 매우 효율적으로 이용했음을 알 수 있다. 외부에서 마을로 들어오는 입구에는 헌병출장소와 심상소학교를 설치했다. 1913년에 설치된 구조라의 헌병출장소는 1919년 3.1운동 이후 헌병경찰제가 보통경찰제로 전환되면서 경찰주재소로 이름이 바뀌었다. 일본인이 상주하는 학교와 헌병출장소(이하 경찰주재소)는 마을이 한눈에 내려다보이는 위치에 배치했다. 조선인은 주로 마을 안쪽에 거주했다. 조선인 거주지는 높은 곳에 위치한 경찰주재소에서 감시하는 시선에서 자유롭지 못한 곳에 있었다. 말하자면 조선인들은 식민지배의 상징적 건물인 경찰주재소와 심상소학교를 우러러보아야 하는 위치에 거주하고 있었던 것이다.

구조라의 일본인 흔적

식민 지배자들은 자신들의 상징적 권력기관을 피지배자가 지속적으로 의식하게끔 항상 눈에 보이는 마을 입구의 높은 장소에 배치했다. 한마디로 공간 배치는 권력의 우열이 확연하게 드러나게 하는 전략적 장치였다. 따라서 식민시기 구조라의 공간 배치를 통해 당시 누가 힘을 가지고 있었는가 혹은 누가 지시하고 누가 지시를 받는 위치에 있었는가를 쉽게 유추할 수 있다. 이처럼 일제강점기 구조라의 공간배치는 지배와 피지배의 표현인 동시에 지배자가 자신들이 관할하는 영토를 효과적이고 질서 있게 장악하는 수단이었다. 공간배치는 그 자체가 권력의 위계질서였던 셈이다. 지배자들은 공간배치를 통해 권력기관을 가시적으로 드러내면서 피지배자들에게 자신들의 힘을 과시했던 것이다.

구조라 춘당매

심상소학교와 경찰주재소 뒤편 산록에는 '춘당'이라 불렸던 일본식 사원이 있었다.[22] 춘당은 마을 사람들에게 '신사'로 기억되고 있다.[23] 춘

22 구조라에 있었던 춘당은 일본 진언종(眞言宗)의 창시자 홍법대사(弘法大師)를 모시는 사원이었을 개연성이 크다. '椿堂'이라는 명칭은 시코쿠 및 큐슈 지역 곳곳에서 찾을 수 있기 때문이다. 특히 오이타현 분고타카다시(豊後高田市)에는 椿光寺, 椿大堂, 椿堂 등의 건물이 있다. 홍법대사가 참죽나무(椿) 지팡이를 바위에 꽂았더니 그곳에서 물이 솟아났으며, 지팡이 끝에서 뿌리가 나와 거목으로 자랐다고 한다. '춘당'이라는 명칭은 그 참죽나무로 본당을 조성한 데서 유래되었다고 전해진다(www.showanomachi.com). 홍법대사와 관련된 신앙은 에히메현을 비롯한 시코쿠 일대에 광범위하게 분포되어 있다. 시코쿠 지역은 88개의 영장을 순례하는 시코쿠헨로(四國遍路)로 유명하다(이은경, 2012).

23 다른 문헌에 따르면, 마을의 북동쪽에 위치한 신사의 서쪽에는 묘지가 있었으며 신사와 반대 방향인 남단에 사원이 있었다고 한다(후루타 에츠조, 2001: 52). 하지만 남단에 있었다는 사원은 흔적이 전혀 없으며, 마을 사람들의 기억에도 남아 있지 않다.

당이 있었던 장소는 지세포에서 학동으로 이어지는 도로가 확장되면서 사라졌다. 춘당 자리가 도로에 편입되어 그 흔적조차 찾아볼 수 없는데도 마을 사람들은 아직도 춘당이 있던 뒤편 산록을 가리켜 춘당이라 부르고 있다. 춘당이라 불렸던 건물과 장소는 사라졌으나 춘당이라는 지명은 '춘당매(春堂梅)'라는 매화나무의 이름에 붙어 존속되고 있다. 과거 구조라심상소학교 자리에 식재된 매화나무는 한반도에서 가장 빨리 개화한다고 알려져 있는데, 사람들은 이를 '춘당매'로 부른다.[24] 춘당 옆에는 일본인 공동묘지가 있었다고 한다. 화장터는 구조라 해안에 있는 윤돌섬의 '에키바우'였다.

깨어진 비석

24 구조라초등학교 터의 춘당매를 알리는 팻말에는 다음과 같은 안내문이 적혀 있다. "춘당매(春堂梅), 대한민국에서 가장 빨리 피는 매화(白梅)로 알려져 있습니다. 매년 1월 10일경 꽃망울을 맺고, 입춘(2월 4일) 전후에 만개하지만 그보다 더 빠를 때도 있습니다. 수령은 120~150년으로 추정되며, 현재 구조라초등학교 교정 4그루, 마을 초입 1그루가 남아 있습니다." 안내문의 '춘당매'는 원래 명칭인 '椿堂'에서 '椿'이 '봄'을 뜻하는 춘(春)으로 오독되어 '春堂'으로 표기된 것으로 보인다.

심상소학교가 있던 장소 바로 아래 도로변 텃밭에는 뿌리만 남아 있는 비석이 하나 있다. 일제강점기에 5정보(혹은 2정보)의 임야를 마을에 기증했던 일본인을 기리기 위해 세워진 송덕비이다. 해방 이후 텃밭의 주인이 비석을 깨버리고 파편 중 일부는 담장을 쌓는 데 사용했다. 이후 비석을 파손했던 집안에서 우환이 연달아 일어났다. 비석을 훼손한 집주인은 원양어선에서 실족사했으며, 그의 딸은 회사에 다니다가 4층에서 떨어져 죽었고, 동생들은 차례로 사고를 당하거나 병으로 사망했다. 그러자 집주인의 어머니가 비석의 파편을 찾아 원래 비석이 있던 곳에 다시 맞춰 세우고는 매일 촛불을 밝혀 비석의 주인에게 치성을 드렸다고 한다. 비석 파손 이후 가족에게 불행이 연이어 닥치자 일제 잔재 청산이라는 사회적 혹은 정치적인 행위가 집안에 재앙을 불러일으킨 부정의 원인으로 지목된 것이다. 이렇게 해서 일본인의 송덕비는 증오의 대상에서 일종의 신성성을 지닌 대상으로 전환되었다. 지금까지도 남아 있는 비석의 뿌리는 배척과 두려움이라는 양면적인 감정 속에서 보존되고 있다.

마을 입구에서 구조라 반도의 수정봉으로 연결되는 통로의 양쪽 해변에는 멸치 어장막이던 자리가 모두 7곳이 있었다.[25] 어장막자리는 뒷개로 불리는 남서쪽 해안가에 5곳이 있으며, 앞개로 부르는 북동쪽 해안에는 2곳이 있다. 대부분의 어장막자리는 빈 공터로 남아 있어 다른 공간과 쉽게 구별된다. 일본인들의 거주지 및 가옥은 주재소에서 구

25 구조라에는 멸치 어막이 7곳이 있었으며, 각 어막에는 30여 명의 조선인 인부들이 일하고 있었다(이창언, 2014: 397). 어막마다 8개 정도의 솥이 있었는데, 부뚜막 하나에 대개 2~3개의 솥이 설치되었다. 이곳에서 삶고 햇볕에 말린 멸치는 부산 혹은 통영의 상회에 위탁판매되었다(김수희, 2010: 116~117).

조라의 목 부분에 해당되는 동쪽 사면을 따라 형성된 도로변에 위치해 있었다.

일본인 점방가옥

일본인은 어업 이외에도 조선인을 대상으로 2개의 점방을 운영했다. 동쪽 사면을 따라 이어지는 안길 끝 지점에 일본인 점방이 한 곳 있었으며, 또 다른 점방은 그보다 남쪽 해안가에 있었다. 점방이 들어선 곳이 조선인의 주요 거주지라는 점에서 점방의 주인은 일본인보다는 조선인을 대상으로 장사를 했다는 것을 짐작할 수 있다.

조선인들의 거주지가 끝나는 남동쪽 해안가에는 조선인 학생들을 위한 강습소가 있었다. 현재 강습소 건물은 남아 있지 않고 그 자리에 조그마한 공원이 조성되어 있다. 강습소가 있던 장소는 지금도 '학교마당'이라 불린다. 강습소 장소 근처에 조선소가 있었다. 조선시대 조라진이 있었던 이곳에는 선박 건조를 할 수 있는 조선소가 이미 갖추어져 있었다. 구조라에 정착한 일본인은 조선인과 공동으로 조선소를 운영하기도 했다(巨濟水協百五年史, 2013: 182, 186). 구조라에 일본인 목수가 살고 있었던 것으로 미뤄볼 때, 이곳 조선소에서 일본식 어선이 건조되거나 수리되었을 가능성이 높다. 해안이 매립되면서 조선소의 흔적은 사라지고 기억마저 남아 있지 않다. 구조라에 조선소가 있었다는 흔적은 문헌자료에서 찾을 수 있을 뿐이다.

식민지 구조라에 들어선 작위적이고 인공적인 건물과 도로들은 마을 주민들의 정체성과 괴리되어 있었다. 일본인들이 거주했던 장소와 마을 사람들의 유대는 정신적인 것이 아니라 형식적이고 물리적인 것이었다. 해방 이후 물리적인 유대마저 단절되거나 느슨해지면서 일본인과 관련된 장소들은 현재의 마을 정체성과 고립된 채 흔적으로만 존재하고 있다. 일본인이 남긴 건물과 경관이 허물어지고 사라지면서 장소의 외관과 관련을 맺고 있던 마을의 정체성 역시 크게 변화되었다.

구조라에서 일본인의 건축물이나 기념물이 남아 있지 않은 것은 해방 이후 일본인에 대한 반감에서 비롯된 것도 있지만 형성 주체가 다른 건축물이 용도에 맞지 않아 폐기되고 새로운 건축물이 건립된 영향도 있다. 또한 일본인이 본국으로 귀환한 다음 이곳에 남아 있던 건축물은 현재 살고 있는 주체들과 괴리되면서 기존의 상징적 의미를 잃게 된 탓도 있다. 일본인과 관련된 건축물이나 장소를 의도적으로 혹은 비의도적으로 없애는 장소 훼손은 궁극적으로 장소의 '무장소화'(에드워드 렐프, 2005: 197)로 이어졌다. 해방 뒤에 발생한 개인들의 인위적인 장소 훼손과 달리 1970년 이후 새마을 운동이라는 국가주도의 획일적이고 규격화된 경관 만들기는 식민시기 개별 장소의 중요성과 역사성이 더욱 철저하게 무시되거나 간과되는 현상으로 귀결되었다.

지금 이곳에 살고 있는 주체들에게 일본인이 남긴 공간과 장소는 자신들의 경험과 단절된 것이며 특별히 기억할 만한 경험이 내재되어 있는 장소도 아니다. 따라서 이런 장소와 공간에서는 개인적 정체성과 문화적 정체성은 물론 집단의 소속감 및 안정감을 불러일으키는 공감대가 형성되지 못한다. 또한 일본인과 관련된 공간과 장소는 그 자체로 다른 장소와 구별되는 차별성과 개별성을 내포하고 있으나, 그곳을 인지하거나 경험하고 있는 현재의 주체들과 단절되어 있는 탓에 의도적인 장소 훼손이 지속적으로 발생하고 있다. 요컨대 구조라에 살고 있는 사람들에게 과거 일본인이 거주한 공간과 장소는 여전히 피지배자의 입장에서, 혹은 내부자가 아닌 외부자의 시선으로 바라보았던 '타자'의 영역일 뿐이다.

현재 구조라 주민들의 의례적 장소의 준거점은 조라성 터와 별신제를 지내는 당산이다. 별신제는 풍어와 마을의 안녕을 기원하는 공동의 의례였다. 일제강점기에도 마을 주민들은 별신제와 당제를 지냈다고 한다. 수정봉은 바다를 향해 꽃 봉우리의 수술처럼 뻗어나간 반도 형상의 정상을 가리키는 이름으로, 이곳은 신성한 공간이면서 마을의 상징적 중심이었다. 구조라 주민들에게 수정봉은 일종의 성지로 이곳에는 개인이 묘를 쓰지 못한다. 조라성 터와 당산은 식민지배의 상징적 장소였던 춘당과 주재소를 마주보고 있는 수정봉 기슭에 있다. 일제강점기 구조라의 지리적 준거점이 마을 입구에 설치된 경찰주재소와 심상소학교가 인위적인 감시소였다면, 현재의 준거점은 보다 먼 과거 왜적을 감시하기 위해 설치했던 조라성과 공동의례로 전승되어 왔던 별신제를 모시는 당산으로 재정립된 것이다. 조라성과 당산은 현재 주거하고 있는 마을 구성원들에게 공동체라는 의식을 결집시키는 구심점 역할을 담당하고 있을 뿐 아니라, 마을 공동체의 정체성을 강화시키는 장소가 되었다.

일제강점기 조선인과 일본인은 거주 공간에서도 수평적이거나 대칭적인 구조가 아니라 수직적이고 비대칭적인 관계를 형성하고 있었다. 구조라에 정착한 일본인들은 조선인들의 생활 중심지와 상징적 장소를 훼손하기보다는 공간 배치를 새롭게 하여 권력의 중심점을 이동시켰다. 일본인들은 마을로 들어오는 입구를 장악함으로써 자신들의 권력과 힘을 가시적으로 드러냄과 동시에 마을 주민들을 수직적 관계를 통해 효율적으로 감시할 수 있도록 했다. 특히 마을에서 외부로 나가거나 들어오는 유일한 통로이자 입구에 위치한 경찰주재소는 일본인의 의도적인 공간 배치에서 비롯된 감시하는 시선으로, 이는 지배자의 힘을 분명하고 직접적인 방식으로 보여주는 규율 방식 중 하나였다. 경찰주재소를 지나 오른쪽으로 이어지는 도로는 일운면사무소가 있는 지세포로 연결되었고, 그곳에서 장승포로 가는 길이 개통되어 있었다. 지세포와 장승포는 일본인들이 대규모로 정주했던 곳으로, 구조라-지세포-장승포로 이어지는 식민지 권력의 수직적 구조는 하나의 도로로 연결되어 있었다.

장소의 특성이란 시간에 따라 변화한다. 장소의 특성 변화는 장소에 대한 주민들의 태도뿐만 아니라 경관의 변화와도 관련되어 있다. 일제강점기 경찰주재소는 해방 이후 이름만 변경된 채 '거제경찰서 구조라 지서'로 사용되었다. 해방 직후 우익단체 백골단이 구조라 지서를 점거하여 수많은 주민들을 빨갱이 혹은 부역자 혐의로 몰아 지서 뒤편 방공호에 가두었다. 방공호는 일본인들이 식민 말기에 미군의 공습을 피해 만들어 놓은 것이었다. 마을사람들은 백골단에 의해 앞바다에 강제로 몰려 들어가 소위 '빰치기'라는 징벌을 받았다. 백골단은 아버지와 아들까지도 서로의 뺨을 치도록 강제하는 비윤리적인 만행을 저질렀다. 과거 일제의 경찰주재소였던 곳이 해방공간에서 좌익 척결이라는 미명 아래 민간인들을 불법으로 처단하는 장소로 악용된 것이다. 일본의 '경찰주재소'라는 장소에 대한 경험과 '백골단 지부'로 사용된 경험이 더해지면서 특정 장소에 대한 주민들의 혐오감과 증오는 더욱 강화되었다. 행정기구가 개편되어 구조라 지서가 폐쇄되자 마을에서는 그 자리에 버스 정류장을 설치했다. 또한 방공호는 한국전쟁 이후 곧바로 메워졌다. 요컨대 매몰과 철거를 통해 과거의 경험과 기억으로부터 회피하고자 한 것이다. 이처럼 시대적 상황과 더불어 장소의 성격도 변화했다. 과거의 공간이 현재의 장소로 대체되었지만, 구조라에 거주하는 사람들의 기억 속에는 아직도 그 공간과 장소에 대한 경험이 뒤섞여 있다.

## 5. 구조라 주민들이 기억

일본 이주민에 대한 구조라 주민들의 기억은 대개 해방 직전 시기로 한정된다. 이런 제한은 구술자들의 경험에서 비롯된다. 주요 구술자들은 2013년 현지조사 시점을 기준으로 연령대가 80대 후반 및 90대 중반이었다. 이들이 일제강점기를 경험했던 시기는 1930년대 중후반에서 해방까지이다. 따라서 주민들의 기억으로 재현될 수 있는 일본인

이주어촌은 시기적으로는 해방 직전 무렵이다. 주민들이 기억하고 있는 구조라의 일본인 및 이주어촌에 대한 주민들의 기억은 매우 단편적이며 파편적인 형태로 재현된다. 그나마 과거를 기억하고 있는 지역주민들은 많지 않다. 그리고 구조라 주민들이 기억하고 있는 일본인 이주어촌에 대한 과거는 대개 '흔적'과 결부되어 있다. 즉, 흔적과 기억은 상호교차하면서 존재하고 있는 것이다.

1930년대 중후반부터 해방 직전까지 일본이 전쟁의 소용돌이에 빠져들면서 사회적으로 많은 변화가 일어났다. 어업분야에 종사하던 많은 사람들도 발동기를 장착한 규모가 큰 운반선은 물론 어선마저도 징발당해 몰락하거나 단순 소규모 어업으로 전락했다. 해방 직전의 구조라 역시 이런 상황에서 벗어나지 못했다. 일본인 어업자들은 보다 나은 어장과 생활환경을 찾아 인근 장승포나 부산 혹은 본국으로 이주한 상태였다. 구조라는 이주어촌으로서의 명맥만 겨우 유지하고 있었다. 구술자들에 따르면, 해방 직전 구조라에는 일본인이 전체 15가구 정도가 남아 있었다고 한다. 당시 구조라에 남아 있던 일본인은 권현망주 7명, 우체국장, 심상소학교 교장과 교사, 주재소 순사 등을 비롯하여 여관 및 상점(3곳) 주인들이었다. 마을 주민들이 기억하고 있는 일본인의 이름은 우체국장이었던 무라이 에이마쓰, 여관을 운영했던 고다마 후쿠, 상점을 경영했던 가지하라 등이다. 해방 무렵 조선인은 약 250세대가 살고 있었다고 한다.

지리적 특성상 농경지가 부족했던 구조라 주민들은 농사보다는 멸치 어장에서 일하면서 생계를 유지했다. 논이 귀했던 구조라에서 어업은 주요 생계수단이었으며, 그중에서도 멸치잡이는 아주 중요한 수입원이었다. 멸치잡이 어장 대부분을 일본인이 소유하고 있었기에, 논밭을 소유하지 못한 조선 사람들은 선택의 여지없이 일본인 어장주 밑에서 고용인으로 일할 수밖에 없었다. 일본인 선주 밑에서 어로장, 선장, 서기 등의 직책을 맡기도 했으나 대부분은 일반 선원이었다. 당시 권현망 어선들은 모두 목선이었다. 구조라에서 일본인들에 대한 기억은 멸치잡이 어선과 연계되어 있을 정도로, 이곳에서 멸치잡이는 일본인들이 장악하고 있었던 어업이었다.

멸치 어장막 터

구조라에서는 지금도 멸치 어장막터를 식민시기 어장주인의 이름이나 별칭을 따서 호명하고 있다. 해방 이후 여러 차례 주인이 바뀌었으나 어장막터의 이름은 바뀌지 않고, 과거 일본인 어장주의 이름이나 별칭으로 불리고 있는 것이다. 남서쪽 들머리에 있는 첫 번째 막터부터 차례로 '야바시 어장막터', '히오시 어장막터', '짜부랭이 어장막터', '이나바 어장막터', '무리이 에이마츠 어장막터'라고 불린다. 북동쪽 어장막터는 주재소 바로 아래에 '오오바시 이치고 어장막터'가 있고, 우체국이 있었던 곳 아래쪽 해변에는 '오오바시 니고 어장막터'가 있었다. 아직까지 일본인의 이름과 별칭이 사용되고 있다는 것은 구조라 주민들이 그 공간들이 과거 일본인의 것이었다는 사실을 인지하고 있음을 반증한 셈이다.

가난한 조선인들은 일본인 어장주 밑에서 멸치잡이 어선의 선원으로 혹은 어장막 일꾼으로 고용되었다. 구술자에 따르면 해방 무렵 구조라의 인구는 250세대 정도로, 이들 대부분은 멸치어장에 나가 일하면서 생계를 유지했다고 한다. 해방이 될 무렵에는 조선인이 권현망을 운영하기도 했는데, 이 시기 권현망 한 틀의 가격이 3만 5천 원이었다. 권현망 선주 중 일부는 해방 직전 보증금만 받고 어장을 넘긴 경우도 있었으나 대개는 조선인에게 어장을 맡겨두고 떠났다고 한다. 하지만 일본으로 돌아갔던 권현망 선주가 구조라를 다시 찾아 온 적은 없었다.

> "뱃사람들 전부, 조선 사람들이고, 일본 사람들은 선주지. 어로장, 선장, 서기 모두 조선 사람이 했지. 해방할 때가 되니까, 한 놈이 어장을 팔라고 하데요. 그래서 그 어장을... 우리 형제간이 많아요. 그래서 우리가 살라캤거든. 그때 그 어장이, 삼만 오천 원이면 컸어, 삼만 오천 원에 흥정을 해서, 오천 원을 보증을 걸었는데... 기한을 일주일밖에 안 주는기라... 그래갓꼬, 삼만 오천 원을 못 내놓겠더라고... 그래가지고 우리가 못 샀거든요. 일주일이 지나고 나니까 다른 사람이 달라 들어... 그 사람도 (기한을) 일주일 하니까 안 되는기라. (일본인 어장주가) 보증금을 받고 금년에 멸치어장을 해가꼬, 어장 값을 도라 그래가지고, 어장을 해가꼬 여기다 돈 줘라 그라고 가삐는기라... 그해

해방이 돼삔기라.. 그래가 그 사람은 보증금만 주고 어장 먹어삔기라. 자기 어장 돼삤어요." (전○현, 1922년생, 남)

구술자에 따르면, 해방 직전 면사무소 계장의 월급이 25원이었으며 군청서기는 37원이었다고 한다. 권현망 어선은 모두 무동력 목선으로 권현망 한 틀의 가격이 35,000원이었다는 점에서, 일제강점기 일본인 어장주의 사회경제적 지위는 농촌지역의 대지주에 못지 않았다고 할 수 있다. 당시 멸치잡이 어업은 사람의 힘으로 어획하는 단계여서 많은 노동력을 필요로 했다.

멸치 어선은 보통 5척으로 한 틀이 구성된다. 망쟁이(어로장)가 지휘하는 망배(어탐선)를 중심으로 두 척의 그물배(본선)와 뒷배 2척(운반선 혹은 연락선)으로 이루어진다. 그물배는 두 척으로 왼쪽 어선과 오른쪽 어선이 구분된다. 좌선은 '사카미'(サカミ)라 부르고, 우선은 마미(マミ)라 불린다. 어구와 작업형태는 많이 달라졌으나 권현망 어업에는 아직도 일본어 명칭이 많이 남아 있다. 당시 그물배 한 척에는 보통 15명이 승선하고 어탐선(망배)과 운반선 2척에는 각각 3명씩 승선했다고 한다. 따라서 멸치잡이 어선 한 틀에 대략 40여 명이 선원으로 종사하고 있었으며, 멸치를 삶고 건조하는 어장막에도 10여 명 이상이 있었다. 그러므로 멸치잡이 어장 한 곳에서만 50여 명이 넘는 인부들이 고용되어 있었다고 할 수 있다.[26] 구술자는 멸치잡이 어로과정을 다음과 같이 기억

26 김수희(2010: 115)는 멸치잡이 어업의 지휘체계는 이중체계로, 총책임자는 선두(선장)이며 그 아래 '망선'을 지휘하는 망쟁이가 2명 있었다고 기술하였다. 여기에서 말하는 '망선'(網船)은 망을 보는(즉, 어군을 탐색하는) 어탐선이 아니라 그물배이다. 그래서 두 척이다. 하지만 권현망에서 망쟁이(어로장)는 그물배가 아닌 어탐선에 승선하며, 그물배(網船)의 선장 혹은 선두는 어로장의 지시에 따라 그물을 투망

하고 있었다.

"일하는 사람들은 조선 사람들, 그때는 목선을 해가지고, 노를 저어가지고 댕기고, 노를 저어가지고 후리를 놓고, 두 척이서 여기가 바다 같으면, 이리 딱 들어와가지고, 배에서 가에다 둘러매가지고 배가 딱 대면 사람 하나가 딱 내려가지고 줄을 던지거든... 그라믄 양쪽으로 줄을 매가지고 여 배에서도 이런 물레 같은 거로 작대기다 매가지고 도는 기라. 노꼬리라고 하는 게, 그 돌아가지고, 얼추 다 올라 오믄 손으로 가지고 빼는 기라. 잡고 그물을 땡기는 거야. 다 얼추 다 돼 가면 배가 딱 붙는 기라. 붙으면 인자 그물이 끝 정도 올라오면, 그물이 코가 큰 이런 걸로 하고 오오비기라고, 큰 그물이 올라오고 나믄, 작은 기 인자 작은 그물이 올라오거든. 그기 수비라고 수빗줄, 이게 올라오고 나면 그 다음에 인자 바로 고기 잡는 불통그물이 올라오거든. 수빗줄이 올라오면 그때는 끌러삐리고, 배가 딱 붙어가지고 둘이서 땡기는 거야, 양쪽에서... 그래가지고 그물이 양쪽으로 실려가지고... 하여튼 다하고 나면 두 개 딱 붙어가지고 댕기는 기라. 댕기다가 후리 올라 가믄 놓고, 보통 노꼬리 돌고 하는 배에 많이 돌고 하몬, 한열서너 시, 본선이 열서너 시, 한 서른 명 되고... 그 다음에 인자 망보는 망배라고 또 있어 망꼬매이라고, 그거는 인자 후리로 둘이 놓아가면 여 차고 있는 기라. 여기서 딱 보고, 망꼬매이, 여기서 딱 보고 후리를 땡기면, 요 안에 멸치 들어가는 게 다 보이는 기라. 그라면 멸치가 얼매나 들어가는가 망꼬매이에서 다 보믄 알아. 그래가 인자 다 들어가면, 다 올리면, 바깥으로 나오고. 망꼬매이는 망쟁이까지 서이, 망쟁이 하나, 사람 둘이 그래 하고... 멸치 삶는 것도 배에서 안 삶어. 가에

하고, 벌리거나 조이고, 양망한다. 따라서 권현망의 지휘체계는 어로장을 중심으로 두 명의 선장이 보좌하는 형태라고 할 수 있다.

서 전부 다 삶거든... 멸치 실어 나르는 운반꼬매이 있는 기라. 목선 조그만 한 배가 멸치를 퍼 담아주면 그거를 싣고 갓으로 오는 기라. 그거도 사람 서이서, 인자 싣고 갓으로 오믄, 막에서 인자, 가에 사람이, 가에 어막사람이, 인자 내리 와서 배에서 퍼주면 받아가지고 올라가고... 이런 통에다 부어놓고, 물하고 부어넣고, 그것을 인자 떠가지고 솥에 갔다 넣는 기라. 그래 삶고 이랬어." (전○현, 1922년생, 남)

구술자의 말을 토대로 권현망의 멸치잡이 과정을 간단히 정리해 보면 다음과 같다. 멸치그물은 크게 멸치를 유도하는 날개그물과 멸치를 가두는 자루그물로 나뉜다. 날개그물은 다시 그물코가 큰 그물과 유도된 멸치가 빠져나가지 못하도록 하는 그물코가 작은 그물로 구분된다. 즉, '오비기'(大引網 또는 荒手網)라고 불리는 큰 그물과 '수비'(抽網)라 불리는 작은 그물이 있고, 끝부분에는 멸치를 가두는 자루그물(袋網)이 달려 있다(기선권현망수산업협동조합, 2010: 404~405). 두 척의 후릿배(그물배, 망선)가 자루그물부터 수비, 오비기 순으로 그물을 투망한다. 그물을 투망하면서 육지 쪽으로 그물을 끌고 간다. 그물 속에 든 멸치를 퍼 올리기 위해 육지 쪽으로 배를 붙인다. 육지에다 밧줄을 묶어 놓고 노꼬리라 불리는 물레를 이용하여 그물을 당긴다. 투망한 역순으로 그물을 끌어 올린다. 자루그물에 든 멸치를 커다란 족대로 퍼올려 운반선(운반꼬매이)에 옮겨 싣고는 육지의 어장막으로 운반한다. 이렇게 운반된 멸치는 어장막에 설치된 큰 가마솥에 넣고 삶아 마당에서 건조한다.

구조라에서 멸치잡이 어업과 함께 성행했던 것이 술집과 도박이었다. 점방을 운영하는 일본인은 각종 일용품을 판매하는 것은 물론 노름꾼들에게 뒷돈을 대주는 방식으로 돈을 벌었다. 노름꾼 대부분은 멸치

어장막에서 일하던 조선 사람들이었으며 일본인 점방 주인은 노름방만 빌려 줄 뿐 노름판에는 절대 끼어들지 않았다고 한다. 일본인들은 한편으로는 조선인들을 값싼 임금으로 고용해 멸치 어장에서 부를 축적하였으며, 다른 한편으로는 도박과 고리대금으로 값싼 임금마저도 빼앗아 갔던 것이다.

> "옛날에는 노름 같은 거, 도박이 좀 심했다고 하는데... 그래가지고, 뭐, 일본 사람들이 술장사를, 일본 사람이 하니까는, 술 먹여 놓고 도박해가지고 논 뺏고, 산 뺏고 이런 그런기... 누구는 그래가지고 술 먹고 논 두 마지기 날렸네, 한 마지기 날렸네 그런 이야기를 일본시대에 했다꼬 하면서, 그런 이야기를 많이 듣고 이랬는데... 일본 사람들이 노름을 (직접) 한 게 아니라 뒷돈 대준께. 한국 사람끼리 노름하고, 겨울 되면 농사 끝나면 할 일이 없으니까..." (김○윤, 1951년생, 남, 63세)

조선인 어부들은 자신의 어장을 침탈해가는 일본인 어장주에게 노동력을 제공하고 그 노동력으로 받은 대가마저 일본인들의 획책에 의해 다시 일본인의 손으로 흘러들어갔다. 도박과 노름으로 임금은 물론 토지마저 빼앗긴 조선 사람들이 상당수였다.

일제강점기 구조라에는 조선인을 위한 정규 교육시설이 매우 늦게 설치되었다. 1941년에 이르러서야 겨우 간이학교가 세워질 정도로 학교교육 환경은 열악했다. 정규교육 기관이 오랫동안 건립되지 않아 대부분의 조선인 아이들은 강습소에 다녔던 반면, 일본인 아이들은 병합 직후에 세워진 구조라심상소학교에서 교육을 받았다. 다른 지역과 마찬가지로 구조라에서도 조선인 학생들과 일본인 학생들 간의 교류는 거의 없었으며 서로 별도의 영역에서 살았다. 하지만 일본인의 기념일 혹은 축일에는 조선인 학생들도 지세포에 있는 신사에 가서 반드시 참배해야 했다고 한다. 축일 행사에 불참하면 야단을 맞거나 마루에 꿇어앉아 벌을 받기도 했다고 구술자들은 기억하였다. 구조라심상소학교는 일본인만을 위한 학교였지만 일부 조선인 학생들도 다녔다. 조선인 학생들의 부모가 일본인과 친분이 있거나 지역유지인 경우에는 아주 드물게 입학이 허락되었다고 한다.[27] 일본인 학교에서 수학했던 조선인들은 식민시기 면서기와 같은 행정직을 도맡았는데 해방 이후 이들은 구조라를 떠나 다른 곳으로 이주했다고 한다.

심상소학교와 관련된 마을 주민들의 기억 중 하나는 심상소학교 교정에 있었던 벚나무와 관련되어 있다. 해방 이후에도 심상소학교의 건물은 한동안 구조라국민학교[28]의 교사(校舍)로 사용되었다. 구술자는 자신들이 학교에 다닐 때도 벚나무가 있었는데 언제 누가 심었는지 관심을 두지 않았다고 한다. 그러다가 심상소학교의 초대 교장[29]의 손자가 찾아오면서 일제강점기의 '역사'가 새삼 전면으로 부각되었다.

"우리가 기억하는 기... 심상소학교 교장 선생님 자제분이 일본서

---

27 구조라강습소를 거쳐 구조라심상소학교에서 수학한 몇몇 조선인은 일제 치하에서 면서기로 일하기도 했다(一運面史, 2010: 318).

28 구조라국민학교는 1941년 6월 9일 일운제2공립국민학교 부설 구조라간이학교로 설립·개교되었으며, 1943년 3월 31일 일운남공립학교로 승격되었다. 해방 이후 1946년 5월 10일 구조라국민학교로 교명이 변경되었다가 1999년 9월 1일 학생 수의 감소로 폐교되었다(一運面史, 2010: 785).

29 1910년 11월에 설립된 구조라심상소학교의 초대 교장은 今岡義雄(巨濟水協百五年史, 2013: 168)이었다. 한편, 1910년 7월에 설립된 구조라학교조합의 초대 관리자는 兒玉長次郎(一運面史, 2010: 239)이었다.

왔대요. 뭐하로 왔는고 했드만은, 그 학교에, 우리가 어릴 적에 큰 벚꽃나무 안 있습니까... 우리가 지금 생각해 보면, 없어진 지 얼마 안 됐는데... 지금 생각하면 (꽃송이가) 장미꽃보다 컸습니다. 지금 거기 한 그루가 일운초등학교에 있는데... 그거는 잘고 이만뿐이 안하고... (없어진 벚나무의 꽃) 그거는 컸습니다. 큰 장미꽃만한 벚꽃이었는데... 그 나무가, 우리가 어릴 적에 초등학교 댕길 적에도 컸어요. 그 나무가 정문에 있었어요... 벚꽃나무가 있었는데, 그 벚꽃나무가 (일본 사람이 와서) 저그 할아버지가 심어 놓은 겁니다 그래... (자기가) 심상소학교 초대 교장 선생님 손자라고 글데요." (김○윤, 1951년생, 남)

구조라심상소학교 담장

과거 구조라심상소학교 터에는 지금도 아름드리 소나무와 벚나무가 몇 그루 남아있다. 17~18년 전에 일본에서 심상소학교 초대 교장의 손자가 찾아오면서 교문 입구에 있던 벚나무의 '역사'가 알려지게 되었다. 또한 손자의 방문으로 초대 교장을 역임한 그의 할아버지가 일본에서 벚나무의 묘목을 가져와 직접 심었다는 '사실'도 알게 되었다. 그는 할아버지가 생전에 심었던 벚나무를 보고 싶다고 말했으며, 그 벚나무의 가지라도 가져와 달라는 유언을 남겼다고 했다. 하지만 손자가 찾아왔을 때는 할아버지가 심었다는 벚나무는 이미 벌목된 상태였다. 그가 방문하기 3~4년 전에 이곳 초등학교의 교장이 나무의 밑둥치가 썩고 나뭇가지가 너무 커서 위험하다며 베어버렸던 것이다. 구조라심상소학교 교정에 있었던 벚나무는 당시 거주했던 '일본인 교장'에게는 아주 귀중한, 일본을 상징하는 나무였지만 해방 후 이곳에 근무했던 구조라초등학교의 '한국인 교장'에게는 그저 썩은 나무둥치에 불과했던 것이다.

한편, 일본인이 남기고 간 토지와 임야는 오래 동안 개인 소유로 '귀속'된 채로 있다가 1994년 구조라 마을의 지동궤[30]가 개방되면서 모두 마을 소유로 전환되었다. 해방이 되자 구조라 주민들은 일본인이 남기고 간 토지와 임야를 마을공동 재산으로 삼기로 합의했다. 국유지로 전환되는 것을 방지하기 위해 마을 사람 20여 명이 연판장 형식으로 개별 토지와 임야를 개인 명의로 등기했던 것이다. 가령 몇 번지 임야와 토지는 누구누구의 이름으로 등기를 하지만, 실제로는 마을 공동재산이라고 연기명한 문서를 작성해 두었던 것이다. 하지만 해방 이후 혼란기를 지나 6.25 전쟁을 겪으면서 연기명으로 작성된 문건의 존재는 시나브로 망각되었다. 개인 명의로 등기된 토지와 재산은 연기명했던 사람들이 사망하면서 후대로 상속되었다. 그런 와중에 1994년 지동궤가 개방되면서 연기명 명부의 존재가 알려지게 되었다. 마을에서는 연기명 문서와 등기부를 통해 마을 소유의 토지와 임야를 상속받은 개별 소

30 구조라 마을의 지동궤에 들어 있었던 문건들은 한국정신문화연구원(1998)에서 발행한 『고문서집성 35』에 그 전문이 수록되어 있다.

유주들을 파악한 후 그들에게 전후사정을 설명한 다음 몇 년에 걸쳐 어렵사리 마을재산으로 환수했다고 한다.

## 6. 망각과 기억 사이에서

1800년대 말부터 거제도 연안을 드나들며 멸치 어업을 했던 일본 어민들은 조일통상장정 체결 이후 구조라에 정착하기 시작했다. 일본 어민들의 단순 이주지였던 구조라는 1910년에 심상소학교와 헌병출장소가 설치되면서 식민 이주어촌으로 자리 잡았다. 초기 일본 어민들에게 구조라는 안정된 어로활동을 도모할 수 있는 해외의 임시 거처였다. 그러나 1910년 합병 이후 일본 정부가 이곳에 일본 어민들을 영구 정착시킴으로써 식민 지배를 공고히 하는 한편 어업 침탈의 전진기지로 삼았다. 구조라에 정착했던 일본 어민들은 멸치 어장을 독점하면서 부를 축적하였다. 이주 초기의 일본 어민들은 직접 어로활동에 종사했으나 후기에는 임금이 싼 조선인들을 고용하면서 단순한 어부에서 경영자로 전환되었다. 현재 구조라에 남아 있는 멸치 어장막터는 소수의 일본인들이 마을 어장을 독점했음을 보여주는 상징물이다.

일본인들은 마을을 한눈에 내려다볼 수 있는 들머리에 경찰주재소와 심상소학교와 같은 식민지배적 기관을 설치함으로써 자신들과 조선인들과의 위계관계를 경관에 표출하였다. 이런 의미에서 일본인 주도 아래 조성된 공간 배치와 경관은 상징적으로 지배와 복종이라는 메시지를 내포하고 있다고 할 수 있다. 하지만 일본인들의 경제적 이익과 지배의 효율성에 따른 공간 배치와 경관은 마을 주민들에게 공동체적 의미로 수용되지 않았다. 이는 순전히 지배자의 의도에 따라 만들어진 위계적 공간이었을 뿐이었다. 일본인이 남긴 멸치 어장막, 순사주재소, 심상소학교, 우체국 등의 건물과 공간은 해방 이후에도 한동안 유사한 기능으로 사용되었다. 그러나 마을 사람들에게 일본인의 건물과 공간은 정신적 혹은 심리적 애착이 결여된 곳이었다. 마을 사람들에게는 소중한 장소가 아니었기에 해방 후 일본인이 남긴 공간은 용도가 변경되거나 시나브로 허물어져 갔다. 해방 이후 이곳의 주체였던 일본인들은 사라졌지만, 그들이 남긴 건물을 경찰과 토벌대와 같은 새로운 권력기관 혹은 '지배자'가 접수하면서 서로 다른 흔적과 기억이 중첩되었다.

마을 사람들은 과거 이곳의 주체였던 일본인들을 파편화된 모습으로 기억하고 있다. 기억으로 재현되는 일본인 이주어촌의 모습은 멸치잡이 어업과 관련된 것이 대부분이었으며, 그 외 몇 개의 단상이 자리하고 있다. 흔적은 남아 있지만 기억과 단절되어 있는 곳도 있다. 다시 말하면, 건물과 공간이 본래의 상징과 의미가 소거된 채 단지 과거 일본인이 이곳에 있었다는 단편적 기억으로 되새김되고 있을 뿐이다. 일반적으로 과거의 흔적은 개인의 필요에 의해 또는 국가적 이데올로기의 부침에 따라 강조되거나 파괴되기도 한다. 일제강점기의 흔적과 기억은 대개 파괴되는 쪽이 많다. 기억 속의 많은 장소와 건물들이 시간의 흐름 속에서 이제는 흔적조차 없이 사라진 것들도 많다.

과거 구조라가 식민 이주어촌이었다는 흔적은 의도적 혹은 무의도적으로 파손되거나 점차 희미해지고 있으며, 시간이 흐르면서 이런 흔적을 기억하는 사람들도 사라지고 있다. 하지만 한동안 묻혔거나 사라졌던 집단기억들이 새롭게 주목을 받는 경우도 있다. 오랫동안 마을 지동궤 안에 봉인되었던 기록물들이 세상 밖으로 나오면서 그동안 공식적, 비공식적으로 해체되었던 과거의 기억들이 되살아나기 시작한 것이다. 해방 이후 일본인들이 남기고 간 재산을 마을 공동의 재산으로 처리하자는 연명서가 '발견'되면서 망각의 길로 들어섰던 기억이 되살아나 다시금 힘을 얻게 되었다. 마을 지동궤에 담겨 있던 문건들이 '기억의 터'로 자리를 잡게 된 것이다.

# 5장

## 통영 도남동 '오카야마촌(岡山村)'

5장
# 통영 도남동 '오카야마촌(岡山村)'

## 1. 통영 도남동 작은 발개

조선시대 통영은 1604년 삼도수군 통제영이 설치되면서 연해 방어의 중심지로 성장했다. 1895년 통제영이 폐지되자 통영은 고성군 춘원면(春元面) 관할 아래 놓였다가 1900년에 신설된 진남군(鎭南郡)에 편입되었다. 진남군은 1909년 용남군(龍南郡)으로 개칭되었다. 1914년 용남군이 거제군과 통합되어 통영군이 되었으며 춘원면은 통영면으로 바뀌었다. 통영면은 1917년 지정면(指定面)으로 편제되었다가 1931년 통영읍으로 승격되었다. 1953년 거제군이 분리되었고, 1955년 통영읍이 충무시로 승격되면서 충무시와 통영군이 분리되었다. 1995년 충무시와 통영군이 통합되어 통영시로 개칭되었다.

1800년대 후반에 조일통상장정과 조일통어장정이 차례로 체결되면서 일본 어민들은 전라, 경상, 강원, 함경 지역에서 '합법'적으로 조업할 수 있게 되었다. 통영에는 1900년 무렵부터 일본인이 정착하기 시작했다. 1910년 이후 일본인들이 몰려들면서 조선시대 군사도시였던 통영은 식민 수산도시로 전환되었다. 초기 통영에 정착한 일본인들은 주로 부산과 마산 등지에 정착했다가 재이주한 상인들이었다(차철욱, 2014: 331). 이후 통영에 정착하는 일본인 인구는 급속도로 증가했다. 1915년 당시 거주 일본인이 1,135호/4,472명으로, 통영은 경남에서 네 번째로 일본인이 많이 거주하는 곳이었다(김예슬, 2013: 26).

일본과 지리적으로 가깝고 조업환경이 유사했던 통영은 일본의 여러 현 출신 어민들의 각축장이 될 정도로 어장침탈이 극심했다. 일본 어민들이 집단적으로 이주·정착하면서 통영지역 곳곳에는 식민 이주어촌이 형성되었다. 산양면 도남리(현 통영시 도남동)에 오카야마촌(岡山村), 산양면(현 산양읍) 신전리에 도사촌(土佐村), 통영 항남동에 시마네촌(島根村), 중앙동에 나가사키촌(長崎村), 미수동에 히로시마촌(廣島村) 등이 건설되었다(통영수협백년사, 2014: 141~146). 현재 이들 식민 이주어촌의 흔적은 오카야마촌을 제외하고는 거의 남아 있지 않다.

작은 발개 혹은 남포(南浦)라고 불렸던 지금의 통영시 도남동에 과거 식민 이주어촌으로 건설되었던 '오카야마촌'[1]이 있었다. 일제강점기라는 역사적으로 특정한 시간과 식민 이주어촌이라는 특수한 공간에 남겨진 흔적을 통해 '지금 이곳'에 살고 있는 사람들이 '그때 이곳'에 살

1 현지에서 '岡山村'을 부르는 명칭은 세 가지이다. 한자음 그대로 '강산촌'으로 부르거나, '岡山'은 '오카야마'로 발음하고 '村'은 한자음 '촌'으로 새겨 '오카야마촌'으로 부르기도 한다. 일본식 발음 그대로 '오카야마무라'라고 부르는 경우도 있다. 여기에서는 일반인들의 호명법과 기존 연구자들(여박동, 2002; 김수희, 2010)의 용례를 따라 '오카야마촌'으로 표기한다.

았던 일본 이주민들을 어떻게 기억하고 있는지를 분석하는 일은 시급하다. 식민시기를 살았던 사람들 중에는 해가 갈수록 세상을 떠난 분들이 증가하고 있기 때문에 기억을 통한 재현이 점점 어려워지고 있다.

일제강점기 오카야마촌이라 불렸던 곳에 남아 있는 흔적들은 과거의 시공간을 담지하고 있을 뿐 아니라 지역의 고유한 특성과도 연관되어 있다. 그러나 흔적들은 그 자체로는 모호하고 불확실한 것이다. 따라서 흔적이 의미를 가진 실체로 가시화되기 위해서는 우선 흔적을 '발견'하고 해석하는 과정을 거쳐야 한다.[2] 흔적에 대한 해석은 지금 이곳에 거주하고 있는 사람들의 기억을 통해서 가능하다. '과거'의 흔적을 상기하고 해석하는 작업은 그때 이곳에 살았던 흔적의 주체이자 지금 이곳에서 회상하는 기억의 대상에 대한 해석이기도 하다. 제5장에서는 식민 이주어촌으로 건설되었던 통영 오카야마촌의 흔적과 일본어민의 집단 거주지였던 오카야마촌 및 그곳에서 살았던 일본인에 대한 지역 주민들의 기억을 살펴보고자 한다.

2 흔적 찾기는 지나간 한 사회의 무의도적 기억에 몰두하는 것이다. 말 없는 간접 증인으로서의 흔적은 높은 진실성과 신빙성 또는 확실성이 부여되는 자료로 간주된다(알라이다 아스만, 2003: 268).

## 2. 일본 어민의 어업이주

일본은 사방이 바다로 둘러싸인 열도이다. 이런 지역적 특성상 일본에서는 일찍부터 어업을 주업으로 하는 어민집단들이 많았다. 일본의 어민집단 대부분은 순수어촌을 형성하였으며, 가옥 내부에 정원이나 부속건물을 따로 두지는 않았다. 따라서 어민들의 취락은 좁은 공간에 가옥이 밀집되어 있는 군집형 집락을 이루고 있었다. 전통적으로 일본의 어민집단은 일종의 장인집단이자 소수집단으로 성장했기에 이들은 지역집단마다 어획방법이 특화되어 있다는 특징이 있다. 어획방법의 특화는 어장의 입지조건과 밀접한 관계를 맺고 있기 때문에 일본의 어민은 개별집단에 따라 잠수법, 낚시법, 어망법으로 특화되었다.

일본의 일부 지역에서는 어업을 전업으로 하는 어민집단에게 우라카타(浦方)라는 특별한 지위를 부여했으며, 이들은 농민인 지카타(地方)와는 구별되는 대우를 받았다. 우라카타에게는 농지 소유나 경작을 허용하지 않는 대신 일정 해역에 대해 특권적인 어업권을 부여했다. 일본 정부가 우라카타와 지카타로 주민을 분할하여 통치한 것은 농민의 어업진출을 제한하여 농업 생산을 유지하기 위한 농업 본위의 정책과 맞물려 있다. 또한 수군, 수병, 선원으로 부역시킬 우수한 어민을 손쉽게 징발하려는 의도도 있었다. 이런 정책적 필요성 때문에 일본 정부는 어민집단에게 특권적인 어업권을 부여하는 한편, 이들을 효율적으로 관할하고 통제했다(이토 아비토, 2010; 박화진, 2004: 52).

하지만 19세기 후반 일본의 사회경제적 기반이 흔들리면서 어민집단에도 변화가 일어났다. 이 무렵 연해 농촌 주민들이 어업에 진출하고, 상업의 발달로 수운업이 번창하기 시작했다. 어업권을 두고 기존의 어민집단들과 신흥 어민들 사이에 분쟁이 발생하면서 연해 농민과 어민집단은 상호 의존체계에서 경쟁관계로 전환되었다. 특히 지방정부와 막부에 부역(賦役)을 제공하고 대신에 일정한 권리를 보호받았던 전통적 어민집단은 막부시절 '지선어장'(地先漁場) 제도가 도입·발전되면서 입지가 크게 좁아졌다. 이에 어민집단들은 17세기 후반부터 급속하게 성장한 도시지역의 주민들에게 수산물을 공급하고 면작의 발달로 수요가 늘어난 어비(魚肥)를 생산하기 위해 일본 국내의 어업 후진지역으로 진출하기 시작했다. 하지만 지선어장이 확대되면서 출어지역 원주민들과의 충돌이 빈번해져 다른 지역으로의 출가어업이 쇠퇴하였다(오창현, 2011: 92~94).

어민집단은 어획물에 대한 수요 증가로 어업인구는 늘어났으나, 지선어장으로 인해 어획할 수 있는 어장이 감소되어 새로운 어장이 필요하게 되었다. 일본 어민집단에게 근해지역 어장을 대체할 수 있는 어장이 바로 '조선해'였다. 일제가 강제로 한반도를 점령하기 이전에도 한반도 주변의 바다는 일본의 이른바 '통어' 어업자들에게 이미 침식당한 상태였다. 따라서 일본 어민들에게 한반도 해역으로의 통어와 이주는 그다지 큰 문제가 아니었다.[3] 일본인의 한반도 어업이주는 한편으로는 1880년대 일본 국내의 불황 및 자연재해로 인한 배출요인이 있었으며, 다른 한편으로는 일본 중앙정부 및 지방정부의 적극적인 이주 장려와

3 일본 어민이 정착한 최초의 포구취락은 1879년도에 건설된 제주도 지역의 4개 어촌이다. 일본인 잠수업자들이 제주군 우면 서귀포리, 대정면 하모리, 신좌면 함덕리, 제주면 삼도리를 어업 근거지로 삼으면서 정착이 시작되었다(박중신 외, 2004: 544).

후원이 있었기 때문이다.[4]

일본 어민들이 집단으로 이주하여 정착한 곳에는 일본식 가옥과 주거지가 건설되었다. 일본인 이주민을 위한 식민 이주어촌은 주로 남해안에 건설되었으며, 해안선을 따라 평행하게 주거지가 형성된 곳이 대부분이었다(박중신 외, 2004: 546). 남해안은 동해안이나 서해안에 비해 어종이 풍부하고 해안선의 굴곡이 많으면서도 수심이 깊어, 어선이 정박하고 피난하기에 적합한 지형이라는 점에서 식민 이주어촌 건설이 고려되었다고 할 수 있다. 또한 지리적으로 일본과 가깝다는 이점과 더불어 일찍부터 부산에서 시모노세키, 오사카로 이어지는 항로가 개통되어 있었던 점도 작용했을 것이다.

한반도에 설립된 식민 이주어촌의 명칭은 조선의 고유 지명을 따른 것도 있다. 그러나 지명 대부분은 일본 어민들의 출신지에 따라 '오카야마(岡山)촌', '히로시마(廣島)촌', '에히메(愛媛)촌', '가가와(香川)촌', '지바(千葉)촌' 등으로 불렸으며, 간혹 지도자의 이름을 따 '이리사(入佐)촌' 등으로도 명명되었다.[5] 일본 어민들은 조선인 거주지와는 지리적으로 격리된 채 자신들만의 거주공간과 취락을 형성하였다. 즉, 조선인과의 충돌을 최소화하면서 동시에 조선 속에 새로운 '일본'을 재구성했던 것이다.[6] 오카야마현에서 이주한 어민들은 통영의 오카야마촌 이외에

4 일본의 해외 이민은 제국주의의 팽창과 함께 증가된 인구압과 식민지 획득 속에서 이루어졌다. 일본 국내 및 해외로의 '식민'(植民)은 국민국가의 수립, 자본주의의 진전, 농민층 분해, 사회적 궁핍, 자연재해 등과 맞물려 나타난 현상이다(임성모, 2008).

5 1914년 기준으로 경남지역(부산 포함) 일본인 이주어촌은 31곳이었는데 통영거제 지역이 15곳으로 거의 절반을 차지하고 있다(김승, 2010: 6~7).

6 이주자들은 '신천지'와 다름없는 식민지에서 영주(永住) 공동체를 형성하려는 경향

도 울산 방어진, 부산 절영도(영도), 고흥 나로도, 포항, 여수 등에서 주요 근거지를 확보했다.

## 3. 오카야마촌 건설[7]

1907년 오카야마현의 보조금으로 경남 통영군 산양면 도남리에 이주어촌이 건설되어, 1908년부터 1911년까지 매년 이주민이 '입식(入植)' 되었다(吉田敬市, 1954b: 514).[8] 오카야마촌에는 와케군(和氣郡) 이리(伊里)[9] 출신자가 중심 세력을 형성하였는데, 통영 도남리의 지형과 어장 조건이 이리와 유사해 이곳 출신자들이 이주 근거지로 선택한 것으로 보인다. 이리의 앞바다는 수심이 얕고 개펄이 많아 붕장어나 갯장어 어업에 종사하는 어민들이 많았다. 오카야마촌에서도 이리 출신 어민들

---

이 있었지만, 이들 모두 그 땅에서 평생 정착할 의도를 갖고 고국을 떠난 것은 아니었다(테사 모리스-스즈키, 2007: 185).

7 오카야마촌과 관련된 내용 중 별도의 인용표기가 없는 부분은 여박동(2002)의 저서 제8장 '통영 도남리 오카야마촌(岡山村)의 형성'을 참고하였다.

8 오카야마촌의 건설 년도는 문헌에 따라 차이가 있다. 오카야마촌의 건설 시기를 여박동(2002: 294)은 1907년이라 기술한 반면, 1915년에 편찬된 〈慶南統營郡案內〉와 1935년에 발간된 『朝鮮の聚落-中篇』에는 1908년(明治 41년)으로 표기되어 있다.

9 이리는 히나세 인근에 있는 어촌이다. 히나세가 세토내해를 마주보고 있는 바깥바다에 위치한 반면, 이리는 히나세보다 안쪽에 있으며 마을 가운데로 개천이 흐르고 있다. 이리와 히나세는 열차로 한 정거장 거리에 지나지 않지만 지세가 험악하여 과거에는 바다를 통하지 않고는 쉽사리 교류할 수 없는 지역이었다. 히나세 출신 어부들은 울산 방어진에 집단적으로 이주하였다(박정석, 2012). 이리와 히나세는 현재 오카야마현 비젠시에 소속되어 있다.

은 갯장어, 붕장어, 도미 등을 어획하기 위해 연승이나 삼치 유뢰망(鰆流網)을 주로 이용하였다. 빈촌에 속했던 이리에서 한반도로의 이주를 원했던 사람들은 어민들 중에서도 궁핍한 사람들이었다(神谷丹路, 2003: 204).

오카야마촌은 오카야마현이 1호당 300엔의 보조금을 지급하면서 건설된 이주어촌이었다. 1907년 13호를 시작으로 1908년 12호, 1909년 10호, 1910년 10호, 1911년 14호 등 총 59호가 정착했다. 이후 1924년에 5호, 1926년 9호가 추가로 이주하면서 73호로 확대되었다.[10] 오카야마촌은 1930년경 총 68호에 268명이 거주하는 어촌으로 자리를 잡았다. 오카야마촌 사람들은 동양척식회사로부터 자금을 대부받아 밭 2천 373평, 논 1천 67평을 구입하여 택지를 조성하고 이곳에 일본식 장옥을 건축하였다. 부족한 택지를 해결하고 선박을 안전하게 접안하기 위해 마을 앞 해안을 매립하고 방파제를 축조하였다. 그리고 마을 뒤편 임야 14정보에 소나무 8만 1천 그루를 심었으며, 나중에 마을 공동재산으로 불하받았다.

초기 오카야마촌 이주자들은 생계에 필요한 거주지 건설과 더불어 공동체의 단결과 신앙생활을 도모하기 위한 종교시설을 건립하였다. 1909년 3월 매립지 끝에 있는 작은 섬 통개도(筒箇島)에 아마테라스 오미카미(天照皇大神)를 모시는 신명신사(神明神祠)가 건립되었다.[11] 신

10 『朝鮮の聚落-中篇』에는 1908년에 23호, 1910년에 10호, 1911년에 18호를 이주시켜 오카야마촌이 형성되었다고 기술되어 있다.

11 신명신사는 1930년 설립허가를 받았으며, 경내에 에비수 신사(神祠)와 곤피라 신사(神祠)가 있었다(小山文雄, 1934: 214).

신사 터 앞 놀이터

사 경내에는 곤피라(金比羅) 신사와 에비수(惠比須) 신사가 같이 안치되었다고 한다.[12] 1920년에는 마을 뒤편 산록에 홍법대사당(弘法大師堂)과 공동묘지가 설치되었으며, 마을 왼쪽 언덕배기에는 88개의 영장(靈場)이 마련되어 경신애국의 장소로 이용되었다. 1910년 9월에는 심상소학교가 세워졌으며, 1911년에는 학교재단 관리와 경영을 목적으로 학교조합이 설립되었다. 주민들의 편의와 안전을 위한 시설도 들어섰다. 1912년 3월에 미륵도 우편국이 설비되었고, 1914년 12월에는 전신전화가 개통되었다. 1915년 12월에 폭 2.12미터 길이 90미터의 방파제가 축조되었으며, 1920년 4월에는 순사주재소가 설치되었다.

1914년 4월 남포어업조합이 설립되었다. 어업조합을 통해 공동체적인 생산방식이 지향되면서 어민들의 일탈을 방지하고 지도·감독하는 체제가 구축된 것이다. 1920년에는 어업조합이 중심이 되어 선어 수송 및 공동 판매를 시작하였다. 1929년 공동 수송의 판매 수입은 44

12 에비수신사는 1913년 1월에 건립되었다고 한다(여박동, 2002: 309).

만 엔에 이르렀다. 당시 농업 수입은 8천 엔이었다. 어업조합 이외에도 오카야마촌은 여러 조직체를 통하여 내부적으로 단결을 꾀하고 구성원들의 일탈을 사전에 방지하려는 장치를 마련했다. 오카야마촌의 조직체로는 청년단, 부인회, 보덕회(報德會)가 있었다.

청년단은 오카야마촌에 거주하는 모든 청년들을 구성원으로 하는 조직으로 월 2회 모임을 갖고 심신을 수련했다. 청년단이 구심점이 되어 소방대를 결성하고 도난과 화재 예방을 위해 야간 순찰을 실시하였다. 부인회는 마을에 거주하는 부인들이 모두 모여 만든 단체로, 매월 1회 정기적으로 모임을 갖고 심신수양과 가정생활에 대한 강론을 개최하였다. 또한 부인회는 매월 1회 마을 우물과 하수구를 청소했다. 보덕회는 1929년 7월에 설립되었으며, 마을 주민 모두가 가입 대상이었다. 보덕회의 설립 목적은 정기적인 모임을 통해 '국체관념'과 '경신애국'의 기풍을 함양하는 것으로 매월 첫째 날에 회합을 가졌다.[13]

이주 초기에는 생활수준이 낮은 이주어민들 때문에 오카야마촌은 주색과 도박이 만연했으며 폭력이 난무했다. 관리자는 사리사욕을 채우기에 바빠 이주어촌의 관리는 뒷전이었다. 게다가 어민들의 호주머니를 노리고 술집 혹은 요리점 형태로 운영되던 창녀집 애매옥(曖昧屋)이 12개소에 달했다(神谷丹路, 2003: 201).[14] 오카야마현은 이주어촌 형성 초기의 문란한 질서를 바로잡고 어민들의 정착을 위하여 일

13 오카야마촌의 공동 단결을 위해 설립된 청년단, 부인회, 보덕회의 규칙은 『朝鮮の聚落-中篇』(102~106쪽)에 그 전문이 게재되어 있다.

14 1901년 이전에 이주한 일본인은 대개 일본 국내에서 생활 기반을 잃고 위기적 상황에 처해 있던 사람들이었다. 특히 여성들은 전업자 절반 이상이 '공창'이었다(다바타 가야, 1996: 17).

본 농상무성에 유능한 관리자 파견을 의뢰했다. 농상무성이 선정하여 관리자로 파견한 사람은 하다켄안(波田兼晏)이었다. 하다켄안은 야마구치현 사족 출신으로 일설에는 승려였다고 한다.

1910년 오카야마촌의 관리자로 부임한 하다켄안은 먼저 이주어민들의 자녀들을 교육시킬 학교를 설립했다. 동시에 어민들의 양식문제를 해결하고자 동양척식회사에서 대부를 받아 전답 9정보를 확보하였다. 전답의 규모는 나중에 20정보로 늘어났다. 하다켄안은 자녀교육과 양식문제를 해결한 다음 마을 내 풍기단속과 함께 술집들을 몰아냈다. 1914년 남포어업조합을 조직하여 조합장이 된 그는 어업조합 설립과 동시에 오카야마현, 조선총독부, 경상남도 등에서 보조금을 수령하여 대규모 매립공사와 방파제 건설을 시도했다. 섬이었던 통개도는 매립공사로 오카야마촌과 연결되었다. 하다켄안은 농어업 겸업으로 생활안정을 도모하고 마을 내 학교와 종교시설을 구비하여 이주민들에게 토착심을 일으켜 안주케 하는 것을 목적으로 삼았다. 하다켄안은 이주민들에게 식민지 조선 땅에 뿌리를 내리고 안정된 생활을 도모하여 이곳을 마지막 거처로 삼으라고 강조했다(神谷丹路, 2003: 202).

식민지 조선에서 일본인 이주어촌으로 성장한 오카야마촌은 '모범어촌'이라는 칭송을 들을 정도로 발전하였다. 1919년 말 기준으로 오카야마촌은 총 72호에 293명이 거주하고 있었다. 어업의 종류와 어선 척수, 연간 수입을 살펴보면 다음과 같다.

표 1. 오카야마촌의 어선규모와 연간 어획고(1919년 기준)

| 어업의 종류 | 어선 규모 | 연간 어획고(엔) |
|---|---|---|
| 하조망(蝦漕網) | 10척 | 2,100 |
| 조연망(鯛延網) | 10척 | 8,000 |
| 예(鱧), 해만(海鰻) 연승(延繩) | 35척 | 28,000 |
| 온(鰮) 선예망(船曳網) | 1통 | 4,000 |
| 호망(壺網) | 5통 | 500 |
| 소호(蛸壺) | 4척 | 800 |
| 해서(海鼠) 형망(桁網) | 5척 | 1,000 |
| 총 7종 | 70척 | 44,400 |

자료 출처: 朝鮮總督府(1923: 151~152)

1919년 당시 오카야마촌의 어업은 총 7종이었으며, 어선 70척(통)에 연간 어획고는 44,400엔이었다.[15] 1호당 평균 수익은 634엔이었다. 어업의 종류에 따라 연간 어획고에서 차이가 크다. 도미잡이와 장어잡이는 척당 어획고가 800엔에 이르렀지만 다른 어종에서는 척당 100엔에서 200엔에 머물렀다. 주 어종은 새우, 도미, 장어, 멸치, 해삼 등 연안 가까이 서식하는 수산물이며, 대부분 소규모 인원과 소형 선박으로도 작업할 수 있는 어법을 사용하였다. 그중에서도 장어 연승어업에 종사하는 어선의 척수가 전체 어선의 절반을 차지한 것은 오카야마촌을 형성했던 주체가 오카야마현 이리 출신자라는 점과 밀접한 관계가 있다.

오카야마촌은 발족 당시 총 62건의 어업 면허를 신청하여 단지망

15 오카야마촌 이주 조건에 '최근 2년 이상 어업에 종사하고 처와 함께 이주할 수 있는 자, 견폭 5척 이상의 어선을 소유하는 자'라는 규정이 명시되어 있다(여박동, 2002: 305).

35건, 멸치망 6건 등, 합계 41건을 취득하였다(神谷丹路, 2003: 200). 오카야마촌에서 취득한 어업 면허의 규모와 범위는 이들이 일본인이기에 가능했던 것이다.[16] 오카야마촌은 초기 일본 어민들의 단순 이주어촌으로 시작되었지만, 하다켄안이 파견되면서 점차 일종의 공동체로 변모되었다. 마을은 종교적으로는 물론 사회·경제적으로 공동체와 같은 체제로 운영되었다. 이주민들의 방종과 분열을 방지하기 위해 음식점이나 요리점 등의 개업이 허용되지 않았다. 또한 4개소로 늘어났던 일용잡화점이 하나로 병합되어 〈오카야마촌구판매조합(岡山村購販賣組合)〉으로 재탄생되었다.

오카야마촌은 초기의 반농반어 및 단순 어업에서 벗어나 전남지역의 새우를 구매하여 축양하거나 인근 지역에서 포획한 어류를 구매하여 일본으로 수송 판매하는 어류 운반업을 병행하면서 급속도록 성장했다. 또한 오카야마촌에서 바다 건너 마주보고 있는 거제 화도에 멸치 어장막을 설치하는 등 어업의 다변화를 도모했다(거제수협백오년사, 2013: 202). 하지만 1939년 이후 전쟁의 여파로 어업조합이 합병되거나 해산되고 운반선마저 징발되면서 오카야마촌은 다시 반농반어로 전환되었으며 점차 몰락하기 시작했다. 이주어촌으로 건설된 오카야마촌 역시 국가 주도의 전쟁에서 자유롭지 못했던 것이다.

16 1924년 무렵 통영의 어업상황을 보도한 《동아일보》 영문판 기사에는 실질적으로 어업 종사자에 한하여 한 사람 당 한 개의 어업허가를 취득하도록 했으나 일본인들 중에는 어업에 직접 종사하지 않는 사람이 수십 개의 어업허가를 취득해 조선 어민들에게 사용료를 받고 임대하고 있다고 지적했다. 1924년 동아일보 통영 주재 기자가 작성한 동아일보 기사에는 어업권을 취득한 일본인들은 어부들이 아니라 어업권을 쫓아다니는 사냥꾼으로 비유되어 있다(《동아일보》 영문판, 1924.02.19.; 재인용 통영안내, 2007: 89~90).

한편, 일본인 이주어민들의 정착촌이었던 오카야마촌에 1943년 4월 해원양성소가 설치되었다. 해원양성소는 보통해원의 간부 또는 소형선박의 직원을 양성할 목적으로 항해과와 기관과를 두었다. 정원은 80명으로 1년 과정이었으나, 1945년 3월 당시 수업 횟수가 단 2회뿐이었으며 수업 받은 교육생도 64명에 불과했다(손태현, 1996: 221). 이는 전쟁 막바지에 부족한 해원을 양성하기 위해 해원양성소가 설립은 되었으나 제대로 운영되지 못한 현실을 고스란히 반영하고 있다.[17] 오카야마촌은 일본 정부의 도움을 받아 식민 이주어촌으로 건설되었지만 전쟁의 소용돌이 속에서 운반선들이 징발되고 해군 병력을 양성하려는 의도로 해원양성소가 들어서면서 결국 후방기지화 되었다.

## 4. 오카야마촌의 흔적

일반적으로 어촌은 입지 조건과 취락 형태에서 농촌과는 구별되는 특징을 보인다. 취락은 어장과 가까운 곳에 있어야 하고 배를 정박하기에 편리한 부두가 있어야 한다. 취락 형성에서 필수적인 요소는 마실 물을 얻을 수 있는 우물의 존재였다. 어촌마을은 대개 어획물을 교역할 수 있는 배후지이자 중심지인 농촌마을이나 도시 인근에 형성되었다.

17 구술자들은 해원양성소가 일본 소년들을 대상으로 한 예비 해군 양성기관으로 기억하고 있었다. 해원양성소는 해방 후 통영상선학교로 운영되었다가 1946년 진해고등상선학교와 통합된 이후 한국해양대학교로 발전하였다. 통영의 해원양성소 건물은 해방 이후 통영상업학교(현 동원고등학교)의 임시교사로 활용되었다.

어촌은 주로 좁은 만(灣)이나 포구 혹은 하천 입구의 제한된 공간에 취락이 밀집된 형태로 조성되므로 경관상 농촌의 취락과는 쉽게 구별된다. 어업을 위주로 하는 어촌의 취락은 해안선을 따라 경사지형에 들어서며 배산임해(背山臨海) 형태로 형성되었다(김지민, 1992: 57).

오카야마촌의 입지 조건 역시 한반도 도서지역의 여느 어촌과 다르지 않다. 오카야마촌은 동쪽으로는 해안선이 바다로 열려 있지만 서쪽은 높은 산이 가로 막고 있어 서풍을 피할 수 있는 입지를 갖추고 있다. 오카야마촌의 남쪽은 육지가 바다로 돌출하여 남쪽에서 불어오는 바람을 막아주고 북쪽에는 통개도라는 무인도가 있어 파도를 막아준다. 일본인들은 정착지와 무인도를 연결하는 방파제를 건설하여 어선이 안전하게 정박할 공간을 확보하였다. 또한 마을 앞의 해안선을 매립하여 주택과 각종 시설물을 건립할 수 있는 대지를 마련하였다. 마을 뒷산의 수원지를 개발하여 음용수로 사용하였으며, 거주지 곳곳에 우물을 마련하여 평상시에 사용할 수 있는 물을 확보하였다. 동쪽으로 트인 바다 한가운데 있는 섬 통개도에 건립된 신사와 남쪽 사면에 마련된 '영장'은 오카야마촌 이주민들에게 장소에 대한 의미와 신앙심을 표출하는 곳이었다. 특히 학교는 '조선에 뿌리를 내리고' 이곳에서 안정된 생활을 도모하려는 의지의 표현이자 실질적인 매개체였다.

오카야마촌의 일본인들은 해안선을 따라 주거가옥을 지었다. 가옥은 일본식 장옥 형태로 건립되었다. 장옥은 2열로 구성되었으며 직렬형으로 배치되었다. 장옥과 장옥 사이에는 골목을 두어 이동을 편리하게 했다. 감독관이 거주하는 가옥은 직렬로 형성된 가옥군 바로 앞에 두어 이주민들의 관리와 감독을 용이하도록 배치했다. 가옥군 중간에는 상점이 있었고, 가옥군의 남쪽 끝에는 선박을 수리하거나 건조할 수 있는 조선소가 들어섰다. 학교와 우체국은 조선소 옆에 있었으나 학교는 나중에 지금의 남포초등학교 자리로 이전되었고 우체국은 마을의 북쪽 들머리에 우체국장의 사택과 함께 별도로 건립되었다. 이주어촌 초기에는 지역의 중심지이자 교통의 거점인 통영읍으로 이어지는 길이 바닷길이었는데, 후기에는 해저터널[18]이 개통되면서 육상으로 연결되었다.

오카야마촌은 일상생활에 필요한 시설이 계획적으로 만들어졌고 배치되었다. 즉, 장소로서의 오카야마촌은 '일본인 공동체'라는 개념이 반영되어 의도적으로 창출된 곳이다. 초기 이주민들 대분이 그렇듯이 이곳에 이주한 사람들도 이리에서 생계가 막막해진 궁핍한 하층민이 대다수였다. 이리는 세토내해를 마주하고 있는 히나세보다 더한 빈촌으로 지세가 험악하고 육지와 격리되어 이 지역 사람들 또한 다른 지역과 자주 왕래하기는 힘들었다. 따라서 물자가 풍부하지 못하고 어장도 제한되어 있어 어업 위주의 생활을 하던 이리 사람들 중에서 궁핍하거나 구직이 어려운 어민들은 한반도로의 이주를 적극 고려하지 않으면 안 되었다. 초기 이주민들 중에는 제한된 어로구역 때문에 어쩔 수 없이 밀려나온 어민들도 있었으나 부랑배 및 건달도 포함되어 있어 술과 도박에 빠져 문란한 생활을 하는 사람도 많았다. 여느 이주어촌처럼 오카야마촌의 이주민들 역시 공동체의 '관리대상'으로 간주되었으나, 상

18 1927년 5월에 공사를 시작하여 5년 6개월 동안 통영반도와 미륵도 사이의 '판데목'을 파고 넓혀서 1932년 12월, 길이 1,420m, 수심 3m의 통영운하가 건설되었다. 운하가 건설되면서 판데목을 이어주던 기존의 다리가 철거되었고 그 자리에 길이 461m, 높이 3.5m, 폭 5m의 해저터널이 개통되었다. 당시 일본인들은 해저터널을 도요토미 히데요시(豊臣秀吉)의 벼슬 이름을 따 '태합굴(太閤掘)이라 불렀다(김재홍, 2004: 46).

대적으로 관리 수준은 매우 엄격하였다.

오카야마촌의 관리자는 이주민들을 직선으로 배치된 장옥에 가족 단위로 거주시켜 조직적인 통제가 가능하도록 했다. 관리자의 가옥은 2열로 배치된 장옥의 전면, 즉 바다에서 마을로 드나드는 마을의 중앙에 두어 실질적인 관리 기능과 더불어 상징적으로도 통제할 수 있는 위치에 있었다. 이주어촌은 합리적 계산에 따른 직렬형 공간 구획과 공간들을 이어주거나 나누는 격자형 도로와 통로로 이루어져 있다. 이처럼 오카야마촌의 거주경관은 사회질서와 사회통제는 물론 종교적 혹은 문화적 장치에 대한 다양한 단서와 메시지를 포함하고 있다. 하지만 현재의 시점에서 그 흔적을 찾아내고 읽는 작업은 쉽지 않다.

해방 이후 일본인 이주민들이 떠나 무주공산이나 다름없던 오카야마촌에 사람들의 전출입이 잦아지면서 많은 것들이 사라지고 기억에서 멀어져 갔다. 무엇보다도 오카야마촌을 포함한 도남동 일대가 관광단지로 개발되어 일본인들의 흔적은 철거되거나 매몰되었다.[19] 일본인들의 흔적이 매몰된 장소에는 새로운 공간이 형성되었으며 그 자리에 관광객을 위한 색다른 시설들이 들어섰다. 그러므로 오카야마촌의 흔적을 일반 관광객의 눈으로 확인하는 작업은 용이치 않다. 마을 앞의 바다가 매립되고 도로가 확장되어 오카야마촌의 흔적은 골목길 안쪽으로 들어가야만 마주할 수 있다. 그나마 남아있는 오카야마촌의 흔적도 도로변의 높고 큰

19 1977년 6월 정부에서 도남 관광단지 개설계획을 수립했었지만 국내외 여건 변동으로 개발시행이 지연되었다. 이후 '88 서울올림픽' 유치가 결정되면서 본격적으로 개발되기 시작했다. 1982년에 기본 계획이 수립되고 1983년부터 1987년까지 5개년에 걸쳐 완공되었다. 2012년에는 도남동을 포함하여 미륵도 전체가 관광특구로 지정되었다.

건물에 가려 시야에서 멀어져 버렸다.[20] 흔적은 기억 속에서 또는 기억을 통해서 그 의미를 드러낸다. 하지만 골목길 안쪽에서 마주치는 흔적들을 통해 과거 이곳에 살았던 일본인들에 대한 기억을 회상하는 일은 쉽지 않다. 흔적은 기념되지 못하고 망각되거나 소멸되어 가고 있으며 흔적의 주체들을 기억하는 사람들도 아주 소수에 불과하기 때문이다. 현재 남아 있는 일본인 가옥의 흔적과 지금 이곳에 거주하고 있는 주민들의 기억에 따라 오카야마촌을 그림으로 표시하면 다음과 같다.[21]

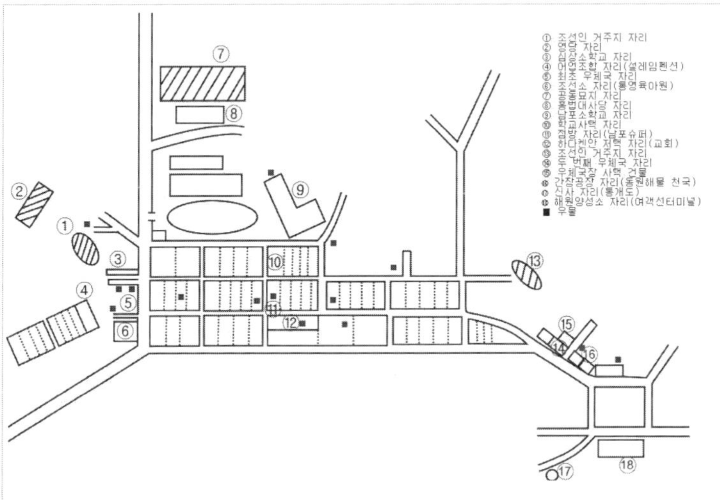


오카야마촌의 주요 공간 배치 추정도

20 오카야마촌은 지리적으로 도심에서 떨어져 있으며, 대규모 토목공사나 재건축 사업이 진행되지 않았기에 온전치는 않지만 아직까지 일제강점기 건물의 흔적이 남아 있게 되었다. 참고로 통영시 미수동에 있었던 히로시마촌은 통영대교 건설(1998년)로 완전히 사라졌다.

21 김준(2009: 49) 및 김준 외(2006: 506)의 논문에서 오카야마심상소학교 자리로 추정된 장소는 오카야마 신사가 있던 곳이다. 이들 논문의 지도에서 신사 및 하다켄안 송덕비가 있었다고 표시된 장소는 큰 발개에 속하는 곳이다. 어항이 축조되었다는 공간 역시 큰 발개에 해당된다.

작은 발개로 불리던 오카야마촌은 일본인들이 오롯이 거주지로 마련하여 살았던 이주어촌이었다. 조선인들은 인근 큰 발개를 터전으로 삼아 살고 있었다. 큰 발개에 비해 작은 발개는 동쪽이 바다로 향해 있어 샛바람이나 태풍의 위험에 노출되어 있는 형국이다. 지형적으로 바람을 피하거나 어선을 정박할 만한 곳이 없어 작은 발개에는 소수의 조선인만 살고 있었다. 일본인들은 작은 발개에서도 바람을 피할 수 있는 산 아래쪽에 주거지를 마련하였다. 구술자들의 기억에 따르면 일본인 장옥의 양쪽 가장자리 바깥에 조선인 가옥이 각각 4, 5채 정도 있었다고 한다. 1928년 이곳을 방문한 동아일보 기자는 '즐비한 기와집이나 정제된 도로의 규모가 여타의 섬에서 볼 수 없는 풍경'이라면서 '모범 어촌'으로 알려진 오카야마촌을 기술한 후 90여 채의 가옥 중 조선인 가옥은 20채 미만이었다고 덧붙였다. 조선인 가옥이 20채 미만이라는 기사의 내용은 일본인 이주어촌이었던 오카야마촌에 조선인들도 소수 섞여 살았다는 것을 말해 준다.

> "즐비한 기와집이나 정제된 도로의 규모가 섬(島)에서는 좀처럼 찾기 어려운 어촌입니다마는 구십여 호나 되는 이곳에는 조선 사람의 집이 이십호 미만입니다. 일본 사람 중에서도 강산현(岡山縣) 사람이 많이 사는 까닭에 이 이름을 얻은 것이라나요? 생선무역(貿易)차로 모인 발동기선(發動機船)이 앞바다를 덮었는데 물 가운데로 돌출한 언덕에는 신사(神社)가 있고 이 언덕에서 저 언덕으로 건너가기 위하여 격랑(激浪)이 꿈틀거리는 단애(斷崖) 사이에 지월교(指月橋)라는 다리가 가설되어 있습니다."(《동아일보》, 1928.07.04.).

동아일보 기사로 미루어 볼 때 1920년대 말경 오카야마촌의 주업은 이미 단순 어업에서 생선중개업 혹은 무역업으로 전환되었음을 알 수 있다. 당시로서는 최신식이었던 발동기 장착 생선운반선들이 오카야마촌 앞 바다에 즐비했다는 기술은 일본인 이주민들이 이곳에 정착한 지 십수 년 만에 거대 상업 집단으로 성장했음을 반영하고 있다. 하지만 그때 이곳의 경관과 건물의 모습은 지금 이곳에서의 흔적을 통해 유추할 수 있을 뿐이다. 당시 오카야마촌의 부유함의 정도와 수준은 숫자로 나열된 어선 척수와 어획고로는 쉽게 파악되지 않는다. 다만 오카야마촌의 경제적 풍요는 1928년 7월 4일자 동아일보 기사에서 옆 동네 영운리와 비교한 대목을 통해 어느 정도는 짐작할 수 있다.

동아일보 기자는 오카야마촌을 거쳐 영운리에서 한산도로 가기 위해 작은 어선을 빌려 타게 되었다. 오카야마촌의 부유한 광경을 목격한 후 이 조선인 기자는 다음 행선지인 한산도로 가고자 고개 너머 영운리에서 배를 탄 것이다.

> "영운리(永運里)라는 곳에 이르러 한산도까지 건너고자 하였으나 배가 없나이다. 이 사람 저 사람에게 간청을 하여 겨우 조기잡이 배 한 척을 만나니 육십 넘은 어부(漁父)가 어린 아들 둘을 데리고 방금 배탈 준비에 분망 중이었다. 탁주 한 병에 북어(北魚) 한 마리, 보리(大麥) 몇 되를 실은 후에 십 세 미만의 더벅머리 처녀와 삼십 전후의 아이 업은 부인의 전송을 받으면서 장작개비를 손에 들고 배에 오르나이다. 끝없는 바다를 향하여 벌이를 나가는 이 늙은 어부의 며느리와 딸인 듯합니다. 오늘 밤부터 풍랑(風浪)이 없기를 기도하면서 고기를 많이 잡아가지고 이 배가 무사히 돌아오기를 고대할 그들의 일

이 마음에 걸리는지 「필수네 집에 가서 보리 두 되만 꾸어다 묵어라」 고 늙은 어부가 부탁하고, 아비는 「키」를 잡고 아들은 노(櫓)를 저으니 우리 배는 푸른 물결에 갈대 잎같이 흔들리기 시작했습니다."(《동아일보》, 1928.07.04.).

오카야마촌에서 큰 발개를 지나 남쪽으로 바닷가를 따라가다 고개를 넘어 가면 산양읍 영운리라는 곳이 있다. 동아일보의 기사에서, 나이 든 어부가 고기잡이를 떠나면서 며느리와 딸에게 이웃집에 들러 보리 두 되를 꾸어 먹으라고 이르던 모습을 통해 당시 피폐했던 조선 사람들의 생활상을 엿볼 수 있다. 환갑을 넘은 어부가 작은 어선에 나이 어린 두 아들을 태우고 조기잡이를 떠나면서도 육지에 남아 있는 가족의 끼니를 걱정하고 있는 것이다. 늙은 어부의 40세 된 큰아들은 7년 전에 풍랑으로 죽었고, 26세 된 작은아들마저 1년 전에 잃었다고 한다. 언제인지 정확히 명시되어 있지 않지만 늙은 어부는 한때 고기잡이로 큰돈을 벌어 통영, 진주 등지의 기생집을 드나들었다며 좋았던 과거를 회상했다. 하지만 근래에는 연이은 어장 실패로 생계마저 위협받고 있다. 동아일보의 조선인 기자는 풍요로운 일본인 거주지 오카야마촌과 비교되는 영운리의 조선인 일상의 단편을 기술함으로써 식민 현실을 적나라하게 드러내고 있다.

'즐비한 기와집과 정제된 도로' 그리고 '생선무역과 발동기선'이 오카야마촌의 경제적 부를 드러내는 표상이었다면, 오카야마촌의 신사는 이주민들의 공동체적 신앙을 결집케 하는 장소이자 오카야마촌을 상징하는 표지였다. 신사가 있는 통개도에는 두 개의 봉우리가 있는데 위쪽은 서로 떨어져 있으나 바닥은 연결되어 있다.[22] 두 봉우리 사이를 연결한 다리는 신사가 들어선 좁은 공간을 효율적으로 이용할 수 있는 통로였으며, 신사가 들어선 장소경관을 돋보이게 하는 장치였다. 신사에 들어선 사람들이 도리이(鳥居)가 설치된 돌계단으로 올라가 참배를 마친 다음 다리로 연결된 반대쪽으로 내려오게끔 공간 구조가 설계된 것으로 보인다.[23] 오카야마촌의 신사는 일제강점기에는 학생들의 소풍 장소로 이용될 정도로 널리 알려진 곳이었다. 2003년 무렵 오카야마촌을 방문한 일본인 학자는 제일 먼저 신사를 찾아 감회를 피력하였다. 하지만 그때도 신사는 물론 신사 앞의 도리이도 이미 없어진 시기였다. 일본인 학자는 어린이 놀이터로 이용되던 곳이 지형으로 미루어 신사가 있었던 흔적임을 알 수 있었다고 한다(神谷丹路, 2003: 195).

신사 건물과 상징물은 철거되어 사라졌으며 일부는 강제로 망각되거나 분리·이탈되어 다른 공간에서 다른 의미로 사용되었다. 신사 입구에는 도리이와 함께 오카야마촌의 관리자 하다켄안의 송덕비가 있었다. 하다켄안의 송덕비는 해방 후 마을 앞 갯벌에 묻혔다가 1980년대 도남동 관광단지 개발 사업으로 갯벌을 매립하던 중에 '발굴'되었다. 이렇게 발굴된 송덕비는 다시 관광단지 내 주차장 아래 파묻혔다. 일본인 이주어촌 관리자의 송덕비를 '기념'할 수도 없고, 그렇다고 파괴해서 없

22 동아일보 기사에는 '단애(斷崖)'로 표현하고 있지만 실제로는 그리 높은 절벽은 아니며, 단애 사이로 '격랑이 꿈틀거린다'고 했으나 두 봉우리 사이가 수면보다 낮지 않아 격랑이 꿈틀거릴 정도로 깊은 곳은 아니다.

23 현재 이곳은 관광객을 위한 전망대로 꾸며져 있다. 돌계단은 나무계단으로 대체되었으며 신사가 있던 공간에는 전망대가 들어서 있다. 두 봉우리는 나무로 만들어진 다리로 연결되어 있으며 올라오는 반대쪽으로 내려오는 계단이 설치되어 있다. 구술자의 이야기로는 지금의 전망대 구조가 신사의 구조와 같다고 했다.

하다켄안 송덕비(사진 제공: 김일룡)

애버릴 수 없어 '매몰'이라는 방식을 택한 것으로 보인다. 송덕비를 매몰함으로써 오카야마촌과 관련된 하다켄안이라의 존재는 기억에서 지워졌으나 그 송덕비는 여전히 땅 속에 남아 있다. 개인이 접근할 수 없도록 덮여 있을 뿐, 송덕비에 대한 기억은 사실상 소멸되지 않고 보관되어 있는 것이다.[24]

두 번이나 매몰되어 강제로 망각된 하다켄안 송덕비와는 달리, 오카야마촌에서 이탈되어 다른 용도로 사용된 상징물도 있다. 오카야마촌의 신사 앞에 안치되어 수호신 역할을 했던 박견(狛犬) 한 쌍은 해방 이후 통영시 봉평동에 있는 관음암으로 옮겨져 지금까지 관음암으로

24 하다켄안 송덕비의 비문은 여박동(2002: 332~333)의 저서에 그 전문이 소개되어 있다.

들어가는 정문 양쪽에 설치되어 있다. 일본 신사의 상징물이 한국 불교 사찰의 상징물로 의미 전환된 것이다.[25] 신사가 있었던 공간은 해방 이후 인근 멸치 어장막(권현망)에서 고사를 지내는 장소로 사용되었다가 어장막 폐쇄 이후 방치되면서 어린이 놀이터가 되었다.

도남동 일대가 관광단지로 변모되어 과거의 신사는 현재 관광객을 위한 전망대가 되었다. 이곳에서 과거 신사의 흔적은 찾아볼 수 없다. 단지 공간만 남아 있을 뿐이다. 하지만 전망대가 설치된 공간이 신사가 있었던 자리라는 사실과 관음암 앞의 박견이 과거 오카야마촌의 신사에 있었던 상징물이라는 사실을 인지하는 순간, 그동안 감춰져 있던 개인적 기억들이 수면 위로 떠오르면서 기억과 역사의 간극을 메우는 매개체로 작동되기 시작하였다.

관음암 박견

25 오카야마촌의 신사건물 및 시설물들의 기반석으로 사용된 석재 중 일부는 한국전쟁 이후 남망산 공원에 조성된 이순신 장군상의 좌대석으로 활용되었다고 한다(임○남, 1945년생, 남, 2013.01.13.).

영장이 있었던 남쪽 사면은 개간되어 밭으로 사용되고 있었다. 이곳이 영장이었다는 물질적 흔적은 거의 찾을 수가 없다. 영장의 흔적을 찾아 돌아다니다가 물이 말라버린 골짜기에서 목 없는 불상 한 개가 돌더미 위에 처박혀 있는 것을 발견했다. 영장이 있던 장소에서 마을로 내려오는 입구의 쓰레기 소각장에는 불씨가 날아가지 못하도록 막아놓은 돌무더기 속에 상부가 절단된 돌 촛대 하나가 있었다. 영장에 세워두었던 석물들은 오래 전에 사라지고 이렇게 온전치 못한 것만이 아직까지 남아 있는 것이다.[26]

영장 위에는 샘물이 있었고 잘 다듬은 석재로 꾸며져 있었다고들 하는데 지금은 아무것도 남아 있지 않다. 구술자들은 학교 건물 뒤쪽이 일본인들의 공동묘지였다고 기억하고 있으나 이곳 역시 오래 전 밭으로 개간되어 그 흔적조차 찾아볼 수 없다. 공동묘지 앞에는 홍법대사당이 있었다고 하지만 모두 기억 속의 흔적으로만 남아 있을 뿐이다.

마을 뒤 산록을 따라 흐르는 개천 두 개는 이주어촌의 상수원으로 사용되었다. 수원지 두 곳은 특별히 관리되었으며 주변을 석재로 단장하고 경관을 보호했다고 한다. 이곳 역시 수원지였다는 흔적도 남아 있지 않다. 수원지 이외에도 마을 곳곳에는 우물이 남아 있으나 우물을 통해 일본인들의 흔적을 읽어내기란 쉽지 않았다. 우물 대부분은 폐쇄

26 구술자들에 의하면 이전에는 비석이나 석조물들을 여기저기에서 흔히 볼 수 있었다고 한다. 가미야 니지(神谷丹路, 2003)의 글에서도 마을 뒷산(영장)에서 발견된 '四三番 千手觀音 大正辛酉'라는 명문이 새겨진 둥근 자연석과 구술자 심재득 씨가 보관하던 "露光童女 昭和四年五月四日 ㅁㅁ五才 板ㅁ光枝"라는 명문이 새겨진 석조 지장보살상이 소개되어 있다. 하지만 2013년 조사 당시 전자는 찾을 수 없었으며, 후자 역시 (고) 심재득 씨의 아들과 심재득 씨의 부인에게 확인해 보았으나 알지 못한다는 대답을 들었을 뿐이다.

불상 파편

석물 파편

되었으며 일부는 아직도 사용되고는 있으나 겉모습이 완전히 변형되어 원래의 모습은 짐작조차 할 수 없는 상태이다. 이처럼 해방 이후 이곳의 주인이었던 일본인 이주민들이 자신들의 '집'으로부터 단절되고 소외되면서 그들의 경험 역시 사라지거나 망각되고 있다.

오카야마촌을 형성했던 일본인 주체들에게 집이었을 건물의 형태와 구조는 변형되고 일부는 철거되어 새로운 주택으로 바뀌었다. 시간의 흐름 속에서 건물들이 재건축되고 형상이 달라지면서 오카야마촌 사람들의 집이 이제는 그들과 아무런 관련 없는 사람들의 주택 혹은 단순한 건물로 변모되었다. 과거의 그들과 완전히 단절되고 소외된 도남동에 남아있는 현재의 건물은 그때 이곳 오카야마촌 사람들의 활동 및 의미와는 철저히 격리된 공간으로 전환되었다. 자연 경관 혹은 입지는 그때 이곳의 그것과 크게 다르지 않지만 과거 오카야마촌에 거주했던 사람들은 지금 도남동에 살고 있는 공동체가 아니다. 따라서 지금 이곳에 거주하는 사람들의 경험은 그때 이곳에 살았던 사람들의 경험과는 판이하게 다를 수밖에 없다.

## 5. 오카야마촌에 대한 기억

해방 이후 '우리'의 역사에 편입되지 못한 오카야마촌 사람들의 과거는 망각되거나 기념되지 못하고 '기억의 장소'마저 그 의미를 상실한 채 흔적으로만 남아있다. 일제강점기 오카야마촌 사람들 혹은 그때 이곳에 살았던 사람들에 대한 기억은 대개 장소나 사물들을 통해 회상되고 있다. 물론 장소란 단순한 자연적 경관이 아니라 생활 세계가 직접 경험되는 현상(에드워드 렐프, 2005: 287)이므로 장소에 대한 의미와 흔적, 그리고 경험은 기억을 통해서만 지속될 수 있다. 지금 이곳에서 그때 이곳에 살았던 일본인 이주민들을 기억하고 있는 주민들은 아주 소수에 불과하다. 식민시기를 살았던 주민들 상당수가 돌아가셨기 때문이기도 하지만 무엇보다도 오카야마촌의 일본인들은 조선인들과의 접촉을 최소화한 채 자신들만의 공동체 속에서 살았던 탓이다.

오카야마촌의 일본인들은 한반도에 뿌리를 내린 식민 이주자였으며, 오카야마촌은 이름 그대로 새로운 '오카야마(일본)'가 식민지 조선에 구현된 곳이었다. 그러나 해방과 함께 오카야마촌의 상징물들은 철거되거나 소멸되었으며, 건물을 포함한 공간은 변형되고 왜곡되어 새로운 질서 속에 편입되었다. 이처럼 와해된 흔적만이 남아 있는 오카야마촌에 대한 기억의 재구성은 사실상 매우 불완전하다. 특히 접근 가능한 기록물이 많지 않고 가시적인 상징물이나 이미지가 소멸되었다는 점에서, 그리고 지금 이곳에서 그들을 기억하는 주체들의 경험이 파편적이거나 이차적이라는 점에서 많은 한계가 있다.

구술자들은 1910년 일본에 합병 당하기 전부터 일본 어민들이 조선의 바다를 드나들다가 임시 거처를 마련했던 곳이 바로 이곳 오카야마촌이 들어선 작은 발개였다고 한다. 이는 영구적인 식민지를 개척하려는 일본 정부의 의도와는 다르게 초기 이주민들은 이곳을 임시 거처로 여겼음을 뜻한다. 초기 이주민들은 고향에서 사용했던 익숙한 어법으로 한반도의 어장에서도 특정한 어류(장어)를 포획했다.

이주민들의 식민 공동체를 지향했던 오카야마촌에서도 내부적으로는 관리자를 포함한 지배층과 관리의 대상이 되는 사람들, 그리고 직접 어업에 종사하는 어부들과 육지에서 회사를 운영하는 부유층 등으로 구분되었다. 계층화에 따라 이들이 거주하는 공간의 크기와 위치도 달랐다.

> "일본에서 처음 나올 때 여기 한국에 '장어가 잘 잡힌다' 이래 갖고, 장어 잡으러 왔는가베예. 그런께 그런 사람들이 오믄 잘 때가 없은께는, 선장, 기관장 안 있습니까. 그런 사람들이 고마 나도, 니도 여기 집을 하나 지으라고. 그래 달아지어서 나가야가 다 됐는가바예. 한 줄, 아니지 두 줄이지. 두 줄입니다... 대여섯 집은 부자지. 오야들이지. 그런 사람들은 회사에 손가락 꼽는 사람들이고." (최○희, 1923년생, 여)

이주 초기 오카야마촌의 일본인 어부들은 직접 어로활동에 종사하였다. 마을 앞바다에 활어를 보관하는 기구(이끼수)를 설치하고 그곳에서 포획한 갯장어, 붕장어, 숭어, 도미 등을 넣어두었다가 중간상인에게 판매했다. 하지만 1920년대 이후 오카야마촌 어부들은 직접 어로활동에 종사하기보다는 조선인 어부들이 포획한 생선을 구매하여 일본으로 운송하는 운반선 사업으로 전환했다(김수희, 2010: 126). 통영의 오카야마촌을 벗어나 인근 해역의 지리적 요충지에 활어 집하장을 마련해 이곳에서 곧바로 일본으로 운송했다. 한 구술자에 따르면 오카야마촌과 관계를 맺고 있었던 운송회사로는 마루나, 마루히, 마루세, 마루케, 기타나카(北中) 등이 있었으며, 욕지도 부근 하노대도에 집하장을 두고 인근 어장에서 조선인들이 포획한 활어(주로 붕장어)를 일본으로 운반했다고 한다.[27]

> "내가 1923년 6월생인데, 내가 학교 졸업하고 나서 오카야마무라라고, 이 강산촌 회사에 취직을 했지요. 남농조라고 해서, 그 때 왜정 때 그 회사가 있었지요. 배가 10여 척 됐고... 광범위했어요. 게서 종사를 하다가 좀 일찍이 그 사람들한테 잘 보였는가 현장 주임을 나갔지요. 전부 활어 취급한 사람입니다. 중간에는 얼음도 있어가지고, 얼음도 했지만... 첫 번째 시작할 때는 활어로 시작했지요. (전쟁 말기) 기름도 없고 그때는 회사가 양도가 돼 가지고, 명의도 바뀌지고 이름도 바뀌지고... 그렇게 하다가 조선협동수산이 되어가지고... 마루나, 마루히, 마루세 이렇게 돼 있다가... 마루하한테 팔렸지요. 마루하는 큰 회사입니다." (탁○균, 1923년생, 남).

오카야마촌 사람들은 일본인들이 선호하는 생선들을 싼 값에 사서 활어운반선 혹은 냉동운반선을 이용해 일본으로 운송해서는 고가에 팔아 이문을 남기는 생선 운반선 사업으로 전환했다. 오카야마촌의 운반선 사업은 나카베 이쿠지로가 운영하던 마루하에 넘어갔다가 1939년 조선협동수산주식회사에 합병되었다.[28] '마루하'는 하야시카네가 상호

27 장○조, 1925년생, 남(2013.01.11.).

28 활어운반선 사업이 조선협동수산주식회사와 합병된 이후 어업인구가 감소되어 어

로 사용했던 회사명이다. 하야시카네는 활어운반선으로 동력선을 배치하고, 얼음을 채워 냉동하는 방법을 처음 고안하여 조선 바다에서 어획한 갯장어를 오사카 어시장으로 직송하였다(여박동, 2002: 288~289). 오카야마촌의 관리자 하다켄안의 딸이 하야시카네의 대번두(大番頭) 아리요시(有吉京吉)와 혼인했다는 사실로 미루어 보아, 오카야마촌의 운반선 사업은 사업 초기부터 하야시카네(마루하)와 협조적 관계를 유지했던 것으로 보인다. 아리요시는 오카야마현 히나세 출신이다(神谷丹路, 2003: 205).

일본인들이 집단으로 거주하던 마을에 살았던 조선인 어린이들은 일본인 어린이들과 뒤섞여 놀았다. 일본인들이 주류를 이루고 있는 마을에서 조선인 어린이는 미처 자신의 신분과 정체성을 자각하지 못한 채 일본인 어린이들과 전쟁놀이를 하면서 어린 시절을 보냈다. 한 구술자는 전쟁놀이에서 조선인이었던 자신이 일본인 어린이들의 대장 노릇을 했으며, 혹시라도 일본인 어린이가 자신을 때리거나 놀리면 그 집까지 따라가 화풀이를 하고 일본인 어린이의 부모로부터 사과를 받아냈다는 기억 속의 일화를 들려주었다. 구술자의 이런 기억은 다시 돌이킬 수 없는 과거에 체험했던 경험기억이다. 이런 경험기억은 '우리'의 기억이 아니기 때문에 다음 세대로 전달되지 못하고 점차 사멸된다.

> "해방 무렵에 내도 초등학교 4학년 땐데... 일본 애들하고 같이 친구였지. 한국 애들하고 친구가 아니고, 전 일본 애들하고 친구였어

업조합이 해산되었으며, 전쟁의 여파로 운반선마저 징발되면서 오카야마촌은 반농반어의 영세경영 어촌으로 쇠퇴하였다(여박동, 2002: 312).

요... 내가 순하게 이래 생겨도, 전쟁놀이 이런 거, 일본말로 센소곳코,[29] 내가 대장 노릇했어요... 그니까 저는 예, 해방되고 난 뒤에 주로 노래 부르는 게, '압박과 설움에서 해방된 민족' 안 있습니까? 나는 압박을 안 받았은께, 그 노래가 나 마음에 하나도 안 맞는기라. 어디 압박을 받아봤으면 알낀데. 오히려 내가 일본 대장 노릇을 하고..." (최○식, 1933년생, 남)

위의 구술 내용은 일제강점기의 경험과 기억이 균질적이 않고 개인과 집단에 따라 상이할 수 있음을 '말하고' 있다. 해방이 된 이후 '압박과 설움에서 해방된 민족'이라는 노랫말을 이해할 수 없었다는 구술자의 회상은 일제강점기의 경험이 식민 '지배자와 피지배자'라는 단일한 잣대만으로는 설명되지 않는다는 점을 일깨워 준다.[30] 하지만 이와 같은 기억은 역사 교과서, 기념비, 추모지, 박물관 혹은 기록보관소와 같은 물리적 수단에 의지하고 있는 '매체상의 기억'(알라이다 아스만, 2003: 16)과 어울리지 못하면서 지극히 개인적인 체험으로 치부되어 사멸되고 만다. 현재 개인들이 경험한 과거를 자유롭게 회상할 수 있는 토양이 마련되지 않은 탓에 이들의 과거는 '망각'된 채 남아 있다. 결국 일제강점기 오카야마촌을 경험한 세대의 직접적이고 현실적인 과거는 시나브로 경험이 배제된 채 규범적인 텍스트에 바탕을 둔 '순수한' 과거로 남게 되는 것이다.

일제강점기 오카야마촌은 조선인들에게 의미 있는 장소가 아니었다. 뿐만 아니라 당시 조선인들도 오카야마촌이 가진 의미를 인지하기

29 센소곳코(せんそうごっこ)는 전쟁(戰爭)놀이를 의미한다.

30 이런 경향은 일제강점기에 대한 기존의 연구가 "민족독립이나 계급투쟁이라는 거대담론 속에서 주민들의 생활을 단순히 고통과 고난으로 상징화"(정근식, 2006: 16)했다는 지적에서 잘 드러난다.

에는 어려운 상황이었다. 오카야마촌에 대한 기억은 오카야마촌 '안'에서 성장했던 사람들과 오카야마촌 '밖'에서 살았던 사람들 간에 차이가 있다. 오카야마촌 '안'에서 생활했던 사람들의 기억은 흔적과 결부되어 구체적이지만, 오카야마촌 '밖'에 있었던 사람들의 기억은 단편적이거나 특정한 사건 중심적이라는 점이 특징적이다. 작은 발개로 불렸던 오카야마촌의 이웃 마을 큰 발개의 조선인들은 오카야마촌의 일본인들과 일상생활에서 조우하거나 접촉한 경험이 거의 없었다고 한다.[31]

> "(남포)학교는 일본놈들 학교거든. 그러니까 우리는 못 가는 기라. 우리는 못 가고... 우리는 인제 진남학교로 다녔지. 저쪽 동네 끄트머리, 옛날에 우체국 하던 거기 옆에 개를 한 마리 키웠는데... 그 개를 가지고 사람을 길을 못 가게 하고 그랬어. 우리들 오면 (개에게 우리를) 물라고, 이렇게 해샀고... 왜정시대 초등학교 2학년 때 해방됐거든." (김○만, 1935년생, 남)

큰 발개의 학생들과 고개 너머 영운리 학생들은 가까운 남포소학교를 두고 미륵도 최북단에 위치한 미수동의 진남국민학교에 다녔다. 오카야마촌 '밖'에 살았던 구술자들은 남포소학교는 일본인들만을 위한 학교였다고 기억하였다. 오카야마심상소학교/남포소학교의 역사는 현재의 남포초등학교의 역사에서도 배제되어 있다.[32]

---

31 큰 발개 주민이 작은 발개 즉, 오카야마촌의 일본인과 조우했던 경험 중 하나로, 큰 발개의 한 청년이 일본 아이들의 연을 끊어버리고는 일본 사람들의 집단 항의와 몰매를 피해 산 너머 다른 동네로 달아났던 이야기를 들고 있다(김○윤, 1932년생, 남).

32 남포초등학교는 학교 연혁에 1945년 10월 10일 진남공립학교 분교장으로 설립 인가되어 1948년 9월 1일 남포국민학교로 개교했다고 명시되어 있다. 하지만 알림판에는 남포초등학교 교목으로 지정된 은행나무가 1936년에 식재된 것으로 표기

남포초등학교의 은행나무

구술자들은 오카야마촌 '안'에 거주했던 사람들은 남포소학교에도 조선인 학생이 2~3명 다녔다고 기억하였다. 이들 조선인 학생의 부모는 오카야마촌에서 일본인들을 위해 일하는 사람이었다고 한다. 한마디로 일제강점기를 경험한 개인적 혹은 '소통적 기억'들과 인위적이고 '문화적인 기억'[33] 사이에 괴리가 발생하고 있는 것이다. 기억이 하나로 존재하는 '역사'가 아니라 다양한 형태로 표현되는 개인적 경험과 주장이라는 점에서 서로 다른 기억이 교차되고 모순되는 것은 당연하다(알라이다 아스만, 2003: 278). 진남국민학교에 다녔던 큰 발개의 학생들에게 오카야마촌은 일본인들이 살고 있는 근접할 수 없는 동네였을 뿐이

되었다. 구술자들에 의하면 이 은행나무는 오카야마심상소학교 터에 있던 것을 해방 이후 옮겨 온 것이라 한다.

33 알라이다 아스만은 규범적인 텍스트에 바탕을 두고 시대를 포괄하는 '문화적 기억'과 일반적으로 삼대를 이어주는 구두로 전승되는 회상들을 '소통적 기억'으로 구분하고 있다(알라이다 아스만, 2003: 14).

다. 이들은 진남국민학교로 가는 길에 마주쳤던 사납고 큰 개를 통해 오카야마촌의 일본인을 기억하고 있었다.

오카야마촌은 관리자 하다켄안의 주도로 초기에 난립했던 음식점, 요리점, 술집 등이 폐업되었으며, 일용잡화점 네 곳이 하나로 병합되어 〈오카야마촌구판매조합〉이 생겼다. 조합에서 운영하는 점방이 마을 내 유일한 상점이었다. 점방은 마을 주민들에게 각종 필수품을 판매하였다. 점방 주인은 나이든 일본인 부부로 자식이 없어 조카 딸 2명을 자식처럼 데리고 살았다. 이후 점방을 이용하는 조선인들을 상대하기 위해 오카야마촌에 살던 조선인 소녀가 점원으로 채용되었다. 아직도 점방 자리에 구멍가게가 운영되고 있다.

> "인자 내가 뭐를 했는가 하면 일본 사람들이 이 동네에 일본 사람만 그거 해갔고 한 달로 외상을 해 주대요, 점방에. 그걸 하는데, 우리 (조선) 사람들이 사러 가면 말도 못한께로, (가게를) '좀 봐주라' 캐사서... 내가 (일본) 말을 못하는데 자꾸 좀 봐주라 그래서 점방에 있었어요. 점원으로 있었어요. 일본말은 일본 처녀가, 가타카나 이거를 가르쳐 주대예. '사이(崔)상, 내가 이거 가르쳐 줄게' 한번 하라고 그러면서 그런 말을 가르쳐 주대예. 그 사람은 나이가 많지예. 나는 어리고... (나는) 열두세 살 되었을 겁니다." (최○희, 1923년생, 여).

구술자의 아버지는 결혼 전부터 오카야마촌의 우체국에 근무했다고 한다. 나중에 우체국을 그만 두고 선박으로 석재를 운반하는 사업을 하다가 실패하고는 일본으로 건너가 다른 일을 했다. 당시 일본에는 작은 아버지가 거주하고 있었다. 학교를 다닌 적이 없는 구술자는 일본어를 잘 몰랐으나 점방을 찾는 조선인들을 상대로 물건을 팔고 현금을 받

우체국장 사택

는 일을 보조했다. 일본어와 숫자는 점방 주인의 조카딸이 가르쳐 주었다고 한다. 점원으로 일하고 받은 봉급은 쌀 한 수대였다. 점방은 반찬을 제외한 거의 모든 물품을 취급하는 일종의 만물상이었으며 일본인들에게는 필요한 것을 외상으로 공급했으나 조선인들에게는 현금을 받았다. 점방 주인은 '이토'라는 사람으로 자식이 없었던 그는 조카딸 두 명을 키워 한 명은 일본에 보내 공부를 시키고 한 명은 이곳에서 함께 살았다고 한다.

간단하게나마 일본어를 구사할 수 있었던 구술자는 점방에 고용되어 일본인 상점주인과 조선인들 사이에서 '통역'을 하는 존재가 되었다. 식민지 조선에서 일본인들은 일본어 구사 능력 여부에 따라 '착한' 조선인과 그렇지 않은 조선인을 선별했다고 한다. 즉, 일본어의 구사 정도에 따라 인간 됨됨이는 물론 일본인과의 호불호의 관계가 결정된 것이다.[34]

34 파농은 백인들의 식민지였던 남미 앙띨레스에서 '흑인들은 불어 구사능력에 따라 백인화의 정도를 평가받는다'고 지적했다(프란츠 파농, 1998: 24).

학교는 일본어 상용화를 통해 학생들을 '착한' 조선인으로 훈육하는 기관이었다. 일제강점기 조선인들은 이중 삼중으로 열등감에 빠져 있었다. 식민지라는 사회·정치적 환경에서 비롯된 민족차별은 경제적 영역은 물론 언어적 차원에서 열등감 형성이라는 결과로 이어졌다. 특히 일본인이 주도했던 오카야마촌에서 조선인이 일본어를 할 수 있다는 사실은 일종의 문화적 자본이자 과시적 수단이 되었다.[35]

오카야마촌에 대한 한국인들의 기억은 매우 단편적이다. 지금 이곳에서 한국인이 회상하는 일본인 개개인은 근면하고 청결했으며, 조선인들과는 생활수준에서 차이가 많았다는 것이다. 이에 대해 오카야마촌에 거주했던 일본인들이 조선인들을 어떻게 바라보았는가는 자세히 알 수 없다. 구술자들이 전해주는 내부자의 관점은 조선인은 거짓말을 잘한다는 정도였다. 소수의 '착한' 조선인만이 오카야마촌 공동체 내부에서 허드렛일을 하거나 일본인들의 조력자 역할을 했던 사실로 미루어 보면 일본인들은 조선인들을 신뢰하지 않은 것으로 짐작된다. 해방이 되자 오카야마촌의 일본인들은 자신들 소유의 발동기선을 타고 일본으로 귀향했다(神谷丹路, 2003: 206). 통영에서는 미처 일본으로 귀환하지 못한 일본인들을 2척의 화물선에 실어 일본으로 보냈다고 한다.[36]

---

35 해방 이후 '통영회(統營會)'의 초대로 일본을 방문했던 어느 구술자는 자신이 구사하는 일본어와 일본 노래를 듣고 일본인들이 감탄을 금치 못했다고 들려 주었다. 그는 일본어를 '일본인처럼' 구사하는 한국인으로 찬사를 받았다고 했다(장○조, 1925년생, 남). 일본인들은 한국인이 구사하는 일본어와 일본 노래를 통해 과거 조선(통영)에서의 '식민 지배'의 기억을 회상한 것이다. 즉, 한국인이 구사하는 '완벽한' 일본어는 식민 지배의 경험을 일깨워 주는 일종의 문화적 표지였다. 통영회는 식민지 시기 통영에 거주했던 일본인들이 일본으로 귀환한 다음 결성한 단체이다.

36 일제 말기 통영 거주 일본인들은 마치 군대처럼 조직화되어 있었기에 일사불란하

## 6. 파묻힌 흔적, 잊혀진 기억

인간의 모든 경험은 흔적과 기억으로 남게 된다. 기억되지 않는 흔적은 무의미하지만, 흔적 없는 기억 역시 공허하기는 마찬가지이다. 일제강점기 오카야마촌의 일본인들이 남긴 흔적이 오늘날 우리에게 무엇을 의미하는가 하는 문제는 과거 이곳 이주어촌에 살았던 일본인들에 대한 우리의 기억이 어떤 의미를 지니는가 하는 문제와 맞닿아 있다. 주체의 경험이 없는 장소는 무의미한 공간에 지나지 않는다. 또한 기억이 없는 장소는 관광지나 박물관에 불과하다. 오카야마촌은 보편적 '역사'에서는 망각되거나 소거되었지만, 현재의 시공간 속에서 여전히 기억 속의 흔적으로 남아 있다. 그들의 '과거'는 우리들의 '현재'와 연결되어 있기 때문에 오카야마촌은 우리의 역사에서 지워낼 수 있는 과거가 아닌 것이다.

오카야마촌의 사례에서 드러나듯이 '역사'가 개입하지 않는 기억이나 '정치'와 결부되지 않는 기억의 장소는 흔적 속에 방치된다. 기억은 역사와 대치되거나 대응하면서 그 의미를 부여받는다. 역사에서 외면당하고 정체성과도 무관한 기억의 장소들은 변형되거나 왜곡되고, 그 기억은 망각되거나 소멸된다. 일제강점기 오카야마촌에 대한 기억이

---

게 '도망'갈 수 있었다고 한다. 재향군인회 대장은 대위였지만 나중에 소좌로 진급했던 '기타노'라는 사람이었으며, 그는 항남동에서 철공소를 운영하고 있었다. 봉래극장 주인은 '하시모토'였는데 계급은 하사관(군조)이었다. 이처럼 경찰서장, 전매소장, 세무서장 등 고위직은 모두 '군인'이 차지하고 있었다. 일본으로 귀환한 일본인들 중에서 전후 일본에서의 생활을 견디지 못하고 통영으로 되돌아온 사람들도 있다고 한다(박○균, 1938년생, 남).

역사에서 외면당하고 버림받게 되면서, 그들을 기억하는 행위는 전적으로 기억하는 주체의 개인적 심리에 의존하게 되었다. 하지만 과거를 기억하는 것과 그 기억을 재현하는 것은 결코 단순하거나 단일한 작업이 아니다. 또한 그 기억을 흔적과 결부시켜 일제강점기 식민 이주어촌의 과거를 탐구하는 작업은 지난하다.

통영시 도남동 오카야마촌에는 일제강점기 이곳에 살았던 일본인들의 흔적이 남아 있다. 대표적으로는 그들의 거주 공간과 구조물의 흔적들이 있다. 이것들과 연관을 맺고 있는 사물들과 개인적인 기억들 역시 현재의 시공간 속에 흔적으로 남아 있다. 여기에서 개인적인 기억들은 '그때 이곳'에 살았던 일본인들의 기억이 아니라 '지금 이곳'에 살고 있는 한국인들의 기억이다. '그때 이곳'의 일본인들은 '지금 이곳'에는 부재하는 사람들이다. 또한 '지금 이곳'의 한국인들도 '그때 이곳'에 부재했거나 단절된 사람들이다. 두 부류의 '부재함'은 흔적을 통해 교차되면서 '지금 이곳'에서 마주치고 있는 것이다.

시간의 흐름 속에서 기억으로 떠올릴 만한 흔적들 중 많은 것들이 사라졌다. 과거의 흔적은 파묻히거나 시야에서 사라졌는데도 한편으로는 기억으로 남아 전승되기도 한다. 반대로 흔적은 남아있지만 그 기억을 되살려 줄 사람이 없어 망각 속으로 묻히는 경우도 있다. 궁극적으로 모든 흔적은 시간과 공간 속에 존재하거나 사라진다. 그러나 동시에 흔적은 기억을 통해 의미가 되살아나고, 비존재의 공간은 존재의 공간으로 가시화된다. 이것이 바로 흔적의 발견과 읽기 혹은 해석이 필요한 이유이다.

# 6장

# 통영 욕지도 자부포(自富浦)

6장
# 통영 욕지도 자부포(自富浦)

## 1. 통영 욕지도

욕지도(欲知島)는 경상남도 통영시에 소속된 섬이다. 욕지도는 조선시대 말까지 고성현 관할 아래 있었다. 20세기에 들어서 이곳은 여러 차례 소속이 변경되었다. 1900년 고성군에서 진남군이 분리되면서 욕지도, 두미도, 연화도는 먼 바다에 있는 세 개의 도서지역이라 하여 원삼면(遠三面)으로 불리게 되었다. 1909년에는 용남군 원삼면으로 변경되었다가, 1914년 행정구역 개편으로 원삼면과 사량면이 통합되면서 통영군 원량면(遠梁面)으로 개칭되었다. 해방 이후에도 일제강점기의 행정체계가 한동안 존속되다가 1955년 원삼면과 사량면이 다시 분리된 이후 원삼면 관내에서 가장 큰 섬에 해당되는 욕지도의 지명을 따라 통영군 욕지면으로 지명이 바뀌었다. 1995년 통영군과 충무시가 통합되면서 현재는 통영시 욕지면으로 개편되었다.

조선시대 말까지 욕지도에는 민간인의 거주가 허용되지 않았다. 임진왜란 이후 지금의 통영에 삼도수군통제영이 설치된 뒤로 욕지도는 통제영 소속의 사량진(蛇梁鎭), 당포진(唐浦鎭), 삼천진(三千鎭) 소속 군선의 변방 수색 및 초계 정박지로 활용되었다. 욕지도에는 통제영에서 관리하는 사슴목장이 있었는데, 매년 여름철에 통제영 소속 수군들이 사슴을 잡아 녹용을 조정에 진상품으로 올렸다.

조선 말기 욕지도는 궁내부(宮內府)의 명례궁(明禮宮) 관할 아래 있었다. 1887년 명례궁에서 민간인 이주를 허가하면서 욕지도의 개척이 시작되었다. 하지만 욕지도에 이주한 사람들은 각종 세금을 내야 했으며 수군들이 사슴 사냥을 할 때마다 사슴몰이꾼으로 동원되기도 했다. 1895년 통제영 제도가 폐지된 이후 도소(都所)가 설치되어 관리직에 해당되는 도존위(都尊位)가 1908년까지 욕지도 주민들을 다스렸으나, 이듬해인 1909년부터는 일본식 행정체계인 면장제도가 도입되었다(욕지면지, 2008: 155~158).

군사적 요충지였던 욕지도에 1887년 민간인 거주가 허용되고 1895년 통제영이 폐지되자 욕지도는 곧바로 일본 어민들의 어업근거지로 변모되기 시작했다. 한반도의 다른 도서지역과 달리, 조선인과 일본인의 거주가 거의 동시에 시작되었다는 점에서 욕지도는 매우 특이한 공간이라고 할 수 있다. 민간인의 거주가 허용된 직후 자부포를 중심으로 일본인의 식민 이주어촌이 형성되면서 욕지도에서는 기존의 지배층과 피지배층 사이에 균열이 일어나기 시작했다. 즉, 통제영 관료와 명례궁의 대리인으로 이루어진 전통적 지배층과 이들로부터 거주 허가를 받아 이주했던 민간인들 사이에 일본인이라는 이방인이 등장한 것이다.

말하자면, 욕지도에 이주한 일본인 및 식민 이주어촌의 형성은 새로운 기술을 지닌 이질적 집단 출현과 기존 체제의 변화라는 식민지적 혹은 근대적 요소를 함께 배태시킨 중간숙주였던 셈이다.[1] 자부포를 거점으로 형성된 식민 이주어촌의 일본인들은 점차 욕지도 전체의 경제와 정치를 좌우하는 중심축으로 성장했다. 이런 점에서 욕지도에 건설된 일본인 식민 이주어촌에 대한 연구는 욕지도의 과거와 현재를 개관할 수 있는 중요한 통로가 된다고 할 수 있다. 제6장에서는 욕지도 자부포를 중심으로, '현재 이곳'에 남아 있는 일본인의 흔적과 그들에 대한 주민들의 기억을 매개로 '과거 이곳'의 모습을 추적하고자 한다.

## 2. 민간인 거주 허용

임진왜란 이후 삼도수군통제영이 설치되면서 욕지도는 일종의 군사기지가 되었으며, 민간인은 거주할 수 없는 특수 지역이 되었다. 즉, 조선시대 말까지 욕지도는 통제영에 소속된 섬으로 궁내부의 명례궁 관할 아래 있었으며 사슴을 키우는 목장으로 활용되고 있었다. 욕지도에 민간인 거주가 허용된 것은 1887년부터이다. 『욕지면지』에는 욕지 개척의 유래가 다음과 같이 기록되어 있다.

1 논자에 따라 근대성은 산업화, 제국주의 팽창, 제도의 근대화 혹은 합리화 양식, 주체형성, 정체성의 본질화 등으로 정의되기도 하지만 본질적으로 새로운 것의 출현이며 과거와 현재 사이에서 일어나는 변화로 설명된다(라마르, 2008: 10~11).

"삼도수군통제사(三道水軍統制使) 민중(閔中) 시절에 서더레(진남) 구진별장 김문언(金文彦)[2]이 서울(京城)에 가서 지금의 다동(今茶洞) 송산림(직명)[3]을 찾아가서 욕지(欲知) 개척 허민(許民)을 수의(遂意: 의논)한 결과 송씨 안내(宋氏安內)에 오주부(吳主簿)[4]를 찾아가 상의하여 보라기에 오주부를 찾아 상의 중 허민하여 인민(人民)을 살리면 지세(地稅)조로 다대한 수입이 있으리라고 권유한 결과·명례궁(明禮宮)에서 오주부에게 허가를 한지라 그 연비로 오주부가 고성군수(郡守)가 되고 오학순(吳學順)[5]이라는 사람은 영문의 통영비장으로 온지라 때는 1887년 정해년(丁亥年)이라..." (욕지면지, 2008: 136)

2 '구진별장 김문언'은 진해현감을 지냈던 김문언으로 추정된다. 김문언은 1863년 전라우도 수군우후, 1867년 경상도 수군우후로 재직했다가 1870년 진해현감으로 제수되었다(한국역대인물종합정보시스템). 욕지도에 민간인 거주 허용을 청원했던 1886년 당시 김문언은 현직에서 은퇴해 상대적으로 자유로운 신분이었을 것으로 짐작된다.

3 '송산림'은 1886년 훈련원 주부였던 송병준(宋秉俊에서 宋秉畯으로 개명)으로 추정된다. 송병준은 1885년 일본으로 건너갔다가 1886년 귀국 후 김옥균과 통모한 혐의로 투옥되었으나 민영환의 주선으로 석방되었다. 1886년 7월 중추부도사(特拜中樞府都事)로 임명되기 전까지 별다른 직책이 없었기에 산관(散官) 혹은 산림(山林)으로 불렸을 개연성이 높다. 이후 흥해군수(1889년), 양지현감(1890년) 등을 역임했으며, 1907년 이완용 내각에서 농상공부대신 및 내부대신으로 임명되었다. 송병준은 조선총독부시절에는 중추원 고문이었으며 1920년 백작 작위를 받았던 친일정치가이다(한국사데이터베이스). 1886년 무렵 송병준이 지금의 다동에 거주했는지 알 수 없지만, 1907년에는 진고개에 거처를 두고 있었다(임혜봉, 2013: 250).

4 '오주부'는 오보영(吳普泳)이다. 그는 1886년 3월 훈련주부(6품)였다가 1890년 1월 고성부사로 임명되었다. 이후 각종 요직을 두루 거쳤으며, 1907년 해임 당시 정2품 자헌대부였다(한국사데이터베이스). 오보영은 당시 실세로 발돋움하고 있었던 송병준과 훈련원 주부 경력이 겹친다. 이런 인연으로 송병준이 오주부를 천거했었던 것으로 보인다.

5 오학순은 오학선(吳學善)의 오기이다. 오학선은 함안군수와 고성부사를 역임했던 오횡묵(吳宖默)의 아들이다(고성총쇄록, 2007: 10). 오학선은 1886년에 부장(部將)에 임명된 이후 1887년에는 훈련주부로, 1893년에는 태천현감 및 내금위장으로 승진되었다(한국사데이터베이스).

욕지도에 민간인 거주를 허용해 달라는 청원은 수군 관리들의 연망을 통해 명례궁으로 연결되었다. 수군 관리들은 욕지도에 민간인이 살게 되면 많은 조세 수입을 얻을 수 있다는 명분을 내세웠다. 이들의 청원이 받아들여져 욕지도에 민간인 거주가 허용되었으며, 청원을 주도했던 관리들은 승진했다. 이처럼 욕지도의 민간인 거주 허용은 수군 관리들과 명례궁의 이해득실이 맞아 떨어져 이루어진 결과였다. 그 무렵 욕지도 인근의 연화도와 노대도 등에는 이미 민간인들이 들어와 살고 있었다.

1887년 명례궁의 허가를 받아 병선비장 유선달의 인솔 아래 풍화리의 김원일, 오비섬의 김덕원, 거제도의 김신지 등 4명이 입도하여 장수나무 아래에 제단을 만들고 소를 잡아 개척제를 올렸다.[6] 개척제를 지낸 이듬해인 1888년부터 통제영에서 이주를 희망하는 사람들의 신청을 받아 선별적으로 입도를 승인했다. 제1차로 입도 승인을 받았던 '공식적' 이주자는 남유구 등 7명이었다.[7] 이후 각지에서 욕지도로 들어오려는 사람이 늘어났다. 욕지도에 입도한 사람들 중에는 탐관오리의

6 1948년 욕지도 개척 60주년을 기념하여 장수나무 아래에 '욕지도개척육십주년기념탑'을 세웠다. 비석은 현재 동항리 용천사 경내에 있다. 1988년 욕지도 개척 100주년을 맞이하여 욕지면사무소 앞에 기념비를 세웠다.

7 남유구의 부친은 통영에서 5~6백석 정도의 부자였다. '민부랭이'라 불리던 통제사가 부임하여 이전 통제사와는 달리 과도한 액수의 상납을 요구했다. 남유구의 부친이 이를 거절하자 '불효'라는 죄목으로 몰아 진주목사에게 송치했다. 남유구의 부친은 결박된 채 진주로 이송되는 도중에 통제사 측과 타협한 다음 자신의 집을 팔아 요구한 액수를 지불하고 목숨을 부지했다. 통제사에게 재산을 빼앗긴 남유구의 가족은 통제영의 허가를 받아 욕지도에 이주하게 되었다고 한다(남○극, 남, 85세). 남유구는 구술자의 할아버지이다. '민부랭이'라 불렸던 통제사는 204대 통제사 민경호(閔敬鎬)로 추정된다. 그는 1887년 12월 발령을 받아 1888년 3월부터 1890년 3월까지 재임했다(통영시지 상, 1999: 274).

침탈을 피해 들어온 사람도 있었다. 이들 '공식적'인 이주자 이외에도 통제영의 승인을 받지 않고 몰래 들어와 정착하는 사람도 많았다. 초기 욕지도에 이주한 민간인들은 챗배를 이용해 멸치를 잡았으며, 이후에는 들망을 개발해 멸치를 잡아 어획고를 높였다. 이주한 일본인들도 이들의 챗배와 들망을 따라했다(욕지면지, 2008: 139).

민간인 거주 허가 이후 인구가 증가하자 관리가 파견되어 세금을 징수하고 녹피와 녹용 등을 관리했다.[8] 통제영 제도가 폐지된 이후에도 도소(都所)가 설치되어 욕지도에 거주하는 주민들을 관리했다. 정부는 도소에 도존위(都尊位)라는 직위를 두어 도존위로 하여금 주민들을 다스리도록 했다. 도존위는 집강(執綱)으로 명칭이 바뀐 뒤에도 1908년까지 존속되었다(욕지면지, 2008: 155~157). 오횡묵의 『함안군총쇄록』에는 1887년 민간인 이주가 허용된 직후의 욕지도 모습이 기록되어 있다. 『함안군총쇄록』의 저자 오횡묵의 아들 오학선은 욕지도의 개척 업무를 관장하는 통제영 관리였다. 통제영이 관장했던 시기 욕지도에는 사슴 방목장이 있었으며, 녹용, 녹골, 녹포 등을 생산하는 곳으로 유명했다(함안군총쇄록 상, 2003: 493). 일본인들까지 욕지도를 '시카시마', 즉 '사슴 섬'(鹿嶋)이라 부를 정도로 욕지도의 사슴목장은 널리 알려져 있었다(葛生修吉, 1903: 80).

8 통제영 관리들의 위세와 횡포는 인근 도서지역에 노래로 전승될 정도였다. 1990년 비진도에서 현장조사를 할 때, 윷놀이를 하던 주민들이 '모'가 나오면, '엎어졌네, 엎어졌어. 새섬(학림도) 놈들 엎어지드끼 엎어졌네'하고 노래를 부르곤 했다. 통제영 관리들이 학림도에 들어올 때마다 주민들은 엎드려 영접했다고 한다. 학림도는 통제영(통영)에서 욕지도로 가는 항로 중간에 있다. 통영에서 욕지도로 가는 길에 풍랑이 거세지면 통제영 관리들은 학림도 포구에서 대기했다.

조선 후기 욕지도는 궁중 진상용 물품이었던 생전복의 주요 공급처였으며, 통제영 소속의 관리와 자제들이 '음홍'(飮紅), 즉 사슴의 피를 마시기 위해 들리던 곳이었다.[9] 하지만 민간인 거주 허용 이후 욕지도의 주요 토산물은 대구어, 생전복(生鰒), 해삼, 홍합, 석화, 청어, 석어, 문어, 전어, 수어(繡魚)[10], 오징어(烏賊魚), 낙지(絡蹄), 미역귀(藿耳), 가사리(加士里), 송단(松簞), 석류, 감(柿), 맥문동, 작설(雀舌) 등이었다(고성총쇄록, 2007: 90). 『함안군총쇄록』에는 통제영에서 욕지도까지 거리가 바닷길로 300여 리에 달하며, 동북풍이 불어올 때 순조롭게 건너갈 수 있는 곳으로 기술되어 있다(함안군총쇄록 상, 2003: 360, 410). 한편, 『고성총쇄록』에는 욕지도까지 물길로 1백 30여 리라고 기록되어 있다(고성총쇄록, 2007: 88).

민간인 거주가 허용되면서 욕지도의 경관은 크게 달라졌다. 개척 당시 욕지도는 통영과 고성 등지에 땔나무를 공급할 정도로 수풀이 빽빽하게 우거진 곳이었다. 하지만 민간인이 거주하면서 숲은 개간되었으며 대신에 농지가 늘어났다. 정부에서는 관리를 파견하여 민간인들이 개척한 토지를 측량하고 면적을 확인해서 징세의 근거로 삼았다.

9 '음홍'(飮紅)을 일컬어 "일출과 일몰의 붉은 태양 기운을 들이마심"이라고 해석하거나(함안군총쇄록 상, 2003: 84), "붉은 홍시를 먹는 일"이라고 주해하고 있다(고성총쇄록, 2007: 202). 하지만 '붉은 태양의 기운을 들이마시기' 위해 혹은 '붉은 홍시를 먹으려고' 굳이 먼 바다를 건너 욕지도까지 가야 할 필요성이 있었는지 의문이다. 욕지도에 사슴목장이 있었다는 사실로 미루어, '음홍'이란 살아 있는 사슴의 피를 마시는 행위를 에둘러 표현한 말로 추정할 수 있다.

10 '繡魚'는 숭어로 짐작된다. 숭어의 한자 표기는 '秀魚, 崇魚, 鯔'이다(한국수산지 1-1, 2010: 240). 숭어의 주산지는 장전만, 부산만, 마산만, 거제도 동부연안, 통영 수도, 영산포, 금강, 인천만 등이다.

1889년 12월 기준으로 욕지도에서 개간된 땅은 모두 21결(結) 59부(負) 2속(束)이었다. 가구 수는 읍포동(邑浦洞) 63호, 옥도동(玉島洞) 22호, 도우지(道右趾) 16호, 군자동(君子洞) 15호, 유동(柳洞) 15호, 답동(沓洞) 20호, 노대동(老大洞) 21호, 연화동(蓮花洞) 21호였다. 그 밖에도 움막을 짓고 기거하는 사람도 있었으며, 개간되지 않은 토지도 많았다고 한다(함안군총쇄록 상, 2003: 730).

욕지도 개척 60주년 기념비

욕지도에 민간인 거주가 허용되자 일본 어민들 또한 몰려들었다. 일본 어민들이 이주하면서 본격적으로 연안어장이 침탈되기 시작했다.[11] 일본 어민들의 한반도 근해에서의 어로활동은 1889년 조일통어장정이 체결되면서 본격화되었다. 조일통어장정 체결로 일본인 어부들

11 욕지도는 '고초도' 해역으로 이동하는 길목에 있어 왜인들이 연화도와 욕지도에 들려 물을 길어 갔다는 기록(세종실록 권9, 3년 9월 무자)으로 미루어, 욕지도는 일찍부터 일본 어민들에게 알려진 곳이라고 할 수 있다.

은 어업감찰 면허를 취득하고 어업세를 납부할 경우 조선 연해의 입어 구역에서 자유로이 어로활동을 할 수 있게 되었다. 입어기간은 1년으로 제한했으나 어업세를 납부하면 계속 연장할 수 있었다.

그러나 조일통어장정 체결 이후에도 복잡한 수속절차 및 경제적 부담을 피하고자 입어허가 감찰을 받지 않고 밀어형태를 고수하는 일본 어선들이 대다수였다. 따라서 한반도 연해에서 입어허가를 받은 합법적인 어선척수보다 허가를 받지 않고 어로행위를 하는 불법적인 어선척수가 훨씬 많았다.[12] 당시 조선의 지방 관리들은 조일통어장정에 대한 내용을 공문을 통해 상세히 알고 있었으며, 해상업무가 복잡하게 전개될 것을 염려하여 순찰을 강화하고 있었다(함안군총쇄록 상, 2003: 1139). 그러나 조일통어장정 체결 이후 합법적으로 혹은 불법적으로 몰려 들어오는 일본 어민들을 지방 관리들이 감시·감독하기에는 역부족이었다.

## 3. 일본 어민과 이주어촌

욕지도에 민간인 거주가 허용되자 조선인뿐만 아니라 일본 어민들이 물밀 듯이 몰려왔다. 욕지도에 처음 들어온 일본 어민은 잠수기 어업자들이었다. 일본 어민들은 욕지도에 (조선인)민간인 거주가 허용되

12 조일통어장정 실시 이후 조선해관에서 감찰을 발부받은 입어선은 1892년 말 기준으로 누계 1,400여 척이었다. 따라서 연간 입어선은 대략 700~800척으로, 1894년경 입어선의 누계는 2,000여 척이며, 승무원은 6,000여 명, 어획고는 수백만 엔으로 추산된다. 하지만 감찰을 받지 않고 곧바로 어장으로 직행하는 밀어선의 규모는 공식적으로 입어한 어선 척수의 배 이상이었다고 추정하고 있다(장수호, 2011: 93).

자마자 곧바로 욕지도에 이주하기 시작했다. 1887년 4월 나가사키현 잠수기업자 쓰카다 세지로(塚田清次郎)와 사이토 센기치(齊藤善吉)가 욕지도에 들어왔다.[13] 1889년에는 도쿠시마현 출신 다니 나오기치(谷直吉)와 도미우라 가쿠타로(富浦覺太郎) 등이 잠수기 어업을 위해 욕지도에 입도하였다. 같은 해 가가와현 타뢰망 어업자들도 욕지도에 들어왔다(吉田敬市, 1954a: 467).

1897년 기준으로 욕지도에는 일본어선 81척과 일본 어민 237명이 어로활동을 하고 있었다. 일본 어민들의 출신지역은 후쿠오카현(7척), 가가와현(42척), 히로시마현(5척), 나가사키현(6척), 후쿠오카현 및 가가와현(18척), 도쿠시마현(3척) 등이었다(통영수협백년사, 2014: 141~143). 반면, 1887년 욕지도의 조선인 인구는 15호에 불과했다(中井昭, 1967: 355). 따라서 민간인 이주가 허용된 초기 욕지도에는 조선인들보다 일본인들의 왕래가 더 빈번했음을 알 수 있다.

1900년 이후 욕지도의 정황은 일본의 문헌에 단편적으로 언급되어 있다. 『한해통어지침』에 따르면, 1903년 욕지도에는 6개 마을이 있었다. 그중 마을 2곳이 욕지도 항구 안쪽에 있었다. 당시 골개(읍동)에는 가옥이 약 30호가 산재해 있었고 자부포에는 4호가 있었다.[14] 자부포에는 통어조합연합회의 우편함이 설치되어 있었으며, 잠수기업자의 창고

13 쓰카다 세지로는 관동 출신 잠수부이다. 쓰카다 등은 1887년 4월 나가사키 잠수기어협 소속 잠수기 한 척으로 욕지도 근해에서 시험 조업을 했다(稻井秀左衛門, 1937: 7, 16; 韓國水産誌1, 1908: 467).

14 일본인이 자부포에 정착하기 이전부터 조선인이 거주했음을 알려 주는 흔적으로 '옹당새미'라 불리는 우물 하나가 있다. 마을 안내판에 따르면, 옹당새미는 1900년경 고(故) 강세진 씨의 4대 할머니가 자부포에 처음 정착한 뒤로 개발되었다고 한다.

도 많았다(葛生修吉, 1903: 80). 또한 이곳이 일본 어선의 중요 근거지였기 때문에 항상 어선들로 붐볐다. 1910년에 발간된 『한국수산지』에 따르면 욕지도에는 읍동과 좌부랑포(座富郎浦) 2개의 마을이 있는데, 그 주변에는 논과 밭이 많았다고 한다. 인구는 801호로 주로 농업에 종사했으며 어업을 겸하는 사람도 많았다. 어선은 약 15척으로 해조류 채취와 멸치잡이 챗배(焚寄網)로 이용되었다. 이 무렵 일본인은 도미우라 외 1호가 정주하고 있었다(韓國水産誌2, 1910: 669).

입도 초기 욕지도 주민들은 근해에서 멸치(鰮), 갈치(大刀魚), 조기(石首魚), 미역(和布), 가사리(海蘿) 등을 어획하거나 채취했으며, 일본인들은 도미(鯛), 해삼(海鼠), 전복(鮑), 홍합(貽貝) 등을 주로 어획했다. 욕지도 항내는 파도가 잔잔하여 멸치잡이 철에는 수많은 선박으로 붐볐으며, 전통 어법인 챗배와 욕지도 주민들이 개발한 들망은 일본인들까지 따라할 정도로 성행했다(욕지면지, 2008: 139).

일본인들은 조선인들이 사용하고 있던 종래의 분기망을 개량하여 멸치잡이를 했다.[15] 자본이 부족했던 조선인과 일본인은 멸치잡이 어구와 어선을 빌려서 어획한 다음 총 어획고를 다섯 등분하여 2등분은 자본주에게 제공하는 조건으로 영업하기도 했다(韓國水産誌2, 1910: 667). 욕지도는 멸치잡이 어업과 더불어 잠수기 어업의 근거지가 되었으며,

15 일본인이 개량했던 어법은 '안치기'(ヤンチキ) 그물이라고 명시되어 있다(韓國水産誌2, 1910: 667). 이것이 구체적으로 어떤 형태였는지 짐작하기는 어렵지만, 비슷한 시기 거문도에서 사용되었던 '홀치기' 어법이 있다. 홀치기는 불배 한 척이 불을 밝혀 집어를 하고 나머지 한 척이 불배를 한 바퀴 둘러서 홀치는 어법이다. 챗배 및 들망과 달리 홀치기는 일제강점기 허가가 필요했던 어법이었다(이진영, 1992: 267~268). 참고로 일제강점기 욕지도에는 '요다끼'(夜焚) 어업이 성행했다고 한다(욕지면지, 2008: 139).

봄여름에는 삼치 류망(鰆流網), 도미 주낙(鯛延縄), 갯장어 주낙(鱧延縄) 어선들의 출입이 끊이지 않았다. 성어기에는 운반선(活洲船)이 수십 척씩 정박했다(韓國水産誌2, 1910: 666).

일본인들이 욕지도에 정착하게 된 배경에는 어업에 편리한 입지적 조건 및 어선과 운반선이 정박하기에 안전한 포구가 있었기 때문이다. 또한 1887년 이전까지 민간인 거주가 허용되지 않았던 탓에 오래전부터 조선인들이 터전을 잡고 있었던 다른 지역에 비해 상대적으로 정착하기에 유리했던 점도 있었다. 욕지도 인근에는 통영과 부산과 같은 거대 수산시장이 있을 뿐 아니라 거제도를 거쳐 일본으로 이어지는 운송망이 형성되어 있어 어획물의 판매와 유통이 수월했다. 이와 같은 지리적 조건 덕분에 욕지도는 어업근거지형 어촌으로 성장했다(김수희, 2010: 90).[16]

일본인 이주 인구가 증가하면서 여객 및 화물 수송을 위해 욕지와 통영을 오가는 정기 항로가 개통되었다. 1913년 욕지도와 통영 사이를 일주일 간격으로 운항하는 기선(大輪船)을 시작으로, 1920년에는 통영–욕지–남해 미조를 왕래하는 가이켄마루(海元丸)가 등장했다. 이후 욕지–통영 사이를 오가는 여객선 지도리마루(千鳥丸)가 운항되었다(욕지면지, 2008: 137).

욕지도에 일본인 어민들이 정착하면서 상인들과 운반선업자들이 뒤따라 들어와 자리를 잡기 시작했다. 1908년 시모노세키 출신 생선

16 경남지역에는 욕지도를 포함하여 방어진, 대변, 정자, 절영도, 통영, 신미조, 장승포 등이 어업근거지형 어촌으로 건설되었다. 어업근거지는 어업자원이 풍부하고, 선박의 기항과 정박에 유리한 자연적 어항이 있으며, 어업 필수품 공급과 어획물 판매에 편리한 시설 등을 갖춘 곳이 선정되었다(김수희, 2010: 90).

판매상이 자부포에 상점을 개설하였다. 1910년에는 가가와현의 오다조(小田組)가, 1911년에는 야마카미조(山神組) 등의 운반선업자들이 들어왔다. 가가와현에서도 어민들이 생선 운반선을 이끌고 몰려들어 왔다. 이주어민과 함께 상인과 운반선업자들이 늘어나면서 욕지도의 일본인 인구는 점점 증가했다. 1909년 기준으로 욕지도의 일본인 인구는 28호/101명이었으나 병합 후 1910년에는 36호/199명으로 늘어났다. 이에 일본의 지방정부 및 관계기관에서는 욕지도 이민자들을 위한 주택을 건설했다.

1910년 야마구치현 수산조합에서 욕지도 자부포에 주택 3동 14호를 건설하여 8호를 입식시켰으나 실패했다.[17] 이주민들은 일본 지방정부로부터 주택뿐만 아니라 이주 보조금을 받았다. 1912년 야마구치현 도요우라군(豊浦郡) 시마에우라(島戸浦) 어민 7호/24명이 가구당 210엔의 보조금을 받고 이주했으며, 이후 가가와현의 타뢰망 어민 20~30호도 이주하였다(吉田敬市, 1954a: 467).

일본인 인구가 증가하면서 자부포에는 일본인을 위한 시설과 관공서가 건립되었다. 1914년 무렵 욕지도에는 학교조합, 욕지도심상소학교, 욕지도우편소, 순사주재소 등이 설치되어 있었다(吉田敬市, 1954a: 467). 또한 한지개업의(限地開業醫)[18]가 상주하고 있었으며 신사도 한 곳 있었다(中井昭, 1967: 356). 욕지도심상소학교[19]는 1914년 1월 개교되었으

17 야마구치현에서 자부포에 이주시킨 사람들은 화재로 집을 잃은 조난자였다. 이들 이주자들은 제대로 정착하지 못했으며, 1921년에는 겨우 1호만 남았다고 한다. 그 1호는 어부였다(中井昭, 1967: 356).

18 1915년 욕지도에는 이와다나가이(岩田長)라는 한지개업의 1명이 상주하고 있었다(경남통영군안내, 2005: 57).

19 욕지도학교조합은 1913년 5월 7일에 건립되었으며, 욕지도심상소학교는 1914년 1월 21일에 설립되었다(통영수협백년사, 2014: 142).

며, 1915년에는 총 22명(남 9명, 여 13명)이 재학 중이었다(경남통영군안내, 1915: 68). 1921년 학생 수는 총 59명(남 35명, 여 24명)이었다(中井昭, 1967: 362). 학교건물은 건평 40평 규모의 일본식 단층으로 건립되었다.

욕지도우편소의 초대 소장은 도미우라 가쿠타로였다.[20] 도미우라는 1912년부터 1928년까지 욕지도우편소장을 역임했다. 우편물은 목선으로 운반했다.[21] 1934년 5월 1일 욕지도 우편소에 무선전신이 개통되었다.[22] 무선전신은 고등어 어업이 활발해지면서 어황 및 시세와 관련된 정보를 수시로 주고받고자 면장, 일본인, 어장주 등이 기금을 마련해서 설치하였다. 순사주재소는 1910년에 건립되었으며 초대 수석순사로 다카나가(高英)가 부임했다. 순사주재소는 처음에는 읍동 서당에 세워졌다가 이후 자부포에 건물을 신축하여 이전했다(욕지면지, 2008: 139~140).

1914년 욕지도의 일본인 인구는 50가구 162명이었으며, 1915년에는 56호/224명이었다.[23] 일본인 인구는 점차 증가하여 1921년 말 기준으로 82호/292명이었다. 욕지도에 정착한 일본 이주민들의 주요 출신지는 가가와현, 도쿠시마현, 히로시마현, 오이타현, 야마구치현, 오카

20 도미우라 가쿠타로는 1912년 부산우편국 분장구역내 우편소(욕지도우편소) 소장이었으며, 처음에는 11급 수당이었다가 1919년 10급 수당, 1921년 9급 수당, 1924년 8급 수당으로 승급되었다(한국사테이터베이스).

21 욕지도우편소는 1912년 3월 1일 개소되었다(욕지면지, 2008: 282). 1915년 기준으로 욕지도에는 통영–욕지를 오가는 정기여객선이 주 2회 운항하고 있었다(경남통영군안내, 2005: 60).

22 《동아일보》, 1934.04.29.

23 참고로 『경남통영군안내』에는 1915년 욕지도의 일본인 인구가 50호 162명으로(경남통영군안내, 2005: 83) 기술되어 있다.

야마현 등이었다(吉田敬市, 1954a: 467). 1921년 기준으로 욕지도의 일본인은 82호/292명(남 139명, 여 153명)이었다. 이들을 출신지별로 살펴보면, 도쿠시마현 18호/68명(남 35명, 여 33명), 가가와현 27호/104명(남 48명, 여 56명), 히로시마현 10호/28명(남 13명, 여 15명), 나가사키현 3호/10명(남 3명, 여 7명), 에히메현 2호/7명(남 3명, 여 4명), 사가현 3호/9명(남 4명, 여 5명), 후쿠이현 2호/7명(남 3명, 여 4명), 야마구치현 4호/13명(남 5명, 여 13명), 오이타현 4호/18명(남 8명, 여 10명), 오카야마현 2호/6명(남 3명, 여 3명), 와카야마현 1호/4명(남 2명, 여 2명), 구마모토현 2호/7명(남 5명, 여 2명), 교토 2호/6명(남 4명, 여 2명), 오사카 2호/5명(남 3명, 여 2명) 등이다. 직업별로 살펴보면, 어업자 30호, 어부 20호, 운송업 1호, 상업 10호, 목수 5호 등으로 대부분 어업관련 업종에서 일했다. 그 외 일본인들은 우편소(1호), 교사(1호), 의사(1호), 경찰(1호), 이발사(2호), 여관(1호), 요리음식점(8호), 기타(1호) 등의 업종에 종사하였다. 우편소장은 도쿠시마현 출신이었으며, 교사는 구마모토현, 의사는 나가사키현, 경찰은 히로시마현, 이발사는 가가현와 및 나가시키현 출신 각 1호였다. 여관은 후쿠이현 출신이 운영했으며, 요리음식점은 가가와현(2호), 히로시마현(2호), 나가사키현(1호), 에히메현(1호), 사가현(1호), 야마구치현(1호) 등이었다(中井昭, 1967: 357~358).

욕지도와 인근의 노대도는 남해안 곳곳에서 어획한 수산물의 집하장 구실을 했다. 일본 상인들은 인근 해역에서 어획한 어류를 구매해 이곳에 집하했다가 알맞은 시기에 발동기선으로 부산 혹은 시모노세키로 운반했다. 노대도에는 살아 있는 어류를 장기간 보관할 수 있는 시설을 짓고 종사자들을 위한 숙소와 사무실을 마련하여 새로운 이주촌이 형성되기도 했다. 1907년 부산수산회사에서 지금의 하노대도에 출장소를 두었다. 일본인들은 이곳을 시키시마촌(敷島村)이라 불렀다. 1909년 매립공사를 한 다음 이듬해 이주자 가옥을 건설하여 구마모토현 어민들에게 임대했다. 하지만 경기가 나빠지자 이주민 대부분은 1919년 귀환했다고 한다(吉田敬市, 1954a: 473). 부산수산회사는 발동기선 20척을 운영하면서 노대도에서 부산까지 생선을 운반했다(통영수협백년사, 2014: 142~143). 1917년에는 하야시카네상점과 일본수산회사가 욕지도에 각각 출장소를 개설하여 본격적으로 생선운송업을 시작했다.[24] 1919년 야마구치 야스타로(山口安太郎)가 욕지도 부근 해역에서 고등어 박망으로 높은 어획고를 올리면서 매년 고등어 어업자가 증가하였다. 이후 욕지도는 고등어 어업의 근거지로 성장했다(吉田敬市, 1954a: 467).

1921년 기준으로 욕지도의 일본인 어업주는 28호였으며, 어구 28통에 어선 105척이었다. 어업주를 업종별로 살펴보면, 멸치 분기망 12인, 멸치 권현망 5인, 멸치 건착망 4인, 고등어 박망 1인, 타뢰망 5인, 도미 연승 1인 등이었다. 멸치잡이는 욕지도를 비롯하여 사량도 근해와 남해도 해역에서 조업했다. 고등어 박망, 타뢰망, 도미 연승은 욕지도 근해가 주 어장이었다. 이들 업종에 종사하는 어부는 총 466명이었으며 일본인 64명, 조선인 402명이었다. 어부들을 다시 업종별로 살펴보면, 멸치 분기망 98명(일본인 20명, 조선인 78명), 멸치 권현망 170명

24 다른 자료에는 하야시카네상점 욕지도 출장소는 1917년에, 일본수산회사의 출장소는 1918년에 설치되었다고 한다(中井昭, 1967: 356).

(일본인 10명, 조선인 160명), 멸치 건착망 115명(일본인 15명, 조선인 78명), 고등어 박망 58명(일본인 2명, 조선인 56명), 타뢰망 20명(일본인 15명, 조선인 5명), 도미 연승 5명(일본인 2명, 조선인 3명) 등이었다. 타뢰망과 도미 연승을 제외한 전 업종에서 조선인 어부들이 대다수를 차지하고 있었다. 조선인 어부들의 평균 월급은 15엔이었으며, 이들 대부분은 욕지도 동항리와 서산리 주민들이었다(中井昭, 1967: 359~360).

1921년 일본 어민들은 조선인 어업자들과 함께 동항리어업조합을 설립했다. 동항리어업조합은 1932년 욕지어업조합으로 명칭이 변경되었다. 어업조합은 멸치잡이 전용어업권을 향유하고 어구수를 제한하여 어업조정을 도모했다. 어업조합은 5만 엔의 조합자금을 바탕으로 어업자금을 조합원들에게 대출하고 어획물의 공동판매, 어업용품의 공동구입 등과 같은 사업을 실시했다. 조합설립과 동시에 공동판매소를 설치하여 이주어민들과 조선인 어민들이 이곳에서 어획물을 출하하도록 했다. 하지만 일부 어민들은 여전히 하야시카네상점 및 일본수산주식회사(日鮮組)에 판매했다(中井昭, 1967: 360).

1929년 어업조합의 규모는 조합원 170여 명에 어획고가 100여 만 원에 달했으며, 주요 어획물은 정어리, 삼치, 고등어, 장어, 멸치, 해조류 등이었다. 권현망과 분기초망, 타뢰망, 외줄낚시, 해조류 채취 등이 주요 어업이었다. 어업조합은 별도로 전복과 고등어 통조림 공장을 운영했다. 1931년 조합원 규모는 조선인 75명, 일본인 34명으로 총 109명이었으며 어선은 총 319척이었다. 어획고는 5년 평균 82,884엔이었다. 1940년 4월에 조합원은 조선인 989명, 일본인 42명으로 총 1,031명이었다. 초기 어업조합은 일본인 중심으로 운영되었지만, 점차 조선인 조합원의 수가 증가했다. 어선은 565척이었으며 어획고는 991,100원이었다. 조합 보유 어업권은 30개였다(통영수협백년사, 2014: 189).

1921년 기준으로 욕지도 동항리 연안에는 자부포, 불곡, 조선포, 동선리, 관청리 등 5개 마을이 있었다. 일본인 이주민들은 주로 자부포에, 조선인들은 나머지 4개 마을에 거주하고 있었다. 당시 마을별 인구를 살펴보면, 자부포 31호/135명, 불곡 50호/140명, 조선포 30호/150명, 동선리 50호/168명, 관청리 30호/120명 등이다. 1920년대 이후에는 가가와현 출신의 이주자들이 급증하였다. 1930년 일본인 인구 98호, 조선인 870호 중에서 가가와현 출신이 59호로 가장 많았다.[25] 가가와현 출신들의 주요 업종은 타뢰망이었다(中井昭, 1967: 363).

## 4. 자부포의 일본인 흔적

일본인이 남긴 흔적은 무엇보다도 '자부포'(自富浦)라는 마을 이름에서 찾을 수 있다. 『통영시사』에 따르면, 자부포는 욕지항의 입구 왼편에 위치한 포구라 하여 원래 '자보랑개', '자부랑개'로 불렸다(통영시사 下, 1999: 1253)고 한다. 자부랑개 안쪽에는 '골개'(동항리)가 있다. 골개는 욕지도 동항리의 옛 이름이다. 토박이말 골개가 '고을개'로 읽히면서 한자로 읍동(邑洞) 혹은 읍포동(邑浦洞)으로 표기되었다.[26] 『함안군총

25 욕지도에 정착한 가가와현 출신 이주자 대부분은 오다(小田)촌 사람들이었다(中井昭, 1967: 356).

26 '골개'와 '자부랑개'의 어원은 확실치 않다. '골개'는 골이 깊은 개(포구)에서 유래

쇄록』의 1889년 12월에 20자 일기에는 읍포동, 옥도동(玉島洞), 도우지(道右趾), 군자동(君子洞), 유동(柳洞), 답동(沓洞) 등과 같은 욕지도의 마을 이름이 언급되어 있다. 하지만 좌부포 혹은 자부포라는 명칭은 없다. 따라서 자부랑개는 욕지도의 다른 마을에 비해 상대적으로 늦은 시기에 마을이 형성되었다고 추정할 수 있다.

'자부랑개'라는 명칭은 한자어로 표기되면서 여러 형태로 변형된다. 1903년에 발간된 『韓海通漁指針』에는 한자로 '坐釜浦'(좌부포)로 쓰고, 오른쪽 옆에 일본어 'チヤブランケ'(짜부랑케)로 표기되어 있다(葛生修吉, 1903: 80). 1910년에 발간된 『韓國水産誌』 2권에는 한자로 '座富浪浦'(좌부랑포)라 쓰고, 왼쪽 옆에 일본어 'チヤブランゲ'(짜부랑게)로 표기되어 있다(韓國水産誌2, 1910: 669). 1967년에 발간된 『香川縣海外出漁史』에는 한자어 '自浮浦'(자부포)만 표기되어 있다(中井昭, 1967: 363). 즉, 자부랑개라는 토박이말이 문헌에 기록되면서 토박이 발음과 유사한 한자어 '坐釜浦', '座富浪浦', '自浮浦' 등으로 표기되었음을 알 수 있다.

자부랑개의 한자어 표기가 고정되지 않은 상태에서 일본인 도미우라 가쿠타로(富浦覺太郎)가 자부랑개의 중심적인 인물로 떠오르면서 도미우라, 즉 '부포'(富浦)와 자부랑개라는 명칭이 서로 겹치게 되었다. 자부랑개의 한자 표기가 좌부포(坐釜浦) 혹은 좌부랑포(座富浪浦)에서 자

---

되었을 것으로 짐작된다. 골개의 한자 명칭은 '읍포동(邑浦洞)' 혹은 '읍동(邑洞)'이다. 즉, '골'이 '고을'로 읽히면서 '邑'으로 표기되고, '개'는 그 의미를 좇아 '浦'로 바뀌었다. '골개'라는 이름의 어원과 유사한 맥락에서 '자부랑개'라는 이름은 포구의 형태가 반듯하지 못하고 한쪽으로 약간 오그라진 또는 짜부라진 모양에서 유래되었을 것으로 추정된다. 즉, '짜부라지다'라는 말과 포구를 의미하는 '개'가 합쳐져 '짜부랑개' 혹은 '자부랑개'로 불렸다고 추측할 수 있다.

부포(自富浦)로 변경된 것은 도미우라(富浦)의 영향력에서 비롯되었다고 할 수 있다. 도미우라가 이곳에서 실권을 장악한 뒤로는 그의 성(姓) 부포(富浦)에다 '좌'와 발음이 유사한 '자(自)'를 덧붙여 '자부포'(自富浦)라 부르게 되었다(욕지면지, 2008: 850). 이처럼 일본인 도미우라(富浦)가 등장한 이후 자부랑개가 '自富浦'로 표기되면서, 자부포가 마치 도미우라가 정착한 이후 생긴 마을로 오식된 것이다.[27] 현재 마을의 공식적인 명칭 역시 '자부포'(自富浦)로 표기되어 있으나, 지역주민들은 '자부포'라는 행정명칭보다는 '자(좌)부랑개'라는 토박이말을 자주 사용하고 있다.

욕지도 자부포에는 한반도의 여느 일본인 이주어촌과 마찬가지로 본국과의 연락을 위해 우편소와 일본인의 안전을 도모하기 위해 순사주재소가 우선적으로 설치되었다. 또한 이주민들의 자녀를 위해 심상소학교가 건립되었다. 우편소, 주재소, 학교는 식민 이주어촌이 조성되면 어떤 형태로든 반드시 설치된 주요 기관이었다. 정보 전달, 치안 유지 및 자녀교육은 식민 이주자들의 안녕과 지속을 위한 바탕이자 안전장치였다. 이런 필수기관과 더불어 종교시설인 신사가 있었으며, 주요 경제기구로는 어업조합이 있었다. 일본인들의 유흥과 여가를 위해 당구장, 목욕탕, 상점 등이 설비되었고, 어선을 수리하고 정비할 수 있는 철공소와 조선소도 들어섰다. 자부포가 지리적으로 공간이 협소했던 탓에 조선소는 자부포의 맞은편 입석리의 끝자락에 자리를 잡았다.

일본인들의 이주어촌이었던 자부포의 공간은 도로를 따라 대략 언

27 참고로 1929년 7월 10일자 《동아일보》 기사에는 '자부관개'로 표기되어 있으며, 1933년 6월 11일자 《조선중앙일보》 기사에 비로소 '자부포'(自富浦)라는 명칭이 사용되었다.

덕배기, 중간골목, 해안가 등 세 부분으로 구성되어 있다. 마을 뒤쪽 언덕배기를 따라 형성된 공간에는 주로 주재소, 학교, 우체국 같은 공공기관이 들어섰다. 마을 내부와 바다를 한 눈에 내려다 볼 수 있는 장소에 관공서가 설치되었던 것이다. 공공기관이 있던 주요 거리보다 더 위쪽 골짜기에는 주로 조선인과 일본인 하층민들이 거주하였다. 공공기관이 즐비한 언덕배기와 해안가 사이에는 골목길이 있고 골목길 양쪽에는 유흥가가 형성되어 있었다. 골목길 안쪽에는 술집, 요리점, 당구장, 목욕탕 등이 줄지어 자리하고 있었다. 일본인들은 바다와 맞닿아 있는 해안가를 매립하여 건물을 지을 수 있는 토지를 확보하고, 통행로와 선착장을 건설하여 선박의 정박과 출입을 용이하도록 했다. 이렇게 매립된 해안가의 도로를 따라 의용소방대, 선구점, 철공소, 잡화점을 비롯한 각종 상점이 들어섰다. 도로가 끝나는 포구의 서쪽 끝머리에 어판장과 어업조합이 있었다.[28]

현재 남아 있는 흔적을 찾아 지도로 표시한 것이 〈그림 1〉이다. 〈그림 1〉을 매개로 일본인 이주어촌의 면모를 살펴보면 다음과 같다. 지형적으로 자부포는 남서쪽의 동뫼와 북동쪽의 곤뫼로 둘러싸여 있는 작은 포구이다. 곤뫼라는 명칭은 곤피라 신사가 있었던 산이라는 말에서 유래되었다. 자부포의 서쪽은 동항리로 이어지며 동쪽은 욕지만의 입구에 해당된다. 북쪽은 가파른 산으로 막혀 있어 북풍을 막아주고 남쪽 역시 만으로 둘러싸여 있어 태풍을 피할 수 있는 포구이다. 자부포

28 현재의 수산업협동조합은 자부포의 동쪽 끝머리 매립지에 위치한다. 방파제가 설치되기 이전 이곳은 파도가 곧바로 몰아치는 곳으로 건물이 들어서기 어려운 곳이었다. 지금은 수협건물 뒤편으로 방파제가 설치되어 있으며 욕지도 일주도로가 개통되었다.

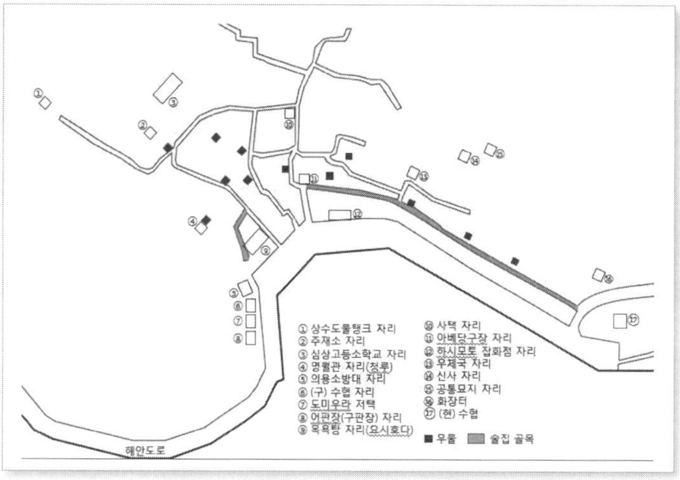


그림 1. 욕지도 자부포 일본인 흔적

에서 골개(지금의 동항리)로 이어지는 길은 동뫼 너머로 이어지는 언덕길이 유일하였다. 자부포와 동항리로 이어지는 해안도로는 일제 말기에 건설된 것이다.

자부포와 달리 골개에는 주로 조선인들이 거주했다. 골개에서 언덕길을 넘어 자부포로 들어오는 마을 입구에 순사주재소가 설치되었다. 순사주재소는 지형적으로 마을을 한눈에 내려다볼 수 있는 곳에 있어 자부포를 드나드는 모든 사람들을 감시할 수 있었다. 과거 주재소 건물은 여러 용도로 사용되면서 겉모습은 많이 바뀌었지만, 당시의 석축은 그대로 남아 있다.

주재소 바로 옆에는 일본인 학생들을 위한 심상소학교가 있었다. 심상소학교는 해방 이후에도 학교교사로 이용되었으나, 학생 감소로 폐교되어 현재는 개인 소유의 별장 겸 작업장으로 사용되고 있다. 학교 건물과 부속시설들은 변모되거나 철거되었지만 옛 교정은 그대로 남아

심상소학교 자리

욕지도우체국 자리

있다. 이곳이 심상소학교였다는 흔적은 석축과 돌계단, 그리고 입구의 알림판을 통해 알 수 있다. 심상소학교 옆을 따라 동쪽으로 가면 소학교의 사택이 있었다는데 지금은 흔적조차 희미하다. 소학교 사택 건너편 언덕에는 우체국이 있었다. 우체국의 존립 사실은 입구에 있는 기둥과 알림판 같은 흔적을 통해 알 수 있었다.

우체국 건물이 있었던 빈터에서 뒷길을 따라 올라가면 산등성이로 이어진다. 산등성이의 평지가 바로 과거 곤피라 신사가 있었던 공간이다. 해방 후 신사가 있었던 자리에 불교사찰이 건립되었다고 한다. 하지만 지금 이곳은 불교사찰마저 사라지고 폐허로 남아 있다. 곤피라 신사 뒤쪽 골짜기에는 일본인들의 공동묘지가 있었다.

현재는 공동묘지에 있었다는 비석 한 기만이 흔적으로 남아 있다. 뿌리가 뽑힌 채 공동묘지 주변에 방치되어 있었던 비석은 욕지도 공공도서관 2층으로 옮겨져 있다.[29] 1913년에 사망했다는 비문의 기록으로

29 비석의 주인은 1913년(대정2년) 9월 7일 사망한 '神野善太□'으로, 불교식으로 화장하고 계명을 받은 남성(信士)이다. 비석의 전면 글자는 판독이 어렵지만 불교식 계명으로 짐작된다. 1909년 도쿠시마현 출신 잠수부 神野平四郎(1885년생)이 욕지

일본인의 비석

자부포 뒷골목

미루어 보아, 이 무렵에 이미 일본인 공동묘지가 조성되어 있었음을 알 수 있다. 신사와 공동묘지가 있었던 장소의 일부는 밭으로 개간되고 일부는 방치되면서 지금처럼 황무지가 되었다. 신사와 공동묘지는 물질적 잔해조차 남아 있지 않고 이제는 기억 속에서만 존재하는 공간이 되어 버렸다.

한편, 자부포의 거주지 안쪽은 유흥가였다. 술집 골목으로 불리던 뒷골목에는 '아베' 당구장이 있던 건물이 아직도 남아 있다. 술집 골목으로 이어지는 골목길의 왼편 입구에는 목욕탕과 요리점 명월관의 건물터가 남아 있다. 자부포의 뒷골목에 자리한 유흥가 건물들은 해방 이후에도 한동안 술집이나 음식점으로 사용되었다. 앞쪽 해안가에는 어판장, 선구점, 어업조합과 같은 시설들과 더불어 '요시호다' 목욕탕, '하시모토' 잡화점과 같은 큰 건물이 있었다고 한다. '하시모토' 잡화점은

도에 정착했다는 기록(稲井秀左衛門, 1937: 부록 14)으로 미루어 볼 때 비석의 주인은 神野平四郎의 가족 중 한 명으로 추정된다.

건물 내부와 외양이 많이 바뀌었지만, 지금도 그 자리에 과거의 형태를 유지하고 있다. 마을 동쪽 외곽 바닷가 구석진 곳은 일본인들의 화장터였으나 지금은 매립되어 흔적조차 찾아볼 수 없다.

욕지도는 대부분의 도서지역이 그렇듯이 섬 내부에 큰 강이나 개천이 없다. 이런 곳에 취락을 형성하고 거주하기 위해서는 음용수의 확보가 가장 중요하고 시급한 문제였다. 일본인이 이주하기 직전에 개발된 우물은 마을 위쪽 주재소 바로 아래에 있었는데, 우물은 아주 중요한 생활수단이자 집단취락이 형성될 수 있었던 토대였다. 이주민들이 정착하면서 인구가 급증하자 일본인들은 마을 곳곳에 우물을 팠다. 해안쪽에 있는 우물은 바닷물의 영향으로 소금기가 배어 있어 음용수로는 부적합했다. 또한 마을 내 우물물은 마을 사람들 전체가 음용수로 사용하기에는 부족했다.[30] 그래서 자부포의 서쪽에 위치한 골개에 저수지를 축조해 이곳의 물을 자부포로 끌어왔다. 즉, 상수도가 설치된 것이다. 일본인들은 저수지의 물을 끌어와 마을 입구의 등성이에 설치된 물탱크에 저장했다. 바닷가 쪽으로 '가이간도리' 또는 '해안통(海岸通)'이라 불리는 해안도로가 개설되기 전 자부포에서 골개로 이어지는 길은 물탱크가 있는 언덕길이 유일했다. 자부포가 일본인 거주지이면서 치안의 중심지였다면, 골개는 조선인들의 거주지로 행정의 중심지였다. 주재소와 어업조합은 자부포에 있었으나, 면사무소와 정기시장은 골개에 있었다.

---

30 1929년 욕지도에는 가뭄으로 물이 귀해지면서 우물물 사용을 두고 조선인과 일본인이 서로 다투다가 조선인 임신부가 낙태를 하는 사건이 발생하기도 했다(《동아일보》, 1929.07.10.).

한편, 일본인 이주민들의 흔적은 자부포뿐만 아니라 맞은편 관청리와 입석리에도 일부 남아 있다. 구술자들에 따르면 이곳에 거주했던 일본인은 주로 잠수기 어업자였다고 한다. 관청리에는 일본인 가옥 3채가 있었다고 한다. 두 명은 잠수기 어업자로 한 사람은 2척, 다른 사람은 3척의 잠수기 어선을 운영했으며, 나머지 한 명은 의사였다. 잠수기 어업자들은 채취한 전복을 삶은 다음 건조시켜 일본으로 운반했다. 현재 옥섬 펜션이 있는 곳이 과거에 전복 건조장이었다고 한다.

관청 마을의 안쪽 등성이 아래는 일본인들이 묘지로 사용했던 곳인데 해방이 되자 일본인들이 유골함을 파가지고 돌아갔다. 폐교된 옥동분교 자리에는 콜타르를 입힌 도단으로 지붕을 올린 일본인 가옥이 2채가 있었는데, '모구리배' 혹은 '기계선'으로 불리던 잠수기 회사였다고 한다. 구술자들은 회사 명칭이 '마루세'였다고 기억하고 있었다. 해방 후 이곳에 있던 일본인 가옥 2채를 허물고 그 자리에 옥동분교[31]를 건립했다.

입석 마을과 관청 마을 앞 포구에는 옥섬이라 불리는 자그만 섬이 있다. 옥섬은 두 개의 봉우리가 장구모양으로 연결되어 있다. 옥섬의 남쪽 작은 봉우리에 '카미사마'[32]를 모시던 사당 혹은 제당이 있었다. 지역주민들은 이곳이 '사당'이었지 '신사'는 아니었다고 했다. 일본인들은 이곳 사당에서 수시로 풍어제를 지냈다. 현재는 비석이 설치되었던 기

31 옥동분교는 1959년 4월 1일 개교하여 2008년 3월 1일 폐교되었다. 욕지고등공민학교로 시작되었으며, 1960년 옥동국민학교로 인가되었다. 학생 수가 감소되면서 옥동분교로 강등되었다가 1998년 원량초등학교에 편입되었고 2008년에는 분교장마저 폐교되었다.

32 카미사마(神様)는 일본어 'かみさま'로 신을 뜻하는 말이다.

옥섬

옥섬의 제당 자리

단 아랫부분만 흔적으로 남아 있다.[33]

옥섬의 큰 봉우리에는 일본인의 묘지가 있었다. 해방 후 한국인 조씨가 일본인 무덤을 파내고 그 자리에다 자신의 증조부 시신을 안장했다고 한다. 하지만 그 묘지마저 이장되고 지금은 빈터로 남아 있다. 입석마을의 끝머리 해안가에는 조선소가 있었다. 조선소는 '구바키'라는 일본인 목수가 운영했다고 한다. 이곳은 지금도 조선소로 이용되고 있다.

욕지도 인근 하노대도에도 일본인의 흔적이 남아 있다. 이곳은 부산수산회사에서 시키시마촌을 건설했었던 곳이다. 하지만 수산회사가 있었다는 흔적을 찾아보기란 쉽지 않다. 과거 이곳에는 홍합을 가공하여 통조림으로 만드는 공장이 줄지어 있었으며, 공장은 자가발전기로 전기를 생산했다고 한다. 창고건물과는 별도로 현장 감독의 사택이 있었으나 해방 이후 그 자리에는 새로 건물이 들어섰다. 사택건물 뒤뜰에는 '카미사마'를 모시던 조그만 제당이 있었다. 지금은 흔적조차 없이

33 구술자에 따르면 옥섬에 있던 일본식 사당은 1949년 추석 무렵 당시 원량국민학교 교사 몇 명이 술을 마시고 나오다가 일제의 잔재라고 깨부숴 버렸다고 한다.

단지 제당이 있었던 장소로만 기억되고 있다. 제당 위쪽 언덕에 일본인이 심은 '사쿠라' 나무가 무성했다고 하는데 현재는 몇 그루 남아 있지 않다.

## 5. 지역주민들의 기억

일본인 이주어촌에 대한 욕지도 주민들의 기억은 지극히 단편적이며 개인적인 일화로 회상된다. 이런 현상은 한편으로는 구술자들의 경험과 연령의 차이에서 비롯된 것일 수도 있지만, 다른 한편으로는 기억의 불완전성에서 기인된다고 할 수 있다. 구술자들이 기억하고 있는 일본인과 이주어촌의 모습은 대개 해방 직전 무렵으로 한정된다. 이런 제한은 구술자들의 연령에서 비롯된다. 그들이 경험했던 일제강점기는 1930년대 중후반에서 해방까지이다. 구술자 대부분은 일본인이 정착하면서 다른 지역에 비해 욕지도가 급속도로 발전되었다고 이야기했다. 욕지도에 어장을 하는 일본인이 많이 들어와 우편소, 상수도, 어업조합, 당구장, 목욕탕 등 그들을 위한 편리시설이 일찍부터 설치되었다는 것이다.

"일본 사람은, 내가 20년생인데, 내가 있기 전부터 일본 사람들이 올라왔으니까... 욕지도가 하나 유명한 게, 머 제가 아는 지식으로는, 욕지도우체국, 그때 당시 욕지도우편소... 그리고 내가 알기로는 대한민국 48번입니다. 그 말이 무슨 말이냐 하며는, 딴 데는 사설우체국이 해방 후에도 없고, 우체국이 없었습니다. 그런데 욕지도에는 일본 사람들이 들어와 있기 때문에 욕지도우편소가 생겨가지고... 그것도 자부포입니다. 그리고 또 하나가 중요한 게 뭐냐면, 욕지도 상수도가 시발초가 1930년입니다. 욕지도 상수도가, 딴 데는 있어도 사설 수도지, 공식으로 수도로 한 기 별로 없었거든요. 내가 보통학교 3학년 때가 열 살인데... 그 당시에 수도를 놓았은께는... 저기 저수지 연결해 가지고는 자부포 고개를 안 넘어가면, 물이 못 넘어 가거든요. 물이 못 넘어간께, 여기 높은 능선에다 물땡크를 설치해 가지고 위에 있는 물을 수압을 높여 가지고 거기서 넘어와 가지고, 자부포에 있는 일본 사람들이 수도를 사용했거든요." (박○옥, 1920년생, 남)

구술자의 과거 욕지도에 대한 기억은 우체국과 상수도 시설로 시작된다. 우체국으로 대변되는 통신시설 및 집안에서 손쉽게 물을 받을 수 있었던 상수도 시설은 일제강점기 '욕지도를 유명하게' 만든 중요한 시설이자 근대화의 상징이었다. 우체국(우편소)과 상수도는 과거 욕지도가 다른 지역에 비해 발전되었다는 담론에서 빠지지 않고 언급되는 항목들이다.

욕지도우편소에서만 우표를 팔았기 때문에 조선인들은 편지를 부치려면 자부랑개의 욕지도우편소까지 가야 했다. 당시 우표 한 장 값이 3전이었다고 한다. 욕지도우편소에서 집하된 우편물들은 여객선을 통해 다른 지역으로 운반되었다. 욕지도에서 통영과 부산을 오가는 여객선이 있었으며, 남해 미조까지 운항하는 여객선도 있었다. 구술자가 기억하고 있는 여객선으로는 '야요이마루(弥生丸)', '치도리마루(千鳥丸)', '신텐마루(新天丸)', '신세이마루(新生丸)', '하야산마루' 등이 있다. '하야산마루'는 부산과 여수를 오가는 여객선이었다. '치도리마루'는 부산에서 욕지도를 거쳐 남해 미조까지 운항되었으며, '야요이마루'는 목선으로 통영을 오가는 여객선이었다.

욕지도의 일본인은 조선인에 비해 어로기술이나 자본에서 월등하게 유리한 위치에 있었다. 일본인이 조선인의 어로방식을 모방하는 경우도 있었지만 대개는 일본인의 어로기술이나 어법을 조선인이 따라가는 형국이었다. 일본인이 모방했던 조선인의 어법으로는 멸치잡이가 있었다. 욕지도의 어획물은 대부분 자가소비용이 아니라 수출용이었다. 초기에는 중국으로 수출되었으나, 점차 일본이 주요 소비처가 되었다. 자부포에는 어획물의 수송과 보관을 위해 얼음 창고가 있었으며, 전복이나 해삼을 가공하는 통조림 공장도 있었다.

쥐치 혹은 쥐고기라 불리는 생선과 같이 과거에는 먹지 않았으나 일본인이 들어오면서 식용된 어류도 있다. 쥐고기는 주로 포로 만들어 말린 것을 일본으로 수출했다. 우뭇가사리와 같은 해초 역시 일본인이 정주하면서 가치가 상승했다.[34] 우뭇가사리는 일본인에게 판매하기 위해 채집되었는데, 건조된 우뭇가사리는 일본상인을 거쳐 고베, 오사카로 수송되었다(강재순, 2001: 136). 또한 과자공장, 고구마전분공장, 소주공장 등도 있었다. 욕지도에는 일본인이 들어오면서 고구마가 전파되었다. 어떤 경로를 통해 고구마가 전파되었는지 확실치 않지만, 일제강점기 이후 고구마는 보리와 함께 욕지도의 주요 식량으로 자리 잡았다.[35]

34 구술자 남○극(1931년생, 남)은 조부 남유구가 지금의 욕지도 통단에 터를 잡았던 배경 중 하나가 우뭇가사리였다고 한다. 이곳에서 채취한 우뭇가사리를 건조해서 일본 상인에게 팔았는데, 그 우뭇가사리를 판돈으로 집을 지었다고 한다.

35 구술자(남○극, 1931년생, 남)에 따르면, 욕지도에 처음 정착한 사람들은 옥수수를 경작하여 식량으로 삼았다고 한다. 일제강점기 욕지도에 고구마가 전파된 다

일본인들은 조선인들에게 새로운 어로기술과 함께 금융체계를 전파했다. 일본인들 중에는 자본이 부족했던 조선인들에게 자금을 빌려주고 이자를 받는 일종의 고리대금업자가 있었다. 고리대금업자들은 조선인들에게 돈을 빌리면 반드시 제 날짜에 상환하거나 이자를 지불해야 한다는 금융의 원리를 각인시켰다. 조선인들 중에는 일본인에게서 빌린 자금으로 어업을 하면서 부를 축적했던 사람도 있었다. 물론 이는 극소수였다. 일본인들 사이에서도 빈부격차가 있었지만 욕지도의 부와 재산 대부분은 일본인들에게 집중되어 있었다. 한 구술자는 일본인이 욕지도 경제의 80%를 차지하고 있었으며, 조선인은 20% 정도에 지나지 않았을 것이라고 말했다.

자부포에 있었던 욕지도심상소학교는 원래 일본인을 위한 학교였으나, 간혹 조선인도 다녔다고 한다. 욕지도에서 조선인을 위한 학교교육은 1924년 5월 4학급으로 편성된 원량공립보통학교가 설립되면서부터였다(욕지면지, 2008: 181). 일부 부유한 조선인 학생은 골개에 있던 원량공립보통학교를 졸업하고 자부포의 일본인 심상고등소학교의 고등과에 진학하기도 했다. 하지만 가난한 조선인들은 보통학교조차 다니기 어려워, 대개는 마을에 있는 서당에서 공부를 했다.

해방 무렵 비로소 강습소나 야학교가 개설되어 가난한 조선인들에게도 교육의 기회가 부여되었다. 욕지도는 민간인 이주가 늦었던 것에 비해 기독교는 일찍 전파되었다.[36] 기독교인들은 신식 교육에 열심이었

음부터 고구마가 주요 식량원이 되었다. 참고로 거문도에 고구마가 전파된 것은 1916년 봄이다(삼산면지, 2000: 350).

36 욕지도에는 통영보다 앞선 1902년에 동항리교회가 건립되었다(윤병구, 2000: 21).

다. 상대적으로 열악한 처지에 있던 기독교인들은 가난해도 자식들은 신식교육기관에서 교육시켜야 한다는 생각을 갖고 있었다.

> "우리집이 도동 마을에 살았는데, 도동 마을이 백호 이상 살았는데, 보통학교 다니는 집이 여섯 집밖에 없었습니다. 주로 서당 댕기고, 얼마 안 다녔습니다. 서당은 주로 마을별로, 큰 마을에 있었습니다. 서당에도 조금 유식하다는 사람들이 댕겼는데, (당시에) 뭐 서당 다녀봐야 쓸모 있습니까? 아무 쓸모 없는데, 서당 댕기고... 쑥 나와 가지고, 해방 될랑 말랑 할 때 야학교, 강습소가 나왔습니다. 그때 우리집이 좀 앞선 편이제. 앞선 이유가 할아버지가 기독교 댕긴께는... 그리 해논께, 공부를 보통학교로 댕기제 뭐. 우리 동생도 내하고 둘이..." (박○옥, 1920년생, 남)

일본인이 집단적으로 거주했던 자부포 내부에서는 조선인 어린이와 일본인 어린이들이 크게 구별 없이 어울려 놀았다. 심상소학교에는 조선인 학생들도 일부 있었는데, 고등과에는 한 반에 4~5명 정도가 다녔다고 한다. 일제말기 심상소학교에 재학 중인 학생들은 마을 뒷산 곤피라 신사에 참배를 했으며 이때 교장이 학생들을 직접 인솔했다고 한다. 학생들은 매주 신사로 가서 참배를 했을 뿐 아니라 일주일에 한 번 꼴로 헌금을 했다. 전쟁 막바지에 곤피라 신사는 군국주의를 떠받드는 의례적 공간으로 전환된 것이다. 1939년 이후 학교에서는 조선어 사용이 금지되었으며, 조선어를 사용하다가 발각되면 체벌을 받았다.

---

통영에는 1905년에 충무교회의 전신인 통영 대화정교회가 설립되었다(충무교회 100년사, 2008: 14).

"그거(조선인 차별)는 자부포 마을에서는 거의 구별을 안했어요. 잘 어울려 놀 수도 있었고... 또 심상소학교에 그 한국애들이 몇이 다닐 수가 있었어요. 그 당시 조금 잘 살고, 특혜한 사람들이... 그리고 고등과는 여기 보통학교 졸업하고 인자 받아 줬는데, 처음에는 원래는 못 받아 주게 되어 있었는데... 몇 사람이 다녔어요. 한 몇이는, 우리 친구들이, 사오 명 있었고... 그러니까 다녔죠... 자기들 신사 아닙니까. 일주일에 의무적으로 올라갔지. 교장이 딱 인솔해가지고, 머 예배하고 참배하고 그리고 또 일주일에 한 번씩 모아가지고 헌금을 넣었거든요." (김○욱, 1933년생, 남)

일반적으로 남성 구술자들이 우체국, 상수도, 학교, 신사 등과 관련된 일화를 위주로 체험 기억을 구술하는 반면, 여성 구술자들은 상대적으로 개인적 체험을 통한 일상의 소소한 이야기를 구술하는 경우가 많았다. 한 여성 구술자는 체벌의 기억보다는 자부포에 거주했던 여교사가 집에 놀러 가면 사탕을 줘서 맛있게 먹었던 기억을 떠올렸다. 일본인들과 관련된 기억 중 하나는 기호식품과 관련되어 있는데, 특히 한 입에 넣기 어려울 정도로 크고 쉽게 녹지도 않는 '오다마'라는 사탕은 조선인들에게 학생시절을 기억나게 하는 기호식품 중 하나였다. 오다마 사탕은 그 크기와 단맛 때문에 구술자들에게 오랫동안 기억되고 있는 것이다. 구술자들은 일본인과 음식을 함께 나누어 먹어 본 경험은 거의 없지만, 간혹 일본인을 통해 일본 음식을 접했거나 상점에서 사탕을 사먹었던 경험이 있다.

"우리 담임 여선생이 이치게 아야코가 된 게... 선생님 집에 한 번씩 가면 선생님이 사탕, 이만한 그런 거를 많이 줘. 그거 얻어 먹을라

꼬 어린 시절에는... (여선생이) 욕지 살았어요. 여 자부포 살았어요. 집을 기숙사같이 만들어가지고, 거기 살았어요. 한국 사람들 우산 같은 거, 많이 없다 아이가... 나 일본 이름이 오구라 메이슈인데, '메이슈상 이치마쇼'이라거든... 나보고 가자고 그래, 우산 들고... 아야코 선생님 많이 따라 다니고, 비 안 맞을라고. 그런 거 조금 기억나고... 마리진토리[37] 많이 했어요. 마리진토리는 요즘 야구하고 비슷해요. 공을 던지며는 치고... 덴카이[38]도 했어요." (제○수, 1934년생, 여)

일제강점기 욕지도에는 학교에서 혹은 일본인을 통해 배운 일본식 놀이들이 많았다. 위에서 언급된 마리진토리, 덴까이는 물론 오재미 같은 놀이도 있었다. 소녀들은 공깃돌 놀이를 하면서 일본노래를 따라 불렀다고 했다. 하지만 일본 아이들과 함께 놀이를 하지는 않았다.

나이든 여학생들은 체육시간이 고역이었다. 고학년 중에는 젖가슴이 나온 처녀들도 있었다. 브래지어가 없었던 시절이었기에 무명베로 젖가슴을 꽁꽁 싸맨 채 체육시간에 참여했다. 교사들 중에는 여학생들이 성적 수치심을 느낄 정도로 막대기로 젖가슴을 찌르며 잘못을 지적하는 사람도 있었다. 위 구술자는 '호시야마'라는 일본 이름을 썼던 '이상문'이라는 조선인 교사를 기억하고 있었다. 그는 일본인 교사보다 더 악랄했

37 '진토리(陳取り)'는 땅(진) 빼앗기 놀이를 말한다. '마리(まり)'는 공(毬, 鞠)을 가리킨다. 구술자가 설명하는 '마리진토리' 놀이는 일제강점기 방어진에서 '하블리시'라 불렸던 야구공치기 놀이와 유사하다(서종원, 2011: 205~206).

38 '덴카이'는 일정한 공간을 여러 개의 직렬 사각형으로 나눈 다음, 각 사각형마다 끝부분에 수비가 방어하는 별도의 구역을 둔다. 수비는 한정된 구역을 왕복하면서 공격하는 사람들이 통과하지 못하도록 방어한다. 공격하는 사람들이 모든 사각형 구역을 통과하여 맨 뒤에 있는 사각형의 선을 밟고 본래 출발했던 곳으로 돌아오면 이기는 놀이이다. 덴카이는 방어진의 '가이리' 놀이와 유사하다(서종원, 2011: 212).

다고 한다. 구술자는 조선인 교사의 이름을 언급하면서, '호로.... 바가야로'라고 일본어 욕을 섞어가며 분노를 표출했다. 또한 전쟁 말기에는 남자뿐만 아니라 여자들도 '몸빼' 바지를 입고 훈련을 받았다고 한다.

"비행기 오면 '쿠시 케이호'[39] 그라거든. 쿠시 케이호는 흰기, 온다고, 비행기가 오니까 그럴 때는 흰기 든다. 흰기, 흰색기가 올라가면... '데끼 라이슈'[40] 이러거든. 그라면 빨간 기가 올라가거든. 그러면 인자 숨어야 돼... 굴 파논데, 그런 자그마한 데로 들어가야 돼. 여기서 웬만한 집들은, 한 개로 파면은 한꺼번에 다 죽는다고, 옛날에 우리는 세 개로 팠거든... 우리 아버지가 굴에 한 데 드가면, 죽어도 다 죽는다, 그러믄 서너 군데 갈라 놓으며는, 인자 같이는 안 죽는다..." (제○수, 1934년생, 여)

전쟁 말기에 접어들면서 자부포는 물론 하노대도와 관청에도 미군기의 출현을 감시하기 위해 초소가 설치되었다.[41] 자부포의 감시초소는 산등성이에 있었으며 마을에서 잘 보이는 곳에 깃대가 세워졌다.[42] 미군기의 출현과 공습은 깃발의 색깔로 표시했다. 백색기가 게양되면 미군기 출현이라는 경보이며, 적색기가 게양되면 대피하라는 신호였다. 이런 신호에 따라 주민들은 미리 파놓은 방공호로 피신했다. 간혹 미군

39 구슈 게이호(くうしゅう けいほう)는 공습경보(空襲警報)를 의미한다.

40 데키 라이슈(てっき らいしゅう)는 적기내습(敵機来襲)을 의미한다.

41 하노대도에 남아 있는 일본인의 흔적으로는 '깃대 먼당'이라 불리는 산봉우리와 우물이 있다. 일제강점기에 우물을 파서 음용수가 상노대도에 비해 풍부했다고 한다(국립해양문화재연구소, 2014: 313~315).

42 자부포 뒷산 '호래이바우'의 남쪽 정상에 일본군 1개 소대가 주둔했던 감시소가 있었다. 1944년경 미정찰기가 정찰비행 도중 일본군 감시소로부터 선제공격을 받자 면사무소 인근 지역에 폭탄을 투하했다고 한다(욕지면지, 2008: 161).

기의 공습이 있었으나 주민들은 큰 피해를 입지 않았다고 한다.

해방이 되자 욕지도의 일본인은 선박을 이용해 조용히 떠나갔다. 구술자들은 그들이 무사히 떠날 수 있었던 것은 이곳에 거주했던 일본인들이 조선인들을 잘 대우해 주었던 덕분이라고 말했다.[43] 해방 직후 일본인이 재산을 강탈당하거나 신체적으로 위협을 당한 경우는 듣지 못했다고 한다. 일본인들은 욕지도를 떠나면서 다시 돌아오고 싶다는 가사를 담은 노래를 부를 정도였다.

일제강점기 자부포에는 다양한 직종의 일본인이 혼거하고 있었지만 관청 마을과 입석 마을에는 주로 잠수기 어업자들이 살고 있었다. 일본인의 집단 거주지였던 자부포에서는 곤피라 신사를 중심으로 일본인으로서의 정체성을 확인했다. 곤피라 신은 어로 혹은 풍어를 상징하는 신격이다. 해방 이후 '일본'이라는 상징성을 강하게 내포했던 곤피라 신사는 철거되었지만, 옥섬에 있었던 풍어와 관련된 신당은 외양과 내용을 달리한 채 한동안 존속되었다. 곤피라 신사가 철거되고 그 자리에는 불교사찰이 들어섰다고 하는데 지금은 불교사찰의 흔적조차 찾아보기 어렵다.

반면, 풍어제를 지냈던 옥섬의 제당은 그 흔적이 아직도 남아있다.

---

43 패전 이후 일본인들이 '평온'하게 철수할 수 있었던 것은 후지아키 다케치요(藤明武千代)를 비롯한 일본인과 조선인들이 평소 우호적인 관계에 있었기 때문이었다. 후지아키는 1909년 일본 가가와현 오다촌(小田村)에서 태어났으며, 1914년 욕지도에 이주했다. 후지아키의 아버지(藤明松太郎)는 1921년에 결성된 '욕지도타뢰망출어단'의 부단장이었다. 후지아키는 통영고등소학교를 졸업한 이후 '욕지도타뢰망출어단'과 '욕지도선어출하조합'의 서기, '재향군인회' 부회장, '욕지도경방단' 부단장 등의 요직을 거쳤다. 1944년 통영군수의 요청으로 일본인으로서는 처음으로 원량면장에 임명되었을 정도로 그는 조선인들에게도 신망을 받은 인물이었다(여박동, 2002: 530).

관청과 입석 마을의 일본인들은 옥섬에 있던 제당에서 일종의 용왕제 같은 풍어제를 올렸다고 한다. 구술자들은 일본인들이 옥섬의 제당에 무슨 신을 모셨는지 모르지만, 풍어제와 관련된 신앙 공간이었다고 기억하였다. 해방 후에도 한국인 선주들이 이곳에서 풍어제 의례를 지속했다고 한다. 최근까지 한국인 가운데 어장하는 사람들은 이곳에서 풍어제를 지냈으며, 새로 배를 건조하는 경우에도 풍어기를 올리고 옥섬 주위를 돌면서 풍어와 무사안녕을 기원하였다. 이처럼 옥섬의 제당은 해방 이후 인위적으로 파손되었지만 한동안 풍어제를 올리는 신앙공간으로 남아 있었다. 곤피라 신사가 일본인이라는 정체성과 결부된 특수한 종교공간이었다면, 옥섬에 있던 제당은 풍어와 연관된 보편적인 의례장소였던 것이다.

구술자들이 기억하고 있는 일제강점기 일본인의 모습은 이중적이다. 구술자들은 일본인들이 욕지도의 좋은 어장을 차지하고 부를 축적했으며, 학교에서도 차별대우를 하는 등 조선인들에게 지독하게 굴었다고 회상했다. 다른 한편으로는, 일본인이 있었기에 욕지도가 다른 지역에 비해 발전이 빨랐으며 새로운 문물 역시 일찍 도입되었다고 설명하였다. 일본인에 대해서는 '지독했다'라는 인상과 함께 '틀림없다'라는 평을 하고 있다. 일본인이 지배했던 시절을 경험했던 구술자들은 이곳에 살았던 일본인에 대해 적대감보다 우호적인 측면이 더 강했다.

2~3년 전 과거 이곳에 살았던 일본인 한 사람이 욕지도를 방문했다고 한다. 일제강점기 자부포에서 장어잡이를 했던 일본 사람으로 욕지도를 방문해 어렸을 적 친구들을 찾았다. 그는 패망과 함께 일본으로 돌아갔지만 여전히 한국과 관련된 사업을 하고 있었다. 한국에서 어획

한 장어를 수입하여 일본시장에 판매하는 무역업을 하다가 '고향'인 욕지도를 방문했던 것이다. 이처럼 간혹 욕지도를 찾는 일본인들이 있었으나 대개는 개인적인 방문이었다. 일본인들의 방문이 개인적 차원에 그치고 있는 것은 '그들의 과거'가 '우리의 과거'와 격리되어 있을 뿐 아니라 '과거 이곳'의 주체였던 일본인들과 '현재 이곳'의 주체인 한국인 사이에는 건널 수 없는 간극이 내재해 있음을 보여준다.

## 6. 이름으로 남은 흔적

식민 이주어촌으로 건설되었던 욕지도 자부포의 과거는 기록, 흔적, 기억을 통해서 일부 재현된다. 하지만 기록, 흔적, 기억은 그 자체만으로 온전하게 과거를 재현할 수 없다. 현재 남아 있는 기록, 흔적, 기억은 서로 상충되기도 하지만 대개 연대기적으로 이어진다. 기록이 일본인 이주어촌 형성 당시의 모습을 보여주고 있는 반면, 흔적은 단편적이지만 이주어촌이 형성된 이후 전성기의 모습을 드러내고 있다. 한편, 기억은 시대적으로 대부분 식민말기의 상황과 연계되어 있다.

욕지도 자부포는 일본인 어민들이 들어오면서 이주어촌으로 건설되었던 곳이다. 초기 일본 어민들은 이곳을 거점으로 욕지도 주변해역에서 전복, 홍합, 해삼과 같은 어패류와 삼치, 도미, 갯장어와 같은 일본인이 선호하는 물고기를 어획하여 일본으로 운반했다. 잠수기 어업을 시작으로 일본 전역에서 그물망 어업자들이 몰려들면서 자부포는 일본인 어업자들의 집단이주지로 성장했다. 심지어 '자부포(自富浦)'라는 명칭마저 도미우라(富浦)라는 이름과 연관시킬 정도로 마을의 흥망성쇠가 일본인들에게 의해 좌우되었다.

욕지도에 남아 있는 일본인의 흔적은 많지 않다. 해방 이후 한동안 일본식 가옥과 시설들이 그대로 사용되었으나, 고등어 어업이 쇠퇴하면서 시나브로 사람들이 빠져나가고 건물들은 황폐화되었다. 일본인이 남긴 건물과 상징물들은 생성주체가 일본인이었기에 보존의 대상에서 제외되었으며 관광자원으로 내세울 수도 없었다. 욕지도의 현재는 일제강점기라는 과거와는 의도적으로 혹은 무의도적으로 단절되어 있는 것이다. 그런데도 곳곳에 남아 있는 흔적들은 과거 이곳에 살았던 주체가 지금 이곳에는 없지만 과거 이곳에 엄연히 존재했음을 말해 주고 있다.

현재 욕지도에 거주하고 있는 주민들은 과거 이곳에 존재했던 이주어촌 및 일본인들에 대해 단편적으로 기억하고 있다. 기억의 주체인 구술자들은 일제 말기에 학교에 다녔거나 생활했던 사람들이다. 이들의 기억 속에 일본인들의 모습은 양면성을 지닌 채 재현된다. 하나는 부유했던 '일본인'들이고, 다른 하나는 지독했던 '일본놈'들이다. 전자는 주로 어업분야와 관련된 일화를 구술할 경우 드러나는 서사이며, 후자는 전쟁 말기 군국주의에 사로잡힌 일본인들의 모습에 대한 서사이다. 하지만 일본인 개인에 대해서는 우호적인 기억이 주를 이루고 있다. 일본인들이 욕지도의 어업과 경제 대부분을 차지했지만 한편으로는 그로 인해 욕지도에 새로운 문물이 일찍 전파되었으며 발전 또한 빨랐다고 기억한다. 물론 주민들이 기억하고 있는 일본인들은 현재와는 단절된 먼 과거 '식민시기'의 존재일 뿐이다.

# 7장

## 고흥 나로도 축정(築亭)

## 7장
# 고흥 나로도 축정(築亭)

## 1. 고흥 나로도

나로도는 전라남도 고흥군의 봉래면(蓬萊面)과 동일면(東日面)에 속해 있는 섬(들)이다. 조선시대 나로도는 흥양현(興陽縣)에 딸린 지역이었다. 1896년 광양, 낙안, 순천, 흥양에 속한 69개 도서가 합쳐져 남원부 돌산군(突山郡)으로 신설되었다. 이때 나로도는 돌산군 봉래면에 소속되었다. 1914년 행정구역 개편으로 돌산군이 폐지됨에 따라 나로도는 돌산군에서 고흥군으로 소속이 변경되었다. 1990년 내나로도 출장소가 동일면으로 승격되어 봉래면에서 분리되었고, 이에 봉래면은 외나로도를 중심으로 4개의 법정리를 관할하고 있다.

나로도를 포함한 남해안 연안은 고려 말부터 왜구의 잦은 침입으로 내륙의 일부 지역까지도 약탈을 당했다. 특히 도서지역은 소위 '공도'정책으로 거의 무방비 상태에 있었다. 조선이 건국된 이후에도 사정은 크게 달라지지 않았다. 조정에서는 사람이 살지 않는 섬에 목장을 설치했다. 이에 서남해 도서지역에는 30여 개의 목장이 설치되었다(한문종, 2011: 137). 나로도에는 도양목장(道陽牧場)의 속장이 있었다.[1]

조선시대 나로도는 나라에서 다스리는 목장이 있는 섬이라 하여 '나라도' 혹은 '나라섬'으로 불렸으며, 한자로는 '국도(國島)'로 표기되었다(韓國水産誌3, 1910: 208). 조선 세종 때 체결된 고초도(孤草島) 조약으로 쓰시마 어민들이 일찍부터 나로도 해역에 드나들었다. 고초도의 정확한 위치에 대해서는 아직까지 밝혀진 바가 없지만, 지금의 전라남도 초도·장도, 초도·손죽도 혹은 거문도라는 설이 제시되고 있다(박구병, 1975: 196; 김승·김연수, 2010; 주철희, 2012; 한문종, 2012). 고초도가 초도 부근이든 거문도이든 어민들이 고초도 어장으로 가기 위해서는 나로도를 통과해야만 했다. 따라서 나로도 어장은 일본 어민들에게도 친숙한 해역이었을 것이다. 나로도는 일본 해도에 소산도(召山島) 또는 나로도(羅老島)로 표기되어 있다(葛生修吉, 1903: 88~89).

일제강점기 나로도항(축정)은 녹동항, 풍남항과 더불어 고흥의 중심지였다. 일본인이 정착하면서 나로도항은 여객과 화물 수송은 물론 연근해에서 조업하는 어선들의 기착항으로 발전했다. 나로도는 내륙의 여느 도시 지역보다 전기와 수도가 일찍 가설되었던 곳이다. 전기와 수도 같은 시설은 어업의 발달과 함께 이루어졌다. 하지만 일제강점기 '어업발전'의 성과 대부분은 조선인이 아닌 이주 일본인의 소득 증대로

1 도양(곶)목장은 세종 18년(1436년)에 설치되었다(김경옥, 2004: 73). 언제 나로도에 목장이 설치되었는지는 자세히 알 수 없지만 도양목장의 설치시기로 미루어 조선 전기에 설치되었을 것으로 짐작된다. 영조실록에 따르면 나로도 목장은 오랫동안 폐지되었다가 숙종 45년(1719년)에 제주도에서 종마 180필을 들여와 방목하면서 다시 개장되었다고 한다(조선왕조실록 영조실록 6권).

귀결되었다. 또한 식민지의 어업발전은 결과적으로 한반도 연안의 어류 및 해산물의 남획으로 이어졌다.

해방 이후 나로도는 통조림 공장 건설과 함께 어업전진기지로 지정(1965년)되면서 한동안 경제적으로 풍성했다. 그러나 1960년대 말부터 수산업의 쇠퇴와 인구 유출로 나로도의 경제는 점차 쇠락해져 이제는 과거의 명성을 찾아보기 어렵게 되었다. 육지와 격리된 섬이었던 나로도는 1990년대 들어서면서 고흥과 내나로도(1994년), 그리고 내나로도와 외나로도(1995년)를 잇는 교량이 건설되어 나로도 전체가 육지와 연결되었다. 제7장에서는 일제강점기 식민 이주어촌으로 건설되었던 나로도 축정을 중심으로, 현재 이곳에 남아 있는 이주어촌의 흔적 및 과거 이곳에 살았던 일본인에 대한 나로도 주민들의 기억을 살펴보고자 한다.

## 2. 새우와 갯장어 어업의 근거지[2]

한반도 남해안은 일본 서부지역 연안과 어장조건이 비슷하고 어족자원의 종류도 유사할 뿐 아니라 소형 선박으로도 항해가 가능하였다. 이에 일본 어민들은 일본 연해에서 사용하던 어구와 어선 및 어법을 한반도 연안 어장에서도 그대로 사용할 수 있었다(장수호, 2011: 77). 초기 한반도 연안으로 출어했던 일본 어민은 히로시마현 출신이 가장 많았

2 일본 어민들이 나로도에 정착하게 된 배경에 대해서는 神谷丹路(1998)의 글에 잘 정리되어 있다. 이하 별도의 인용표시가 없는 부분은 그녀의 글을 요약·정리한 것이다.

고, 오이타현, 야마구치현, 나가사키현 순이었다. 그 다음으로는 가가와현, 오카야마현, 구마모토현, 가고시마현, 에히메현 등이었다. 일본 어민들은 출신지별로 어획하는 어법과 어종이 달랐다. 히로시마현 어민들은 도미를 주로 어획했고, 야마구치현 및 오이타현 어민들은 상어를, 나가사키현 어민들은 전복과 해삼을 잡았다. 상어지느러미, 전복, 해삼은 중국과의 교역에서 중요한 물품이었으며, 말린 상어지느러미, 전복, 해삼은 당시 표물(俵物)로 불렸던 수산물이었다.

상어잡이 주 어장은 원래 일본 쓰시마, 고토열도 등 일본 연안이었다. 하지만 막부 말기부터 오이타현 어민들이 소안도, 추자도 등 전라도 앞바다까지 진출하기 시작했으며, 야마구치현 어민들은 부산 앞바다와 거제도 연안을 주 어장으로 삼았다. 출어 초기 일본 어민들은 어획한 상어의 지느러미만 취하고 몸통은 버렸으나 조선인이 상어 어육을 좋아한다는 것을 알고는 어육을 조선인에게 판매하기도 했다. 해삼과 전복 역시 중국과의 중요 거래 품목이었기에 메이지 정부 수립 이후 나가사키의 잠수기 어업자들이 제주도 근해로 출어하기 시작했다. 상어지느러미와 해삼, 전복은 건제품으로 만들어 중국에 수출하는 품목이었다. 일본 어민들은 어획한 제품을 건제하여 나가사키의 중국 상인들에게 판매했다. 하지만 잠수기 어업자들은 조선의 전통적인 어업과 충돌하면서 심한 마찰을 빚었다.

도미 박망 어선 역시 상어잡이 어선과 비슷한 시기에 한반도 연안 어장에 출어하기 시작했다. 도미 박망 어업자들은 주로 히로시마현 출신 어민들이었다. 한반도와 마주하고 있는 큐슈 및 야마구치현과 달리 히로시마현은 세토내해에 있는 지역이다. 상대적으로 한반도와 멀리 떨어져 있는 히로시마현에서 한반도 연안까지 출어하게 된 배경에는 일본 내부의 어장 상실 및 조선 연안의 풍부한 도미 어장의 발견이 있었다. 히로시마현의 도미 박망어업은 한 통당 어선 8척에 어부 50여 명이 동원되는 규모가 큰 작업이었으며, 단기간에 대량으로 도미를 어획하지 않으면 수지타산이 맞지 않는 어법이었다. 히로시마현 어민들은 세토내해의 좁은 어장을 벗어나 한반도 연안으로 출어하면서 탈출구를 모색하기 시작했다. 1892년 히로시마현 박망어업은 한반도 연안에 11통이 출어했는데, 대략 어선 88척에 어부 550명이 어로작업을 했다. 한반도 연안에서 잡은 도미는 대부분 조선인들에게 매각했으며, 이들의 매각 대상지는 부산, 안골포, 마산포, 통영, 사량도, 남해도 등이었다. 청일전쟁이 발발할 무렵에는 도미 박망 어선들이 한반도 서해안까지 진출했다.

히로시마현 어민들을 따라 오카야마현, 에히메현, 가가와현 어민들도 도미 박망어업에 종사했다. 하지만 규모가 컸던 도미 박망은 어획물 판매 및 처리가 문제였다. 대규모 선단을 꾸려 어획은 했으나 어획물 판매가 어렵게 되자 일본 어민들은 점차 멸치 어업으로 전환하였다. 어획물 처리가 용이하고 일본으로 수송이 가능했던 멸치 예인망어업은 진해만을 중심으로 남해안에서 성행했다. 이 무렵 도미 어업 또한 박망에서 규모가 작은 연승어업으로 바뀌었다. 도미 연승은 어선 1척에 어부 4명 정도가 조업했다.

청일전쟁 이후 한반도 서해안에서 삼치 어장이 발견되어 삼치 유망어업이 성행하기 시작하였다. 서해안에서 삼치 유망어업이 활발해지면서 기존의 도미 연승어업은 경쟁에서 밀려나 일부는 중국 연안으로 옮겨갔다. 그러나 그 대부분은 한반도 남해안에서 갯장어 및 붕장어 연승어업으로 전환했다. 원래 갯장어와 붕장어 연승어업은 도미 연승어업자의 부업 정도로 간주된 부가적 작업이었다. 봄철 한반도 서해안에서 도미 연승어업을 하다가 여름철 일본으로 귀환하는 도중에 남해안에서 갯장어를 어획하여 일본으로 돌아갔던 것이다. 또한 가을철 남해안에서 도미 연승을 마치고 이어 이듬해 봄까지 붕장어 연승을 했다. 청일전쟁 이후 서해안에서 밀려난 도미 연승어업자들은 남해안에서 조업하면서 갯장어와 붕장어도 함께 어획하였다. 1899년 무렵부터 서해안에서는 삼치 유망어업과 함께 안강망어업이 폭발적으로 증가하기 시작했다. 조수간만의 차가 심한 한반도 서해안은 일본 규슈 아리아케(有明) 해안과 비슷했다. 이곳에서 발달한 안강망어업은 서해안에서 조기잡이에 이용되면서 급속도로 발전하였다.

어획물 판로와 처리에서 어려움을 겪었던 히로시마현 도미 박망어업자들은 멸치 어업으로 전환했지만, 오카야마현 어민들은 새우 가공업에 주목하였다. 1894년 오카야마현 다마시마(玉島) 출신 오노 쓰루마쯔(小野鶴松)가 나로도에 새우 제조창고를 건설했다. 이후 오노는 계절마다 나로도에 들어와 건새우를 제조했다. 1899년에는 오카야마현 히나세 어민 모리타니 사다키치(森谷貞吉)가 나로도에 새우 건조장을 만들었다. 이후 나로도는 근해 새우 어업의 근거지가 되었다.

일본 어민들이 들어오기 이전부터 조선어민들은 나로도 근해에서 새우잡이를 하고 있었다. 조선인들은 여자만, 순천만, 나로도 부근에서 궁선(弓船)을 이용해 새우를 잡았다. 하지만 새우 어업이 번성하게 된 계기는 일본 어민들이 출어하여 도미 연승어업의 미끼로 새우를 판매하면서부터였다. 1908년 이후 조선인들의 새우 어업은 일본인 새우 제조업자에게 선대금을 받아 조업하는 형태로 전환되었다.[3] 일본인 새우 제조업자들은 조선어민들과 일본 어민들이 어획한 새우를 구매하여 건새우로 제조한 다음 고베나 나가사키로 운반해서 판매하였다.

나로도 주변 해역은 새우 어업뿐만 아니라 갯장어잡이와 삼치 어업이 성행했다. 나로도(國島)의 창포[4]는 갯장어 어선들의 근거지였다. 일본 어민들은 창포를 양포로 불렀다. 1908년 기준으로 외나로도 창포에 갯장어 어선 약 40척과 운반선(활주선) 50여 척이 몰려들었다고 한다. 당시 일본인은 어선 1척당 평균 350엔 내외의 어획고를 올렸다. 나로도의 갯장어 어장은 오카야마, 히로시마, 오사카 지역은 물론 부산 어시장에서도 운반선을 보내 어획물을 매입했을 정도로 성황을 이루었다(한국수산지1-1, 2010: 243).

가가와현 갯장어 연승어민들은 1902년부터 나로도 창포 근해에서 조업했다. 갯장어 연승어민들은 모두 쓰다정 기타야마(北山) 출신이었다. 1915년 〈가가와현조선해출어단〉에서 나로도 동북쪽 외해를 매립하여 60평 정도를 마련했으며, 1916년에는 우물을 굴착하고 시설을 정비했다. 어기 중에는 요리점, 음식점, 이발소, 목욕탕 등 30호가 임시 거주하다가 어기가 종료된 다음에는 철수했다. 매립지인 임시거주지에

3 새우 어획고는 1908년 기준으로 조선인 약 402,800엔, 일본인 80,900엔, 청국인 291,500엔 등 총 775,200엔이었다(神谷丹路, 1998).

4 『한국수산지1-1』의 번역자는 '국도(國島)'를 욕지도 동항리에 딸린 외딴 섬 국도로 비정하고 있다. 욕지도 남쪽에 있는 국도(국섬)는 어선이 정박 가능한 포구조차 없는 아주 작은 섬이다. 참고로 『한국수산지』 3권에는 '국도'를 나로도로 표기하였다. 창포는 외나로도 북동쪽에 있는 작은 포구이다.

상주하는 인구는 없었다(中井昭, 1967: 374).

당시 갯장어는 뱀을 닮았다고 해서 조선인들은 선호하지 않았다고 한다(한국수산지 I -1, 2010: 242). 붕장어도 마찬가지였다. 하지만 '하모'[5]라 불리는 갯장어는 일본 지역, 특히 교토와 오사카 사람들이 선호하는 고급 어종이었다. 초기 한반도 근해 일본 어민들의 갯장어 연승어업은 주업이 아니라 부업에 가까웠다. 1901년까지는 춘계 도미 연승어업자들이 귀로하면서 부수적으로 갯장어 연승을 하거나 추계 도미 연승어업자들이 조업을 마치고 돌아가는 길에 붕장어를 어획했다. 주요 어장은 마산 앞바다, 사량도, 여자만, 나로도 부근이었다. 당시 도미 연승어선은 활어를 보관할 수 있는 시설을 갖추고 있어 도미를 산 채로 일본까지 운반하여 판매했다. 하지만 갯장어와 붕장어는 산 채로 운반하기가 매우 까다로웠다. 일본까지 운반하면 60% 정도만 살아 있었다고 한다. 그래도 고가로 판매되었기 때문에 수입은 괜찮았다.

초기 갯장어 어업의 근거지로 주목받았던 곳은 전라남도 치도(治島)와 경상남도 사량도였다. 치도에는 주로 히로시마현 어민들이 드나들었으며, 사량도는 가가와현 오다촌과 쓰다정 어민들의 근거지였다. 1902~1903년 무렵부터 쓰다정 기타야마 갯장어 연승어민들이 나로도 창포를 근거지로 삼아 출어했다. 이 무렵부터 갯장어 연승어업은 도미 연승의 부업에서 벗어나 주업으로 전환되었다.

갯장어 연승어민들은 주로 봄에 들어와 조업했다. 어획한 갯장어

5 일본인들이 하모(はも)라 부르는 갯장어(鱧)는 조선인들이 즐겨 먹는 어류가 아니었다. 한반도에서 갯장어의 주요어장은 서남해안 전역이었다(한국수산지 I -1, 2010: 242).

는 활어 운반선으로 일본까지 운송하여 판매되었다. '이케스후네'(活州船)로 불렸던 운반선은 주로 범선이었다. 1909년 당시 한반도 연안에는 53척의 활주선이 운항하고 있었으며, 대부분 히로시마현, 오카야마현, 가가와현, 야마구치현, 효고현 등지에서 진출했다. 범선 형태의 활주선은 선폭이 대략 9척(2.7미터 정도)에서 1장 2척(3.6미터) 정도였지만, 발동기를 장착하면서 점차 대형화되었다(다케쿠니 도모야스, 2014: 310). 갯장어 연승어업이 성행하게 된 배경은 도미 연승어업이 퇴조가 직접적인 원인이었지만 활주선의 등장으로 활어 운반이 용이하게 된 상황과도 맞물려 있다.

갯장어 연승어업은 어획 이후 보관에서 운반까지의 과정이 매우 까다롭다. 먼저 어선들이 어획한 갯장어를 매입하여 커다란 대바구니 통에 담아 보관한다. 축양용 대바구니 통은 어종에 따라 크기가 달랐지만, 대개 길이 12척(3.6미터), 폭 8척(2.4미터) 정도였다. 대바구니 통 다섯 개를 하나로 묶어 수면 아래에 설치하고 매입한 어류를 이곳에 임시 보관한다. 도미 같은 어종은 대바구니 한 통에 26~27마리, 갯장어나 붕장어는 500마리에서 600마리를 넣을 수 있었다(다케쿠니 도모야스, 2014: 312). 갯장어가 대바구니 통에 가득차면 운반선에 옮겨 싣고는 시모노세키나 오사카 등지로 운반했다. 축양용 대바구니 통을 설치하는 장소는 조수의 유통이 원활한 곳이었다. 갯장어는 비가 많이 와 해수가 탁해지고 염분 농도가 낮아지면 쉽게 죽어버리기 때문에 대바구니 통을 설치하는 장소는 항상 깨끗하고 맑은 해수가 흘러드는 굴곡진 연안이어야 했다(한국수산지 I-2, 2010: 263~266). 이와 같은 조건을 모두 갖춘 장소가 바로 외나로도 창포였다.

외나로도 북동쪽에 위치한 창포는 사방에 불어오는 바람을 막을 수 있고 외해와 가까워 어선들의 출입이 편리한 곳이었다. 창포에는 매년 봄철 어기에 30여 척의 활어 운반선과 140~150여 척의 어선들이 모여들었으며 부산수산주식회사에서 출장소를 둘 정도로 어획량 또한 풍부했다. 갯장어 어기가 되면 나로도 창포는 어선과 운반선으로 넘쳐났으며 임시 개설된 잡화점, 요리점, 음식점에는 모여드는 사람들로 넘쳐났다. 갯장어 연승 및 삼치 연승은 대개 어선 1척당 어부가 4~5명 승선하여 조업하였다. 따라서 이곳을 왕래하는 어부만 500~600명이 넘었으며, 운반선업자 및 잡상인까지 합치면 창포에는 매년 800~900여 명에 달하는 일본인들이 찾아왔던 것으로 추산된다. 당시 나로도에 드나들었던 일본인들의 수는 나로도 전체의 조선인 인구를 능가했다.

## 3. 일본인과 나로도 축정

나로도는 1883년 조일통상장정 체결 이전부터 일본 새우잡이 어민들이 어로활동의 근거지로 삼았던 곳이다. 새우잡이 어민들 대부분은 오카야마현과 히로시마현 출신이었다(한국수산지 Ⅰ-1, 2010: 249). 1894년 오카야마현의 오노 쓰루마쯔가 나로도 무구리(茂求里)[6]에서 건새우 제조를 시작한 이후 나로도는 새우 제조업으로 널리 알려졌다(吉

6 『韓國水産誌』 3권, 211~212쪽에는 무구미(茂求味)로 표기되어 있으며, 대역포(축정) 남쪽에 있는 작은 포구를 말한다. 무구미는 나로도에서 일본 어민이 가장 먼저 정착했던 곳이다.

田敬市, 1954a: 464). 1902년 오노 쓰루마쯔가 나로도에 이주한[7] 이후 가가와현 쓰다정 어민들이 들어오면서, 나로도는 갯장어 연승업자들의 근거지로도 유명해졌다. 쓰다정 출신 어민들 사이에서 나로도는 '기타야마'으로 불렸는데, 이는 자신들의 고향 기타야마와 나로도의 지형이 유사한 데서 유래하였다.

나로도의 일본인 이주어촌 건설은 오카야마현 출신 이주민들에 의해 시작되었다. 1906년에 오카야마현에서 '치끝'으로 불리는 지금의 축정에 이주어촌을 건설했다. 〈오카야마현수산회〉의 의뢰를 받아 금곡상회(金谷商會)[8]의 누카다 다카야(額田高治)가 감독관이 되어 이주어촌을 건설했다. 대역포(大驛浦, 지금의 축정)에 장옥 10호가 완공되자 1907년 어민 10호가 이주했다.[9] 이주민 알선은 오카야마현이 직접 주도한 것이 아니라 〈오카야마현수산회〉가 관장했다. 〈오카야마현수산회〉는 오카야마현의 보조금을 받아 이주자들에게 지급했기 때문에 나로도 이주어촌은 간접적인 방식으로 오카야마현의 이주지원을 받았다고 할 수 있다.

초기 나로도의 일본이주민은 새우 제조업자가 중심이었으며, 모리

---

7 오노 쓰루마쯔는 나로도 정착 이후 어업과 함께 나로도 개발에도 힘을 쏟았다. 1922년 오노의 회갑을 맞이하여 일본 이주민들은 나로도 신사 경내에 그의 송덕비를 세웠다고 한다(吉田敬市, 1954a: 269).

8 금곡상회는 오카야마현 히나세 출신 금곡일이(金谷一二)와 금곡대개(金谷大介) 형제가 1906년 6월 벌교로 이주해 설립한 회사이다. 금곡형제와 누가다 다카야 외 1명이 회사를 경영했다. 주요 업종은 농사경영과 미곡매매였지만 토지매매로 사업을 확장하면서 부산 영도, 순천, 광양, 율포에 지점을 설치했다(神谷丹路, 1998: 101).

9 누카다 다카야는 나중에 도쿠카와촌(福河村)의 촌장이 되었다. 도쿠가와촌은 1889년 정촌제 시행으로 寒河村과 福浦가 합병되어 福河村으로 편제되었다가 1955년 히나세정(日生町)에 합병되었다(吉形士郎, 1972: 160).

타니 타케지로(森谷武次郎)와 가와나베 하야시로(川辺早四郎)가 지도적인 인물이었다. 당시 나로도의 중심세력은 오카야마현 히나세 어민들로 새우 제조업 이전에는 대부분 삼치 유망어업에 종사했었다(神谷丹路, 1998: 88). 1912년 후쿠오카현 어민 2호가 무구리에 이주해 왔다. 사가현에서도 이주어촌을 건설했지만 실패하고, 건물은 야마구치현 출신 어업가에게 매각했다.

나로도에는 기리오카회사와 오카자키회사가 새우 제조업에 종사하였다.[10] 기리오카회사는 나로도에 이주하여 건새우 제조업을 했었던 오노 쓰루마쯔의 창고에 출장소를 두었다. 오카자키회사는 1901년 창업했으며, 금전대부 및 중매 창고업이 주업이었다. 본사는 오카야마시에 있었지만 일찍부터 조선에 진출하여 군산과 강경 등지에서 토지매수 및 농업경영에 매진했다. 오카자키회사는 1907년 나로도에 출장소를 열었다. 오카자키회사의 나로도 주재원은 가와나베 하야시로(川辺早四郎)였다. 가와나베 하야시로는 1907년부터 새우 가공업을 시작했으며, 다케모토(竹本兼太郎)와 야마모토(山本金治) 등도 새우 가공업에 가세했다. 나로도의 새우 가공업은 오카자키합자회사(岡崎合資會社)가 설립되면서 기업형태로 전환되었다. 가와나베 하야시로는 1917년 선남해산물제조조합(鮮南海產物製造組合)을 결성했지만 곧바로 해산하고 다시 제조업과 어업을 주업으로 삼았다. 1927년에는 동력선 3척으로 캄차카 해역으로 출어하기도 했다(神谷丹路, 1998: 90).

한편, 1917년 오카야마현 출신 이주어민 5명이 전남새우제조 마루

10 『한국수산지』 3권의 지도에는 내나로도 소영리에 오카자키회사(岡崎會社)의 창고가, 외나로도 무구미에 기리오카회사(桐岡會社)의 창고가 표시되어 있다.

고조합(丸五組合)을 설립했다. 마루고조합 설립에 참여했던 5명은 오노 쓰루마쯔, 다케모토 겐타로, 모리타니 다케지로, 가미노 테츠타로(神野鐵太郎), 오카자키 마쓰타로(岡崎增太郎)였다(여박동, 2002: 292~293). 다케모토 켄타로와 모리타니 타케지로는 히나세 출신이었다. 마루고조합은 1922년 선남어업주식회사(鮮南漁業株式會社)로 개칭되었다. 자본금은 15만 엔이었으며, 회장은 오카자키였고 이사는 모리타니였다. 선남어업주식회사는 1934년 해산되었다. 중일전쟁으로 중국 수출품이었던 건새우의 판로가 막히면서 나로도의 새우 제조업은 점차 쇠퇴했다(神谷丹路, 1998: 90~91).

소규모 새우잡이가 주업이던 서쪽 해안에 비해 동쪽 끝 갯장어 어업 근거지는 술과 여자로 흥청거렸다. 일본 어민들은 외나로도 서쪽에서는 정주를 택한 반면, 동쪽은 임시거처로 삼아 어기에 맞춰 드나들었다. 1908년 돌산주재경찰관의 보고에 따르면, 창포에는 잡화점 2호, 요리점 14호, 음식점 2호 등 총 18호/220명이 임시거주하고 있었다. 이들 중 매춘업에 종사하는 사람이 143명에 달한다고 했다(神谷丹路, 1998: 95). 따라서 창포의 요리점은 단순한 음식점이 아니라 매춘업을 겸한 일종의 유곽이라 할 수 있다. 계절적으로 이동하는 일본 어민들을 따라 술과 여자들 또한 바다를 건너 이동했던 것이다. 하지만 이주어촌이 건설된 곳은 창포가 아니라 축정이었다.

창포를 근거지로 삼아 갯장어잡이를 하던 가가와현 어민들이 축정에 정착하기 시작한 것은 1920년부터이며, 동찬조(東讚組)[11]의 와다 이

---

11 '東讚'의 일본식 발음은 '도우산'이지만, 나로도 주민들의 언어 사용법에 따라 '동찬'이라 기술한다.

치우미(和田一海)[12]가 선구자였다(中井昭, 1967: 374). 이주어촌이 건설되면서 나로도는 남해안 일대 어획물 수송의 근거지로 널리 알려졌다. 어획물 수송은 동찬조와 하야시카네가 선두주자였다. 어업근거지로 정비되면서 나로도는 거문도와 더불어 남해안의 주요 어항으로 발전되었다(吉田敬市, 1954a: 464).

나로도가 남해안 굴지의 어항으로 발전된 배경에는 어업중개상이었던 나카베 이쿠지로(中部幾次郎)가 있었다. 그는 효고현 아카시(明石) 출신으로 초기에는 단순한 선어운반업자였다. 그는 세토내해를 중심으로 선어운반업에 종사하면서 '하야시카네'라는 상호로 널리 알려져 있었다. 나카베 이쿠지로는 1905년 석유발동기를 장착한 운반선 신생환(新生丸)을 건조했다. 같은 해 운반선 소부사환(小富士丸)도 건조되었다. 신생환은 12톤으로 엔진은 8마력이었으며 속력은 6노트였다. 선체의 길이는 14미터 선폭은 3미터 정도였으며, 선내에 활어장치를 갖추고 있었다.

나카베 이쿠지로가 1907년 신생환을 타고 쓰시마를 건너 처음 도착한 곳이 지금의 구룡포이다. 그는 구룡포에서 해안선을 따라 남하하면서 사량도의 춘계 갯장어 어장으로 향했다. 당시 사량도는 갯장어로 풍어를 맞고 있었다. 나카베 이쿠지로의 동력운반선 신생환의 첫 적재화물은 바로 사량도의 갯장어였다. 종래의 범선들은 한반도 어장에서 시모노세키까지 3일, 오사카까지는 1주일 정도 소요되었다. 하지만 신생환은 25~26시간 만에 시모노세키에 도착했으며, 오사카까지는 채 4

12 와다 이치우미의 아버지는 나카베 이쿠지로를 나로도로 불러들인 와다 센타로(和田專太郎)이다. 와다 이치우미의 고향은 가가와현 쓰다정 기타야마이다.

일이 걸리지 않았다(神谷丹路, 1998: 97~98). 동력운반선 출현으로 일본 어민들은 일본 본토까지 신속하게 활어를 운반할 수 있게 되었을 뿐 아니라, 기존의 염장이나 건어 형태에서 벗어나 빙장 운반이 가능하게 되었다.

하야시카네의 신생환은 1907년에는 사량도를 근거지로 삼았지만 1908년부터는 나로도로 근거지를 옮겼다. 1908~1909년 무렵 나로도는 부산, 여수, 통영, 장승포, 방어진 등과 더불어 동력운반선의 6대 근거지가 되었다. 1909년에는 제2 신생환(25마력)이 건조되었다. 나카베 이쿠지로는 외나로도 창포에 정박했던 신생환의 선내에서 기거하였다. 그는 1909년~1910년 무렵 창포에 그물보관 창고를 세웠다. 그물보관 창고는 하야시카네가 한반도에 설치한 최초의 어업근거지였다. 1909년 기준으로 나카베 이쿠지로는 석유발동기선[13] 2척, 기선 4척, 기타 운반선 10여 척, 그리고 어선 60척을 소유하고 있었다(神谷丹路, 1998: 98). 1909년 무렵 하야시카네와 계약관계 있던 어선(仕込み船)은 200척에서 300척 정도였으나, 1915년 6월에는 그 수가 1,000척을 넘었다. 1915년 나카베 이쿠지로는 근거지를 방어진으로 옮길 때까지 7~8년 동안 나로도를 근거지로 삼았다(神谷丹路, 1998: 99).

하야시카네가 나로도에서 동해안의 방어진으로 근거지를 옮긴 뒤

13 손정목(1996: 457~458)에 따르면, 한반도에 동력선이 등장한 것은 1919년이었으며, 동력선 숫자는 1919년에 10척, 1920년에는 43척, 1921년 44척으로 점차 증가하다가 1930년부터 1,000척을 넘어섰다고 한다. 한편, 장수호(2011: 222~223)는 1909년 무렵 이미 석유발동기를 장착한 운반선이 한반도 남해안을 내왕했다고 기술하였다.

에도 나로도는 하야시카네의 어업기지로 계속 활용되었다.[14] 하야시카네는 나로도 축정에 전기회사, 제빙공장, 중유탱크, 그리고 잡화, 된장, 간장, 쌀 등 부식일체를 판매하는 상회를 갖추고 있었다(神谷丹路, 2003: 250). 제빙공장은 1920년대 후반에 건립되었는데, 하루에 제빙할 수 있는 용량은 10톤이었으며 총 냉장용량은 270톤이었다. 나로도전기회사는 1930년 6월 허가를 받았으며, 자본금은 3만 원이었다. 중유를 사용하여 발전을 했으며 발전용량은 16kw였다. 나로도에 전기가 들어온 것은 1930년 11월이었다(차철욱, 2012: 237). 나로도에 독자적인 전기회사가 설립되었다는 것은 어항으로서의 중요도와 가치가 그만큼 컸다는 것을 반영한다. 1933년에는 저장용량 350톤 용량의 중유탱크가 설치되었으며, 1934년에는 2,500톤 용량의 중유탱크가 건설되었다. 2,500톤 용량의 중유탱크는 당시 남해안 최대 규모였다(神谷丹路, 1998: 90). 이로써 나로도는 가가와현, 오카야마현 출신의 소규모 어업자가 터전으로 삼았던 이주어촌에서 식민지형 대규모 어업의 어획물 운반기지로 변모되면서 남해안 어업의 중심지로 성장했다.

나로도의 일본인 인구는 문헌에 따라 약간씩 차이가 난다. 1909년 기준으로 나로도에는 오카야마현에서 경영하는 가옥 10채에 이미 8호가 이주한 상태였으며, 개인 이주자가 23호 있었다.[15] 1910년 나로도의 일본인은 총 19호/71명(남 42명, 여 29명)이었다. 직업별로 살펴보

14 일제강점기 하야시카네는 황해도 진남포에서 함경북도 회령에 이르기까지 한반도 연안 곳곳에 지부를 두고 운반업과 어선어업을 직영하면서 식민지 조선의 최대 수산업체로 성장했다(松本文懷鳥, 1954 참조).

15 大日本水産會報, 1909.4.10.

면, 어업 8호, 어구상 1호, 잡화상 7호, 무역상 1호, 목수 1호, 과자제조 1호였다. 어업종사자 및 어구상은 모두 오카야마현 출신이었다. 잡화상은 오카야마현 출신이 3호/10명, 오사카부 3호/10명, 야마구치현 1호/2명이었다. 무역상은 시마네현, 목수는 와카야마현, 과자제조업자는 오사카 출신이었다(韓國水産誌 3, 1910: 214). 1914년 나로도 축정에는 일본인이 27호/96명(남 52명, 여 44명) 거주하고 있었다(김수희, 2010: 77). 1929년 말 외나로도의 일본인은 83호/380명이었으며, 조선인은 215호/1,249명이었다(손정목, 1996: 465).

일본인이 이주할 무렵 나로도에는 총 11개의 조선인 마을이 있었으며, 주민들 대부분은 어업이 아닌 농업에 종사하고 있었다. 『한국수산지』 3권에 따르면 1910년 외나로도에는 총 5개의 마을에 98호/398명이 거주하고 있었다. 구체적으로 살펴보면, 신구리(신금리) 21호/80명, 진포 11호/41명, 예하리 24호/96명, 내동 12호/61명, 외초리 29호/120명이었다. 외나로도 주민 대부분(87호)은 농업에 종사하였으며, 어업종사자는 4호에 불과했다. 어업종사자는 신금리 3호, 진포 1호였으며 다른 마을에는 없었다. 어선은 겨우 3척으로 신금리 1척, 진포 2척이 있었다. 내나로도 또한 외나로도와 크게 다르지 않았다. 내나로도는 6개의 마을로 이루어져 있으며, 인구는 총 105호/450명이었다. 이들 중 90호가 농업에 종사했으며, 상업과 어업이 각각 7호였다. 내나로도의 어선 수는 양화리 3척 및 소영리 2척으로 모두 5척이었다. 이런 사정을 감안하면, 나로도 주민들의 생업은 어업이 아니라 농업이었음을 알 수 있다. 외나로도 전체 농지는 논이 297마지기 밭이 425마지기였으며, 내나로도는 논 257마지기 밭 516마지기였다. 주요 농작물로는 밤, 피(稗), 보리, 콩, 쌀, 면화, 모시(苧), 삼(麻) 등이었다. 지형적 특성상 농경지가 부족했던 나로도에는 농사를 지으면서 소를 키우는 집이 많았다. 소를 40마리나 키우는 집이 있었을 정도로 당시에는 소 사육이 성행했다(韓國水産誌 3, 1910: 209~212).

## 4. 축정의 일본인 흔적

나로도에 남아 있는 일본인의 흔적을 추적하기 위해서는 공간과 장소를 매개로 삼아야 한다. 왜냐하면 흔적의 대부분이 매립으로 인한 지형 변화, 도로망, 거주 공간, 건축물과 같은 물질적인 것이기 때문이다.[16] 과거 이곳에 살았던 일본인들의 자취들은 시간의 흐름 속에서 마모되거나 훼손되어 좀처럼 눈에 띄지 않을 뿐 아니라 외부인의 시선으로는 찾아보기도 어렵다. 단지 과거의 모습을 담고 있는 사진을 통해 나로도의 축정을 부분적으로 유추할 수 있을 뿐이다.

일본인의 흔적 대부분은 축정의 뒤쪽 골목에 몰려 있다. 축정에 이주어촌이 건설되기 전에는 일본인들이 나로도의 다른 곳에 임시 정착을 했었다. 내나로도의 소영리와 외나로도의 창포가 그곳이다. 두 곳 모두 축정보다 앞선 시기에 일본인이 들어왔으나 이주어촌으로는 성장하지 못했다. 마을이 형성되기에는 공간이 협소하고, 어선이 정박할 수 있는 안전한 항구를 건설하기에는 지형적 조건이 적합하지 않았기 때

16 과거는 기록과 사진, 사건이나 활동 등을 통해 표상되기도 하지만, 대개 경관, 건축물, 기념, 조각상 등과 같은 물질적 흔적으로 존재한다(존 앤더슨, 2013: 17).

문으로 추정된다.

축정은 본래부터 마을이 있었던 곳이 아니라 일본인들이 이주하면서 건설된 어항이다. '축정(築亭)'이라는 이름은 일본인들이 해안을 매립하고 항만을 축조한 곳이라 해서 붙인 명칭이다. 일본인이 정착하기 전 이곳은 치끝이라 불렸으며, 축정 앞 애도(艾島)의 주민들이 아기가 죽으면 버렸던 장소라고 한다. 한마디로 과거 이곳은 거주지가 아닌 공간이었다. 축정은 지형적으로 서쪽을 제외한 삼면이 육지로 둘러싸인 포구를 끼고 있다. 축정의 서쪽에 있는 애도와 사양도가 축정의 방파제 구실을 하고 있다. 즉, 애도와 사양도가 남서쪽의 바람과 파도를 막아주기 때문에 축정이 어항으로 발전할 수 있었던 것이다.

일본인들이 마을을 조성하기 전 축정 안쪽 포구의 명칭은 대역포였다.[17] 대역포는 소역포라 불리는 작은 포구와 연결되어 있었으나 일본인들이 정주하면서 해안을 메워 거주지를 만들고, 항만을 조성하여 하나의 마을로 형성되었다. 해방 후에도 축정은 여러 차례 매립이 진행되었으며 지금은 축정 1구와 2구로 확장되었다. 축정 마을의 공간 구성은 내륙지방의 마을과는 판이하게 다르며, 외나로도 내부에서도 특이한 형태를 하고 있다. 축정은 바다와 하천이 접하는 하구에 취락이 형성되었다. 이곳의 건물은 '본정통'(本町通)이라 불리던 도로를 마주보고 건설되었으며, 본정통을 따라 구획된 대지는 폭이 좁고 길다는 특징이 있다(강경남 외, 2004: 129).

축정은 바위가 많은 구릉을 깎아 바다를 메우고 평지를 조성해서

---

17 '역포'(驛浦)라는 명칭은 목마장에서 기른 말을 실어 나르는 포구라는 데서 유래했다(재경봉래면향우회, 1988: 191).

만든 곳이다. 축정은 집을 지을 수 있는 땅이 부족하여 바위산 아래를 따라 거주지가 기다랗게 형성되었다. 그로 인해 골목길을 통해 형성된 취락구조는 전면이 협소하고 후방이 긴, 주택이 다닥다닥 붙어 있는 형태이다. 따라서 축정 대부분의 주택은 마당이나 정원이 없다.

축정은 'ㄱ'자 모양으로 형성된 마을로, 매립된 토지 대부분은 오노 쓰루마쯔 외 4명의 명의로 등기되었다고 한다.[18] 해안가에는 제빙공장,

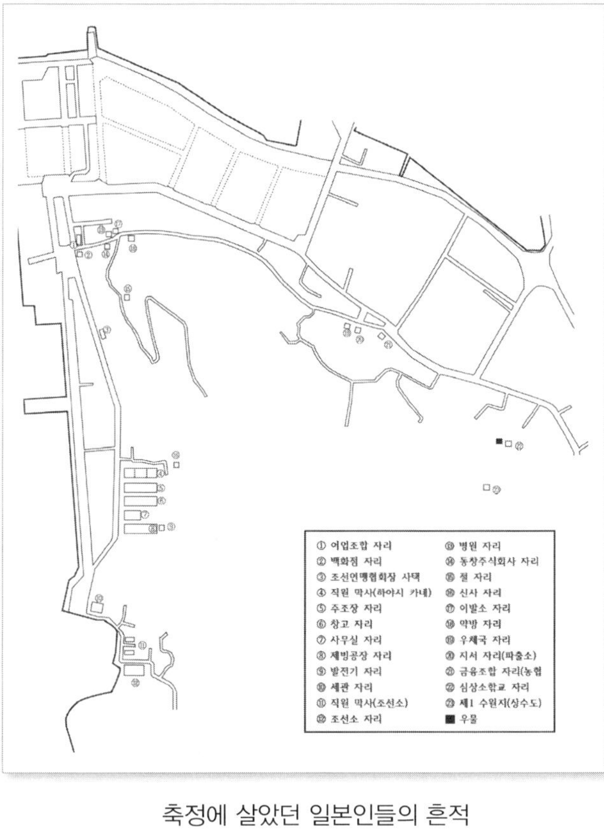


축정에 살았던 일본인들의 흔적

18 축정에 1차 매립이 완료된 시점은 1924년(대정 13년) 경이다(축정 소재 추ㅇ린 가옥의 등기부 참조).

발전소, 유류탱크, 선구점, 어업조합 등과 같은 어업관련 시설이 배치되었다. 해안에서 포구 안쪽으로 형성된 골목길을 따라 양쪽에는 상가와 주거지가 형성되었다. 주거지가 끝나는 부분에는 행정관서가 배치되었다. 축정의 남쪽 외곽에는 조선소와 화장장이 설치되었다. 현재 남아 있는 흔적을 중심으로 과거 축정에 거주했던 일본인들의 생활공간을 탐색해 보면 크게 네 영역으로 구분할 수 있다.

첫 번째는 본정통 골목이 시작되는 부분, 즉 외나로도의 다른 마을에서 축정으로 들어오는 출입구에 해당되는 공간이다. 이곳에는 우체국, 지서, 면사무소, 금융조합, 심상소학교, 수원지 시설 등이 있었다. 나로도우편소는 1910년 1월 내나로도 소영리(5통 57호)에 처음 개소되었다. 내나로도의 소영리에 우편소가 개소된 것은 당시 이곳에 설립된 오카자키회사와 관계가 있었던 것으로 추정된다. 나로도우편소는 1914년 9월 외나로도 신금리 1079번지(현재 흥양농협 봉래지점 부근)로 옮겨졌다가 1925년 3월 신금리 1069번지로 다시 이전되었다.[19] 우편소가 내나로도 소영리에서 외나로도 축정(신금리)으로 이전된 것은 일본인

나로도우체국 자리

'본정통' 골목길

19 자료 출처: 봉래면 우체국 연혁부.

인구분포와 관련되어 있었다고 할 수 있다. 우편소가 이전될 무렵 축정에는 이미 일본인 이주어촌이 형성되고 있었기 때문이다. 현재 신금리 1069번지의 우체국 건물은 일부 개조되기는 했으나 전체적으로는 과거의 형태와 구조를 유지하고 있다. 하지만 오랫동안 방치되어 지금은 외부는 물론 내부마저도 허물어진 상태이다. 다만 건물의 도로변 석축과 돌계단만이 온전한 형태를 유지하고 있다.

나로도우편소에서 금융조합과 지서를 지나면 심상소학교가 있었다. 외나로도의 심상소학교는 일본인만 다니는 학교였다. 학교가 있었던 자리의 일부는 빈터로 남아 있고, 일부는 건물이 들어서 있다. 지서가 있었던 곳에는 현재 파출소가 위치해 있다. 하지만 '현재' 이곳에는 '과거' 이곳에 지서가 있었다는 것을 기억하는 사람들만이 존재할 뿐 그 흔적은 전혀 남아 있지 않다.

나로도에는 전기시설과 더불어 일찍부터 상수도가 설비되었다. 1932년 축정 마을 위쪽에 저수지를 막아 수원을 확보하고 마을의 입구 언덕 위에 상수도 시설을 설치했다. 상수도는 축정에만 공급되었는데, 일본인들은 상수도를 통해 물을 편리하게 마실 수 있게 되었으며, 가뭄에도 대비할 수 있게 되었다. 음용수의 확보는 이주어촌의 입지조건 중에서도 가장 중요한 요인 중 하나였다.[20] 따라서 이주어민은 물론 일본 정부와 기관에서도 음용수 확보를 위해 많은 노력을 기울였다.[21] 상수

20 〈조선해통어조합연합회〉의 주된 업무 중 하나는 일본인의 어업근거지였던 이주어촌에 우물을 파는 일이었다(손정목, 1996: 440).

21 1930년대 말 한반도 전역에 상수도가 시설된 곳은 총 32곳으로 모두 시가지였다. 대부분 도청소재지나 개항장으로 지정된 곳이었다. 심지어 이 시기에는 대전, 개성, 수원과 같은 곳에도 상수도 시설이 없었다(손정목, 1996: 473).

도가 설비되기 전까지 일본인들은 우물물을 이용했다. 우물은 심상소학교 뒤편에 있었으나 지금은 폐쇄되었다.

두 번째 공간은 본정통 골목에서 해안 부두로 이어지는 언저리이다. 바다에서 축정으로 들어오는 입구에 해당되는 이곳은 축정 경제의 중심지였으며 유흥가가 밀집했던 공간이었다. 하지만 해방 이후 여러 차례의 매립공사로 거주지역이 확장되면서 본정통이라 불렸던 중앙골목은 현재 뒷골목으로 바뀌었다. 본정통의 입구 부근은 축정의 상권이 집중된 곳으로, 어업조합, 백화점, 선구점, 잡화점, 동찬주식회사 등이 있었다. 또한 골목 입구에는 와다 이치우미의 상점이 있었다.[22] 현재 슈퍼마켓 건물로 사용되고 있는 와다 가옥은 축정에서 일본인의 흔적을 상징적으로 보여주는 '랜드 마크'와 같은 건물이 되었다.

와다 이치우미는 여러 척의 운반선을 소유하고 있었으며 선구잡화

와다 가옥

22 와다 이치우미는 패전 이후 일본으로 귀환했으며, 1956년부터 1961년까지 고향에서 정회(町會) 의장을 역임했다. 참고로 2012년 일본 중부대학교 공학부 건축학과 학생들이 나로도의 와다 이치우미 가옥을 실측하여 졸업논문으로 작성했다.

상, 어업자금 대여 등 여러 방면에서 사업을 했다고 한다. 와다 이치우미의 동생 역시 근처에서 미곡상을 하고 있었다. 와다 이치우미의 상점 남쪽에는 말린 조미 어포인 '사쿠라 보시'[23]를 만들어 팔던 '신카이' 상점이 있었다. 신카이 상점에서는 주로 새우를 가공한 식품을 취급했는데, 지금 그 자리에는 대중음식점이 들어서 있다.

본정통 입구에 있었던 나로도어업조합은 1923년 9월 3일 창립되었다. 창립 당시 조합원은 조선인 323명, 일본인 23명이었으며 초대 조합장은 오노 쓰루마쯔였다. 나로도어업조합은 1924년 6월 16일부터 위탁판매사업을 개시했다. 조합장 오노 쓰루마쯔가 사망한 다음 차기 조합장 선출을 두고 일본인 조합원과 조선인 조합원 간에 서로 갈등을 빚기도 했다.[24] 과거 어업조합 건물이 있던 자리에는 현재 상가가 들어서 있으며, 그 앞쪽에는 수협건물이 있다.

어업조합 뒤편에는 동찬주식회사가 있었다. 주민들은 동찬주식회사를 나로도의 일본인 저인망 어업자들이 주축이 되어 설립한 회사로 기억하고 있다. 동찬주식회사 건물 사이로 난 작은 골목길을 따라 올라가면 일본 사찰이 있었다. 해방 후 사찰이 있던 자리에는 교회가 들어섰다. 하지만 교회로 들어가는 길이 언덕길이라 나이든 노인들이 교회에 다니기가 불편하다고 해서 새로 매립된 평지로 교회가 옮겨갔다. 교회가 이전되면서 옛 건물은 현재 방치돼 있다. 교회 건물의 석축은 과거의 사찰의 것을 그대로 사용했다.

---

23 '사쿠라 보시'(花魚)는 새우, 도미, 학꽁치, 복어, 쥐치와 같은 생선을 가공하여 만든 식품을 가리킨다.

24 《동아일보》, 1926.02.26.

본정통 골목 양쪽에는 상점, 유흥주점, 음식점, 일반가옥 등이 들어서 있었다. 마을 입구 공간이 지서, 면사무소, 우체국, 소학교 등이 있던 '정치적 공간'이었다면, 부두 주변 공간은 어업조합, 동찬주식회사, 선구점, 잡화점, 어류제조가게 등이 있던 '경제적 공간'이었다. 정치적 공간과 경제적 공간은 본정통이라는 중앙통로로 연결되었다. 본점들은 유흥공간이자 거주공간이기도 했다.

부두에서 본정통 골목을 따라 올라오면 구멍가게, 술집, 목욕탕, 그리고 '고가와'집이라 불렸던 청류를 비롯한 요정이 대여섯 집 있었다. 또한 '모리타니' 목욕탕 이외에도 또 다른 목욕탕이 두 곳 더 있었다. 골목길 안쪽에는 '야마사키' 병원도 있었다. 병원 건물은 해방 이후에도 한국인이 갱생원이란 간판을 달고 한동안 운영되었다. 갱생원은 나로도에 보건소가 신축되면서 문을 닫았다. 본정통의 아래쪽 번화가에는 주로 일본인들이 거주하였고, 본정통의 위쪽 거리 및 산비탈 아래에는 조선인이 살았다. 하나의 골목에서도 민족에 따라 거주지가 분리되어 있었던 것이다.

세 번째는 축정의 남쪽 해안 매립지 및 나로도 신사가 있던 공간이다. 나로도 신사의 공식 명칭은 신명신사였으며,[25] 이곳에서 일제 말기 군인들의 출정식이 거행되었다고 한다. 나로도 신사가 있었던 터는 구릉지 중간부분의 좁은 평지이다. 당시 신사의 외양은 〈봉래면 청년단 행군 기념사진〉에서 일부 찾아볼 수 있다.[26]

25 나로도의 신사는 1921년 곤피라 신사로 설립 · 허가되었다. 설립 당시 신사의 주신은 오모노누시노미코토(大物主命)와 스토쿠천황(崇德天皇)이었다(小山文雄, 1934: 208).

26 '황기 2600년'을 기념하여 1940년 7월 7일에 촬영된 훈련복을 입은 청년단의 단체 사진이다. 총 37명으로 모두 군복을 착용했지만 그중 한 명은 교복차림을 하고 있다. 신발은 거의가 게다를 신고 있다. 사진 속에는 모자를 벗은 사람도 있는데, 아

봉래면 청년단 행군 기념사진
(사진 제공: 박선동)

신사계단

신사건물은 해방 이후 철거되었으며, 지금은 신사의 기단 부분만 남아 있다. 신사가 있었던 빈 터는 현재 텃밭으로 사용되고 있다. 신사로 올라가는 계단으로 조성된 석재는 해방 이후 인근 주민들이 건축용으로 혹은 매립용으로 가져갔다고 한다. 돌계단이 사라진 자리에다 시멘트로 계단을 만들어 놓았다. 신사의 아래쪽 매립지에는 하야시카네의 직원숙소, 유류탱크, 창고, 사무실, 제빙공장, 발전기 등이 있었다. 모두 하야시카네가 관장하는 시설들이었다. 전기회사의 발전기는 75마력짜리와 120마력짜리 야키타마(燒球機關) 발전기였다고 한다. 직원숙소였던 건물 중 일부는 현재 개조되어 일반 가옥으로 사용되고 있다. 하지만 다른 건물들은 철거되어 흔적도 남아 있지 않으며, 건물이 있었던 장소는 현재 공터로 남아 있다. 공터의 뒤쪽은 급경사의 바위 언덕이다.

매립지가 확장되면서 옛 도로 앞에 새로운 건물이 들어서 있다. 해안선을 따라 건립된 건물 바깥에 다시 해안도로가 건설되었다. 해안도로의 바깥에는 축양장과 부두가 있다. 한국전쟁 발발 이후 하야시카네

---

주 앳된 소년이다.

시설물이 있었던 공간에 새우가공 통조림 공장이 세워졌다. 새우가공 통조림 공장은 운크라(UNKRA)[27]의 원조를 받아 설립되었다. 하지만 운크라의 재정지원이 끊기면서 통조림 공장은 문을 닫았으며 지금은 폐허가 되었다. 붉은 벽돌로 쌓아 올린 굴뚝만이 통조림 공장의 흔적으로 남아 있다.

네 번째 공간은 나로도 조선소가 있는 공간과 마루고조합이 있었던 엄남 마을이다. 조선소는 제빙공장에서 남쪽 모퉁이를 돌아가면 마주치는 작은 포구에 있었는데, '후지야마' 혹은 '후지다' 조선소로 불렸다. 당시 이곳 조선소에서 100톤급 선박이 건조되었으며, 약 30여 명의 목수가 근무했다고 한다.[28] 과거 조선소가 있던 바로 그 자리에서 지금도 조선소가 운영되고 있다.[29] 조선소 옆에는 직원 숙소로 사용되었던 장옥 형태의 건물이 2열로 배치되어 있다. 장옥의 외부는 대부분 남아 있으나, 내부는 부엌과 난방시설이 추가되면서 많이 변경되었다. 하지만 방–방–부엌으로 연결되는 일식주택의 골격과 구조는 그대로 유지되고 있다.

조선소에서 남쪽으로 넘어가는 고개 마루에는 시멘트로 둥글게 만

27 운크라(United Nations Korean Reconstruction Agency), 즉 '한국재건단'은 1950년 12월 국제연합 총회의 결의로 한국의 경제 부흥과 재건을 돕기 위하여 창설된 원조 기구이다. 창설 목적은 공산군의 침략으로 파괴된 한국 경제의 재건과 복구 사업에 있으며, 미국의 퇴역 장군 콜터 중장이 단장이었다. 자금은 유엔 가맹 여러 나라가 각출하였고, 한국 정부의 긴밀한 협조 아래 사업을 추진하였다. 운크라는 1958년 6월 말에 사업 종료로 해체되었다.

28 일본은 1850년대 이후 네덜란드에서 11명의 기술자를 데려와 그들의 지도 아래 근대적 조선술을 도입했다. 1860년대에는 프랑스의 해군조선소에서 다수의 기술자와 직공까지 데려와 근대적 조선소를 건설했다(손정목, 1996: 457).

29 후지야마 조선소는 해방 이후 홍운보 씨가 운영했다가 1960년대 무렵 지철근 씨에게 운영권이 넘어갔으며 현재는 지철근의 아들이 소유주라고 한다(박○대, 1937년생, 남).

상수도 탱크

든 상수도 탱크가 있다. 상수도 탱크는 축정의 입구에 있는 수원지에서 조선소로 물을 끌어 오면서 수압조절을 위해 만들어졌다고 한다. 상수도 탱크의 아래쪽 해변 골짜기에는 일본인 화장터가 있었는데 지금은 개간되어 밭으로 이용되고 있다. 상수도 탱크의 서쪽 언덕배기에는 '야키바'라 불렸던 일본인들의 공동묘지가 있었다.[30] 일본인 중에서도 부유층은 별도의 납골당을 건립했다고 한다. 일본이 패망하자 일본인들은 조상의 유골함을 파내어 일본으로 가지고 갔다. 파헤쳐진 공동묘지는 점차 개간되어 지금은 밭으로 사용되고 있다. 화장터가 있던 자리에서 다시 고개 마루를 넘어가면 엄남마을이 있다. 엄남은 축정과 행정구역상 분리되어 있으나 거리가 가까워 하나의 생활공간을 이루고 있다.

엄남은 작은 포구 안에 형성된 마을로 거주공간이 협소하다. 마을 남쪽에는 바다로 돌출된 반도가 있어 파도와 바람을 막아주는 방파제 구실을 하고 있다. 과거 이곳에는 새우제조회사였던 마루고조합이 있

30 화장터와 공동묘지는 1910년경에 설치되었다고 한다(봉래면 홈페이지 마을유래).

었다.[31] 일본인들은 마을의 북쪽 해안의 암반 위에 석축을 쌓아 평지를 조성하고 그 위에 집을 지었다. 지금도 석축은 그대로 남아 있으며 평지는 밭으로 사용되고 있다. 가옥이 있었던 곳의 맞은 편의 평지에는 당시 시멘트를 깔아 만든 신작로가 그대로 남아 있다. 도로는 해안가에서 평지 끝까지 연결되어 있다. 평지가 끝나는 지점에는 선착장이 있었으나 지금은 확장되어 방파제가 되었다. 마루고 조합에서 가공한 새우와 멸치의 건조장으로 사용되던 작업장은 빈터로 남아 있다.

이처럼 축정의 일본인 이주어촌은 공간 배치와 건물 구조가 여타 조선인 마을과 구별된다. 일본인은 먼저 조선인 거주지와 떨어진 곳에 이주어촌을 형성했다. 조선인이 거주하지 않던 외진 곳에 산을 깎아 땅을 매립했다. 그리고 거주지에서 항구로 이어지는 중앙도로를 개설하고 도로 양편에 가옥을 배치했다. 일본인들은 본정통이라 불렀던 중앙도로를 효율적으로 이용하기 위해 우수와 오수를 처리하는 관로를 지하에 매설했다. 매립지는 민족에 따라 거주구역이 구분되었다. 항구에서 가까운 쪽은 일본인들이 차지했고, 도로 위쪽에는 대개 조선인들이 살았다.

축정마을 입구에는 파출소, 우체국, 금융조합, 심상소학교와 같은 관청과 시설이 설치되었다. 파출소와 우체국 건물은 도로 지면보다 높은 곳에 설치하여 위압감을 드러내도록 했다. 일본인 이주어촌이었던 축정에서 가장 특징적인 것은 건물 그 자체이다. 건물은 좁은 대지를

---

31 봉래면 향토지에는 엄남마을의 유래를 다음과 같이 설명하고 있다. "1912년 일본인 8명(선주)이 입주하면서 인구가 증가되고 이곳에 일본인이 어물가공공장 마루고(㊄)라는 공장이 가동, 주로 새우, 멸치 등을 가공하였다. 엄남금이라기보다 마루고라고 부르면 더 잘 알려진다." (재경봉래면향우회, 1988: 107)

효율적으로 활용하기 위해 전면이 좁고 후면이 긴 형태로 건설되었다. 마당이 없는 일본식 건물은 완충 공간 없이 곧바로 내부에서 외부로 연결되었으며, 부족한 대지를 보완하기 위해 다층 구조의 집이 건축되었다. 이렇게 지어진 2층집 혹은 3층집은 사회적 지위와 경제적 자산의 상징이기도 했다.

본정통을 벗어나 해안가 매립지에 들어선 창고용 건물들은 전면이 아주 넓고 거대하였다. 이런 건물들은 비교적 나중에 건립된 것으로 대부분 목조 건물이었지만, 일제 말기에는 벽돌과 시멘트를 이용해 건축되기도 했다. 1930년대로 추정되는 시기에 촬영된 사진에는 양옥형태의 건물도 보인다. 양옥건물은 해방 이후까지도 어업조합으로 사용되었으나 현재는 옛 건물을 허물고 새 건물을 신축한 탓에 과거의 흔적을 찾아 볼 수 없다. 지금 축정에 남아 있는 일본식 건물 중에는 관리와 보수의 어려움 때문에 2층 부분을 철거한 다음 단층집으로 사용하고 있는 경우도 더러 있다.

1930년대 나로도항 전경(사진 제공: 박선동)

한편, 축정 이외의 다른 지역에도 일본인이 살았던 흔적이 남아 있다. 일본인들은 대개 축정에 거주했지만 축정 외곽에도 일부 거주하기도 했다. 축정 맞은편 북쪽 해안에서 '구리타니'라는 일본인이 새우 가공공장을 운영했다. 구리타니는 새우를 삶은 다음 건제품으로 만들어 중국으로 수출했으며 진기마을에 논을 소유하고 있었다. 구리타니가 운영한 공장 자리에 지금은 조선소가 들어서 있다.

1936년 6월 일본인들은 축정과 인접한 신금리에 '나로도어민훈련소'를 세웠다.[32] 2년 과정으로 편제된 어민훈련소는 실습선과 연습용 선박기계와 설비를 갖추고 있었다.[33] 당시 학생 수는 50~60명이었다. 1,500평 규모로 조성된 어민훈련소는 신금리 마을 당산 앞에 조성되었다.[34] 거북이 머리 형상을 하고 있는 당산은 신금리 주민들에게 신성한 장소이자 당제를 지내는 의례공간이다. 신성한 당산의 거북이 목 부분에 어민훈련소를 설치하자 주민들은 분개했으나 어느 누구도 일본인에게 대놓고 반대할 수 없었다. 해방 이후 주민들의 거듭된 철거 요청에도 불구하고 어민훈련소 건물은 청소년수련소로 변모되어 지금까지 이어지고 있다. 당산 일대는 현재 보호림으로 지정되어 있다.

축정 마을에서 남동쪽으로 따라가면 우주발사기지가 있는 예내리에 이른다. 예내리 뒷산에는 일본인들이 목재로 이용하고자 조성한 편

32 《동아일보》, 1936.06.17.

33 설립 당시 어민훈련소는 1년제였다(《동아일보》, 1936.08.02.).

34 어민훈련소의 설립 연대는 자료에 따라 차이가 있다. 神谷丹路(2003: 251)의 글에서는 어민훈련소가 1935년 11월에 설립되었다고 기술되어 있다. 반면, 松本文懷鳥(1954: 34)의 글에서는 어민훈련소가 1940년에 세워졌다고 한다. 조선에서 처음으로 설립된 어민훈련소는 하야시카네가 설립 자금 대부분을 기부하면서 나로도에 설치되었다. 1942년 어민훈련소에 기관부가 개설되면서 하야시카네는 중고 발동기선 한 척을 기증했을 뿐 아니라 회사의 일등 기관사를 강사로 파견했다.

백나무 숲이 있다. 1920년대부터 조성된 편백나무 숲은 현재 나로도의 새로운 관광지로 활용되고 있다.

## 5. 나로도 주민들의 기억

일제강점기 축정에 살았던 일본인들에 대한 나로도 주민들의 기억은 매우 단편적이고 개인적이다. 주민들의 개인적 경험과 주변 환경에 따라 기억의 내용과 깊이 또한 서로 다르다.[35] 나로도 주민들에게 '일제'라는 과거는 '우리'가 아닌 '그들'의 영역에 속하는 세계이다. 과거의 그들은 지금 여기에 존재하지 않는다. 그런데도 그들의 과거는 현재의 우리와 연결되어 있다. 그들과 우리를 이어주는 가장 구체적이고 직접적인 연결고리는 축정이라는 마을 그 자체이다. 축정이 일본인이 거주하면서 생긴 마을이기 때문이다. 일본인에 대한 지역주민들의 구술은 축정이 형성된 시점부터 시작된다.

일본인들이 나로도에 이주어촌을 건설했던 배경으로는 나로도의 지리적 중요성을 제일 먼저 들 수 있다. 나로도는 남해안의 중심부에 위치하고 있어 동해안에서 서해안으로 이어지는 길목이며 남해안 전역의 어획물을 한데 모을 수 있는 집산지이다. 이와 같은 나로도의 지리적 중요성을 간파했던 일본인들은 일찍부터 이곳에 어업근거지를 마련

35 기억은 온전하게 개인의 머릿속에서만 존재하는 것도 아니지만 그렇다고 표상을 통해서만 접근 가능한 것도 아니다(Cole, 2001: 2). 즉, 개인들이 기억하고 있는 과거는 내부적 조건과 외부적 환경 사이에서 지속적으로 조율된다.

했던 것이다. 일본인들이 나로도를 어업근거지로 삼으면서 제빙공장이 건립되었고, 제빙공장에 필요한 발전기가 설치되었으며, 축정 일대에 전기가 들어오게 되었다. 축정 일대에 가설된 전선이 얼마나 튼튼했던지 해방 이후 한전을 통해 나로도에 전기를 끌어올 때 콘센트만 바꾸고 과거의 내선설비를 그대로 이용했다고 한다. 일본 이주민들은 본국과의 정보 교환을 위해 전화도 가설했다. 전화는 나로도에서 일본으로 직접 연결되는 것이 아니라 고흥전화국의 교환을 거치는 방식이었다. 당시 교환전화는 국번 없이 전국 어디에서나 '고흥 나로도'라고 신청하면 곧바로 연결될 정도로 나로도의 존재는 널리 알려져 있었다.

섬이라는 지형적 특성상 마실 물이 귀했던 나로도에서 수원지 확보는 무엇보다도 중요한 과제였다. 축정에 정착했던 일본인들은 초창기에는 심상소학교 뒤쪽의 우물물을 사용했다. 하지만 인구가 증가하면서 음용수가 절대적으로 부족해지자 일본인들은 마을 뒤편 산록에 저수지를 막아 수원을 확보했다. 큰 도로에서 축정으로 들어오는 입구 언덕에는 최근까지도 수원지로 활용되던 제1수원지 시설이 남아 있다. 당시 집안에서 수도꼭지만 틀면 쏟아져 나오는 물을 마신다는 것은 일종의 '근대화' 혹은 '도시화'의 상징이었다. 나로도 사람들은 도시보다 일찍 전깃불을 사용하고 수돗물을 먹었다고 이야기하였다.

"군 단위로는 수도가 없을 때, 우리는 수도로 물 먹었고. 나 같은 경우는 우리 어머니 뱃속에서 태어날 때 전깃불 보고 태어났단 말이요. 그리고 어머니 젖 먹고 수도꼭지 빨았던 사람이여. 나이를 먹었어도... 그때 아버지 때만 해도 시골에 우물 파서 먹었을 거 아녀. 우리는 수돗물 먹고 살았어, 우리는. 왜정 때 아이스케키 빙수 갈아먹고 살았던 지역이여, 여기는. 그래서 훌륭한 사람이 없어. 고난이 없었기 때문에…" (추○린, 1935년생, 남)

일제강점기 전기와 상수도 공급은 일본인들의 집중 거주 지역이었던 축정으로 한정되었다. 그런데도 지역주민들은 나로도의 발전상을 예시할 때마다 빠지지 않고 전깃불, 수돗물, 얼음공장 등을 언급하였다. 특히 과거 나로도가 다른 지역에 비해 사회 문화적으로 선진지역이었다는 점을 강조하면서 그 원동력이 일찍부터 공급된 전깃불과 수돗물에 있다고 강조하였다. 그런데 한 구술자는 바로 이러한 식민지 근대성의 이기(利器) 때문에 상대적으로 고난을 덜 겪었던 나로도에서는 역경을 딛고 일어선 큰 인물이 등장하지 못했다며 아쉬움을 토로하였다.

주민들에 따르면 과거 축정의 중심인물은 와다 이카이라고 한다. 와다 이카이는 '동찬어업주식회사'를 운영했으며, 일본인들 중에서도 '왕초' 노릇을 했다. 또한 그는 동생과 함께 의류, 주류, 일용품 등을 갖춘, 일종의 만물상을 운영했다. 와다 이카이의 만물상점은 나로도의 상징적인 건물로, 마을 주민들은 이곳을 '백화점'이라고 불렀다. 와다 이카이는 어업에 종사하던 일본인들과 조선인을 대상으로 각종 물품을 공급하는 선구점을 운영하면서 대형 어선을 여러 척 소유하고 있었다.

동찬조의 와다 이카이가 축정의 상권을 좌지우지했던 인물이라면, 하야시카네의 나카베 이쿠지로는 나로도 어항의 어업과 물류를 관장했다. 구술자들은 하야시카네 소유의 운반선 수백 척이 나로도를 근거지로 삼아 드나들었으며, 물류를 담당하는 현장에 근무하는 직원들만 40~50여 명이 넘었고 직원용 숙소가 따로 있었다고 기억하였다. 나로도의 얼음공장, 발전기, 유류탱크 등도 하야시카네가 소유하고 있었다. 주민들의 기억 속에서 기름 탱크는 어마어마한 크기였으며 다른 곳에는 없었고, 오직 나로도에만 있었던 근대적 상징물이었다. 해방 이후 탱크는 해체되어 선박으로 건조되었다는 이야기와 울산으로 옮겨져 그곳에서 다시 유류탱크로 사용되었다는 이야기가 전해 온다.

하야시카네는 일본인들의 주거지와는 약간 떨어진 신사 아래쪽 매립지에 시설물을 설치했다. 해안과 맞닿아 있던 이곳은 어선의 정박 및 하역 작업이 수월하게 이루어질 수 있었다. 해방 이후 매립으로 부두가 확장되어 어선들이 안전하게 정박할 수 있었으며, 육상의 넓은 공간은 물양장으로 사용되고 있다. 하야시카네 소유의 운반선은 물론 일반 어선들도 나로도에 기착하여 얼음을 싣거나 급유를 했다고 한다. 나로도 근해에서 잡은 새우와 삼치가 이곳에서 집하되었다가 운반선에 실려 일본으로 운송되었다. 당시 얼음공장에서 인공적으로 만든 얼음은 아이들에게 호기심의 대상이자 신기한 먹거리였다.

나카베 이쿠지로는 짧은 기간 동안 나로도에 머물렀는데도 주민들은 그를 일본인 중에서 '전설'적인 인물로 기억하였다. 하야시카네가 축정에 자리를 잡고 거대 기업으로 성장하기 전 나카베 이쿠지로는 창포에서 어류 운반업을 했었다. 그 무렵 창포에는 조선인 4호가 거주하고 있었다. 나카베 이쿠지로는 창포에 임시 거처를 마련한 뒤 사입선과 운반선을 관리했다. 일본인들은 봄철 풀이 돋아날 무렵 창포에 건너왔다가 겨울철 찬바람이 불기 시작하면 모두 돌아갔다고 한다. 현재 창포의 임시거처는 흔적도 없이 수풀이 무성한 산이 되었다.

일본인들은 가설 상점에서 술을 마시기 위해 육지로 내려오기는 했으나 숙식은 모두 선박 안에서 해결했다고 한다. 해안에는 모선이 정박했다가 어획한 물고기가 가득차면 운반선으로 옮겨 일본으로 싣고 갔다. 정박한 어선 주위에는 일본 선원들이 먹고 버린 귤껍질이 떠다니기도 했다. 조선인들은 일본 어민들이 대변 후 귤껍질로 엉덩이를 닦았을 것으로 짐작했다.

지역주민들은 나카베 이쿠지로를 이름이 아닌 '불알큰놈'이라는 별칭으로 기억하고 있다. 그는 키는 작았지만 아주 운이 강한 인물이었다고 한다. 나카베 이쿠지로의 숙소는 보통사람이 살면 몸을 망치지만 지세를 이길 수 있는 강한 운세를 지닌 사람이 살면 부자가 된다는 전설이 전해 오는 곳이었다. 나로도에서 부를 축적했던 나카베 이쿠지로는 일본이 전쟁에 패하면서 일본으로 돌아갔지만, 조선에서 축적한 자원을 바탕으로 전후 일본에서 거대 수산회사로 재기했다(神谷丹路, 2003: 245~246).

일제강점기 나로도에는 연근해의 어선들이 모여들어 연중 파시가 형성되었다. 연근해의 작업어선들이 연신 드나들던 나로도에는 어부들을 상대하는 술집과 상가가 많았다. 이들 어선과 어민들에게 식료품을 공급하는 공장도 있었다. '사쿠라 보시를 가공했던 '신카이' 상점에서는 생산된 제품을 일본에서 판매했다고 한다. 이곳에서 일하던 인부들은 거의가 조선인들이었다.

본정통 골목 안쪽에는 목욕탕과 구멍가게가 있었다. 본정통 골목에는 오카야마현, 야마구치현, 구마모토현 등지에서 온 일본인들이 살았다. 본정통 골목 끝에는 '기메쿠미'라는 금융조합이 있었다. 종교시설로는 일본인이 세운 사찰이 있었으며, 사찰 밑에는 공회당이 위치해 있었다. 공회당에서는 유도 같은 운동을 할 수 있는 시설이 있었으며, 평상시에는 훈련공간으로 사용되었다. 특별한 날에는 공회당에서 영화를 상영했다. 한 구술자는 당시 나로도에서 영화는 '노라쿠라'[36]라 불리는 일종의 여흥거리였으며, 만화영화 미키마우스를 자주 상영했다고 기억하였다.

축정에 거주하는 일본인들 중에는 우체국장, 금융조합장 등과 같은 고위 관직을 차지하거나 어선과 상점을 소유한 경영주가 많았다. 일부는 시계수리점, 식품가공공장, 목욕탕, 병원 등과 같은 전문 직종에 종사했다. 축정에서도 일본인 거주지 바로 옆에 살았던 조선인들 이외는 아이들이 서로 마주칠 기회가 없었다고 한다. 일본인 학생과 조선인 학생은 다니는 학교가 달랐다. 일본인 아이들은 축정에 있는 심상소학교에 다녔고, 조선인 아이들은 인근 신금리에 있는 보통학교에서 교육을 받았다. 서로 다른 생활공간에서 살았기 때문에 일본인 아이들과 조선인 아이들은 서로 만나거나 섞일 수 있는 기회조차 거의 없었다. 사는 곳도 다르고 학교도 다르니 서로 함께 놀지도 다투지도 못한 채 별개의 영역에서 생활했던 것이다.

일상의 거의 모든 영역에서 일본인과 조선인 사이에는 식민위계가 형성되어 있었다. 이런 환경이었기에 일본인과 조선인 사이의 갈등이 직접 표면적으로 드러날 수 없었다.

> "그때 일본 사람하고 싸울 수도 없죠. 그때 얼마나 학대를 했습니까, 천시하고... 상투도 일본 놈들한테 잡히면 다 잘라버리고 그랬어요. 내선일체라고 해가지고, 창씨개명도 하고 그러지 않았습니까. 신사는 그 당시 학생들, (참배하는) 날 되면 거기 가서 신사참배하고 와

36 노라쿠라(のらくら)는 '빈둥빈둥'거리며 논다는 뜻이다.

서 인자 집에 와서 밥 먹고 학교 가고 그랬어요. 아마테라스오미카미라고 해가지고, 일본놈들 머야, 우상 아입니까. 우리는 졸업하고 해방이 되었죠. 우리는 그러니까 해방 후로 거시기, 그러니까 한글 같은 거는 해방 후로 우리가 터득했죠." (김○수, 1933년생, 남)

일제강점기에 보통학교를 다녔던 조선인 학생들은 상대적으로 부유한 집안의 자제였다. 구술자들은 해방 직후 봉래면 전체에서 일본유학생이 200명이 넘었을 정도로 부유한 사람이 많았다고 기억하고 있다. 이들은 유학생이 그렇게 많았는데도 판검사, 의사, 박사와 같은 고위직이 많지 않은 이유를 수산업에서 찾고 있다. 어업으로 하루에도 '몇 억'씩 벌었기 때문에 어렵고 힘든 일을 하지 않았다는 것이다. 수산업으로 부유했던 과거는 오늘날의 경제사정과 비교되면서 더욱 '화려'해지고 있다. 해방 이후 나라 전체가 도시화·산업화되면서 빠르게 발전되었지만, 나로도는 오히려 발전의 대상에서 소외되었다는 것이다. 수산업이 발달했던 과거의 나로도는 해상교통의 요충지였으나, 지금의 나로도는 육로교통의 막다른 지점이 되고 말았다.

일제강점기 동안 어업의 중심지였던 축정은 부유했지만 축정 이외의 지역은 사회·경제적 혜택에서 소외되어 있었다. 심지어 한 마을에 학생이 한 명 있는 곳도 있었다고 한다. 소수의 조선인 학생들은 가난한 마을에서도 경제적으로는 어느 정도 안정적인 가정에 속했다. 글을 깨우친 어린 학생들은 일본어를 모르는 마을 어른들을 위해 일본어를 가르치기도 했다. 이런 성인교육은 조선어를 사용하지 못하게 하려는 의도가 내재되어 있으며, 동시에 통치의 편의를 위해 주민들이 어느 정도는 일본어를 이해해야 할 필요성에서 비롯된 것이다. 외나로도 예내리에 거주하고 있는 한 구술자는 그의 자서전에서 당시의 상황을 다음과 같이 기술하였다.

> "42년도 왜정 말기에 졸업을 했습니다. 4학년 때 이 왜놈들이 우리 한국말 못하게 했어요. 조선어를 폐기한다고 해서 4학년 때부터 일본어를 배웠지요. 왜놈들이 성인교육이랍시고 부인들을 죄다 모아놓고 지도했고 졸업을 막 해서는 그런 성인교육의 강사가 되기도 하고 그랬습니다. 성인교육이라는 것이 학교를 안 다닌 어른들을 모아서 우리가 학교에서 배운 것도 가르치는 거지요. 왜놈들은 일본어를 쓰는데 통역이 필요하거든요. 회의를 하게 되면 우리 학생들 보고 같이 가자고 그래요. 가서 일본어를 못하는 조선인들과 왜놈들 사이에서 통역을 한 거지요." (박종태, 2014: 45)

전쟁 말기 일본인들은 나로도의 봉우리마다 감시초소를 설치하여 주변을 경계했다. 감시초소의 감시원으로는 조선 사람들이 동원되었다. 조선 사람들은 쌀과 같은 곡식을 공출당할까 염려하여 방구들을 파고 곡식이 든 항아리를 넣어 묻어 두기도 했다. 곡식을 공출당하고 식량이 부족하면 '히지끼'[37]라 부르던 톳을 소나무 속껍질과 섞어 개떡으로 만들어 끼니를 삼기도 했다(박종태, 2004: 46~47). 특히 해방 직전 무렵에 공출이 많았는데, 농사를 짓고 살던 조선인들의 쌀은 수탈의 주요 대상이었다.

어업이 주업인 나로도에는 상대적으로 공출이 적었으며 징용 또한 많지 않았다고 한다. 전쟁 말기 수산식품은 중요한 군용 부식이었다.

37 히지끼(ひじき)는 한자로 녹미채(鹿尾菜)라 표기되며, 해조류 톳을 가리킨다.

일본어선에서 일하던 선원 대부분은 나로도에 사는 조선인들이어서 선원들이 징용으로 끌려가면 어로작업에 차질이 생긴다고 해서 '특혜' 아닌 특혜를 받았다. 또한 일본인들이 나로도 주민들과의 '융화'를 위해 정신대 차출 인원을 아주 소수로 제한했던 것이다.

> "우리 고향에는 교포가 없어요. 그리고 그게 없어요. 여자들 그 정신대 그게 없어요. 왜 그러냐, 일본 사람들이 우리 마을하고 융화를 하기 위해서 고흥군에 100명이 배정되면 우리는 한 명이나 보내고 다른 면에다 배정을 했단 말이야. 일본 사람이 특혜를 줬어요... 그러니까 여기는 일본 교포가 없고, 정신대 나간 여자들이 없어. 징용에 나간 사람들이 없어." (추○린, 1935년생, 남)

전쟁 말기 나로도에는 일본인의 3배가 넘는 조선인이 살고 있었지만 육지부에 비해 징용이 적었던 것은 나로도 주민 대부분이 일본인 소유의 어선에서 선원으로 일했기 때문이었다. 즉, 일본인들은 조선인 선원들을 징용 보내면 자신들의 어업에 큰 타격이 올 것을 염려해 나로도 주민들의 징용 차출을 최소화했다(神谷丹路, 2003: 250)는 것이다.

일본이 패망하자 나로도의 일본인들은 '조용히' 일본으로 돌아갔다. 군함과 운반선을 이용해 귀환했다고 한다. 일본인들은 미처 처분하지 못한 식기류를 조선인들에 나누어 주기도 했다. 토지와 건물은 해방 이후 한참까지도 일본인 명의로 등기되어 있었다. 건물은 적산가옥으로 처리되었고 토지 대부분은 국유지로 전환되었다.

해방의 분위기 속에서 신사는 허물어졌다. 하지만 누가 언제 허물었는지는 아무도 모른다. 다만 주민들은 일본인이 만든 비석돌과 계단석은 굉장히 좋은 돌이라 일부러 누가 깨부수지는 안했을 것이라며 누군가 다른 용도로 사용하려고 가져갔다고 말했다. 한마디로 누가 의도적으로 파괴한 것이 아니라 시나브로 사라졌다는 설명이다. 신사에서는 군인으로 출정하는 사람이 있을 때마다 사람들이 모여 출정식을 했으며, 각 기관에서 큰 행사에 있으면 신사에서 참배를 했다. 구술자들은 전쟁에 나가는 젊은이들을 환송하기 위해 출정식에서 군악대가 연주를 하고 참석자들이 함께 노래를 불렀다고 기억하였다.

해방 후 1957년 신사가 있던 공간 바로 아래에 새우가공 통조림 공장이 들어서는 바람에 그나마 남아 있던 신사의 흔적들도 사라지고 말았다. 마을 주민들은 나로도 염포 출신으로 '수산청장'이었던 지철근[38]이 이곳에 통조림 공장을 유치했다고 말했다. 통조림 공장을 설립하면서 부족한 자재를 보충하기 위해 그때까지 남아 있던 신사 건물의 문짝과 기둥을 해체하여 직원용 막사를 세웠다고 한다.

## 6. '나라섬'(國島), 우주발사기지가 되다

일본인들이 외나로도 축정을 이주어촌으로 선택한 것은 여러 가지 이유가 있었을 것이다. 먼저 한반도 해안을 침탈했던 일본 어민들의 어

38 지철근(1913년생)은 봉래면 염포리 출신으로 보성고등학교(25회)를 거쳐 일본 북해도제국대학 양식과에서 수학했다. 1937년 졸업과 동시에 강원도 수산시험장 산업기수로 임명되었다. 1946년 미군정청에 들어가 경상북도 수산과장으로 재임하면서 적산 처리업무를 담당했다. 1952년부터 1960년까지 상공부와 해무청에서 수산국장으로 재직했으며, 한일회담 당시 한국 측 대표로 '평화선' 제정에 참여했다. 공직에서 물러난 뒤 북양수산을 창업하여 원양어업에 진출했다(지철근, 1992 참조).

업구역 및 어업방식의 변화를 들 수 있다. '통어'어업 위주였던 시기 서해안 어장에서 도미 박망어업으로부터 밀려난 도미 연승어업자들이 남해안에서 갯장어 연승어업으로 전환하면서 나로도를 갯장어 집하장으로 삼았다. 또한 나로도 근해에서 새우잡이 어업이 성행하면서 새우 제조업자들이 나로도에 이주하기 시작했다. 이후 도미 연승어업자들과 새우 제조업자들이 정주하면서 나로도는 일본인들의 어업 근거지로 발전했다. 일본 이주어민들은 조선인들의 거주지가 아닌 외나로도 축정의 산을 깎아 매립하고 그 위에 새로운 거주지와 어업 관련 시설을 건립했다.

외나로도 축정의 공간 변화는 식민 이주어촌의 전형을 보여준다. 일본 어민들이 축정에 이주어촌을 건설하여 정착하기 전에는 나로도에 임시 근거지를 마련하여 어기에 맞추어 드나들었다. 외나로도의 창포가 바로 그곳이었다. 새우 제조업자들은 내나로도의 소영리와 외나로도의 엄남마을과 같은 작은 포구에 제조공장을 마련했다. 식민 이주어민들이 점차 증가하면서 보다 넓은 터전이 필요하게 되자 지금의 축정을 매립하여 거주공간을 확보했다. 일본인들은 조선인과의 충돌을 최소화하면서도 어업 활동에 편리한 곳에 자신들만의 거주지를 조성했던 것이다. 거주지가 확보되면서 일상생활에 필요한 우체국, 파출소, 학교, 어업조합 등과 함께 전기와 상수도가 설비되었다. 이런 개발 과정에는 일본의 중앙정부 및 지방정부 차원의 도움이 있었다.

현재 축정에 남아 있는 일본인의 흔적은 대부분 사라졌거나 사라지고 있는 중이다. 일본인의 흔적은 의도적으로 파괴되었다기보다는 시간의 흐름 속에서 많은 것들이 시나브로 지워졌다. 축정이 일본인들이 만든 마을이라는 사실은 개인적 기억과 물리적 흔적으로 남아 있지만 공식적 영역에서는 기념되지 못하고 있다. 지역주민들은 일본인들이 조성한 거리와 가옥에서 여전히 살고 있으면서도 과거 이곳의 주체에 대해서는 무관심하다. 시간의 흐름에 따라 현재의 공간이 변화했듯이 과거의 공간을 마주하고 있는 주민들의 생각, 관점, 감정 역시 시대에 따라 달라지고 있다. 또한 현재의 주인이 누군가에 따라 건축물의 내부 구조와 사물들이 바뀌었듯이 축정의 공간 자체도 변화하고 있다. 과거 축정의 중심축이었던 '본정통'은 이제 뒷골목이 되었다. 식민 이주어촌으로서의 공동체 및 이곳의 장소성은 현재 이곳의 지역성 또는 주민 정체성과는 괴리되어 있다.

역사적으로 보자면, 나로도는 내부자보다는 외부자들이 이곳의 지리적 입지와 환경을 어떻게 바라보고 이용했는지에 따라 경제적 부침이 심했다. 조선시대 나로도는 나라의 말을 키우는 목장으로 이용되었고, 일제강점기에는 남해안 어장의 중심지라는 지리적 이점 때문에 일본인들의 식민 이주어촌으로 건설되어 어업근거지로 성장했다. 해방 이후에도 나로도에 새우가공 통조림 공장이 건립되어 경제가 활성화되었으며, 한동안 연안어업의 전진기지로 전성기를 구가했다. 하지만 1970년대 이후 도시로의 인구유출과 함께 어업환경이 변화되면서 수산업이 침체되자 나로도는 점차 쇠락의 길로 들어섰다. 최근 외나로도에 국가 주도로 우주발사기지(2009년)가 건설되면서 나로도는 지금까지와는 확연하게 다른 우주산업 연계 관광지로 변모되고 있다. 조선시대 나라에서 관리하던 목장이 있었던 '나라섬(國島)' 나로도에 대한민국 정부가 우주발사기지를 설립하면서 다시금 온 나라의 주목을 받고 있다.

# 8장

## 여수 거문도 '일본촌(日本村)'

8장

# 여수 거문도 '일본촌(日本村)'

## 1. 여수 거문도

거문도는 행정구역상 여수시 삼산면에 속해 있으며, 세 개의 유인도와 여러 개의 무인도를 총칭하는 이름이다. 거문도가 세 개의 섬으로 이루어졌다고 해서 조선시대에는 '삼도'(三島)라 일컬어졌다.[1] 세 개의 섬은 서도, 동도, 고도이며, 특히 고도는 예섬(曳島), 왜섬(倭島), 이섬(夷島)으로도 불렸다(삼산면지, 2000: 253). 대동여지도에 거마도(巨磨島)로 표시되어 있는 거문도는 1885년 영국 함대에 의해 불법 점령을 당했다. 이에 앞서 영국은 1845년 함대를 보내 거문도 주변 해역을 탐사케 했으며, 함장 벨처가 해도를 작성하면서 거문도를 '해밀턴 항'(Port Hamilton)이라 이름 붙였다. 해밀턴 항으로 명명된 뒤로 거문도의 존재가 서구사회에 널리 알려지면서 러시아, 영국, 미국, 일본 등 열강들이

1 조선시대에는 삼도라는 명칭이 지금의 손죽도, 초도, 거문도를 아우르는 이름으로도 사용되었다(곽영보, 1995: 6)고 한다.

주시하는 지역이 되었다. 영국군이 거문도를 무단 점령했을 당시 이곳을 방문했던 청나라 제독 정여창(丁汝昌)이 섬 주민들의 문장이 뛰어난 것을 보고 조정에 섬 이름 변경을 요청한 이후 거문도(巨文島)로 개명되었다고 한다(삼산면지, 2000: 531).

1854년 러시아의 푸차친 함대가 거문도에 내항한 뒤로는 동서양의 해양세력들이 경쟁하듯 거문도 주변을 탐색했다. 결국 영국군이 1885년 거문도를 무단으로 불법 점거하기에 이르렀다. 거문도는 지리적으로 항로상의 요충지였기에 러시아 함대가 기항하고 영국 군대가 강제 점거할 정도로 주목을 받았던 것이다. 하지만 조선 정부는 러시아 함대의 기항을 제대로 알지 못했다. 영국군의 강제 점거 소식도 러시아를 통해 전달받았으며, 일본의 신문보도를 통해 간접적으로 인지했을 뿐이었다. 심지어 영국군이 강점했을 때 조선 정부는 거문도의 위치조차 제대로 파악하지 못했으며, 진상조사차 거문도로 떠나면서 청나라의 군함을 이용했을 정도였다. 이처럼 조선 정부는 무능했으며 해군력 또한 미약했다. 거문도를 강제 점령했던 영국군은 우여곡절 끝에 1887년 거문도에서 철수하였다. 영국군이 철수하자마자 곧바로 일본인들이 밀고 들어왔다. 일본인들은 고도에 이주어촌을 건설했으며, 1945년 패망할 때까지 이곳에서 식민 지배자로 살았다.

현재 거문도에는 일본인 이주어촌의 흔적이 남아 있다. 해방 이후 한반도의 여느 지역과 마찬가지로 거문도에도 일본인이 남긴 상징물들이 지워져야 할 과거로 치부되어 많은 것들이 파괴되었거나 소거되었다. 하지만 인위적으로 소거되었거나 강제로 지우려고 했던 흔적들과 달리 일부는 아직까지 그대로 남아 있다. 특히 공간구조와 건물 배치는 거의 달라지지 않았다. 해안선이 일부 매립되면서 변형되기는 했으나, 현재의 모습을 1930년대의 지도(최길성, 1992b)와 비교해 보아도 크게 다르지 않다. 건물들은 시간이 지나면서 개축되거나 증축되었지만, 이전의 형태를 그대로 유지하고 있는 건물도 다수 있다.

일반적으로 거문도라고 부를 때는 두 가지 의미가 혼용되어 있다. 하나는 동도, 서도, 고도를 아우르는 개념으로 사용될 때가 있고, 다른 하나는 거문도 전체가 아니라 '고도'만을 의미할 때가 있다.[2] 식민 이주어촌과 관련해 거문도를 지칭할 때에는 후자의 의미로 사용된다. 고도에 조성된 일본인 이주어촌은 통상 '일본촌'이라 일컬어진다.[3] '일본촌'이라는 이름은 다른 일본인 이주어촌이 이주자들의 출신 지역이나 특정 일본인의 이름을 따 명명된 것과는 차이가 있다. 이는 거문도의 일본인 이주어촌은 여러 지역 출신 이주자들이 혼재되어 있었으며, 특정 집단이 주도적인 위치에 있지 않았다는 것을 의미한다. 제8장에서는 일본인들이 거문도에 정착하게 된 배경을 간단히 살펴본 다음, 그들이 남긴 흔적들이 현재 어떻게 기억되고 있는지를 분석하고자 한다.

2 2015년 9月 동도와 서도를 잇는 연도교가 건설되면서, 거문도의 고도, 동도, 서도가 하나로 이어졌다.

3 거문도의 일본인 이주어촌에 관한 책을 펴낸 나카무라 히토시(中村均)는 자신의 저서를 『韓國巨文島にっぽん村』이라 이름 지었다. 이 책의 한국어 번역자는 『한국 거문도의 일본마을』로 번역했으나, 여기에서는 다른 이주어촌의 명명 방식을 따라 '일본촌'이라 표기한다.

## 2. 외세침탈과 거문도

거문도가 외부세계에 널리 알려지기 시작한 때는 18세기 중후반부터였다. 조선의 입장에서 보면 거문도는 한반도와 멀리 떨어진 외해에 위치한 절해고도였으나, 당시 해양세력들이 바라본 거문도는 중국 상하이와 일본 나가사키를 이어주는 항로상의 요충지이자 전략적 거점이었다. 이와 같은 지리적 위치로 인해 거문도는 일찍부터 러시아, 영국, 미국 등과 같은 해양세력으로부터 주목을 받았다. 거문도가 서양에 알려진 것은 영국 군함이 작성했던 해도가 발단이 되었다.

1845년 6월 영국 군함 사마랑(Samarang)호가 제주도 우도에 들어왔다. 에드워드 벨처(Edward Belcher) 함장의 지휘 아래 사마랑호는 1845년 6월부터 8월까지 제주도와 거문도를 항해하면서 한반도의 남해안을 탐사했다. 7월 17일 벨처는 거문도를 탐사한 후, 당시 영국 해군성 차관이었던 해밀턴의 이름을 따 '해밀턴 항'이라 명명했다. 벨처가 한반도 남해안을 측량하고 남긴 세 장의 해도는 1885년 4월 15일 영국 극동함대가 거문도를 점령할 때 요긴하게 사용되었다(박천홍, 2008: 333~338).

영국은 이후에도 여러 차례 거문도 및 주변 해역을 탐사했다. 1855년 사라센(Sarasen)호의 함장 리차드(John Richard)가 거문도를 방문하여 항박도를 작성했으며, 1859년 5월 6일에는 존 웨이드(John Wade)가 지휘하던 악테온(Actaeon)호가 거문도에 도착했다. 악테온호는 약 2주일 동안 제주해협을 비롯한 남해안 일대를 탐사했다(박천홍, 2008: 664). 1863년에는 함장 윌즈(E. Wilds)가 지휘하는 스왈로우(Swallow)호가 거문도 주변해역을 탐사했다. 이때 제작된 중국 양쯔강에서 조선 남해안 및 나가사키 사이의 수심도는 1885년 영국군이 거문도와 상하이 사이에 해저전선을 부설할 때 기초자료가 되었다(삼산면지, 2000: 277).

1875년 조선과 일본 사이에 일어난 운요(雲揚)호 사건을 계기로 일본주재 영국 공사 파크스(H. Parkes)는 거문도 점령을 구상하게 되었다. 당시 파크스가 영국 외상에게 보낸 보고서에 따르면, 일본주재 공사관이었던 플런켓(F. R. Plunkett)이 1875년 8월 4~6일 동안 거문도를 방문하여 주민들과 대화를 나누는 등, 현지답사를 했다고 한다. 이것이 거문도 주민과 영국인과의 최초의 접촉이었다(김용구, 2009: 36). 1882년에는 측량선 플라잉 피시(Flying Fish)호가 조선의 전 해역을 탐사했다. 영국군이 거문도를 점령한 당시 조선 측 대표였던 엄세영이 묄렌도르프(穆麟德)[4]와 함께 거문도에서 만났던 영국인이 바로 플라잉 피시호의 함장인 맥클레어(John Maclear)였다(삼산면지, 2000: 278).

영국이 거문도를 비롯한 한반도 남해안을 탐사할 무렵 러시아 함대 또한 거문도에 도착했다. 1854년 4월 2일 전함 팔라다호를 기함으로 3척의 러시아 군함이 거문도에 도착하여 4월 7일까지 머물면서 섬 주민들과 접촉했다.[5] 러시아 함대는 태평양에 진지를 구축하고, 중국과 일본을 개항시킬 목적으로 발틱해 연안에서 동아시아로 이동했다. 러시아 함대의 지휘관은 푸차친으로, 그는 러시아의 전권대사를 겸하고

4 영국군이 거문도를 점거한 지 한 달 뒤인 5월 16일 엄세영과 묄렌도르프는 청국 정여창(丁汝昌)이 지휘하는 군함 양위호(揚威號) 편으로 거문도 현지에 도착했다(김재승, 1997: 105).

5 당시 러시아인과 조우했던 거문도의 한학자 김유는 이들과의 대화를 『海上寄聞』에 기록으로 남겼다. 『海上寄聞』에는 러시아 전권대사였던 푸차친이 조선 정부 앞으로 보낸 외교문서가 남아 있다(김유, 1988).

있었다. 당시 푸차친과 동행했던 작가 콘차로프는 거문도 사람들에 대해 겉모습은 빈곤하나 촌장을 중심으로 위계적인 질서를 갖추고 있다고 기록했다.[6] 콘차로프를 비롯한 러시아 사람들의 눈에 비친 거문도의 모습은 다닥다닥 붙어 있는 초가지붕, 수의를 입은 것 같은 흰 옷차림의 주민들, 러시아인을 보고 겁에 질려 도망치는 여자들과 아이들, 갈대나 짚으로 만든 신발, 갈대를 머리카락처럼 촘촘히 엮어 만든 모자, 눈이 따라가지 못할 정도로 재빠른 글 솜씨, 그리고 게으름·무성의·솜씨 부족의 돌담 등이었다(콘차로프, 2014: 397~407).

러시아 함대가 출몰할 당시 거문도는 풍헌(風憲)이나 수방장(守防將)이 아닌 별장(別將)이 통괄하고 있었다. 러시아 함대가 출현하자 4개 마을의 대표자들은 흥양현에 보고를 하고, 영장(혹은 별장)으로 추정되는 인물은 발포진에 급보를 보냈다. 거문도 주민들로부터 이양선(異樣船)이 출몰했다는 급보를 받은 발포진 만호, 흥양군수 겸 보성군수, 흥양현감, 전라좌수영 우후 등 관계자들이 현지로 급파되었지만 러시아 함대는 이미 떠난 뒤였다. 거문도 주민들은 파견된 관리들에게 이양선이 내왕한 시간과 척수는 소상히 말했으나, 선단이 30여 리 밖에 정박해 있어서 국적은 알 수 없고 일체의 상륙도 없었다고 보고했다. 그러나 보고 내용은 사실상 조작된 것이었다. 관할 지역 관리자들이 현지에 파견되었는데도 이들은 러시아 함대와 거문도 주민들 간의 교류 사실은 인지하지 못했다. 러시아 함대 출몰사건으로 흥양현감은 문책을 받았으며, 발포진 만호는 유배되었다(곽영보, 1986: 72; 박태근, 1988: 159).

6 러시아인으로서 처음 거문도에 상륙했던 작가 이반 알렉산드로비치 곤차로프는 자신이 보고 들은 내용을 『전함 팔라다』에 자세히 기술하였다(곤차로프, 2014).

행정구역상 흥양현(지금의 고흥군)에 속해 있던 거문도는 발포진 관할 아래 있었으나 상주하는 관리나 군사가 없었다.

러시아 함대를 이끌고 거문도를 방문했던 푸차친은 1857년 8월 1일 증기선 아메리카(Amerika)호를 타고 천진으로 가던 도중 거문도를 재차 방문했다.[7] 푸차친은 거문도 주민들에게서 거문도를 러시아 해군의 저탄소로 사용해도 좋다는 승낙을 받고 천진으로 떠났다. 푸차친은 천진에서 상해로 회항하다가 9월 20일경 다시 거문도에 들렀다. 하지만 석탄 수송선 캄차달(Kamchadal)호가 오지 않고 아메리카호에는 하루분의 석탄밖에 없어 나가사키로 이동했다. 이로써 거문도의 러시아 해군 저탄소 설치는 사실상 무산되었으며, 이후 러시아와 거문도 사이의 접촉도 단절되었다(곽영보, 1986: 79).

한러수호통상조약 체결(1884년 7월) 직후인 1884년 9월 러시아 함대는 다시 해안측량과 연안조사를 빌미로 거문도 해역을 탐사하였다. 또한 영국이 거문도를 무단 점령했던 기간에 러시아 해군상 쉐스타코프(Shestakov) 제독이 거문도의 영국군 주둔지를 방문하였다(최덕규, 2015: 72).[8] 1887년 영국군이 거문도에서 물러난 다음에도 한반도의 부동항을 획득하려는 러시아의 외교적·군사적 노력은 한동안 지속되었다.[9]

7 『삼산면지』에는 1857년 8월 10일 푸차친이 거문도에 도착했다고 기술되어 있다. 푸차친은 거문도에서 석탄 수송선을 기다리다 오지 않자 나가사키로 떠났다고 한다(삼산면지, 2000: 279).

8 쉐스타코프는 1886년 5월 24일 오데사에서 모스크바호를 타고 홍콩을 거쳐 동년 7월 3일 거문도에 도착하여 영국의 중국함대 사령관 리차드 해밀턴(Richard V. Hamilton)의 안내로 영국해군의 배치상황을 살펴보았다(최덕규, 2015: 72~73).

9 러시아는 청일전쟁(1894년) 이후 거제도와 마산포를 점령하려고 시도했다. 1899년 마산포가 개항장으로 지정되자 러시아는 함대를 파견하여 지금의 월영동, 자복

영국과 러시아뿐 아니라 미국도 거문도에 탐사선을 보냈다. 미국은 슈펠트(Shufeldt) 중령으로 하여금 제너럴 셔먼(General Sherman)호 사건(1866) 이후의 생존자 확인 및 한반도 해역의 탐사를 지시했다. 슈펠트는 와추세트(Wachusett)호를 타고 1867년 1월 30일 거문도에 도착했다. 그는 2월 3일까지 주변 해역을 탐사하고, 거문도에 상륙하여 주민들과 접촉했다. 슈펠트 함장의 탐사 목적은 거문도가 미국의 해군기지로 적합한지를 파악하는 것이었다. 이에 슈펠트는 거문도의 항만, 기후, 토지, 경작물, 주민, 주업, 식수, 마을의 성격, 한자 사용, 식량 등을 상세하게 조사했다(삼산면지, 2000: 283~284). 그는 거문도를 지중해 입구의 지브롤터로 비유하면서, 훌륭한 해군기지이며 해군의 요양소로서도 적격이라고 판단했다(김용구, 2009: 31).

19세기 중후반부터 열강들이 전략적 기지로서 거문도의 중요성을 인식하면서, 이곳은 당사국인 조선의 의사와 상관없이 러시아, 영국, 미국, 일본 등 해양세력의 각축장이 되었다. 가장 먼저 야욕을 드러냈던 나라는 영국이었다. 영국은 1885년 4월 15일부터 1887년 2월 28일까지 23개월 동안 거문도를 무단 점령했다(김재승, 1997: 94). 거문도 점령에 대한 영국 정부의 명분은 영국이 이 섬을 먼저 점령하지 않으면 러시아가 반드시 침공한다는 것이었다. 하지만 이 명분은 외교적 수사일 뿐, 영국의 거문도 점령은 블라디보스토크 공격을 위한 기지 확보라는 침략적인 구상에서 비롯되었다(김용구, 2009: 66). 거문도에 주둔했

---

동 일대를 측량하고 표지목과 표지석을 세웠다. 하지만 일본이 민간인을 내세워 몰래 토지를 매입하면서 무위로 끝났다(최덕규, 2008: 제2장). 러시아는 마산 율구미에 해군 저탄소를 확보하는 등 노력을 기울이다가 1903년 1월 철수했다(류교열, 2014: 320).

던 영국군은 지금의 고도에 주둔군 막사를 건설했다. 거문도 주민 300여 명이 일당 6펜스를 받고 막사 건설 작업에 참여했다. 당시 영국 해군 대위의 일당이 4펜스였다(김재승, 1999: 171~172)는 점에서 거문도 주민들이 받은 보수는 매우 후한 것이었다.

영국군은 고도의 산등성이를 3단으로 구분하여 상단부에는 사관용 식당과 주방, 중단부에는 하사관 식당과 의무실, 매점, 보급창고 등을 설치했다. 하단부에는 포대와 경보병용 막사 2개소가 건설되었다. 경보병대 막사 아래쪽에는 일본인 세탁부를 위한 막사가 설치되었다(김재승, 1997: 100). 거문도의 영국 주둔군과 중국에 있는 영국 측 외교관 및 군대간의 통신연락을 위해 거문도와 상해-홍콩을 잇는 해저전선이 가설되었다(삼산면지, 2000: 287). 하지만 러시아의 남진정책이 힘을 잃게 되자 거문도의 영국군은 주둔군으로서의 역할과 중요성이 사라지게 되었다. 영국군은 거문도에 테니스장을 만들어 테니스를 즐기거나 해변에서 오리사냥을 하면서 소일했다고 한다(김재승, 1999: 176).

1887년 거문도에서 철수할 때 영국군은 자신들이 설치한 모든 시설물들을 철거하여 홍콩으로 싣고 갔다.[10] 그런데도 영국군의 흔적은 아직까지 여러 곳에 산재해 있다. 당시 영국인들이 찍었던 몇 장의 사진에서 거문도 주민을 바라보는 그들의 시선을 느낄 수 있다.[11] 거문도 산등성이에는 영국군 묘지가 남아있으며, 묘비 중 하나에 '포트 해밀턴'

10 조선 정부에서 영국 총영사 대리에게 보낸 조회문에 따르면, 영국군이 철수하고 남은 것은 매몰된 전선 일부와 영국군 분묘 9기, 작은 배 한 척, 부두에 널브러져 있는 기둥처럼 생긴 횡목, 길가에 방치된 기왓장 718매 등이었다(곽영보, 1986: 122).

11 거문도 주민들의 모습을 담은 사진은 김재승(1997)의 저서에 수록되어 있으며, 삼산면사무소에도 전시되어 있다. 일부 사진은 구글에서도 찾아볼 수 있다.

(Port Hamilton)이라는 글귀가 새겨져 있다. 영국군 묘지는 원래 고도의 동북쪽 하늘땀에 있었으나, 일제강점기에 지금의 자리로 옮겨졌다고 한다. 또한 거문도에서 상해 · 홍콩까지 연결되었다는 해저전선의 시발점이 흔적으로 남아 있다. 현재 영국군 묘지와 해저케이블 육양지점은 표지석을 설치하여 기념되고 있다.

한편, 거문도에 주둔했던 영국군이 철수한 이후에도 영국 함선이 두 차례나 거문도에 기항했다. 1890~1891년 무렵 군함 머큐리(Mercury)호가 기항했으며, 1903년 10월에는 군함 알비온(Albion)호가 거문도에 들어왔다. 현재 거문도의 영국군 묘지에 남아 있는 묘비 중 하나는 1903년 10월 9일 알비온호에서 사고로 사망한 수병의 묘비이다(김재승, 1999: 174).

거문도의 영국군 묘지

거문도를 전략적 거점으로 간파한 러시아, 영국, 미국 등이 탐사라는 명분으로 거문도 및 주변해역을 돌아다니고 있을 때, 일본 역시 호시탐탐 거문도를 주시하고 있었다. 일본 정부는 영국이 거문도를 점령할 것이라는 소문이 떠돌자[12] 부산에 정박 중인 군함 류우쇼오호를 거문도에 파송했다. 류우쇼오호는 1885년 2월 26일 거문도에 도착하여 거문도 주민들과 만나 몇 가지 질문을 한 뒤 돌아갔다. 영국군이 거문도를 점령한 지 6일째인 3월 7일 류우쇼오호가 다시 거문도에 도착해서는 영국군에 대해 자세히 탐문했다(곽영보, 1986: 91~94).

일본 상인은 나가사키에서 접대부를 데려와 거문도에 주둔하고 있던 영국 군인들을 상대로 서도 덕촌리 백사장 옆 산자락에 유곽을 설치·운영했다(곽영보, 1986: 125; 김재승, 1999: 175). 또한 일본 어민들은 한반도 남해안 해역에서 어획한 어류를 영국군에게 부식으로 공급했다. 당시 영국군에게 공급할 어류를 싣고 거문도에서 부산항을 오가는 일본 어선들의 왕래가 끊이질 않았을 정도였다(여박동, 2002: 192).

1887년 2월 영국군이 철수하자 청산도에 있던 조선 수군이 동도 유촌으로 옮겨와 주둔하다가 1895년 삼도수군통제영이 폐지되면서 거문도에서 철수했다. 조선 수군이 철수하고 난 다음해인 1896년 초도와 손죽도를 상도, 거문도를 하도라 개칭하여 돌산군에 이속시키고는 따로 집강(執綱)을 두었다(여박동, 1992: 128).

영국군이 거문도에서 철수한 뒤 이번에는 일본군이 들어와 거문도를 자신들의 전략적 거점이자 방비초소로 삼았다. 1894년 청일전쟁이 발발하자 일본해군 1개 소대가 전수월산(보로봉)[13] 정상에 감시초소를

12 영국이 거문도를 점령할 것이라는 소문은 무단 점거 이전부터 유럽은 물론 일본에도 널리 퍼져 있었다(中村均, 1994: 42~44; 김재승, 1997: 113).

13 『삼산면지』에는 서도의 '보루산'에 무전탑이 설치되었다고 기록되어 있다. 일본군은 러시아 함대를 감시할 목적으로 보루산에 무선 전신소를 설치하고 주둔했다가 러일전쟁이 종료되면서 철수했다(삼산면지, 2000: 292).

설치하고 주둔하다가 청일전쟁 이후 철수했다. 철수했던 일본군은 러일전쟁 발발 직전인 1904년에 다시 들어와 거문도를 일본 해군의 전초기지로 삼았다.[14] 러시아 함대를 감시하던 일본 함정의 무선통신을 전수월산의 무전탑에서 수취하여 진해에 있는 연합함대로 타전했다고 한다(나카무라 히토시, 2011: 61~63).

거문도는 조선 정부나 지역민들의 의사와는 상관없이 러일전쟁의 소용돌이 속에서 일본의 전초기지로 활용되었다. 러시아의 세력 확장과 팽창주의를 경계한다는 명분을 내세워 영국군이 무단 점령했던 거문도는 영국군이 철수한 다음 곧바로 일본의 전략적 거점이자 식민지배의 공간이 되었다. 영국과 달리 일본 정부는 군대가 아닌 민간인을 거문도에 '식민' 이주시켰다. 일본인들은 거문도에 일시 주둔한 것이 아니라 가족단위로 정주했던 것이다.

## 3. 일본인 이주어촌 형성

거문도에 처음 정착했던 일본인은 고야마 미쓰마사(小山光正)로 알려져 있다. 그는 돗토리현 사족 출신이다. 고야마는 1904년 일본군이 거문도(서도)에 주둔했을 당시 전신기사로 들어왔다. 1905년 러일전쟁 승리 이후 거문도에 주둔했던 일본군은 철수했지만, 고야마는 1906

14 러일전쟁을 대비하여 일본 해군은 서해와 남해안 요충지 곳곳에 임시 관측소를 설치했다. 참고로 신안군 옥도에도 임시 관측소가 설치되어 1904년 3월 25일부터 1906년 4월 말까지 운영되었다(최성환, 2015: 46~47).

년 우편수취소[15] 개소 허가를 받아 거문도에 정착했다.[16] 거문도우편수취소는 1907년 거문도우편소로 승격되었는데 고야마가 우편소장이었다(여박동, 2002: 193). 고야마는 아내와 둘이서 살았으며, 1917년 어업조합 설립 당시 발기인으로 참여했다. 이후 고야마는 우편소장직을 그만 두고[17] 거문도에서 고리대금업을 했다(이진영, 1992: 280).[18] 하지만 유흥으로 재산을 탕진하여 호리 기헤(堀喜平)에게 집을 담보로 많은 돈을 빌렸다. 그는 빌린 돈을 제때 갚지 못해 재판에 회부되었으며 1919년에는 집과 토지를 모두 잃었다. 이후 고야마 부부는 행방불명되었다. 1935년 고야마를 기리는 송덕비가 신사 아래에 세워졌으나, 해방 이후 파괴되었다(中村均, 1994: 82~83). 한편, 덕촌리의 마을 원로들은 고야마가 외출할 때는 조선의 선비와 같은 복장을 하고 다녔다며, 그는 단순한 이주민이 아니라 모종의 특수 임무를 띤 공작원이었을 것으로 추정했다(곽영보, 1986: 53).

고야마 다음으로 거문도(지금의 고도)에 이주해 온 사람은 기무라

15 거문도우편수취소는 1906년 6월 11일 통감부 고시 제36호로 개설되어, 동년 7월 20일 거문도우편전신소로 이름이 변경되었다. 1907년 4월 1일 거문도우편소로 승격되었으며, 1940년 4월 1일 거문도우편국으로 개칭되었다(여박동, 2002: 193).

16 『거문도분회사』에는 고야마가 1905년 서도 덕촌리에서 (고도로) 거주지를 옮긴 것으로 기록되어 있다(최길성, 1992b: 11).

17 〈한국사데이터베이스〉에 따르면, 고야마는 1910년 거문도우편소장(8급)을 시작으로 1916년까지 거문도우편소장직(7급)을 역임했다고 기록되어 있다. 따라서 고야마는 1916년 이후 우편소장직을 그만두었을 것으로 추정된다.

18 거문도어업조합의 신용대출 창구가 개설되기 전에는 고리대금업자를 이용했다. 거문도의 고리대금업자는 佐藤規矩二, 小山光正, 中村茂作 등 3명으로 모두 일본인이었다. 당시 이자는 4부였으며, 대부금액은 대개 10원에서 30원 사이였다. 돈을 빌릴 때는 집이나 토지를 담보로 대출을 받았다(이진영, 1992: 280~281).

주타로(木村忠太郎)이다. 그는 야마구치현 도요우라군(豊浦郡) 유다마우라(湯玉浦) 니시우라(西浦) 출신이다. 기무라는 1905년 1월 고향에서 발생한 화재로 가옥과 재산 모두를 잃고는 재기를 꿈꾸며 1906년 4월 아내와 셋째 아들 만다산(滿多三)[19]을 데리고 거문도로 이주했다. 야마구치현 어민들에게 거문도는 오래전부터 익숙한 어장이었다. 야마쿠치현 도요우라군에서는 1878년 이후 거문도 근해로 연간 20척 이상이 출어했기 때문이다. 기무라 역시 거문도 근해까지 여러 차례 출어한 경험이 있었다. 기무라는 1905년 고향에서 화재가 발생하자 곧바로 거문도로 이주하려 했지만, 러일전쟁 발발로 쓰시마에서 1년간 체재하다가 이듬해 4월에 거문도로 들어올 수 있었다(나카무라 히토시, 2011: 68~69). 거문도로 이주할 때 기무라는 야마구치현에서 하사한 총을 소지하고 있었다고 한다. 이런 점으로 미루어 볼 때, 그는 단순한 어부가 아니라 일본 정부와 연결된 식민 이주자였다.[20] 1910년 7월 1일 촬영된 사진을 보면, 거문도에 정착했던 기무라의 집과 창고 앞에 일장기가 게양되어 있다(中村均, 1994: 63).

기무라의 성공적인 정착에 힘입어 유다마우라에서 기무라의 친인

19 기무라는 거문도로 이주하면서 첫째 아들 고타로(光太郎)는 조부모에게 맡기고, 둘째 아들 후데노스케(筆之助)는 처가에 양자로 보냈다. 하지만 처가인 나카무라(中村)가에 양자로 보냈던 후데노스케가 일찍 죽자 셋째 아들 만다산이 재차 나카무라가의 양자로 입양되었다(나카무라 히토시, 2011: 68).

20 고향을 떠난 기무라 일가 세 명의 손에는 "야마구치현이 하사한 호신용 소총과 단총 각 1정과 총탄"이 있었다고 한다. 기무라는 큰들그물(들그물을 크게 개량한 자릿그물) 덕택에 거문도에서 순조롭게 정착했다. 거문도 정착 이후 기무라는 일족을 총동원한 경영을 구상하고 1910년대 초까지 세 여동생 부부를 불러들였다(다카사키 소지, 2006: 111).

척들이 거문도로 이주했다. 이들 역시 거문도로 이주하면서 일본 지방 정부로부터 이주 장려금을 교부받았다.[21] 기무라는 친인척을 동원하여 거문도에서 세력을 확장해 나갔다. 기무라에게는 4명의 여동생이 있었다. 첫째 여동생 리우(リウ)와 남편 호리 기혜(堀喜平) 부부가 1908년에 거문도에 이주했다. 이후 셋째 여동생 쿠니(クニ)와 남편 무라타니 시게쥬로(村谷茂十郎) 부부, 막내 여동생 이와(イワ)와 남편 와타타니 카모이찌(綿谷龜市) 부부, 그리고 호리 기혜의 조카 만(マン)과 남편 나카노 요이치(中野與一) 부부가 들어왔다. 또한 기무라와 친척관계인 야마모토 에츠죠(山本悅藏) 부부 및 나카무라 시게사쿠(中村茂作) 부부도 이주했다. 기무라의 둘째 여동생 야사노(ヤサノ)와 남편 나카모토 요지헤이에(中本与二兵衛) 부부는 고향 유다마우라에 남았다. 막내 여동생 부부도 거문도에서 다시 유다마우라로 돌아갔다. 나카모토 요지헤이에와 와타타니 카모이찌는 운반선 선장으로 거문도-쓰시마-시모노세키-고베 사이를 왕복하며 기무라가 생산한 어획물을 일본으로 운송하는 역할을 담당했다(中村均, 1994: 65~66).

기무라가 이주하고 반년쯤 뒤인 1906년 가을 부산에서 오노 에이타로(大野榮太郎)가 아들 에이사쿠(榮作)[22] 등 가족 5명을 데리고 거문도에 들어왔다.[23] 오노는 야마쿠치현 하기시(萩市) 산미우라(三見浦) 출신

21 나카노 요이치(中野與一)가 이주 당시 도요우라군에 제출했던 신청서를 살펴보면, 이주비용으로 이주어사건축비 184엔, 어업경비 1,856엔을 요청하였다(나카무라 히토시, 2011: 76~78). 이로써 거문도의 초기 이주민들은 일본 정부로부터 정책적 · 재정적 도움을 많이 받고 이주했음을 알 수 있다.

22 다카사키 소지는 오노 에이타로의 아들을 '에이키치'(榮吉)로 표기하고 있다(다카사키 소지, 2006: 111).

23 오노 에이타로는 거문도로 이주하기 이전에는 부산수산주식회사에 근무했었다(여

으로 대대로 농사를 짓는 가문에서 태어났다. 그는 농사를 접고 전답을 팔아 정치망어업에 투신했다가 실패했다. 이후 가족을 데리고 부산으로 도항했다가 기무라가 정치망으로 성공했다는 소식을 듣고 거문도로 이주했다. 오노는 거문도에서 정치망으로 자리를 잡으면서 기무라와 쌍벽을 이룰 정도로 성장했다. 나카무라 기치구라(中村吉藏)와 결혼한 오노의 차녀 쓰네(シネ)는 거문도에서 '나카기치'(中吉) 상점과 '나가토'(長門) 여관을 경영하는 등 사업가로 성장했다(中村均, 1994: 86~88).

기무라 가문과 오노 가문을 비롯한 거문도의 초기 이주민들은 점차 상점, 목욕탕, 여관, 요정, 음식점, 카페, 유곽 등을 운영하는 경영자로 성장했다. 반면 나가사키 및 시코쿠 출신 이주민들은 대부분 어업에 종사했다. 나가사키현 어민들은 주로 건착망을, 가가와현 어민들은 도미 연승을 했다. 시코쿠 어민들은 기무라와 오노가 자리를 잡은 곳의 맞은편 해안을 거처로 삼았다. 시코쿠 지역 중에서도 가가와현 출신이 가장 많았다. 이들 중에서 거문도에 가장 먼저 진출한 사람은 가가와현 쓰다정 출신 이시즈카(石塚甚五郎)였다. 그는 1914년에 거문도에 들어왔다. 1915년 기준으로 거문도에는 가가와현 이주민이 20호가 넘었다. 1916년에는 〈가가와현조선해출어단〉에서 이주어민들을 위해 토지 234평과 목조건물 3동(72평)을 구입했다(中井昭, 1967: 371).

시코쿠 출신 중에서 널리 알려진 사람은 가가와현 오카와군(大川郡) 시도정(志度町) 출신인 기우치(木內庄作)였다. 기우치는 일찍부터 한반도 근해 어업에 종사했으며, 1912년 하야시카네 상점에 입사했다. 그는 하

박동, 2002: 194)고 한다. 따라서 그가 이른 시기에 거문도에 이주한 배경에는 일본 정부의 관변단체였던 부산수산주식회사의 개입이 있었을 것으로 추정된다.

야시카네의 주인 나카베 이쿠지로가 조선 근해에서 사업의 입지를 다지는 데 큰 공헌을 했다. 기우치는 1917년 하야시카네 상점을 그만두고 거문도에서 어업과 함께 상점을 경영하기 시작했다. 이듬해 가족까지 거문도로 불러들였다. 고향에서 이발소를 하던 기우치의 아내는 소학교 4학년짜리 아들 카타이치(木內熊一)를 데리고 거문도에 들어왔다. 기우치 부부는 하야시카네 출장소 바로 옆에 '마루이시'(丸石) 상점을 열었다. 마루이시 상점은 선어중매부터 일용잡화 판매까지 취급하지 않는 것이 없을 정도로 부부는 장사수완이 좋았다(中村均, 1994: 89~90).

초기 거문도에 이주한 일본인은 대부분 어업에 종사했으나, 처음부터 사업을 목적으로 이주한 사람도 있었다. 1914년 부산에서 이주해 온 우즈미야 히라기치(宇都宮源吉)는 에히메현 니시우라군(西宇和郡) 이카타(伊方) 출신으로 대대로 의사집안이었다. 그는 메이지 말기 부산으로 건너와서 외래품 장사를 하다가 실패하고 재기를 목적으로 거문도에 들어왔다(中村均, 1994: 89~90). 우즈미야는 거문도에서 선구점을 경영했다(이진영, 1992: 283). 우즈미야처럼 부산이나 다른 지역에 정착했다가 거문도로 재이주해 온 일본인들은 대개 사업에 실패한 후 '재기'의 발판을 마련코자 들어온 사람들이었다.

거문도의 일본인 인구는 점차 늘어나다가 1915년 이후에는 급증했다. 1908년 일본인 인구는 8~9호/30여 명이었으나, 1910년에는 12호/50명으로 늘어났다. 1914년에는 15호/47명이었으며(여박동, 2002: 194), 1915년에는 50호/200명으로 증가했다(다카사키 소지, 2006: 111). 1918년에는 90호/322명으로 격증되었다. 일본인 인구가 급속도로 증가된 배경에는 거문도의 배후도시 여수항의 발전이 있었다. 여수항은

1918년 8월 1일 지정항으로 승격되면서 법원 출장소가 설치되었다. 1923년 4월 거문도항 역시 지정항이 되었다(여박동, 2002: 194).

일본인들의 안정적인 정착에 기여했던 것은 무엇보다도 영국군의 거문도 무단 점령 당시 구축된 기반시설과 항만시설이었다. 영국군의 군사시설로 마련된 기반시설은 이주 초기 일본인들이 거주지를 형성하는 데 큰 어려움 없이 비교적 쉽게 정착할 수 있도록 했다. 영국군이 남긴 시설물들은 빠른 인구성장에 따른 주거지 건설에 큰 도움을 주었던 것이다(박민정, 2004: 99). 요컨대 거문도(고도)는 일본인들이 '개척한 섬'(최길성, 1992a: 56)이 아니라, 영국군 점령시기에 이미 많은 경관 변화가 일어났으며 기반시설까지 마련된 곳이었다.[24] 1938년에는 고도의 신사 아래쪽 해안언덕과 서도 덕촌리 오른쪽의 돌출된 언덕이 마주보는 양쪽에 각각 방파제가 구축되었다.[25]

이주인구가 늘어나면서 정주에 필요한 각종 시설과 기관이 들어섰다. 1916년 기준으로 거문도에는 거문도등대(1905년), 우편전신소(1906

24 1904년 일본인이 이주할 무렵 지금의 고도는 '무인도'였다고 한다(최길성, 1992a: 26; 中村均, 1994: 77; 곽영보, 1986: 54). 하지만 영국군이 거문도를 무단 점거했던 1885년 6월경에 촬영된 것으로 추정되는 사진에는 고도에 농경지가 잘 정비되어 있다(김재승, 1997: 214). 이 사진만으로는 애초부터 고도에 사람이 살지 않았는지 아니면 영국군이 주둔하면서 다른 곳으로 이주했는지 알 수는 없으나, 최소한 고도가 무인도가 아닌 농경지로 이용되고 있었음을 보여주고 있다. 거문도 주민들은 일본인이 이주하기 전에도 고도에 주민 3~4호가 살고 있었다고 했다. "일본인이 오기 전에 밭도 있고 산소도 있고... 선산이 있었다. 거문도는 원래 삼도라 불렸는데, 세 개의 섬은 동도, 서도, 그리고 이섬(지금의 고도)이었다. 일본인이 들어와 이섬을 '후루시마'(고도)라 부르며 원래 (덕촌)마을이 공동으로 이용했던 토지를 측량하고 분할하여 개인 명의로 등재했다." (배○곤, 1930년생, 남, 덕촌리 거주)

25 당시 구축된 방파제 길이는 동쪽(고도 쪽) 방파제가 130미터, 서쪽(서도 쪽) 방파제가 110미터였다. 방파제는 1936년 10월에 기공하여 1938년 11월에 준공되었다. 총 공사비는 19만 7천 엔이었다(여박동, 2002: 195).

년), 거문도일본인회(1909년), 순사주재소(1910년),[26] 심상소학교(1914년), 어시장 등이 있었다(여박동, 1992: 171~173). 또한 가가와현조선해출어단 출장소를 비롯하여, 야마카미쿠미(山神組) 사무소, 하야시카네상점 사무소, 부산수산주식회사 지점, 조선수산조합 출장소, 나가사키현출어단 사무소 등 각종 수산관련 단체와 회사가 들어섰다(中井昭, 1967: 371~372). 거문도어업조합은 1917년에 설립되었으며, 1929년에 지정어업조합으로 승격되면서 전라남도의 관리를 받는 어업조합이 되었다(여박동, 1992: 161~164). 면사무소는 1908년 서도 덕촌리에 설치되었으나, 1910년 일본인들에 의해 고도로 이전되었다. 면장은 대대로 조선 사람이 역임했다(나카무라 히토시, 2011: 99).

관공서 및 공공기관들과 더불어 일본인들을 위한 신사와 학교가 설립되었다. 신사의 설립 시기는 불명확하지만, 가장 먼저 들어섰던 신사는 곤피라 신사였다. 이후 곤피라 신사 뒤에는 부동명왕을 모시는 사당이, 앞쪽에는 에비수 신을 모시는 사당이 들어섰다. 곤피라 신사는 삼도신사(三島神祠)로 불렸다가 1942년 개축되면서 거문도신사로 이름이 변경되었다(栗田英二, 1992: 249). 신사 이외에도 정토진종 계통의 사찰과 진언종의 대사당이 있었다. 진언종의 대사당은 시코쿠 출신 이주민들이 주축이 되어 건립되었다(나카무라 히토시, 2011: 100~101).

한편, 일본인을 위한 심상소학교는 1914년 현재의 거문도 파출소 자리에 설립되었다. 교실 한 칸과 교사숙소가 붙어 있는 단층 목조 건물이었다. 심상소학교는 1930년 현재의 거문도초등학교 자리로 이전

26 나카무라 히토시에 따르면, 거문도에 여수경찰서 주재소가 생긴 것은 1908년이라고 한다(나카무라 히토시, 2011: 99).

되었다. 신설된 소학교는 교실이 두 칸이며 수업은 복식으로 이루어졌으며, 이때부터 조선인 학생들도 조금씩 다니기 시작했다. 심상소학교가 설립된 곳은 영국군이 거문도를 점령했을 당시 병사용 막사를 설치했던 장소였다(나카무라 히토시, 2011: 96~98).

일본인이 거주하면서 거문도는 어업으로 번성했다. 거문도에는 어업에 필요한 조선소와 철공소, 제빙회사가 들어섰다. 거문도의 어업은 1935년 무렵 절정기를 맞이했다. 출어기에는 어선 500~600여 척과 운반선 수백 척이 거문도항을 드나들었다. 또한 여러 어업회사들이 거문도에 출장소를 두었다.[27] 선장과 어로장, 그리고 사무소장 등은 '우두머리'로 불렸으며, 이들은 유흥가에서 호화스럽게 놀면서 돈을 뿌려댔다. 어부들은 거문도항에 도착하면 먼저 목욕탕으로 직행했다.

거문도에는 두 개의 큰 목욕탕이 있었다. 목욕탕 중 하나는 기무라 가문에 속하는 무라타니(村谷)가에서 운영하다가 호리(堀)가에서 이어받았다. 이 목욕탕이 1930년에 증축되면서 헤이와 목욕탕(平和湯)으로 명명되었다. 목욕탕 증축으로 원래의 우물물이 모자라자 소학교 반대쪽 산 중턱에 새로 우물을 파서 파이프로 끌어왔다. 다른 하나는 기무라 가문에 속하는 나카노(中野)가에서 운영했다. 나카노가에서는 1931년 곤피라 신사 아래쪽에 나카노 목욕탕(中野湯)을 열었다. 새로 생긴 나카노 목욕탕 역시 수원이 기존의 우물물이어서 짜고 양도 부족했다. 그래서 나룻

27 전성기에는 다이요어업(하야시카네의 후신), 일본수산, 가미사키(神崎)수산, 남선수산, 요시모토(吉本)어업, 가와모토(河本)수산, 일본어망, 곤피라어업, 다이도쿠(大德)수산, 도모노우라(鞆ノ浦)어업, 나수(那須)상점, 도산(東讃)어업, 마루고쿠미(丸五組), 신요(新洋)어업, 미즈구치쿠미(溝口組) 등, 15개 수산회사가 거문도에 출장소를 두고 있었다(中村均, 1994: 104).

배를 이용하여 서도의 덕촌에서 나무통으로 물을 길어와 사용했다. 목욕탕과 함께 성행했던 업종은 유곽이었다. 거문도의 전성기에는 8개의 유곽이 있었다. 일본인이 진출한 곳에는 신사와 함께 유곽이 반드시 설치되었다(나카무라 히토시, 2011: 110~111). 거문도에는 유곽과 더불어 요정, 카페, 조선식 선술집, 당구장, 이발소, 병원 등이 있었다.

한편, 자체방어를 위해 거문도에는 준군사 단체인 재향군인회가 설립되었다. 거문도의 재향군인회는 1918년 11월 1일 제국재향군인회 여수분회 제5반으로 창립되었다가, 1919년 10월 31일 여수분회 제5반이 해산되고 거문도분회가 설립되었다. 설립 초기 거문도분회는 공공시설 정비와 같은 사회적 활동에 주력했으나 1930년대 이후부터는 군사관련 활동과 훈련에 치중했다. 거문도분회는 패전 무렵까지 식민 이주어촌의 중추적 단체로 활동했다.[28] 전쟁이 가열되면서 재향군인회 이외에도 애국반, 애국부인회 등이 결성되었다.

일본이 전쟁에 패했다는 소식은 8월 15일 거문도등대의 통신소에서 곧바로 거문도분회로 전달되었다. 이에 일본인들은 한동안 쉬쉬하면서 재빨리 각종 기밀서류를 소각하고 재산을 정리했다(여박동, 2002: 202~203). 패전과 더불어 공공기관의 업무가 정지되었으나 일본인의 귀국에는 상당한 시일이 걸렸다. 거문도의 일본인들은 다섯 차례에 걸쳐 자신들 소유의 선박으로 귀국길에 올랐다. 다섯 번째 귀국선이 떠난 것은 8월 30일이었으나, 이후에도 가족들이 흩어져 있다가 10월 9일이

28 〈거문도분회사〉의 전체 내용은 최길성의 저서에 한글로 번역되어 수록되어 있다. 재향군인회 거문도분회장이었던 나카무라 만다산은 1945년 8월 27일 〈거문도분회사〉의 마지막 구절을, "'제2의 고향, 그리운 거문도를 숙연히 사라진다.' 사요나라. 거문도!!!"라고 썼다(최길성, 1992b: 38).

되어서야 떠난 경우도 있었다. 마지막으로 떠난 일본인은 나가토 여관의 주인이었던 나카무라 쓰네였다.[29] 그녀는 가족들을 먼저 보내고 혼자 남아 잔무를 처리한 다음 거문도신사의 신체를 가지고 11월 8일 고향 야마구치현 산미로 돌아갔다(나카무라 히토시, 2011: 147~150).

## 4. 일본인의 흔적

거문도(고도)는 일본 이주민들이 정착하면서 어선의 정박과 어획물의 집하를 위한 거점으로 성장했다. 이주어민의 증가로 포구를 따라 주거시설이 들어섰으며 점차 취락의 모습을 갖추게 되었다. 고도에는 어업활동에 필요한 기반시설과 함께 우체국, 파출소, 면사무소, 신사, 심상소학교와 같은 공공기관이 설치되었다. 포구를 따라 형성된 해안도로 안쪽에는 주요 건물과 상업시설이 건설되었다. 거문도를 거점으로 왕래하는 어선이 늘어나면서 어민 상대의 요식업과 유흥가가 발달했다. 조선인들이 살고 있는 서도 및 동도와 달리 일본인 이주어촌으로 형성된 고도에는 제빙소, 조선소, 철공소, 어판장, 방파제 등과 같은 어업관련 시설물이 집중되어 있었다.

고도의 이주민들은 일본식 주택 건설에 필요한 목재와 자재들을 선박을 이용해 일본에서 싣고 왔다. 이주 초기에는 건축자재는 물론 목

29 나카무라 쓰네는 대일본부인회 거문리지부장이었다(여박동, 1992: 179). 거문도의 부인회는 폐품 수십, 위문대의 발송, 방공훈련 등을 수노했다(나카무라 히토시, 2011: 142).

수까지 일본에서 데려왔다. 주거지는 도서지역의 입지적 특성상 해안과 해안 뒤쪽의 구릉성 산지 사이의 평탄한 지역에 주로 형성되었다. 해안에 인접해 있어 평탄한 공간이 많지 않았으며 해안도로를 제외하고는 도로와 골목길이 좁아 가옥들이 처마를 맞대고 있을 정도로 밀집되어 있었다. 그래서 고도의 일본식 건물들은 일반적으로 대지와 건물의 규모가 작고 별도의 마당이나 정원이 없었다. 건물이 형성되어 있는 구역은 정형과 부정형이 뒤섞여 있다. 정형은 주로 해안도로 인근에 위치해 있으며, 부정형은 구릉성 산지에서 찾아 볼 수 있다. 주거는 해안도로를 따라 나란히 배치되어 있고, 건물구조는 대개 2~3층이며, 상가와 주거시설이 혼합되어 있다(박중신, 2006).

해방 이후 일본인 이주어촌이었던 고도에 한국인이 정착하면서 경관은 서서히 변화되었고 문화적으로 많은 변용이 일어났다. 따라서 현재 거문도에 남아있는 일본인의 흔적들은 여러 모습으로 존재한다고 할 수 있다.[30] 일부는 파괴되거나 자취도 없이 사라지기도 했지만, 일부는 지금도 그 자리에 모양만 달리한 채 남아 있다. 사라진 것들은 대부분 가재도구와 서류 같은 동산이며, 신사의 도리와 같이 '친일'의 상징물로 간주되어 파괴된 것들도 있다. 과거 일본인이 살았던 골목길과 공간구성은 거의 그대로이다. 다만 해안도로가 확장되고 선박이 입출항하는 부두가 새로 매축되었을 뿐이다. 서도와 고도를 잇는 삼호교와 고도의 북쪽에 설치된 방파제가 과거에 비해 크게 달라진 경관구조이다.[31]

30 거문도에 남아 있는 일본인의 흔적 및 그들에 대한 기억은 1980년대 후반 한국인 학자들과 일본인 학자들이 공동으로 조사·연구한 바 있다(최길성, 1992a 참조).

31 中村均(1994: 87~88)의 저서에 1910년대, 1920년대, 1940년대 고도의 지도가 게

거문도의 거리와 공간 구성은 해방 무렵과 크게 다를 바 없지만, 건축물 상당수는 증개축되었다.[32] 증개축된 건물에서 과거의 흔적을 쉽게 찾아 볼 수 없을 정도이며, 경관과 거리 또한 시나브로 변화되고 있다. 고도의 일본인 거주지 및 공간 구조는 1940년(소화 15년) 무렵에 작성된 지도에 잘 나타나 있다.

1940년경 거문도(고도) 지도(자료 출처: 中村均, 1994: 88)

위 지도를 토대로 현재 남아 있는 거문도의 일본인 흔적을 추적해 보면 크게 다섯 공간으로 나누어 볼 수 있다. 첫째는 신사와 그 주변 공

재되어 있다. 또한 최길성(1992b)의 저서에 1930년대 및 1990년대 지도가 수록되어 있다. 이들 지도를 통해 고도의 공간 변화를 유추해볼 수 있다.

32 일본식 건물에 한국인이 거주하면서 나타난 변화는 주거공간의 수평증축, 다다미방을 온돌방으로 바꾸거나 점포를 개조하여 현관으로 사용하는 것 등이다. 대개 일본식 건물의 후면과 옆면의 여지를 활용하여 부엌이나 화장실을 설치했으며, 건물의 중앙부에 아궁이를 놓아 온돌방을 만들었다(박중신, 2006: 193).

간이며, 둘째는 거문도 방파제와 방파제에서 항만 안쪽으로 이어지는 지역이다. 셋째는 관공서, 사찰, 학교, 목욕탕 등이 있었던 공간이고, 넷째는 학교로 이어지는 골목길부터 수협위판장 입구까지이다. 다섯째는 수협위판장에서 해안도로를 따라 여객선 터미널로 이어지는 거리와 그 주변지역이다.

거문도에서 일본인의 흔적이 가장 뚜렷하게 남아 있는 공간은 신사 터와 그 주변지역이다. 해방 이후 가장 먼저 없어진 것은 거문도 신사와 고야마를 기리는 송덕비였다. 신사 건물은 철거되고 그 자리에 귤은 김유를 기리는 사당이 건립되었다. 귤은 사당은 이후 동도로 옮겨졌다. 해방 이후 청년들이 중심이 되어 신사의 건물을 허물고 신사 입구에 있던 도리를 철거했다. 신사의 도리로 썼던 돌기둥은 1990년 당시까지 선박을 계류하는 말뚝으로 사용되었다(中村均, 1994: 93).[33] 하지만 해안도로가 확장되고 정비되면서 지금은 그 흔적조차 남아 있지 않다. 과거 거문도

거문도신사 기단

신사 입구 계단

33 1930년대 지도에는 신사가 있었던 공간에 곤피라 신사를 비롯하여 에비수신을 모신 사당과 부동명왕을 모신 사당이 표시되어 있으나 지금은 흔적조차 찾아볼 수 없다.

신사의 모습은 기단과 돌계단을 통해 찾아볼 수 있을 뿐이다.

신사가 있었던 공간은 해방 후 군용시설로 지정되어 경관은 크게 변경되지 않았다. 신사 터는 현재 공원으로 사용되고 있으며, 공원을 조성하면서 시멘트 기둥으로 울타리를 세웠다. 원래 신사의 울타리도 시멘트 기둥이었다고 한다. 공원 내부에는 운동기구와 의자가 설치되어 있다. 신사의 비석은 기단만 남아 있다. 신사로 올라가는 입구의 돌계단은 크게 훼손되지 않고 그대로 남아 있으며, 계단 입구에는 제자리에서 떨어져 나온 석물이 방치되어 있다. 과거 신사가 있었던 공간은 신사의 흔적과 현재의 체육시설이 혼재된 채 '공원'으로 이용되고 있다.

두 번째 공간은 신사 터 아래에 있는 방파제부터 해안선을 따라 형성된 공간이다. 과거 이곳은 조선소, 철공소, 제빙소 등이 있었으며, 시코쿠 출신 어부들이 터전으로 삼았던 곳이다. 이 공간에서 가장 눈에 띄는 흔적은 방파제를 건립하고 세운 기념비이다. 방파제가 시작되는 곳에서 신사로 올라가는 길은 가파른 돌계단이다. 돌계단 입구에 '거문도항수축기념비'(巨文島港修築紀念碑)가 서 있는데, 비문의 일부 글자는 인위적으로 지워져 있다.[34] 방파제 건립에 기부금을 낸 사람들의 명단은 신사 아래쪽 테니스장의 안쪽 벽면에 새겨져 있다.[35] 이곳은 쉽게 눈

34 거문도항 건립 기념비의 앞면에는 '巨文島港修築紀念碑'라는 글자가 음각으로 새겨져 있고, 비석 아래에는 공사개요가 적혀 있다. 앞면의 기념비라는 글씨 옆 부분은 지워져 있다. 뒷면에는 건립연도(소화13년 10월)가 새겨져 있으며, 건립자 명단으로 추정되는 아랫부분은 지워져 있다.

35 거문도항의 축항 당시 기부자 명단은 여박동(2002: 211~212)의 저서에 첨부되어 있다. 기부자 대부분은 후쿠오카현의 시모노세키와 도바타(戸畑), 효고현의 아카시(明石), 가가와현의 쓰다(津田), 나가사키 등을 비롯하여, 부산, 구룡포, 포항, 감포, 거제도, 여수, 통영, 나로도, 방어진의 일본인 어업자들이었다. 거문도에서

거문도항수축기념비

에 띄지 않아 인위적으로 파손되지는 않았지만, 오랫동안 방치되고 또한 벽면을 타고 흐르는 물기로 인해 글자가 새겨진 표면이 많이 마모되었다. 과거의 방파제는 지금도 그 자리에 있다. 현재의 방파제는 과거의 방파제를 그대로 둔 채 외곽만 확충되었다. 방파제 건립에 사용된 석재는 서도 쪽 석산에서 채취했다. 두 방파제 위로 다리(삼호교)가 건설되어 지금은 고도와 서도가 연결되어 있다. 1940년경에 작성된 지도에 따르면, 항만 바깥쪽(서도 쪽) 해안에는 다니구치(谷口) 철공소, 나카니시(中西) 조선소, 도이(土井) 조선소 겸 철공소, 거문도 제빙소가 있었으며, 항만 안쪽에는 시마다(島田) 조선소, 사카모토(坂本) 조선소, 마루이 상점, 하야시카네 상점(출장소) 등이 있었다. 현재는 흔적조차 찾기 어렵다. 지금의 제빙소는 옛 제빙소 자리 옆에 신축된 건물이다.

---

도 어업조합을 비롯한 일본인 거주자들과 덕촌리, 서도리, 죽촌리, 유촌리의 주민들이 기부금을 분담했다.

해안도로에서 신사로 올라가는 동쪽 입구의 주변 공간에는 관공서와 목욕탕이 있었다. 과거의 경찰서(지서), 면사무소, 우체국 등은 흔적조차 찾을 수 없다. 단지 장소만이 기억으로 남아 있을 뿐이다. 과거 면사무소가 있던 곳은 공터로 남아 있다. 현재 면사무소, 동백여관, 우체국이 들어선 장소는 나카기치의 여관이 있었던 자리라고 한다. 과거의 우체국 자리에는 식당 건물이 들어섰으며, 지서 자리에는 파출소 건물이 신축되었다. 목욕탕이 있었던 곳 역시 다른 건물이 들어서 있다. 현재는 목욕탕에서 사용했던 두 개의 우물만이 흔적으로 남아 있다. 우물 하나는 면사무소 입구 오른쪽 공터에, 다른 하나는 면사무소 왼쪽에 있다.

관공서가 있는 곳에서 골목길로 이어지는 언덕 위에 심상소학교가 있었다. 학교로 들어가는 골목길 안쪽에는 정토진종 사찰과 대사당이 있었다. 골목길은 '힛빠리'[36] 골목이라 불렸으며, 골목길이 끝나는 지점에는 조선인을 상대로 장사를 했던 선술집이 있었다. 일본인들의 학교였던 심상소학교는 해방 이후 화재로 소실되어 과거의 흔적은 찾을 길이 없다. 현재 거문초등학교가 있는 바로 그 장소이다. 학교로 올라가는 길 양쪽에 있었다는 사찰과 대사당 역시 해방 이후 철거되었다. 사찰부지는 학교 운동장을 확장하면서 대부분 운동장으로 편입되고 말았다. 학교 담장 아래 남아 있던 사찰부지의 자투리땅은 지금 텃밭으로 사용되고 있다. 사찰의 흔적으로는 텃밭을 개간하던 도중 발견했다는 비석만이 남아 있다. 비석은 현재 담장 축대 위에 놓여 있다. 비석에 새겨진 건립연도를 미루어 보면, 사찰은 1914년 2월에 건립되었음을 알

36 힛빠리(引っ張り)라는 말은 일본어로 '잡아당긴다'는 뜻이지만, 대개 하급 유곽을 일컫는다(홍성철, 2007: 104).

담장 돌로 사용되고 있는 비석

'천조황대신' 명패

수 있다.[37] 학교에서 언덕을 돌아 올라가면 영국군 묘지가 있다. 영국군 묘지 아래 경사지는 사격장과 화장장으로 이용되었다고 한다. 지금 이곳은 잡초만 무성한 수풀로 뒤덮여 있다.

해안도로에서 학교로 이어지는 골목길부터 수협위판장 입구까지의 공간에는 여러 직종에 종사하는 사람들이 혼거하고 있었다. 1940년대 지도에 따르면 이 공간은 우동가게, 만두가게 등의 음식점과 의원, 여관 등이 있는 번화가였으나, 현재 이곳에는 과거의 흔적이 거의 남아 있지 않다. 다만 거리와 공간구조는 과거의 형태 그대로이다. 고급요정 희락장 건물은 현재 여관으로 사용되고 있다. 우에다(上田) 의원과 마츠우라(松浦) 의원 건물은 지도에 이름으로만 남아 있다. 우즈미야 가옥과 나카노 여관 건물은 지금 다른 용도로 개조되어 이용되고 있다.

수협위판장 입구에서 여객선 터미널로 이어지는 거리와 공간구조 역시 과거와 크게 달라진 것이 없다, 하지만 건물들은 모두 증개축되면서 과거의 흔적은 대부분 사라졌다. 해안도로 맞은편에는 어시장과 거

37 비석에는 오른쪽에서 왼쪽으로 '世話人/濱岡半平/谷口太作/米田政吉/田中淺吉/大正三年二月建'라는 명문이 한 줄씩 세로로 새겨져 있다.

문도 소방서가 있었다. 어시장은 현재 수협건물이 들어서 있고, 소방서가 있던 곳에는 노인정 건물이 신축되었다. 수협위판장에서 해안선을 따라 형성된 거리 안쪽은 과거 기무라 가문이 터를 잡았던 공간이었으나, 지금 남아 있는 건물 가운데 과거의 흔적을 온전히 담지하고 있는 것은 소수에 불과하다.

해안도로 안쪽에서 일본인의 흔적을 찾아볼 수 있는 건물은 두 곳이 있다. 둘 다 호리 가문이 소유했던 건물로, 하나는 현재 건어물 가게와 민박집으로 사용되고 있다. 일본식 건물구조와 목재가 그대로 남아 있는 이 가옥의 2층 중앙부의 거실 천장에는 나무로 된 명패가 설치되어 있다. 현재의 집주인이 이 집을 구입했을 당시에도 나무 명패는 그 자리에 있었으며, 지금도 그대로 보존되어 있다.[38] 목판에 새겨진 기록으로 보아 이 건물은 호리 기혜의 아들 호리 헤이키치(堀平吉)가 1928년에 건축했음을 알 수 있다. 가옥의 뒤쪽 언덕배기의 텃밭 상단부에는 제당의 흔적이 남아 있다. 판석으로 양면을 세우고 지붕을 덮은 작은 벽감 같은 형태이다. 일본인의 흔적을 알 수 있는 다른 하나는 거문슈퍼 건물로 과거 유곽으로 사용되었던 곳이다. 거문슈퍼는 2층 건물로, 1층은 상점으로 개조되었지만 2층은 과거의 모습을 유지하고 있다. 1940년대의 지도에는 현 건물의 소유주가 호리 헤이키치로 명시되어 있다.

해안을 따라 형성된 도로가 굽어지는 곳에서 여객선 터미널로 이

---

38 명패의 중간에는 '天照皇大神'이라는 글자가 세로로 쓰여 있고, 그 아래 오른쪽에는 '施主 堀平吉', 왼쪽에는 '棟梁 關森文吉'이라고 쓰여 있다. 명패의 오른편 위에는 작은 글씨로 '祝 上棟', 그 아래에는 '昭和參年五月四日'이라는 날짜가 기록되어 있다.

나카기치 상점이었던 건물

거문도 옛 등대

어지는 공간은 오노 가문이 터전으로 삼았던 곳이다. 오노 가문의 터전이었던 공간에는 현재 나카무라 쓰네의 상점 건물이 남아 있다. 나카무라 쓰네의 상점 1층은 '길' 커피숍으로, 2층은 민박집으로 사용되고 있다. '길'이라는 상호는 나카기치(中吉) 상점의 '길'(吉)자에서 따온 것이라 한다(나카무라 히토시, 2011: 160).[39] 현재 건물주의 할아버지가 과거 나카기치 상점의 서기로 일했는데, 해방 이후 나카무라 쓰네가 일본으로 귀환하면서 현 주인의 할아버지에게 상점을 주고 갔다고 한다. 민박집으로 사용되고 있는 2층 내부는 약간 개조되었지만 아직도 과거의 모습을 유지하고 있다. 건물 내부 구조는 그대로 두고, 수세식 화장실을 설치하고 바닥은 다다미로 깔았다. 그 외 건물들은 그때 그 자리에 있지만, 외관이 크게 개조되어 과거의 흔적을 찾아보기 어렵다.

고도 이외의 지역에 남아 있는 초기 일본인의 흔적으로는 거문도등대가 있다. 일본은 해상통로를 확보하기 위해 거문도의 서도 남단에 등

39 나카기치 상점을 물려받은 주인은 '길(吉)'자를 상호로 사용했을 뿐 아니라 손자녀의 이름에도 '길'자를 넣어 이름을 지었다고 한다. '길' 커피숍 자리에서 가게를 운영하다 현재는 옆 건물에서 마트를 운영하고 있는 상점 주인은 마트 이름을 '새길마트'로 명명했다.

대를 세웠다. 1905년에 설치된 거문도등대는 서남해안 항로의 안전을 지켜주는 중요한 시설물이었다.[40] 과거의 등대는 지금도 그 자리에 건재해 있으나 사용되지 않고, 새로운 등대가 그 역할을 대신하고 있다.

등대와 함께 남아 있는 흔적으로는 통신시설이 있다. 러일전쟁 무렵부터 거문도는 일본의 군사적 거점으로 활용되었다. 일본은 러일전쟁을 대비하면서 1904년 일본 사세보(佐世保)-거문도-중국 다롄(大連), 사세보-거문도-칠원반도(지금의 마산방면), 거문도-제주도로 이어지는 해저전선을 가설했다(김윤미, 2012: 165). 일제강점기 거문도는 일본에서 한반도의 서남해로 이어지는 연안항로의 중요거점이었을 뿐 아니라 군사적으로도 통신연락망의 중계기지였다. 무선통신은 공간적 구분을 뛰어넘어 일본과 거문도를 동시적 현재로 여기게끔 만든 중요한 장치였다.

거문도 곳곳에 건재해 있는데도 잘 알려지지 않은 일본인의 흔적으로는 일본이 전쟁 준비를 하면서 설치한 시설물이 있다. 전쟁 막바지에 이르러 일본인들은 여러 군데에 방공호를 설치하였다. 지금 남아 있는 방공호 흔적은 두 곳이 있다. 하나는 신사 터 아래쪽에 있다. 이곳의 방공호는 외부에서 바라보면 잘 보이지 않는 데에 출입구가 있는데다 입구가 허물어지고 잡초에 가려져 있어 찾기조차 힘들다. 다른 하나는 건어물 가게로 사용되고 있는 호리 기헤 가옥의 뒤편 언덕 아래에 있다. 언덕 아래의 방공호는 한때 창고로 사용되었는데 내부가 무너져 내려 지금은 방치된 채로 있다. 고도에는 방공호와 함께 미군의 상륙에

40 거문도등대는 러일전쟁 당시 일본 대본영이 건조했다. 첫 점화는 1905년 4월이며 등탑은 벽돌 및 석조로 만든 원형이며 백색이었다(한국수산지1-1, 2010: 39).

대비해 만든 군사시설이 남아 있다. 고도의 거주지에서 남쪽으로 이어지는 곳의 산허리를 따라 길게 파놓은 시설은 미군의 상륙에 대비한 참호 혹은 폭발물을 설치했던 장소라고 한다. 지금은 수풀이 우거져 방치된 상태이다. 고도의 남쪽 끝 해안에는 소형 잠수정을 은닉하려고 만들었다는 해안동굴이 있다. 하지만 이곳이 자연적으로 생긴 동굴인지 인위적으로 건설된 곳인지는 분간하기 어렵다.

전쟁을 대비해 건설된 시설물들은 일본인의 집단 거주지였던 고도보다 서도와 동도에 많이 남아 있다(김윤미, 2012 참조). 1944년 '조선군 축성계획'에 따라 거문도가 주정기지엄호지로 설정되면서 동도에는 수상비행정기지가, 고도에는 해군 막사와 초계정 계류장이 설치되었다(中村均, 1944: 144~145). 또한 일본군대가 서도와 동도에 진주하여 군사시설물들을 만들었다. 군사시설물 공사에는 육지에서 강제 동원된 조선인들이 투입되었다. 현재 동도에는 아치형으로 만든 동굴이 9곳이 남아 있다. 죽촌 마을 해안가에 있는 동굴 7개는 카이텐(回天) 혹은 코류(蛇龍)와 같은 특공정을 보관하기 위해 구축되었다. '해군 수상특공기지 동굴'이라 명시된 동도 해안가의 동굴은 일본 해군의 자살특공대 기지로 만든 것이다(이완희, 2014: 254). 산기슭에 있는 벙커는 지휘부가 사용하기 위한 시설로 추정된다. 특공정의 기지로 만들었던 동굴은 해안도로가 개통되면서 바닷가와 격리된 상태로 방치되어 있다.

동도의 특공정 기지뿐 아니라 서도에는 음달산과 불탄봉에 일본군 참호시설 및 관측용 시설물의 흔적이 남아 있다. 음달산의 참호시설은 천장이 붕괴되었지만 갱도의 흔적은 남아 있으며, 콘크리트로 견고하게 만든 불탄봉의 관측 시설물은 비교적 온전한 형태를 유지하고 있다.

동도의 특공정 기지

불탄봉의 벙커 시설

불탄봉에서는 거문도는 물론 남해안 일대를 조망할 수 있다. 서도 덕촌리에도 여러 개의 동굴진지가 있었다고 한다. 지금은 고도에서 삼호교를 건너 덕촌리로 들어가는 길목에 있는 민가의 뒤쪽 암벽에 허물어져 가는 동굴만이 남아 있을 뿐이다. 천장을 지주대로 받쳐 놓고 임시방편으로 붕괴를 방지하고 있으나, 최근까지 창고로 사용되었다고 한다. 이와 같은 시설물 이외에도 일본군대가 주둔했던 장소들이 기억 속의 흔적으로 남아 있다.

군사적 요충지였던 거문도에는 일찍부터 일본군 장성들이 드나들면서 전시태세를 점검했다. 이들의 흔적은『거문도분회사』에 상세히 기록되어 있다(최길성, 1992b). 거문도를 방문했던 일본군 장성은 1928년 8월 6일 가나야 한조(金谷範三) 조선군사령관(육군중장)을 시작으로 1930년 7월 29일 미나미 지로(南次郎) 조선군사령관(육군중장), 1931년 4월 9일 요나이 미츠마사(米內光政) 진해요항부 사령관(해군소장), 1932년 9월 10일 우가키 카스시게(宇垣一成) 조선총독(육군대장), 1933년 5월 16일 가와시마 요시유키(川島義之) 조선군사령관(육군중장) 및 유아사 엔로(湯淺緣郎) 조선헌병사령관(육군소장), 1937년 6월 22일 하라 다카시 타로(原敬太郎) 진해요항부사령관(해군중장), 1937년 9월 20일 나가노 오사미(永野修身) 연합함대사령관(해군대장) 및 고마츠(小松輝久) 공작(해군소장), 1940년 2월 25일 고바야시 무네노스케(小林宗之助) 진해요항부사령관(해군중장), 1942년 5월 7일 다이와(大和田芳之介) 진해방전사령관(해군소장) 등이다. 1941년 12월 15일부터 거문도가 사세보 진수부 진해요항부 사령관의 지휘를 받게 되면서 거문도에는 초계정 4척이 상주하기 시작했다. 오키나와 함락을 전후하여 육군까지 거문도에 주둔하면서 섬 전체가 군인들로 넘쳐났다.

## 5. 주민들의 기억

거문도 주민들이 기억하는 일본인 이주어촌의 모습은 주로 전쟁 말기에 해당된다. 전쟁 말기 거문도는 군사요새였다. 거문도 곳곳에는 소형 군함과 수상비행기 등이 정박하고 있었으며 해군과 육군이 주둔하고 있었다. 일본은 미군의 한반도 상륙을 대비하여 제주도와 한반도 사이에 위치한 거문도를 해상 방어진지로 구축했다. 높은 산이 있는 서도에는 해군 전탐기지가 설치되었으며 저지대에는 육군이 상주했다. 서도의 등대에는 관동군의 통신대가 주둔했다. 동도에는 해상 돌격용 특공정 기지가 건설되었으며 또한 유촌 근처는 해군의 수상 비행기 기지가 되었다. 고도의 신사 아래 축항 광장에는 해군의 막사가 설치되었으며, 물가 벼랑은 초계정 계류장으로 이용되었다.

"군사훈련 동원 그런 것 없었어요. 다만 우리들이 동원이 되는 것이 군사시설을 구축하는데, 우리들이 동원이 돼가지고 모래자갈 이런거 운반하고… 요 불탄봉이라는 곳이 주로 지금도 진지가 그대로 있어요. 그거 할 때 여름에, 거 땀 흘리고 하는데, 책보에다 모래자갈 이고 올라가서, 저 일사병 걸려서 우리 저 동창 하나 죽었소. 임유호인가 그 사람… 그때가 2학년 3학년 그랬죠… (방공호) 덕촌에도 하나 있고, 죽촌하고 유촌도 있는데… 죽촌에 탄약고, 죽촌하고 유촌 사이에 있어요. (불탄봉) 저 우에 감시초소만 있었제. 이게 전쟁 말기에요. 이거 하고 해방이 되었어요." (김○렬, 1932년생, 남, 덕촌리 거주)

전쟁 말기 일본인 집단 거주지였던 거문도는 전시체제로 전환되었다. 서도와 동도의 기지건설에는 황해도와 경상도 지역에서 강제 동원된 탄광 기술자 혹은 노무자들이 투입되었다. 구술자는 지역주민들 역시 기지건설에 동원되었지만 상대적으로 노동 강도가 약했으며 억압적이지 않았다고 말했다. 하지만 구술자의 기억 한편에는 강제 동원으로 죽은 '동창'의 이야기가 개입해 있다.

전시체제에서 민간인들은 식량과 각종 일용품을 군수물품처럼 보급받았다. 거문도에는 애국반을 통해 물자가 배급되었다. 애국반은 대략 10호 단위로 1개 반이 편성되었다. 거문도 주민들은 신사에 집결하여 '황국신민의 칙사'를 제창하면서 전쟁의 소용돌이 속으로 빨려 들어갔다. 조선인들도 예외가 아니었다. 집결자는 많을 경우 7,000명을 웃돌았다고 한다(나카무라 히토시, 2011: 142). 물자통제와 함께 복장 역시 통제되었다. 남자들은 국민복에 전투복, 여자들은 몸빼 바지를 입었다.

전쟁 막바지에는 서도와 동도를 포함한 거문도 전역이 군인들에 의해 통제되었다. 군인들이 주둔하면서 전쟁 대비가 일상이 되어 갔다. 전쟁이 격화되고 전선이 확장되면서 일본인뿐만 아니라 조선인들도 군인으로 징용 당했다. 거문도에서는 1937년부터 일본인 청년들이 군인으로 소집되기 시작했다(최길성, 1992b: 18). 징용을 나가는 군인들을 위해 거문도 신사에서 '입영기원제'가 거행되었다. 1941년부터는 조선인도 징용되기 시작해, 1942년에는 전사자가 발생했다.[41] 전사한 군인들의 유해는 화장한 다음 유골을 고향으로 보냈다.

일본인이 집단적으로 거주했던 이주어촌의 특성상 거문도의 조선인들은 일본을 드나들 기회가 많았다. 선원으로 혹은 다른 목적으로 일본을 오가다가 가족을 데리고 일본은 물론 일본의 세력권이었던 대만이나 만주 등지로 이주했던 사람들도 많았다. 그 결과 거문도에는 일본에서 어린 시절을 보낸 조선 사람들도 상당수 있다.

> "(해방 이후) 제가 일본에서 살고 나왔어요. 여기로 오니까 그때 군인들도 있고, 그때 해방이 되었어도 일본 군인이 있었고... 아버지가 여기에서 심장마비로 돌아가셨는데 군의관이 와서 확인해줬어요. 옛날 '고문환'이라고 수협에 배가 있었어요. 근데 이 부락이 일본 사람들만 살았거든요. 일본 애들이 갈 적에 거문도 주민하고 일본인들이 유대가 좋았어요. 그래서 '고문환'으로 공으로(공짜로) 실어 줬어요. 유대가 좋아서... 일본 애들은 가면서 '사라바요 교문또여', '잘있거라 거문도여'라는 말입니다. 한국말로... 노래를 부르고 갔어요." (박○태, 1932년생, 남, 고도 거주)

41 거문도분회사에 따르면, 거문도 출신 조선인 최초 전사자는 이권희(李權熙) 씨로 1942년 8월 10일 면민장으로 장례를 거행했다(최길성, 1992b: 25).

일본에서 학교를 다녔던 구술자는 매년 동창회에 참석했으나 지금은 나이가 들어 참석하지 못한다고 했다. 그는 중학교 1학년 때 시모노세키에서 해방을 맞이했다. 시모노세키에는 과거 거문도로 이주했던 일본인들이 많이 살고 있다고 한다. 해방 소식을 듣고는 선박을 임대해 집에서 쓰던 집기 일체를 싣고 거문도로 왔다는 것이다. 시모노세키에서 출발할 때 심지어 '도구통'(절구통)까지 챙겨 배에 실었다. 거문도에 도착한 다음 추석을 맞이했지만, 추석 다음날 아버지가 돌아가시자 생활이 곤란해졌다고 회상했다. 뒤이어 구술자는 거문도 사람들이 '고문환'이라는 배로 일본인들을 일본까지 데려다 주었다고 했다. 거문도 사람들은 일본인들과 '유대가 좋았기' 때문에 일본이 패망해도 그들이 무사 귀환할 수 있도록 여러모로 도와주었다는 것이다.

일제강점기 거문도 사람들의 공간은 일본, 대만, 중국 등지로 확장되었다. 일본에서 대만으로 혹은 중국으로 직장과 돈벌이를 찾아 이주했다. 그들에게 거문도는 세상의 중심이었으며 닫힌 세계가 아니었다. 거문도 사람들은 어선을 이용해 일본으로 쉽게 드나들었다. 일본으로 도항하여 그곳에 정착하기도 했다. 일본에서 살다가 전쟁 막바지에 일상생활이 곤란해지자 일부는 고향으로 돌아왔다가 해방을 맞아 고향에 재정착하기도 했다.

일제강점기 거문도는 지금과는 달리 공간적으로 개방되어 있었던 곳이었다. 정기여객선이 부산-여수-거문도, 부산-거문도, 제주-거문도를 왕래할 정도로 당시 거문도는 해양 항로의 중심지였다. 여객선 이외에도 어선을 이용하여 수시로 일본으로 드나들 수 있었다. 이와 같은 항로상의 이점 때문에 일본으로 밀항하려고 거문도를 찾는 사람도 있었다(최길성, 1992b: 88). 당시 거문도는 여수, 부산, 제주도와 연결되고, 일본의 시모노세키와 오사카, 중국의 상해와 대만까지 이어지고 확장된 중요한 지리적 거점이었다. 일제강점기라는 시간과 현재라는 시간 속에서 거문도의 공간적 위치와 중요성은 많이 달라졌다. 즉, 거문도의 지리적 공간은 절대적인 것이 아니라 시간과 결부되어 그 크기와 경계가 변화했던 것이다.

일본인들과 교류할 기회가 많았던 고도의 조선인들은 대개 일본어가 능통했다. 일본어에 능통한 조선인과 그렇지 못한 조선인은 '식민지' 내부에서도 또 다른 차별로 이어졌다. 일본어 구사 여부는 일상생활의 편리성을 넘어 우월감의 상징으로 간주되었다.

> "저 덕촌 건네 사람들, 요게 와서 저 건네서 닭을 키워서 (계란을) 여그로 팔러 왔는데... '다마고'를 갖다가 '오마고'[42]라고 했어요.... 우리는 같이 배우고, 일본 사람들하고 얘기를 하니까, 무슨 일을 하면 얼른하고, 일본말로 단무지 하나라도 '다꽝'이라 부르고 이러는데... 저 섬(서도)에 있고 웬만한 사람들은 못 통해요. 일본 사람들하고... 그란데 와가지고 장사하는 집들에다 (계란을) 팔러가서는 '다마고 사세요' 이래야 하는데, 일본 사람들 있는데 가서 '오마고 사세요' 이랬어요. 그라니까 뺨을 쳐버렸다 하대요. 그걸 제가 마사코 즈그 엄마가 말을 해서 안 거예요. 그래서 그 애가 그런 얘기를 하대요." (원○월, 1934년생, 여, 고도 거주)

식민 이주어촌의 주인은 일본인이었으며 조선인은 그들의 보조자

42 일본말로 '오마고(小間子)'는 손자나 어린아이를 가리킨다.

혹은 '하인'이었다. 조선인들 사이에서도 일본어 구사능력과 일본인과의 친분 관계에 따라 보이지 않는 우월감과 차별이 내재해 있었다. 고도는 거문도를 대표한 공간이었으며 고도 이외의 지역, 즉 서도와 동도는 '주변지'였다. 세 개의 섬이 서로 격리되어 있었던 탓에 고도는 자연스레 일본인의 거주 지역으로 경계가 형성되었다. 고도는 지리적으로는 물론 상징적으로도 거문도의 '중심지'로 자리를 잡았다. 주변지에 살았던 사람들에게 고도는 다른 세상이었다. 고도에서는 조선인들도 일본어로 말하고 일본인을 '주인'으로 여기며 살았다.

일본인과 조선인의 차별은 학교를 통해서 강화되었다. 일본인은 거문도 심상소학교에서 다녔으나 조선인은 서도의 덕촌국민학교에 다녔다. 심상소학교의 학생들은 일본문부성에서 발간한 교과서로 배웠고, 덕촌국민학교의 학생들은 조선총독부에서 발간한 책으로 공부를 했다.

"저는 일본 사람들이랑 같이 살았기 때문에 이 근방은 알지만 저쪽은 모르겠어요. 어릴 때부터 일본 애들하고만 놀아놔서... 학교는 덕촌으로 다녔습니다. 일본 사람들은 일본문부성이 발행하는 책을 읽었고, 조선인들은 조선총독부에서 발행한 책을 읽었어. (일본인 친구들은) 오모토 세이지로, 기무라 등 몇몇 돼요. 친구들과 숨바꼭질도 하며 놀았어요. 아버님이 젊어서 결혼하기 전에 일본으로 밀항해서 포경선을 탔지... 그래서 한국으로 귀국해서도 일본 사람들과도 사이가 나쁘지 않았어요. 아버지는 그 당시 의용소방대 부대장까지 하셨고..." (박○일, 1932년생, 남, 고도 거주)

구술자처럼 과거 고도에서 성장했던 사람들은 서도나 동도에 비해 일본인에 대한 반감이 덜했다. 어린 시절 고도에 살았던 조선인들은 일본인과 어울려 살면서 '민족차별'을 경험하지 못했다고 한다. 고도의 조선인 아이들은 일본인 아이들과 서로 어울려 지냈다. 기억 속의 일본인 아이들은 '친구'로 남아 있다. '오모토 세이지로', '기무라' 등 일본인 친구들과 숨바꼭질을 하며 놀았지만 학교는 서도에 있는 덕촌국민학교에 다녔다. 고도에는 조선인 아이들이 진학할 수 있는 학교가 없었기 때문이었다. 고도에서 서도로 가기 위해서는 나룻배를 이용해야 했다. 나룻배 이용자들은 일 년 단위로 일정액을 지불했다.

고도에서도 부유한 일본인들의 자녀들은 일본에서 학교를 다녔으나, 가난한 집안의 자녀들은 거문도심상소학교에 다녔다. 극소수의 조선인 자녀들도 심상소학교 입학이 허락되었지만 거의 모든 조선인 자녀들은 서도의 덕촌국민학교에 진학했다. 조선인들이 다녔던 덕촌국민학교는 복수학년제로 운영되었다. 즉, 1~2학년, 3~4학년, 5~6학년이 함께 수업을 했다. 교장은 일본인이었으며 교사는 일본인과 조선인이 있었다. 구술자가 기억하고 있는 교장은 '사베 히로시'[43]와 '후쿠오카'가 있다. 일제강점기 학교를 다녔던 구술자는 일본식 교육에 대해 우호적

43 구술자들이 기억하고 있는 '사베 히로시'(澤辺浩)'는 전후 일본에서 '사베 코'로 불렸다고 한다. 2012년 사베 교장의 아들 사베 세이치(澤辺瀞壹, 1940년생)가 거문도를 방문하여 거문도 초등학교와 사이타마현(埼玉縣) 한노시(飯能市)와의 자매결연을 추진했다. 2014년에는 세 번째 자매결연 행사가 진행되었다. 사베 세이치는 거문도에서 출생했으며 아버지가 거문도의 맑고 잔잔한 바다를 보고 '瀞壹'이라 이름을 지었다고 한다. 2살 때 아버지의 전근으로 거문도를 떠났기 때문에 사베 세이치는 거문도에 대한 기억이 없다. 그런데도 그는 아버지의 흔적을 찾아 거문도를 찾았다. 거문도에 대한 그의 기억 대부분은 10살 위 누나에게 들어서 형성된 것이다. 사베 세이치는 2014년 9월 아버지(사베 교장)가 덕촌국민학교에 재임할 당시의 제자(추○례, 1926년생, 여)를 찾아 여수를 방문하기도 했다.

이다. 지금보다 좀 더 엄격하고 예의가 발랐다고 회상했다. 또한 일본 사람이 한 일은 확실했다고 기억하였다.

> "일본 사람들이 지어 놓은 방파제는 완벽해요. 그래요. 지금도 여기 방파제를 그 사람들이 마지막에 할 때, 전부 다 했거든. 그때는 목도로 다 운반했어요. 포크레인도 없잖아요. 장비라고 할 것도 없고, 딴 게 없어요. (그런데도) 돌 하나 빠지는 게 없어요. 그렇게 단단하게 해 놓은 거 보면은... 원칙, 원칙 그거 안 지키면 죽는 걸로 알어. 지금까지 방파제가... 요즘은 옆에도 있고 좀 보완을 했지만, 그 전에는 아무 것도 없었는데, 방파제가 딱 하나인데 돌 하나 안 빠져요. (태풍) 사라호 때도 끄떡 없었어요." (김○렬, 1932년생, 남, 덕촌리 거주)

일본인들에 대한 기억은 개인적 경험에 따라 다양한데, 크게는 일본인으로 말미암아 거문도가 발전했다는 사람들과 일본인의 차별대우에 대해 반감을 드러내는 측으로 대별된다. 전자는 주로 어린 시절 일본인들 사이에서 생활했거나 고도 혹은 일본에서 성장했던 사람들이다. 후자는 대개 고도 이외의 지역에서 살았던 사람들이다. 어업이 주업이었던 거문도에서 조선인 어부와 일본인 어부는 같은 어선을 타고 조업을 하는 경우가 많았다. 어선에서 함께 힘을 합쳐 어렵게 고기를 잡다 보니 둘 사이에 민족적 감정은 크게 문제가 되지 않았다고 했다. 어민이라는 동질성이 일본인과 조선인을 동화시키는 역할을 했던 것으로 추정된다.

일본의 패전은 거문도에서 살았던 일본인들은 물론 조선인들에게도 큰 충격이었다. 일본 국왕이 항복했다는 소식은 삽시간에 퍼져나갔다. 일본인들은 조용히 귀국 준비를 서둘렀다. 이주 초기와 마찬가지로 귀국 역시 가족 단위로 이루어졌다. 국가의 보호를 받지 못해 스스로 배편을 마련하는 사람이 있는가 하면, 조선인들의 도움을 받아 거문도를 떠난 사람도 있었다. 일본인들은 대부분 본인들 소유의 선박으로 귀환했으나, 조선인들이 직접 일본까지 실어다 준 경우도 있었다.

> "8월 15일에 우리는 일본 천왕이 항복할 때, 방송할 때 울었어요. 일본 사람들이 라디오를 가지고 있었어요. 조합장인 이노우에라는 일본인의 라디오로 일본 사람들이 듣고 알려 주었어요. 해방되고 일본 사람들이 한국 사람들에게 하나도 (그대로) 두고 가지 않고, 팔거나 줄 사람들에게 주고 갔제. 쫓아내거나 투쟁은 없었어요. 여기서 일본이 가까워서 갈 때는 목선으로 거문도 사람만 10여 차례에 걸쳐 실어 날랐어." (박○일, 1932년생, 남, 고도 거주)

일본인들 속에서 마치 '일본인'처럼 살았던 조선인들에게도 해방은 일종의 충격으로 다가왔다. 고도의 조선인 대부분은 어업과 상업을 주로 했던 일본인 아래서 점원이나 서기, 선원으로 일했다. 일부는 어업이나 자영업을 했지만 일본인과의 연망 속에서 일상의 생활이 이루어졌다. 이들의 기억 속에는 일본인과의 분쟁은 없었다. 이들은 거문도에 살러 왔던 일본인들이 어장을 개발하고 판로도 개척했으며 거문도를 위해 좋은 일을 많이 했다고 기억한다. 조선인들은 부유한 일본인 밑에서 일하는 것을 꺼려하기는커녕 적극적으로 받아들였다고 한다.

일본이 항복했다는 소식이 전해진 이후 일본인들은 조용히 재산을 처분하거나 귀향을 준비했다. 일부에서는 전쟁 패배를 일시적인 것으로 여겨 다시 돌아올 것으로 예상하고 자신들 밑에서 일했던 조선인 서기나 일꾼에게 재산을 맡겨 두고 떠났다. 하지만 일본 국왕의 항복 선언이 조선에서 떠나야 한다는 것으로 받아들여야 했던 대부분의 일본인들은 건물과 토지 등을 조선인에게 양도하거나 팔았다. 재산을 양도받은 조선인들은 주로 일본인 주인 밑에서 서기나 점원으로 일했던 사람들이었다. 현재 '길 커피숍' 및 '고도 민박'으로 활용되고 있는 건물은 주인인 나카기치로부터 양여 받았다고 한다.

"현재 집은 위에는 여관을 했고, 밑에는 포목점을 했고... 주인이 저인망, 배가 있어가지고 고기를 잡아서 부산으로 팔러가서는... 돈을 버는 거는 옛날이나 지금이나 정보가 있어야 되잖아요. 그래서 고기를 싣고 부산 갈 때, 나카기치 사장 그 여자가 (종이에) 적어준다. 부산에 가면, 뭐 뭐를 사오라고... 사오고 한 달이나 있으면 물건이 품절이 된다고 한대요. 그래서 그걸 다시 판대요. 그렇게 돈을 많이 축적했다고 했답니다. 나카기치 그 여자 여걸이래요. 집안도 좋고, 군부집안이라서 정보도 많이 오고... 집도 여기하고, 헐었습니다만 면사무소 앞에 집이 두 채가 있었답니다. 해방되면서 하나를 하라고 하니까, 할아버지가 여기로 하겠다..." (김○생, 1948년생, 남, 고도 거주)

일본인들은 거문도에서 평생을 살 생각으로 집을 아주 단단히 지었다고 한다. 나카기치의 가옥 역시 일본에서 6개월 이상 건조시킨 목재를 선박으로 실어와 건물을 지었다. 구술자인 현재 주인의 할아버지가 나카기치의 건물을 물려받았는데, 구술자의 할아버지는 나카기치 상점의 서기였다. 할아버지는 살아생전, 이런 나무집은 짓기 힘들 것이라며 웬만하면 지금의 집을 보존하라고 당부했다고 한다. 과거의 흔적으로 남아 있는 지금의 건물은 일본인 주인과 서기였던 할아버지를 연계시켜 준다. 과거 자신들의 고향이었던 거문도를 찾아오는 일본인들에게 현재의 민박집은 거문도의 일본인 이주어촌과 과거를 되살려 주는 매체로 작동되고 있다.

거문도를 찾아오는 일본인들 또한 거문도에 남겨진 흔적을 통해 자신들의 과거를 회상하였다. 패망과 함께 일본으로 귀환한 일본인들이 간간히 '고향' 거문도를 방문한 이후로 일본인과 한국인 사이에 개인적인 유대가 이어지고 있었다. 거문도에서 귀환한 사람들을 중심으로 거문도회가 결성되었으며, 1992년에는 거문도회의 회원들이 단체로 거문도를 찾아 왔다. 이들의 고향 방문은 NHK를 통해 일본 전역에 방송되었다. 하지만 일본인들의 고향 방문에 대해 거문도 주민들은 일부만 기억하고 있을 뿐이었다. 거문도에서 태어난 일본인들에게 이곳은 '고향'으로 간주되었지만, 지금 이곳의 주민들에게 일본인은 '고향 사람'이 아니라 '이방인'에 지나지 않았다. 식민 이주민 2세들의 고향 방문은 '조선'이나 '조선 사람'에 대한 그리움이 아니라, 자신이 태어나고 자란 장소와 공간에 대한 그리움(윤건차, 2013: 84)에서 비롯되었다.

고도에서 태어난 이주민의 아이들은 대개 '일본인 거리'에서, '일본식 목조 가옥'에 살면서, '일본식 음식'으로 식사를 하고, '일본식 옷'을 입고서 '일본인 학교'에 다녔다. 일본인들은 그들만의 공간에서 그들 식으로 살았기 때문에 귀환 이주민들에게 '조선'과 '조선 사람'에 대한 인식이 결여되어 있었다. 일본인 이주민들은 패전 이후 일본으로 귀국한 뒤에야 비로소 자신들이 '태어난 고향'이 더 이상 '일본'이 아니라는 사실을 자각하게 되었다. 고국인 일본에 적응하지 못하거나 차별이 심할수록 귀환 이주민들은 이제는 '외지'로 바뀌어버린 '고향'을 그리워하였다. 하지만 이들의 '고향 방문'은 자신이 태어나고 자란 '고도'의 집과 거리, 학교 등으로 한정되어 있다.

## 6. 이섬(夷島) 혹은 왜섬(倭島)에서 거문도(巨文島)로

거문도의 '고도'(古島)는 이섬(夷島) 혹은 왜섬(倭島)로 불렸다. 영국군이 무단으로 점거하면서 고도가 '오랑캐의 섬'(夷島)으로 불리게 되었는지, 왜구들이 드나들었다고 해서 '왜놈들의 섬'(倭島)로 명명되었는지 정확히 알 수는 없다. 하지만 이섬(夷島)과 왜섬(倭島)이라는 이름과 역사적 사실이 서로 맞물려 있다는 점은 분명하다. 일본인이 무단 점령한 다음 '이섬'도 '왜섬'도 아닌, 오래된 섬이라는 뜻의 '고도'(古島)로 개명되었다는 사실 역시 의미심장하다. '고도'(후루시마)로 불릴 만큼 거문도가 일본 어민들에게 친숙한 공간이었음을 반영한 말이 아니었는가 추정해 볼 수 있다.

거문도는 영국군이 무단으로 점거하면서 '해밀턴 항'이라는 이름으로 서방 세계에 널리 알려졌다. 영국군이 철수한 이후에는 일본인들이 들어와 식민 이주어촌을 건설했다. 거문도 주민들의 기억 속에 일제강점기는 현재와 연계되어 있지 않다. 일본인이 살았던 '과거'의 시간은 현재의 시간과 단절되어 있다는 것이다. 그 과거는 어느 한 순간에 멈추어 있다. 일제강점기라는 과거는 시간의 흐름 속에 혹은 흐름의 연속으로 이어져 있는 것이 아니다. 시간의 흐름이 있다 하더라도 그 흐름은 균질적이지 않다. 거문도 주민들의 개인적 경험과 기억을 통해 서사되는 일제강점기는 아주 길고 거대한 시간으로 구성되어 있다. 하지만 여기에서 회상되는 과거는 '타인'의 세계이다. 일본인들의 과거는 기억과 흔적으로 존재하고 있다. 흔적으로 남아 있는 그들의 과거는 현재 속에서 더욱 고착된다. 한마디로 흔적은 과거와 현재라는 두 시간대를 응축시킨다.

일제강점기 일본인이 거주하면서 형성된 일본인 이주어촌은 흔적과 기억을 통해 현재 속에서 수렴된다. 시간의 흐름 속에서 불확실했던 모든 것들이 흔적 속에서는 일관되고 고착된 모습으로 발견되는 것이다. 흔적으로 자취를 남길 수 없는 과거의 경험은 망각되거나 기억으로 존재한다. 과거의 흔적과 기억은 청소하듯이 말끔히 씻어 내거나 완전히 삭제될 수 없다. 신사의 도리를 매몰하고 기념비를 깨부순다고 해서 과거가 사라지는 것은 아니다. 또한 과거는 의식적인 노력만으로 완전히 복원될 수도 없다. 영국 수병의 묘지를 보존하고 해저전선 가설지에 기념비를 세워 표지하는 것만으로 영국군이 무단 점거했던 과거가 복구될 수 없는 것이다. 과거는 여기저기에서 우연히 마주치는 이런저런 흔적과 대상들을 통해 기억되거나 읽혀질 때 비로소 그 실체를 조금씩 드러내기 때문이다.

거문도 사람들에게 식민 과거는 이중적 혹은 다층적 의미를 갖는다. 그들에게 과거는 현재의 어업발전과 공간구성을 만든 원천이다. 하지만 문제는 그 원천이 일본인에 의해 주도되었다는 점이다. 일제가 지배했던 식민시기는 현재의 한국 사회에서 잊고 싶어 하는 과거이다. 대부분의 조선인들은 일제의 억압과 착취를 경험했다. 하지만 거문도에 살았던 사람들은 육지에 살았던 사람들과는 다른 경험을 했다. 특히 거문도 고도 사람들의 개인적 경험과 기억 속의 일본인들은 지배자이자 착취자로 묘사되고 있는 통상의 텍스트 속 일본인과는 차이가 있다. 한마디로 공식적 기억과 달리, 거문도 주민들의 개인적 기억은 상대적으로 거대담론이나 이데올로기에 얽매이지 않은 상태에서 서사되고 있다. 그렇다고 개인적 기억이 '국가'의 정체성에서 완전히 자유로운 것은 아니다.

# 맺음말

# 맺음말

## 1.

일제강점기 일본인들이 살았던 삶의 흔적들은 한반도 곳곳에 남아 있다. 특히 이 시기 일본인들이 한반도의 어촌에 남긴 흔적과 경관구조는 '조선 속의 새로운 일본' 혹은 '신세계 건설'과 맞물려 있어 흥미롭다. 그 신세계를 건설했던 사람들 대부분은 일본에서 하층민에 속했던 어민들이었다. 일본의 어촌에서 태어나고 자란 이들은 자원고갈과 권력관계에서 밀려나 생계가 막막해진 사람들로, 한반도로의 이주는 어쩔 수 없는 선택이었다. 한반도로 건너와서는 대개 조선 사람들이 많이 살지 않거나 소유가 불분명한 땅에 터를 잡고 살기 시작한 일본인들은 일본 정부 및 관변단체의 적극적인 지원 아래 자신들만의 세계를 확장해 나갔다. 보잘 것 없었던 일본인 이주민들의 세계는 급속히 '신세계'로 변모되었고 조선인들의 세계와도 확연히 구분되었다. 하지만 그 신세계의 주인은 일본이주민 사회의 대다수를 이루는 어민이 아니라 일본 정부의 힘과 자본을 등에 업은 소수의 사업가들과 관리자, 장사꾼들이었다. 신세계로 포장된 식민 이주어촌에도 내부적으로는 계층적 서열관계가 존재했던 것이다.

한반도의 도서지역과 해안지역에 자신들만의 '신세계'를 건설했던 일본인들 중에서도 이주어민 대부분은 사회 · 정치적으로 하층계급에 속했다. 생계 유지를 위해 일본에서 떨어져 나와 거주지 어촌에 남긴 이주어민들의 흔적에 대해서는 최근까지 일반인들은 물론 연구자들도 크게 관심을 갖지 않았다. 일본인들이 남긴 흔적 중 대다수는 과거와 단절된 채 분리된 형태 혹은 의미로 작동되고 있는 데다가 이주어민들이 남긴 흔적들을 유기적으로 조직화해서 해석해야 하는 어려움이 뒤따르기 때문이다. 일본인이 남긴 '과거'의 흔적은 이곳에 살고 있는 사람들의 '단편적' 기억들을 통해 '현재'의 시간 속에서 구술되거나 실체화되는 까닭에 그 개인적 기억이 지닌 속성 또한 조율될 가능성이 높다는 점을 고려하지 않을 수 없다. 그러나 무엇보다도 일본의 하층계급에 속하던 이주어민 및 그들의 터전이었던 식민 이주어촌에 대한 연구에 주목해야 하는 이유는 이들이 식민지 내부의 권력관계 및 식민의 실체를 알 수 있는 접점이 되기 때문이다.

한반도 전역에 일본인의 식민 이주가 본격적으로 시작된 때는 1900년대이다. 러일전쟁의 승리로 조선에서 패권을 장악한 일본 정부는 국책사업의 일환으로 식민 근거지를 조성하기 시작하였다. 이 시기 한반도 도서지역 및 주요 포구에는 일본 정부의 전폭적인 지원 아래 식민 이주어촌이 건설되었다. 식민 이주어촌 건설 사업이 실행되기 이전부터 일본인들은 이미 남해안 도서지역을 수시로 침탈해 곳곳에서 조선 사람들과 충돌하고 있었다.

일본 어민들이 한반도 근해를 침탈한 이유와 이주어촌 건설 과정 및 일본의 정치·사회적 배경에 대해서는 그동안 다양한 연구가 진행되어 왔다. 그러나 과거 일본 어민들이 한반도에 남긴 생활의 흔적과 그 흔적의 처리방식, 그리고 흔적과 관련된 지역주민들의 기억에 대해서는 상대적으로 논의가 부족한 편이다. 따라서 식민 시대의 일상생활이 이루어졌던 장소와 공간을 통해 피식민자와 식민자와의 관계를 추적하고 그 흔적과 관련된 과거가 어떻게 기억되고 조절되고 있는지 현재적인 입장에서 살펴볼 필요가 있다.

식민지배의 일상을 파악하기 위해서는 상위 수준의 정치·경제뿐 아니라 피식민자들이 일상에서 경험한 식민자와 식민권력이 함께 분석되어야 한다. 피식민 조선인들의 일상은 식민 지배자인 일본인과의 관계 속에서 다각적, 중층적으로 이루어져 있기 때문에 구체적인 사례를 바탕으로 한 실증적인 연구가 필요하다. 지배자 내부의 다양한 층위와 지배자와 피지배자 사이의 접촉, 매일의 생활에서 작동되던 긴장과 타협, 통제와 저항 등을 피지배자들이 어떻게 기억하고 있는가는 식민지의 일상을 이해할 수 있는 중요한 통로가 될 수 있다. 식민시기의 기억과 역사가 다각도에서 조명되어야만 식민시기의 과거에 가까이 다가갈 수 있을 것이다.

식민지 공간에서 형성·유지되던 지배자에 대한 피지배자의 이미지와 기억은 단순히 '수탈' 혹은 '근대화'라는 이분법으로는 정의될 수 없는 일상의 '틈새'를 통해 파악될 수 있다. 따라서 일상의 영역에서 기억의 연구는 식민지 조선에서 살았던 일본인 모두를 '식민 지배자'로 범주화하는 고정된 틀에서 벗어나야 한다. 조선 사람들 전체를 단순하게 '피지배자'로 분류하기 어려운 것처럼 일본인들 역시 내부적으로는 여러 집단과 계층으로 이루어져 있기 때문이다.

## 2.

과거는 텍스트, 흔적, 기억이라는 수단을 통해 다양한 방식으로 재현될 수 있다. 하지만 과거는 그 자체로 완벽하게 재현되는 것이 아니라 현재라는 시간과 실재 속에서 매개되고 왜곡되기 때문에 과거를 담지하고 있는 텍스트나 흔적 또한 읽는 주체의 의도에 따라 여러 모습으로 재구성되거나 다르게 해석되기도 한다. 그러므로 텍스트나 흔적은 과거를 있는 그대로 드러내는 단순한 객체가 아니라 읽는 주체에 따라 달리 재현되는 일종의 기호라고 할 수 있다.

흔적은 텍스트보다 상대적으로 더 자유롭고 왜곡되기 쉬운 탓에 여러 가지 정치적 상황에 따라 훼손되거나 굴절되기도 한다. 특히 식민 시기의 흔적들은 '우리'의 것이기는 하지만 '우리의 것'으로 내세울 수 없다는 이중적인 태도 속에서 무시되거나 방치되어 왔다. 이런 흔적들 대부분은 텍스트에 기록되어 있지 않으므로 이 같은 흔적을 읽어내기 위해서는 구술기억이 뒷받침되어야 한다.

텍스트로 기록된 과거는 대부분 남아 있는 것만을 기록하고 있다. 따라서 일견 견고한 것 같지만 눈에 사라져 보이지 않는 것들은 기술되어 있지 않다. 과거는 문헌기록 혹은 역사를 통해 재현되는 것보다는 재현되지 않거나 재현될 수 없는 것들이 더 많다. 역사로 재현되지 않는 과거는 대개 흔적의 형태로 남아 있다. 흔적조차 남기지 않은 과거는 기억으로 회상되거나 망각된다. 하지만 어떤 경우를 막론하고 과거를 완벽하게 재현시킬 수는 없다. 단지 일부만이 복원될 수 있을 뿐이다. 흔적과 기억은 텍스트 너머에 있는 과거를 읽을 수 있는 통로가 된다. 텍스트가 말하지 않은 것들을 흔적이 담고 있을 수 있기 때문이다. 또한 텍스트나 유물이 전해 줄 수 없는 내용들은 기억을 통해 접근될 수 있다.

물질적 잔재의 모습으로 남아 있는 흔적들은 역사적 현장이자 기억의 장소이다. 이들 흔적에 부여된 문화적, 상징적 기호들이 사라지고 물질적 장소가 새로운 질서 체계로 편입된 다음에도 그것과 결부된 기억들은 사라지지 않은 채 여러 갈래로 존재하고 있다. 흔적을 통해 과거를 확인하는 작업은 텍스트에 기록되지 않은 일상생활을 통해 과거에 접근해 간다는 것을 의미한다. 흔적으로 존재하고 있는 과거는 여러 갈래로 흩어져 있으며 또한 현재의 사회문화적 환경 속에 녹아들어 있기 때문에 의도적으로 기억하려 해도 본디 모습으로 회상되지는 않는다. 흔적을 통해 텍스트나 유물과 같은 전승물이 말해 주지 않는 것 혹은 눈에 잘 띄지 않는 보잘 것 없는 것을 읽을 수 있다. 이런 점에서 흔적 찾기란 지나간 한 사회의 무의도적 기억에 몰두하는 작업이다.

일반적으로 개인은 건축 환경과 상호작용하며 경험을 기억하고 타인의 경험을 전해 들으면서 자신과 건축물이 속한 공간을 인식한다. 한 집단의 기억 혹은 공동 기억은 사회적 기억이 제공한 틀 안에서 상호작용하는 개인적 기억에서 비롯된다. 이런 과정을 통해 개인적 기억은 얼마간 균일화가 이루어진다. 하지만 시금석으로서의 과거가 제자리를 찾지 못하는 경우 개인들의 기억은 파편화되고 뒤죽박죽되면서 집단은 물론 개인들도 강요된 기억상실을 겪게 된다. 지워진 과거, 즉 눈에서 사라진 과거는 존재는 하지만 '잊혀진' 과거로 치부된다. 기억될 필요가 있는 과거는 '공적인 영역'으로 설정되어 개인의 영역을 넘어서버린다. 공적 영역으로서의 기억은 개인과 동떨어진, 인위적이고 관료주의적이며 제도화된 기억이다.

개인적 기억은 구술을 통해 경험된 과거 혹은 내재화된 과거를 서사한다는 점에서 본질적으로 선택적일 수밖에 없다. 특히 기억이 경험적 사실과 연계될 경우 개인적 경험의 폭과 시기에 따라 과장되거나 왜곡되기도 한다. 기록과 유물이 고정된 과거를 재현한다면, 기억은 기억하는 사람이 처한 현재의 입장에 따라 유동적으로 재현된다. 시간의 흐름에 따라 어떤 부분은 생략되기도 하며 새로운 것이 추가되기도 한다. 따라서 개인적 기억은 기억하는 사람에 따라 과거가 선택적으로 인지되고 회상된다. 이처럼 불안정하고 유동적인 개인적 기억은 다른 사람들의 기억을 통해 일정 부분 조정되고 정당화되면서 집단기억화 된다. 이렇게 형성된 집단기억은 또한 개인적 기억에 수정을 가하도록 압박하기도 한다.

'지금 이곳'에 남아 있는 흔적들은 과거의 시공간을 담지하고 있으며 또한 지역의 고유한 특성과도 연관되어 있다. 하지만 흔적들은 그 자체로는 모호하고 불확실한 탓에 흔적 '읽기'를 통해서만 가시화될 수 있다. 흔적이 의미를 지닌 실체로 가시화되기 위해서는 우선 흔적을 발견하고 해석하는 과정이 필요하다. 흔적에 대한 해석은 '지금 이곳'에 정주하는 사람들의 기억과 구술을 통해, 그리고 연구자 혹은 관찰자의 입장에서 흔적 찾기와 읽기의 순환작업 속에서 이루어진다. 결국 구술자와 연구자 사이에 이루어지는 기억과 구술, 흔적 읽기의 협동적인 과정을 거쳐 '과거 이곳'에 살았던 흔적의 주체를 소환할 수 있는 것이다. 흔적과 결부되지 않은 개인의 기억은 쉽게 망각되고 기억 자체는 기억하고 있는 당사자의 소멸과 더불어 사라지므로, 흔적이란 누적된 전체가 아니라 특정한 시대를 알려 주는 상징적인 표지로 작동되고 있음을 알 수 있다.

요컨대 과거를 기억하는 방식과 태도는 '지금 여기'에 있는 '우리'의 사회적 환경과 밀접한 관계를 맺고 있다. 과거는 '현재'와 마찬가지로 사회적 실체의 한 부분이지만 그렇다고 완전한 객관적 실체는 아니다. 그런데도 과거는 본질적으로 개인의 주관적 경험을 초월하여 타인들과 함께 공유된다. 하지만 과거에 대한 그 기억이 경험되지 않은 공간, 이미지, 물체 등에 관한 것일 경우 그것은 뿌리가 없는 것이 되고 만다. 특히 구술되는 과거가 구술자가 소속된 공동체의 '역사'가 아닌 경우에는 더욱 그렇다. '우리'의 과거가 아닌 '그들'의 과거는 정치적으로 또는 역사적으로 그 의미가 고갈되어 무관심의 영역에서 부유하고 있다.

## 3.

지금 남아 있는 식민지 시기의 물질적 흔적들은 과거를 담지하고 있는 시대적 산물이며, 당시의 사회적·경제적 잉여를 바탕으로 조성된 것들이다. 즉, 지배적 위치에 있었던 일본인들의 정치적 권력과 경제적 위상을 내포하고 있는 파편이라고 할 수 있다. 이 시기에 건설된 일본인 이주어촌은 국가적 차원에서 작동되던 정치적 권력의 흔적이자 동시에 자본축적을 위해 경제적 힘을 행사했던 이주민 자본가들에 의해 구성된 문화적 산물이기도 하다. 즉, 식민시기의 흔적이란 과거의 사회적 관계와 권력관계를 반영하고 있는 실체이다. 그 흔적이 현재의 시점에서 구체적인 장소를 구성하고 있는 물질적·사회적·상징적 요소로 인지되기도 하지만 경우에 따라서는 파손되거나 망각되기도 한다. 현재와 괴리된 채 일본인의 '과거'를 내포하고 있는 공간에 살고 있는 지역주민들에게 일본인 이주민의 흔적은 완전히 지울 수도 없고 그렇다고 온전하게 보존할 수도 없는 이중적 타자의 역사이지만, 동시에 우리의 기억과도 연결되어 있는 애매한 유산이기도 하다.

특정한 장소로서의 식민 이주어촌은 다른 장소들과는 구분되지만 그곳에 거주하고 있는 현재의 주민들은 '이주어촌'이라는 특유한 분위기를 자신들의 것으로 체험하지는 않는다. 즉, 일본인 이주어촌이었던 공간에 거주하고는 있지만 이들의 일상생활과 의식, 가치관 등은 이주어촌이라는 흔적과는 거의 무관하다. 다시 말하면, 일본인 이주어촌의 흔적은 지금의 장소성과 제대로 어울리지 못할 뿐 아니라 이곳에서 생활하고 있는 사람들의 정체성 형성에도 크게 영향을 미치지 못했던 것이다. 이주어촌의 흔적 자체는 특별한 의미를 내포하고 있지만, 대부분은 지역주민들과 괴리된 채 과거의 공간으로만 기억되고 있다. 요컨대 '과거 이곳' 한반도의 도서지역 및 해안지역에 정주했던 일본인들이 남기고 간 흔적들은 '지금 이곳'에 살고 있는 주민들의 사회적·공간적 정체성과 연결되지 못하고 단순히 과거를 떠올리는 징표로 파편처럼 산재되어 있다.

과거는 현재를 정당화하는 수단으로 동원되기도 하지만 현재의 정당성을 옹호하기 위해 훼손되거나 배척되기도 한다. 친숙했던 장소가 파괴된다는 것은 그곳에 소속되었던 사물들이 불러일으키는 기억으로부터 차단당해 마침내 그 장소와 유리된다는 것을 의미한다. 집단의 내부와 외부의 차이가 강조되면 될수록 외부인과 그들의 물질적 유산은 평가절하된다. 이런 경우 건축물이나 기념비와 같은 물질들은 '타자'의 현존을 대표한다는 점에서 제거의 대상으로 지목되거나 혹은 종종 타자 그 자체로 여겨지기도 한다. 예컨대 일제강점기 한반도에 살았던 '일본인'은 배척되어야 할 타자로 여겨져 그들이 남긴 건축물과 기념비는 이질적인 사고양식과 존재양식을 반영하는 문화적 표지로 간주되어 왔다. 일본인들이 남긴 유물은 '우리'가 잊어야 할 과거를 상기시키는 흔적이므로 그 과거를 기억에서 소거하기 위해 과거와 관련된 건물과 상징물을 파괴하거나 철거한다. 일본인 타자를 연상케 하는 상징적인 건물이나 유물을 '인위적으로' 철거함으로써 과거를 훼손하고, 철거된 유물의 잔재를 매몰하거나 다른 용도로 사용하면서 그 상징성마저 소거해버리는 것이다.

우리 안에서 '타자'의 흔적으로 남아 있는 건축물이나 특정 장소는 그것을 건립한 일본인들의 정체성과 연계되어 있다는 점에서 일종의 토템과 같은 성격을 띠고 있다. 이런 맥락에서 일본인과 관련된 건축물이나 장소는 식민지배에 대한 환기의 매개체로 간주되어 종종 흔적도 없이 사라지곤 한다. 건축물이나 장소에 깃든 기억, 역사, 정체성을 지움으로써 현재의 지배적 문화 혹은 집단과 어긋나는 과거를 강제로 망각하고자 하는 것이다. 이러한 강제적인 타자 분리의 문화청소가 가능한 것은 건축물이나 장소를 이루고 있는 질료가 아니라 건축물에 부여되는 다양한 의미들 때문이다. 바로 그 의미로 인해 일제강점기 일본인들이 한반도에 남긴 삶의 흔적들이 담긴 건축물이나 장소가 파괴되거나 사라지는 것이다. 그 흔적들은 생성주체가 일본인이라는 이유로 개발과 재개발의 과정 속에서 대부분 해체되어 '망각'의 영역으로 넘어갔다.

'지금 우리'의 삶과 유리된 채 남아있는 일본인들의 흔적은 기억의 영역에서 강제 축출되었다. 즉, '지금 우리'의 공간 속에 남아 있는 '그때 그들'의 흔적은 재현되거나 기념되지 못하고 대부분 망각되거나 매몰되어 왔다. 해방 이후 정치적 부침에 따라 일부 흔적들은 역사적 기념물로 간주되어 '기억의 대상'으로 보존되었으나 그렇지 못한 많은 흔적들은 부정적 역사의 유물 혹은 잔재로 치부되어 철거의 대상, 혹은 '망각의 대상'이 되었다.

일본인과 관련된 흔적 파괴는 근대화와 도시화의 영향도 크지만 무엇보다도 '친일/반일' 또는 '잔재/역사'라는 이분법적인 잣대로 재단되어 결정되었다고 할 수 있다. 일본인들이 남긴 흔적은 지배자였던 일본인들의 존재를 각인시켜 주는 기념물인 동시에 피지배자였던 조선인의 일상 혹은 일본인과의 식민관계를 알려 주는 매개체이므로 이에 대한 파괴와 망각은 대한민국의 국가 정체성과 관련된 중요한 문제로 간주되었던 것이다.

## 4.

일본 어민들이 한반도 연안을 침탈하게 된 정치·사회적 배경 및 이주어촌 건설에 대해서는 다양한 분야에서 연구들이 진행되고 있다. 그러나 일본의 하층에 속했던 이주어민들이 한반도에 남긴 흔적과 그 흔적의 해석 방식, 그리고 흔적과 관련된 지역주민들의 기억 및 일본으로 귀환한 이주어민들의 특정 장소나 사건에 대한 기억에 대해서는 상대적으로 논의가 부족한 편이다. 한반도 도서지역과 해안지역으로 이주해 식민 지배자 혹은 그 대리인으로 살았던 일본인들에게 기억의 문제는 역사의 중심을 벗어나 자신들만의 정체성을 확인하려는 의지와 맞물려 있다.

해방 이후 지역주민들의 기억은 항상 일본인이라는 '식민 지배자'의 존재를 인정해야 하는 복잡 미묘한 문제에 봉착하는 일이 되었다. 무엇보다도 특정 장소에 남겨진 흔적은 적어도 쌍방 주체의 기억과 관련해 해석해야만 그 진정성을 인정받을 수 있다. 흔적의 해석은 '지금 이곳'에 사는 주민들의 기억과 '그때 이곳'에 살았던 귀환 이주어민들의 기억이 상호 교차하는 가운데 그 진정성을 획득할 수 있다고 하겠다. 하지만 여러 가지 한계로 말미암아 본 저서에는 '그때 이곳'에 살았던 일본 이주어민들의 기억은 단편적으로만 언급되어 있다.

본 저서는 현장조사를 바탕으로 식민 이주어촌의 흔적과 기억을 탐색하고 있다. 여기에서 분석하고 있는 여덟 곳의 사례는 각각 별개이지만 서로 유사한 내용이 많다. 즉, 일본인 이주어촌은 일본 정부의 직접적인 개입으로 건설된 '보조'이주어촌이든 이주어민들이 자발적으로 건설했던 '자유'이주어촌이든 그 전개과정과 발전양상은 크게 다르지 않았다는 것이다. 한반도의 도서 지역과 해안 곳곳에 건설된 일본인 이주어촌은 일본의 중앙정부와 지방정부 혹은 관변단체로부터 후원과 도움을 받았다. 한마디로 일본인 이주어촌은 한반도의 식민지화를 위해 전략적 또는 정책적 목적에 따라 의도적으로 건설된 일종의 '식민기지'였다. 일본인들은 식민 이주어촌에서 일본어를 사용하면서, 일본식 음식을 먹고, 일본식 복장을 하고, 일본식 학교에 다녔다. 식민 이주어촌은 남의 나라에 들어선 그들만의 '신세계'였다.

단단히 쌓아 올린 건축물처럼 '영원'할 것만 같았던 그들만의 신세계는 일본의 패전으로 물거품처럼 사라지고 말았다. 해방 이후 일본인들이 떠난 자리에 한국인들이 거주하면서 건물의 내부는 물론 외양마저 사뭇 달라졌다. 많은 것들이 시간의 흐름 속에 시나브로 마모되면서 파편화되어 갔다. 특히 식민지였던 과거를 표상하는 건축물과 기념비, 그리고 특정 장소와 공간은 여러 방식으로 훼손되거나 철거되었다. 하지만 과거는 쉬이 사라지지 않았다. 과거는 흔적과 기억의 형태로 현재의 시간 속에서도 지속되고 있다.

지난 몇 년 동안 식민 이주어촌의 흔적과 기억을 추적하면서 새삼 깨달은 것은 인간은 과거로부터 자유로울 수 없다는 단순한 명제였다. '과거'는 지나간 시간 속에 고정되어 있는 것이 아니라 항상 '현재'와 함께 하고 있다. 비록 그것이 덮어버리거나 지워버리고 싶은 '어두운' 과거일지라도……

# 참고문헌

가미야 니지, 「나카베 이쿠지로(中部幾次郎): 한국의 생선 중매상에서 거대 수산회사로」, 다테노 아키라 편저, 오정환·이정환 옮김, 『그때 그 일본인들』, 서울: 한길사, 2006.

강경남·박중신·김성중·김태영, 「한국근대기 일본인 이주어촌내 가옥의 변용양상에 관한 연구: 외나로도 축정 1, 2구 일대의 1열형 가옥을 중심으로」, 『대한건축학회논문집 계획계』 제21권 2호(통권 196호), 2004.

강재순, 「『한국수산지』 편찬단계(1908)의 전통어업과 일본인 어업」, 『동북아문화연구』 제27집, 2011.

고길희, 『마산에서 태어난 일본인 조선사학자 하타다 다카시』, 서울: 지식산업사, 2005.

고바야시 다키지, 『게잡이 공선』, 황봉모 옮김, 서울: 지식을 만드는 지식, 2011.

곽영보(편저), 『거문도 풍운사』, 광주: 삼화문화사, 1986.

______, 「거문도의 연혁과 지세」, 『한국도서연구』 제6집, 1995.

곽진오, 「일제와 조선 교육정책: 조선교육령을 중심으로」, 『일본문화학보』 제50집, 2011.

권숙인, 「식민지배기 조선 내 일본인 학교: 회고록을 통해 본 소·중학교 경험을 중심으로」, 『사회와 역사』 77, 2008a.

______, 「식민지 조선의 일본인: 피식민 조선인과의 만남과 식민의식의 형성」, 『사회와 역사』 80, 2008b.

김경옥, 『조선 후기 도서연구』, 서울: 혜안, 2004.

김동철, 「부산의 유력자본가 香椎源太郎의 자본축적과정과 사회활동」, 『역사학보』 제186집, 2005.
김문기, 「19세기 조선과 청의 어업분쟁: 1882년 '조청무역장정' 체결 이전까지」, 이근우 외, 『19세기 동북아 4개국의 도서분쟁과 해양경계』, 동북아역사재단, 2008.
______, 「기후, 바다, 어업분쟁: 1882–1910년간 조청어업분쟁의 전개」, 『중국사연구』 제36집, 2009.
김민영, 「1910년대 전북지역 일본인 이주어촌의 존재형태와 구조」, 김수관·김민영·김태웅(공저), 『근대 서해안지역 수산업 연구』, 서울: 선인, 2006.
김상환, 「1920년대 통영지역 청년운동과 '김기정 징토운동'」, 『역사와 경계』 91호, 2014.
김선영, 「일제강점기 울산 방어진 지역 자본가의 성격과 활동」, 울산대학교 석사학위논문, 2014.
김수희, 「개항기 한국내의 일본인 어민의 조직화 과정」, 『수산연구』 20호, 2004.
______, 「어업근거지건설계획과 일본인 집단이민」, 『한일관계사연구』 22집, 2005a.
______, 「일제시대 고등어어업과 일본인 이주어촌」, 『역사민속학』 20호, 2005b.
______, 「조선 후기 멸치어업 성립과 개항 후의 어업 변화 과정」, 『한국민족문화』 30, 2007.
______, 『근대 일본 어민의 한국진출과 어업경영』, 서울: 경인문화사, 2010.
______, 『근대의 멸치, 제국의 멸치』, 파주: 아카넷, 2015.
김승, 「해항도시 부산의 일본인 이주어촌 건설과정과 그 현황」, 『역사와 경계』 75, 2010.
김승 · 김연수, 「조선 초 조어왜인에 대한 고초도 어장개방에 관한 연구」, 『한국도서연구』 제22권 4호, 2010.
김승, 『근대 부산의 일본인 사회와 문화변용』, 서울: 선인, 2014.
김예슬, 「일제하 통영의 일본인 이주어촌 형성과 경제활동」, 경남대학교 석사학위논문, 2013.
김옥경, 「한국 개항기 어업에 관한 일 연구」, 이화여자대학교 석사학위논문, 1985.
김용구, 『거문도와 블라디보스토크』, 서강대학교출판부, 2009.
김윤미, 「일제말기 거문도 요새화와 조선인 동원」, 『한일민족문제연구』 제22권,

2012.

김재승, 『한국근대해군창설사』, 서울: 혜안, 2000.

_____, 「1885~1887년 거문도 주둔 영국군의 우편통신 사례」, 『동서사학』 제5집, 1999.

_____, 『근대한영해양교류사』, 인제대학교 출판부, 1997.

김재홍, 『통영의 도시성장과 공간구조』, 울산: 울산대학교 출판부, 2004.

김정기, 「조선 정부의 독일차관 도입(1883-1894)」, 『한국사연구』 39, 1982.

김준 · 김성률·尾道建二·유재우, 「일본인 이주어촌의 변화과정과 시기별 주택 변용 특징에 관한 연구: 경남 통영의 광도촌을 대상으로」, 『대한건축학회논문집 계획계』24(1), 2008.

김준, 「'전형화' 과정을 통해서 본 이주민의 거주공간에 관한 연구: 일본인 통영지역 이주어촌 사례를 대상으로」, 부산대학교 박사학위논문, 2009.

김지민, 「19세기 한국남서해 도서지역 민가의 유형적 체계」, 『건축역사연구』 제1권 1호, 1992.

김철호(기록), 『김순현』, 한국민중구술열전 36, 20세기민중생활사연구단, 눈빛, 2008.

김호연·박제균·양상현, 『울산의 청년운동과 김진수』, 울산: 울산대학교 출판부, 2007.

나애자, 『한국근대해운업사연구』, 서울: 국학자료원, 1998.

나카무라 히토시, 『한국 거문도의 일본마을』, 정희선 옮김, 여수해양문화연구소, 2011.

다바타 가야, 「식민지 조선에서 살았던 일본 여성들의 삶과 식민주의 경험에 관한 연구」, 이화여자대학교 석사학위논문, 1996.

다카사키 소지, 『식민지 조선의 일본인들: 군인에서 상인, 그리고 게이샤까지』, 이규수 옮김, 서울: 역사비평사, 2006.

다케쿠니 도모야스, 『한일 피시로드, 흥남에서 교토까지』, 오근영 옮김, 서울: 따비, 2014.

단국대 동양학연구소(편), 『일제강점기 울산 방어진 사람들의 삶과 문화』, 서울: 채륜, 2011.

데이비드 로웬덜, 『과거는 낯선 나라다』, 김종원·한명숙 옮김, 서울: 개마고원, 2006.

로버트 베번, 『집단 기억의 파괴』, 나현영 옮김, 파주시: 알마, 2012.

류교열, 「제국일본의 송진포 해군기지 건설」, 『일어일문학』 제62집, 2014.
리자 요네야마, 「폐허로부터: 기억의 정치를 조명하며」, 『민주주의와 인권』 제4권 1호, 2004.
박경용, 「한·일 어업협정의 영향과 어민들의 대응전략: 동해안 구룡포 일대를 중심으로」, 『역사민속학』 제18호, 2004.
박광순, 「일본의 한국어장 침탈과 어민의 대응: 19세기 말–20세기 초를 중심으로」, 『경제사학』 제18호, 1994.
박구병, 『한국수산업사』, 태화출판사, 1966.
______, 『한국어업사』, 서울: 정음사, 1975.
______, 「한국 정어리 어업사」, 『부산수대논문집』 21, 1978.
박민정, 「어업근대화에 따른 지역성 변화: 거문도의 사례로」, 경북대학교 박사학위논문, 2004.
박정석, 「일제강점기 일본인 이주어촌 방어진에 대한 기억과 그 흔적」, 『민속학연구』 30, 2012.
______, 「일제강점기 일본인 이주어촌의 흔적과 기억: 통영 '오카야마촌'을 중심으로」, 『민족문화논총』 55, 2013.
______, 「식민 이주어촌의 흔적과 기억: 장승포 '이리사촌(入佐村)'의 사례를 중심으로」, 『사회와 역사』 107, 2015.
박종태, 『거슥, 누구냐』, 안양시: 이야기너머, 2014.
박중신·김태영·이훈, 「한국근대기 일본인이주어촌의 포구취락 구조와 주거형태에 관한 연구: 경남 통영 · 장승포항을 대상으로」, 『대한건축학회논문집 계획계』 제20권 11호, 2004a.
______, 「한국 근대기 포구취락의 형성과정과 유형에 관한 연구」, 『대한건축학회 학술발표논문집』 제24권 제1호, 2004b.
박중신, 「한국근대기 일본인이주어촌의 주거공간구성과 변용에 관한 연구: 거문도·구룡포·외나로도의 일식주택을 대상으로」, 『대한건축학회논문집 계획계』 제22권 9호(통권 215호), 2006.
박천홍, 『악령이 출몰하던 조선의 바다』, 서울: 현실문화, 2008.
박태근, 「러시아 푸챠친 제독의 거문도 내항」, 주영하(감수), 『19세기 후반의 한영·러 관계–거문도 사건』, 세종대학교 출판부, 1988.
박화진, 「일본 근세 어촌사회의 성립과 변모–대마도를 중심으로」, 『역사와 경계』 52, 2004.

배석만, 「일제시기 부산의 대자본가 香椎源太郎의 자본축적」, 『지역과 역사』 25호, 2009.

배항섭, 「갑오개혁 전후 군사제도의 변화: 해방제도와 근대적 해군창설 계획을 중심으로」, 『한국문화』 28, 2001.

서종원, 「근대 시기 방어진 아동들의 생활과 놀이문화: 1930~1940년대 중심으로」, 단국대 동양학연구소(편), 『일제강점기 울산 방어진 사람들의 삶과 문화』, 서울: 채륜, 2011.

손정목, 『일제강점기 도시화과정연구』, 서울: 일지사, 1996.

손태현, 『한국해운사』, 임종길 엮음, 서울: 위드스토리, 1996.

송양섭, 「19세기 거제도 구조라 촌락민의 직역변동과 가계계승 양상: 『항리호적중초』를 중심으로」, 『한국문화』 67, 2014.

수잔 벅 모스, 『발터 벤야민과 아케이드 프로젝트』, 김정아 옮김, 파주: 문학동네, 2004.

신기욱 · 마이클 로빈슨(엮음), 『한국의 식민지 근대성』, 도면희 옮김, 서울: 삼인, 2006.

신용하 외, 『식민지 근대화론에 대한 비판적 성찰』, 서울: 나남, 2009.

심민정, 「삼포왜란의 발생원인과 대마도」, 부경대학교 대마도연구센터, 『전란기의 대마도』, 서울: 국학자료원, 2013.

심봉근, 「거제도 성지」, 『석당논총』 31, 2002.

심혜련, 「도시 공간과 흔적 그리고 산책자」, 『시대와 철학』 제19권 3호, 2008.

______, 「도시 공간 읽기의 방법론으로서의 흔적 읽기」, 『시대와 철학』 제23권 2호, 2012.

안수연, 「조선 후기 방어진목장의 운영과 목자」, 울산대학교 석사학위논문, 2012.

알라이다 아스만, 『기억의 공간』, 변학수·백설자·채연숙 옮김, 경북대학교 출판부, 2003.

에드워드 렐프, 『장소와 장소상실』, 김덕현·김현주·심승희 옮김, 서울: 논형, 2005.

여박동, 「거문도의 자연지리적 환경과 역사적 배경」, 최길성(편저), 『일제시대 한 어촌의 문화변용』 上, 서울: 아세아문화사, 1992.

______, 「근대 가가와현(香川縣) 어민의 조선해어업관계」, 『일본학보』 제47집, 2001.

여박동, 『일제의 조선어업지배와 이주어촌 형성』, 서울: 보고사, 2002.
오창현, 「일본 '地先漁場 地元主義'의 성립과정에 대한 역사적 고찰: 일본 明治 어업법의 성립과정을 중심으로」, 『중앙민속학』 16, 2011.
오페르트, 『금단의 나라 조선』, 신복룡 · 장우영 역주, 서울: 집문당, 2000.
유모토 게이치, 『일본 근대의 풍경』, 연구공간 수유+너머 동아시아 근대 세미나팀 옮김, 서울: 그린비, 2004.
윤건차, 「식민지 일본인의 정신구조: '제국의식'이란 무엇인가」, 이형식 편저, 『제국과 식민지의 주변인』, 서울: 보고사, 2013.
윤광봉, 『일본의 신도와 가구라』, 파주: 태학사, 2009.
윤병구, 「통영지역의 기독교 전래와 수용(1884년-1942년까지)」, 고신대학교 석사학위논문, 2000.
윤선자, 「일제의 神社 설립과 조선인의 神社 인식」, 『역사학연구』 제42집, 2011.
栗田英二, 「神明神祠와 神祠」, 최길성(편저), 『일제시대 한 어촌의 문화변용』 上, 서울: 아세아문화사, 1992.
이계열, 『한일어민의 접촉과 마찰』, 전남대학교 출판부, 2008.
이근우, 「19세기 일본의 어업 침탈과 조선의 대응: 통어장정 체결까지」, 이근우 외, 『19세기 동북아4개국의 도서분쟁과 해양경계』, 동북아역사재단, 2008.
이반 알렉산트로비치 곤차로프, 『전함 팔라다』, 문준일 옮김, 동북아역사재단, 2014.
이사벨라 버드 비숍, 『한국과 그 이웃 나라들』, 이인화 옮김, 서울: 살림, 1994.
이연식, 『조선을 떠나며』, 서울: 역사비평사, 2012.
이영학, 「개항 이후 일제의 어업 침투와 조선 어민의 대응」, 『역사와 현실』 18, 1995.
______, 「조선 후기 어업에 대한 연구」, 『역사와 현실』 35, 2000.
이완희, 『한반도는 일제의 군사요새였다』, 파주: 나남, 2014.
이은경, 「일본 '시코쿠헨로(四國遍路)'의 유래와 변천과정 연구」, 『일어일문학연구』 제81집, 2012.
이정학, 『방어진 근대의 길을 걷다』, 울산발전연구원부설 울산학연구센터, 2016.
이종길, 「19세기 거제도 '항리' 어촌사회상에 대한 일고: '거제도구조라' 고문서를 중심으로」, 『장서각』 30, 2013.

이지영 · 서치상,「只心島의 일본군사시설에 관한 연구」,『건축역사연구』제22권 5호(통권 90호), 2013.
이진영,「거문도의 근대어업 발전」, 최길성(편저),『일제시대 한 어촌의 문화변용』上, 서울: 아세아문화사, 1992.
이창언,「식민지시기 구룡포지역의 일본인 사회」,『민속학연구』27호, 2010.
______,「남해안 어촌지역 해양문화자원의 보존과 활용: 경남 거제시 구조라리를 중심으로」,『민족문화논총』제54집, 2014.
이토 아비토,「어민집단」, 마스다 요시오 엮음, 김양선 옮김,『일본인의 사회』, 서울: 도서출판 혜안, 2010.
이현호,「1920 · 30년대 울산 東面 지역의 사회운동」, 부산대학교 석사학위논문, 2005.
______,「1920년대 울산 동면 지역의 사회운동」,『지역과 역사』20, 2007.
______,「일제시기 이주어촌 '방어진'과 지역사회의 동향」,『역사와 세계』33, 2008.
임성모,「근대 일본의 국내식민과 해외이민」,『동양사학연구』제103집, 2008.
임우기 · 정호웅(편),『「토지」사전』, 서울: 솔출판사, 1997.
임혜봉,『망국대신 송병준 평전』, 서울: 선인, 2013.
장수호,「조선왕조말기 일본인에 허용한 입어와 어업합병」,『수산연구』21호, 2004.
______,「조선시대 말 일본의 韓海 入漁 장려책」,『수산연구』29호, 2009.
______,『조선시대말 일본의 어업 침탈사』, 수산경제연구원BOOKS&블루앤노트, 2011.
장학근,「구한말 해양방위정책: 해군창설과 군함구입을 중심으로」,『사학지』19권, 1985.
전갑생,『거제 이야기 100선』, 거제문화원, 2000.
정근식,「서장: 식민지 일상생활 연구의 의의와 과제」, 정근식·공제욱 편,『식민지의 일상, 지배와 균열』, 서울: 문화과학사, 2006.
정순우 · 안승준,「거제도 구조라리 고문서와 그 성격」,『古文書集成』35(거제 구조라리편), 한국정신문화연구원, 1998.
정연태,『한국근대와 식민지 근대화 논쟁』, 서울: 푸른역사, 2011.
조미은,「일제강점기 재조선 일본인 학교와 학교조합 연구」, 성균관대학교 박사학위논문, 2010.

조세현, 「1880년대 북양수사와 조청관계」, 『동양사학연구』 124, 2013.
______, 「19세기 후반 해운과 어업을 통해 본 한중관계: 통상조약 해양관련 조항과 해양분쟁 사례를 중심으로」, 『역사와 경계』 90, 2014.
조중의 · 권선희, 『구룡포에 살았다: 일본 세토내해(瀨戶內海) 어부들의 구룡포 역정』, 포항: 아르코, 2010.
존 앤더슨, 『문화·장소·흔적』, 이영민 이종희(옮김), 한울아카데미, 2013.
주철희, 「고초도 위치 비정에 대한 재검토」, 『한일관계사연구』 41집, 2012.
지철근, 『수산부국의 야망』, 서울: 한국수산신보사, 1992.
______, 『시련기의 수산업사』, 서울: 한국수산신보사, 1998.
차철욱·양흥숙, 「개항기 부산항의 조선인과 일본인의 관계 형성」, 『한국학연구』 제26집, 2012.
______, 「호남인들의 부산정착과 생활연결망」, 『지방사와 지방문화』 15권 2호, 2012.
______, 「전근대 군사도시에서 근대 식민도시로의 변화: 경남 통영의 사례」, 『한일관계사연구』제48집, 2014.
천재동, 『아흔 고개를 넘으니 할 일이 더욱 많구나!』, 중요무형문화재 제18호 증곡 천재동 회고록, 2007.
최광식 외, 『한국해양사자료집 근·현대 편』, 재단법인해상왕장보고기념사업회, 2004.
최길성(편저), 『일제시대 한 어촌의 문화변용』 上, 서울: 아세아문화사, 1992a.
______, 『일제시대 한 어촌의 문화변용』 下, 서울: 아세아문화사, 1992b.
최덕규, 『제정러시아의 한반도정책, 1891~1907』, 서울: 경인문화사, 2008.
______, 「러시아 해군상 쉐스타코프와 거문도 사건(1885-1887)」, 『서양사학연구』 37, 2015.
최덕수 외, 『조약으로 본 한국근대사』, 파주: 열린책들, 2010.
최병택, 「대한제국 시기~1920년대 일제의 수산조합 운영과 수산업침탈」, 『역사와 담론』 제51집, 2008.
최성환, 「러일전쟁기 일본해군의 비밀기지」, 강봉룡 외, 『섬과 인문학의 만남』, 서울: 민속원, 2015.
코노 노부카주, 「한말·일제하 일본인의 조선수산업 진출과 자본축적: 中部幾次郎의 '林兼商店' 경영사례를 중심으로」, 연세대학교 석사학위논문, 2006.

코노 노부카주, 「일제하 中部幾次郎의 林兼商店 경영과 '水産財閥'로의 성장」, 『동방학지』 제153집, 2011.
테사 모리스-스즈키, 「식민주의와 이주」, 요시미 슌야 외, 『확장하는 모더니티』, 연구공간 수유+너머 일본 근대와 젠더 세미나팀 옮김, 서울: 소명출판, 2007.
풍계 현정, 『일본표해록』, 김상현 옮김, 동국대학교 출판부, 2010.
프란츠 파농, 『검은 피부, 하얀 가면』, 이석호 옮김, 서울: 인간사랑, 1998.
피에르 노라 외, 『기억의 장소 ① 공화국』, 김인중 외 옮김, 파주: 나남, 2010.
피에르 노라, 「기억의 장소들」, 윤택림(편역), 『구술사, 기억으로 쓰는 역사』, 서울: 아르케, 2010.
한문종, 「조선의 남방지역과 일본에 대한 경계의식」, 『한일관계사연구』 39집, 2011.
_____, 「조선전기 조일간 어업분쟁과 해양권의 강화」, 『한일관계사연구』 42집, 2012.
한석근, 『방어진향토사연구』, 울산: 처용, 1998.
한우근, 「개항후 일본 어민의 침투(1860-1894)」, 『동양학』 1, 1971.
한철호, 「일본의 동해 침투와 죽변지역 일본인 살해사건」, 『동국사학』 54집, 2013.
홍금수, 「구룡포 신사터의 탈식민 혼성경관 텍스트에 내재된 다중의미」, 『문화역사지리』 제25권 제3호, 2013.
홍성철, 『유곽의 역사』, 서울: 페이퍼로드, 2007.
후루타 에츠조, 「한반도에 있어서 일본인 어민의 출어과정」, 『일본학보』 8호, 2001.
히로세 레이코, 「식민지 조선의 애국부인회: 1930년대를 중심으로」, 이형식 편저, 『제국과 식민지의 주변인』, 서울: 보고사, 2013.

『거문도 군사시설 구축을 위한 주민 강제동원에 관한 조사』, 일제강점하강제동원피해진상규명위원회, 2006.
『巨濟水協百五年史』, 거제수산업협동조합, 2013.
『巨濟市誌』 上卷, 거제시지편찬위원회, 2002.
『巨濟市誌』 下卷, 거제시지편찬위원회, 2002.
『慶南統營郡案內』, 山本精一(1915), 사단법인 통영사연구회 박형균(역), 2005.

『慶尙道咸安郡叢瑣錄』上·下, 함안문화원, 2003.
『古文書集成』(35), 거제 구조라리편, 한국정신문화연구원, 1988.
『固城叢瑣錄』 국역, 고성문화원, 2007.
『구룡포 근대문화 역사거리 관광자원화사업 수리보고서』, 포항시, 2014.
『菱浦洞誌』, 능포동지편찬위원회, 2011.
『대일본수산회보』 제319호 27-28면(1909.4.10), 이종학(편저), 『한일어업관계 조사자료』, 사운연구소, 2000.
『동구 100년의 발자취』자료집, 울산광역시 동구, 2011a.
『멸치權現網水協發展史』, 기선권현망수산업협동조합, 1990.
『방파제』, 한얼향우회, 1990.
『蓬來(羅老島)』, 재경봉래면향우회, 1988.
『釜山經濟史』, 부산상공회의소·부산경제연구원, 1989.
『삼산면지』, 삼산면지발간추진위원회, 2000.
『상 · 하 노대도, 두미도』, 국립해양문화재연구소, 2014.
『세종실록』 권9, 3년 9월 무자.
『欲知面誌』, 욕지면지편찬위원회, 2008.
『이야기 동구 100년』, 울산광역시 동구, 2011b.
『一運面史』, 일운면지편찬위원회, 2010.
『장승포 역사』, 장승포·마전동지편찬위원회, 2016.
『충무교회 100년사』, 충무교회100년사 편찬위원회, 2008.
『통영수전六十年史』, 통영수산전문대학. 1977.
『統營水協百年史』, 통영수산업협동조합, 2014.
『統營市誌』 상권, 통영시지편찬위원회, 1999.
『統營市誌』 하권, 통영시지편찬위원회, 1999.
『統營案內』, 統營邑(1932), 사단법인 통영사연구회 박형균(역), 2007.
『통영향토지』, 통영문화원, 1996.
『포항시사』, 포항시사편찬위원회, 2010.
『韓國旋網漁業史』, 대형선망수산업협동조합, 1992.
『韓國水産誌』 1, 農商工部水産局, 1908(민속원 2001).
『韓國水産誌』 2, 農商工部水産局, 1910(민속원 2001).
『韓國水産誌』 3, 農商工部水産局, 1910(민속원 2001)
『한국수산지 I -1』, 이근우 · 신명호 · 심민정(번역), 새미, 2010.

『해상기문』, 김유, (국역) 주영하 감수, 세종대학교출판부, 1988.

葛生修吉, 『韓海通漁指針』, 東京: 黑龍會出版部(1999, 史芸研究所), 1903.
吉田敬市, 「朝鮮あめぐる日本漁業」, 岡本達明(編), 『近代民衆の記錄7 漁民』, 東京: 新人物往來社, 1954b.
______, 『朝鮮水産開發史』, 朝水會, 1954a.
吉形士郎(編), 『日生町誌』, 日生町役場, 1972.
大洋漁業80年史編纂委員會, 『大洋漁業 80年史』, 大洋漁業株式會社, 1960.
大日本水産會報 제317호(1909.2.10.), 이종학 편저, 『한일어업관계조사자료』, 史芸研究所, 2000.
稻井秀左衛門, 『朝鮮潛水器漁業沿革史』, 朝鮮潛水器漁業水産組合, 1937.
小山文雄, 『神社と朝鮮』, 京城: 朝鮮佛敎社, 1934.
松本文懷鳥, 『朝鮮の林兼』, 大洋漁業株式會社 新大洋編輯部, 1954.
神谷丹路, 「巨濟島入佐村の日本人たち」, 『靑丘』 3, 1990.
______, 「日本漁民の朝鮮への植民科程たどの: 岡山縣和氣郡日生漁民を中心として」, 『靑丘學術論集』 第13集, 1998.
______, 『韓國歷史漫步』, 東京: 明石書店, 2003.
玉野市史編纂委員會, 『玉野市史』, 玉野市役所, 1971.
窪田和美, 「日本からの移住漁民にみれる職業倫理: 韓國方魚津の場合」, 『龍谷大學 社會學部紀要』 第18號, 2001.
젠쇼 에이스케, 『朝鮮の聚落-中篇』(1935), 최석영 해제, 서울: 민속원, 2008.
朝鮮總督府, 『朝鮮の聚落』 前篇, 서울: 민속원(영인본), 2008(1933).
______, 『朝鮮に於ける內地人』, 朝鮮總督府 庶務部 調査課, 1923.
中部幾次郎翁功績碑建設會, 『中部幾次郎氏功績碑除幕記念帖』, 光村印刷株式會社, 1928.
中井昭, 『香川縣海外出漁史』, 香川縣 · 香川縣海外漁業協力會, 1967.
中村均, 『韓國巨文島にっぽん村』, 東京: 中央公論社, 1994.

Cole, Jennifer, *Forget Colonialism?*, University of California Press, 2001.
Duus, Peter, *The Abacus and the Sword: The Japanese Penetration of Korea*, 1895-1910, University of California Press, 1995.
Halbwachs, Maurice, *On Collective Memory*, edited, translated, and with an

introduction by Lewis A. Coser, Chicago and London: The University of Chicago Press, 1992.
Lowenthal, David, *The Past is a Foreign Country*, Cambridge University Press, 1985.

《거제시민뉴스》, 2014.06.27.
《경향신문》, 1949.09.18.
《동아일보》 1928.07.04.
《동아일보》 1927.07.12.
《동아일보》 1927.07.15.
《동아일보》, 1925.12.24.
《동아일보》, 1926.02.26.
《동아일보》, 1932.04.14.
《동아일보》, 1934.04.29.
《동아일보》, 1936.06.17.
《동아일보》, 1936.08.02.
《동아일보》, 1939.12.01.
《위키백과》(http://ko.wikipedia.org)
《조선중앙일보》, 1933.06.11.
《황성신문》 1900.10.23.
《황성신문》 1901.05.02.

http://www.showanomachi.com/pickup(검색일 2014.10.15.)
http://blog.daum.net/bangyang/153(검색일 2014.11.01.)

# 찾아보기

ㄴ



ㄷ



ㄹ



ㅁ

ㅂ



ㅅ



ㅇ

**ㅈ**

### ㅊ



### ㅋ



### ㅌ



### ㅍ



### ㅎ